Fischer/Gensior (Hg.): Sprungbrett Region?

Joachim Fischer
Sabine Gensior (Hg.)

Sprungbrett Region?

Strukturen und Voraussetzungen vernetzter Geschäftsbeziehungen

edition sigma

Gedruckt mit Unterstützung der Deutschen Forschungsgemeinschaft.

Die Deutsche Bibliothek - CIP-Einheitsaufnahme

Sprungbrett Region? : Strukturen und Voraussetzungen vernetzter Geschäftsbeziehungen / Joachim Fischer ; Sabine Gensior (Hg.). – Berlin : Ed. Sigma, 2002
ISBN 3-89404-491-8

Gedruckt auf alterungsbeständigem Papier.

Druck: Rosch-Buch, Scheßlitz

Printed in Germany

Inhalt

Einleitung

Joachim Fischer, Sabine Gensior

Inhalt

1. Entstehung und Aufbau dieses Bandes

(1) Der vorliegende Sammelband ist im Zusammenhang des von der Deutschen Forschungsgemeinschaft (DFG) geförderten Schwerpunktprogramms *„Regulierung und Restrukturierung der Arbeit in den Spannungsfeldern von Globalisierung und Dezentralisierung“* entstanden. In diesem Forschungsschwerpunkt waren mehrere Projekte angesiedelt, die sich in ihrer empirischen Arbeit mit der Thematik *„Neustrukturierung von Arbeit – Reorganisation von Unternehmen und regionale Ökonomien“* auseinandergesetzt haben. Auch wir, die Herausgeber dieses Bandes, waren mit dem Projekt „Strukturen und Stabilitätsbedingungen regionaler Vernetzung“ in diesem Forschungsschwerpunkt und in diesem Themenfeld vertreten. Uns beschäftigten unter anderem zwei Probleme: erstens, inwieweit selbst in Zeiten der „Globalisierung“ regional begrenzte Ökonomien nicht nur überleben, sondern sich auch langfristig stabilisieren können; und zweitens, inwieweit im Zuge dieser regionalen Stabilisierung endogene regionale Potentiale entwickelt und zur Erschließung überregionaler Ressourcen eingesetzt werden können. Die mit diesen beiden Problemen verbundenen Fragen – so

lautet eine zentrale Hypothese unserer Arbeiten – finden eine gemeinsame Antwort: Regionale interorganisationale Vernetzung bildet die Basis sowohl dieser Erschließung überregionaler Ressourcen als auch jener Stabilisierung.

Im Sommer des Jahres 2000 haben wir in Cottbus zu eben dieser Problematik einen Workshop durchgeführt, der unter dem Titel *„Potentiale regionaler Vernetzung zur Erschließung überregionaler Ressourcen"* stand. Finanziell unterstützt wurde diese Veranstaltung durch die DFG, wofür wir uns an dieser Stelle nochmals bedanken möchten. Bedanken möchten wir uns auch bei den Teilnehmern des Workshops, zu denen zunächst und insbesondere Mitglieder von Projektgruppen aus dem oben erwähnten DFG-Schwerpunktprogramm gehörten. Sowohl dem Workshop als auch diesem Sammelband lag der Gedanke zugrunde, die Kompetenz der Kolleginnen und Kollegen in diesem Forschungsschwerpunkt mit Blick auf gemeinsam interessierende Fragestellungen zu bündeln. Ergänzt wurde das Spektrum einschlägiger empirischer Forschungsergebnisse um – aus der Perspektive des Forschungsschwerpunktes – „Externe", von denen wir wußten, daß sie mit ihren Arbeiten Workshop und Sammelband bereichern können. Daß damit gleichwohl nur ein kleiner Ausschnitt aus der gesamten Diskussion erfaßt werden konnte, ist uns selbstverständlich bewußt.

(2) In dieser Einleitung zum vorliegenden Band möchten wir zunächst näher explizieren, was es mit der Metapher „Sprungbrett Region" und den ebenfalls im Titel angekündigten „Strukturen und Voraussetzungen vernetzter Geschäftsbeziehungen" auf sich hat. Auf diesen Komplex sind die Ausführungen in den folgenden Abschnitten (2 bis 7) der Einleitung gerichtet.

In einem zweiten Abschnitt befassen wir uns daher mit dem *Spannungsverhältnis von Globalisierung und Regionalisierung*, akzentuieren hierbei insbesondere die fortbestehende Relevanz regionaler Bezüge und betonen die Grenzen der Globalisierung.

In einem dritten Abschnitt wird der Terminus *„vernetzte Geschäftsbeziehungen"* erläutert; es wird näher ausgeführt, daß interorganisationale Geschäftsbeziehungen insbesondere durch die Multiplexität dieser sozialen Beziehungen gekennzeichnet sind: Ökonomischer und sozialer Tausch, geschäftliche und persönliche Beziehungen stabilisieren interorganisationale Strukturen.

Wer von „Netzwerken" spricht, kann über *„social embeddedness"* nicht schweigen. Ob man nun die Auffassung teilt oder nicht teilt, Vernetzung stelle neben Markt und Organisation (bzw. Hierarchie) einen dritten Modus der Koordination wirtschaftlichen Handelns dar: Entscheidend scheint uns die Erkenntnis zu sein, daß man mit der Thematisierung „vernetzter Geschäftsbeziehungen" das Terrain der Wirtschaftssoziologie betritt und – nach unserem Verständnis – damit das Feld eines funktional differenzierten und nach vermeintlich eigenen, spezifischen Regeln funktionierenden Systems „Wirtschaft" verläßt. Die Aussage, daß wirtschaftliches Handeln „sozial eingebettet“ sei, bedeutet nämlich, daß dieses Handeln von übergreifenden gesellschaftlichen Werten, Normen und Moralvorstellungen durchdrungen ist, die nur scheinbar, bzw. nur in abstrakten, realitätsfernen Modellen, außerhalb der Ökonomie angesiedelt sind. Darum soll es in einem vierten Abschnitt in dieser Einleitung gehen.

Als eine Art Zwischenresümee soll – in einem fünften Abschnitt – dann (nochmals) zusammengestellt werden, welche *Dimensionen – regionaler – interorganisationaler Vernetzung* in empirischen Untersuchungen zu beachten bzw. soweit wie möglich zu erheben sind.

Diese Darstellung leitet zwanglos über zu einem – sechsten – Abschnitt, der sich mit den Methoden zur empirischen Erfassung regional vernetzter Geschäftsbeziehungen befaßt. Unser Plädoyer läßt sich in dem undramatischen Satz zusammenfassen, daß sowohl qualitativ orientierte Fallstudien als auch quantitative, an dem Instrumentarium der sogenannten Netzwerkanalyse orientierte Methoden Erkenntnisgewinne zu erbringen vermögen.

(3) Neben diesen eher allgemein gehaltenen Überlegungen zu den Themen „Globalisierung und Regionalisierung“, „vernetzte Geschäftsbeziehungen und soziale Einbettung“ und „Dimensionen regionaler Vernetzung“ sowie der darauf bezogenen Methoden soll in diesem einleitenden Teil, und zwar im siebten Abschnitt, ein *Überblick über die in diesem Band versammelten Beiträge* gegeben werden.

Analysen zur Vernetzung kann man weltweit, aber auch in Newton, in New York, in Altneustadt, in München, in Oberhausen oder im Land Brandenburg durchführen. Wir haben im Projekt „Strukturen und Stabilitätsbedingungen regionaler Vernetzung“ letzteres getan. Nicht nur in diesem Fall, sondern in allen vergleichbaren empirischen Untersuchungen ebenso, ist damit eine zentrale Schwierigkeit aufgeworfen: Jede sogenannte Netzwerkanalyse muß eine – mit Blick auf die Problemstellung: *sinnvolle – Systemgrenze* definieren. Dies kann – wie in unserem Fall – z.B. eine regionale Grenze sein und eine, die sich auf ein Akteursfeld (hier: Unternehmen) bezieht: vernetzte Geschäftsbeziehungen im Land Brandenburg also zum Beispiel. Wieso aber sollte *„die Region“* in der Perspektive interorganisationaler Vernetzung ein sinnvoll abgrenzbares System darstellen? Die Antwort kann nur lauten: Weil vernetzte Beziehungen in gewissem Umfang offenbar immer räumliche und soziale Nähe voraussetzen. Mehr oder minder explizit wird dieser Umstand in allen Beiträgen dieses Bandes angesprochen.

Mit der Auswahl einer Region zur Analyse von Phänomenen der Vernetzung handelt man sich natürlich zugleich situative Besonderheiten ein, die – wie bei allen Fallstudien – die Kritik heraufbeschwören, die Ergebnisse seien ja schön und gut, aber leider nicht repräsentativ. In dieser Allgemeinheit ist die Kritik zwar – mit Verlaub – witzlos, denn empirische Untersuchungen sind nun einmal an Raum und Zeit gebunden, aber die Frage nach den Grenzen der Verallgemeinerbarkeit kann trotzdem so einfach nicht „vom Tisch gewischt" werden. Im vorliegenden Sammelband wurde versucht, diesem Problem dadurch Rechnung zu tragen, daß eine *gewisse Palette auf unterschiedliche Regionen bezogener empirischer Untersuchungen* präsentiert wird. Ein nicht geringer Teil dieser Arbeiten ist (mindestens teilweise) in den neuen Bundesländern angesiedelt (explizit: Semlinger/Krause; Winkler; A. Fischer; Bleicher/Steiner; teilweise: Lutz/Sydow; Hessinger; Kujath), ein Aufsatz behandelt Netzwerke in Ungarn (Vedres), ein weiterer mehrere osteuropäische Staaten (Haerpfer/Wallace). Der Grund für diese Verbindung zwischen Analysen der Transformation und der (interorganisationalen) Vernetzung liegt darin, daß schon relativ früh, das heißt seit Beginn der neunziger Jahre, ein Hauptdefizit der wirtschaftlichen Entwicklung in den Transformationsländern in einer unzulänglichen Vernetzung von Unternehmen und wirtschaftsnahen Organisationen sowie in einer mangelnden sozialen Einbettung ökonomischen Handelns gesehen wurde. Es kann daher nicht verwundern, daß neben empirischen Analysen im „vertrauten Gelände" – z.B. München und Ingolstadt als den Standorten deutscher Kraftfahrzeughersteller (Genosko), Köln-Düsseldorf, Berlin-Babelsberg und München als bedeutsamen Medienstandorten (Lutz/Sydow; Genosko), Oberhausen mit seinem „urban entertainment center" (Helmer-Denzel), Frankfurt und die Rhein-Main-Region (Caspar u.a.) sowie die Alpenregion (Weißbach) auch Ostdeutschland und osteuropäische Regionen ins Blickfeld geraten sind.

2. Globalisierung oder Regionalisierung – oder beides?

Mit dem Titel dieses Bandes – „Sprungbrett Region?" – wird eine Frage aufgeworfen, die in der neueren Diskussion über die Chancen und Grenzen der Internationalisierung bzw. Globalisierung wirtschaftlicher Aktivitäten eine zentrale Rolle spielt: Inwieweit stellt die regionale Verankerung ökonomischer Akteure eine unabdingbare – oder zumindest eine außerordentlich bedeutsame – Voraussetzung für überregionale oder gar globale Transaktionen und Geschäftsbeziehungen dar? Um es in den bekannten modischen Begriffen zu formulieren: Ist der „global player" nicht in aller Regel ein *„home-based player"* (Dreher/Kinkel 2000, S. 34)? Ist also die Einbindung in eine regionale Ökonomie Bedingung für den Auftritt auf überregionalen Märkten?

Wer den „global player" im Munde führt, denkt zumeist an internationale Konzerne, an die „Multis". Die Frage läßt sich aber auch aus der Perspektive einer Region, einer strukturschwachen ebenso wie einer strukturstarken, stellen: Ist die Stabilisierung einer regionalen Ökonomie nicht vielleicht Voraussetzung auch für die Herstellung der „Anschlußfähigkeit" an den Weltmarkt? Die entsprechende Annahme ist dann, daß der Trend der Globalisierung (bzw. Internationalisierung) und der der Regionalisierung ökonomischer Aktivitäten zwei Seiten einer Medaille darstellen.

Unter Nutzung regionaler Ressourcen kann der „Sprung" auf überregionale Märkte riskiert werden, ja vielleicht bildet überhaupt erst die stabile regionale Basis die Voraussetzung für überregionale Transaktionen. Für dieses Phänomen ist bekanntlich das Kunstwort „*Glokalisierung*" erfunden worden (Swyngedouw zitiert nach Krätke u.a. 1997, S. 9). Insbesondere für kleine und mittlere Unternehmen ist die „Sicherung der regionalen Basis als Markt wie auch als zentraler Know-how- und Ressourcenlieferant" (Dreher/Kinkel 2000, S. 30) von eminenter Bedeutung gerade im Hinblick auf die internationale Wettbewerbsfähigkeit.

Eine gegenteilige Vermutung würde lauten, daß Globalisierung die Los- und Ablösung von regionalen Bindungen ermöglicht – so wie es beispielsweise die Idee des „global sourcing" impliziert. In diesem Szenario ist der „global player" ein „heimatloser Geselle", der einmal hier und einmal dort tätig wird, also hier und dort ein- und verkauft und auch seine Kreditgeschäfte an (laufend) wechselnden Plätzen abwickelt. Für dieses Szenario hat offensichtlich der auf moderne Informations- und Kommunikationstechnik gestützte Finanzmarkt Pate gestanden. In der Tat: Buchgeld kann sich in beliebiger Menge auf virtuellen Marktplätzen „tummeln". Ähnlich verhält es sich wohl mit anderen „elektronischen Produkten", etwa einem Softwarepaket oder einem Computerspiel. Ein traditionelles, veritables Produkt indes, sei es eine Druckmaschine, eine Pizza oder ein Auto, muß – soll es seinen Dienst tun – in Zeit und Raum handfest vorhanden sein; dies gilt erst recht für Dienstleistungen, soweit sie der Natur der Sache nach orts- und/oder personengebunden sind. So banal diese Erkenntnis anmutet, so oft scheint sie doch aus dem Blick zu geraten, wenn über „electronic business" im globalen Maßstab fabuliert wird.

Es scheint also vielmehr, daß neben den Prozessen der Globalisierung der Märkte, über die der sozial- und wirtschaftswissenschaftliche Diskurs lange Zeit vornehmlich geführt wurde, auch – und zugleich – Tendenzen zunehmender Regionalisierung wirtschaftlicher Aktivitäten festzustellen sind. In der Debatte um das Verhältnis dieser beiden Tendenzen findet sich auf der einen Seite die Auffassung, daß die Entwicklung einer Region wesentlich von ihrer Bedeutung und Position in der „globalisierten" Wirtschaft abhängt, insbesondere von den entsprechenden Restrukturierungsmaßnahmen und Standortentscheidungen der international operierenden Unternehmen. Auf der anderen Seite wird der Stellenwert interner Strukturen, endogener Ressourcen und politisch-institutioneller Rahmenbedingungen in der Region hervorgehoben. Entsprechend dieser Sichtweise wird die Entwicklung endogener Potentiale insbesondere auf dem Weg einer intraregionalen Vernetzung von Unternehmen und Institutionen – der Bildung regionaler „Cluster" – entweder zu einer Voraussetzung, um auf dem Weltmarkt bestehen zu können; oder sie begründet eine Herausbildung *regional begrenzter Wertschöpfungsketten bzw. regional begrenzter ökonomischer Kreisläufe*, einfach weil sich bestimmte Bereiche wirtschaftlicher Aktivität gegen Globalisierungstendenzen sperren (vgl. Bleicher u.a. 1999a, S. 1).

Zu diesen zuletzt erwähnten Bereichen ökonomischer Aktivität gehören die sogenannten nicht-handelbaren Güter und Leistungen, deren Dimensionen nicht unterschätzt werden dürfen, was unserem Eindruck nach allzu oft und leichthin geschieht. Vergleicht man einmal die Beschäftigtenzahlen im international exponierten Sektor mit denen im binnenabsatzorientierten Sektor in den entwickelten Gesellschaften, so wird dies deutlich: Im letztgenannten Sektor, zu dem die auf den Binnenabsatz gerichteten Branchen Beherbergungsgewerbe, Medien, öffentliche Dienstleistungen, Bildungs- und Gesundheitswesen, Groß- und Einzelhandel, soziale Pflege sowie haushaltsbezogene Dienst- und Instandhaltungsleistungen gerechnet werden, sind beispielsweise in den „G-7-Staaten" (USA, Kanada, Japan, Bundesrepublik Deutschland, Frankreich, Großbritannien und Italien) zwischen 45 und 55 Prozent aller Erwerbstätigen beschäftigt. Zweierlei sei zudem betont: erstens, daß dies noch eine recht konservative Schätzung darstellt, und zweitens, daß die Beschäftigung im international exponierten Sektor zwischen 1980 und 1995 in allen G-7-Ländern – mit Ausnahme Italiens – abgenommen hat (vgl. OECD 1997). – Auch im Beitrag von *W. Schoeller* in diesem Band wird (u.a.) mit Blick auf das gestiegene Gewicht des Anteils der Dienstleistungen am Bruttoinlandsprodukt in eine ähnliche Richtung argumentiert: Die expandierende internationale Konkurrenz greift vor allem Platz im sogenannten sekundären Sektor, der bekanntlich selbst aber anteilig schrumpft.

Keineswegs nur der Vollständigkeit halber sei noch erwähnt, daß auch in dem von manchem vermeintlichen „Experten" längst abgeschriebenen „Einfachproduktsektor" in der Bundesrepublik Deutschland sogar schon Prozesse der Rückverlagerung von Teilen der Produktion ins Inland beobachtet werden konnten. Nach Schmierl führen die Erfahrungen mit einem oftmals voreiligen Auslandsengagement zu einer „reflexiven Internationalisierung" (2000, S. 157): Verlagerungsvorhaben werden dann nicht mehr allein oder vorwiegend auf Basis bloßer Lohnkostenvorteile entschieden, sondern auf ihre negativen Nebenfolgen hin überprüft. Das Hauptargument des Managements gegen die Verlagerung laute dann, daß die Vorzüge der „territorialen Einbettung" (ebd., S. 179) nicht aufgegeben werden sollen (vgl. auch Dreher/Kinkel 2000, S. 40)

Eckardt u.a. resümieren in ihrem Buch, das schon den programmatischen Titel *„Global Players in lokalen Bindungen"* trägt, den Diskussions- und Erkenntnisstand aus einer Reihe einschlägiger empirischer Untersuchungen verschiedener Autoren wie folgt:

> „Annahmen finden sich kaum bestätigt, wonach sich international agierende Unternehmen ausnahmslos oder auch nur überwiegend zu heimatlosen, von lokalen und nationalen Bindungen weitgehend befreiten globalen Netzwerken entwickelten. Es sind gerade die widersprüchlichen Prozesse von Internationalisierung – als Globalisierung oder auch für viele Bereiche: Multi-Nationalisierung oder Trans-Nationalisierung – und neuer Regionalisierung und Lokalisierung, die es verstärkt zu untersuchen gilt." (Eckardt u.a. 1999, S. 26)

Es mehren sich mithin die Stimmen gegen die Formel von der ungezügelten „Globalisierung": Auch Hirsch-Kreinsen/Schulte titeln: *„Standortbindungen – Unternehmen zwischen Globalisierung und Regionalisierung"* und stellen schon im Vorwort zu diesem Band heraus,

> „dass die vieldiskutierte Globalisierung der ökonomischen Beziehungen kein geradliniger und widerspruchsfreier Prozess ist und dass es ebensowenig Unternehmen gibt, die als 'footloose companies' problemlos und jederzeit soziale und kulturelle Distanzen überwinden sowie historisch gewachsene Standortbedingungen aufgeben können." (2000, S. 7)

Und es wird zumindest eine mögliche „Sprungbrett-Funktion" der Standortbindungen angedeutet, wenn es heißt, daß

> „die wirkliche Ausschöpfung der Rationalisierungs- und Innovationspotentiale gerade auch älterer und gewachsener Standorte für viele Unternehmen ein nicht unbeträchtlicher Wettbewerbsvorteil sein kann." (ebd.)

Auch wenn also vielleicht manches dafür sprechen mag, daß der Prozeß der Internationalisierung der Wirtschaft sich in den letzten Jahren beschleunigt hat – zumindest für den Verflechtungsraum der Europäischen Union, dem sogenannten Binnenmarkt mit nun auch einheitlicher Währung, wird man das behaupten können –, stellt sich doch auch immer zugleich die Frage nach den *„Grenzen der Globalisierung"* (Altvater/Mahnkopf 1996; Tichy 2000, S. 221).

Am Beispiel des Bezugs von Vorleistungen sei diese Problematik verdeutlicht: Für simple, homogene Vorleistungen/Vorprodukte ist „global sourcing" wahrscheinlich machbar, für kompliziertere Leistungserstellungsprozesse kaum bis gar nicht. Zudem gibt es – siehe oben – die sogenannten *„non-tradeables"*, also Güter und Leistungen, die notwendigerweise und sinnvollerweise regional produziert werden. Im Zuge der Entwicklung der Dienstleistungsökonomie und -gesellschaft nehmen diese Arten von Gütern und Leistungen tendenziell zu. Ortsgebundene Herstellung herrscht vor, auch im Falle einfacher Dienste. Wenn hier von „Globalisierung" die Rede ist, so wird man wahrscheinlich „Globalisierungseffekte" auf dem Arbeitsmarkt meinen (Stichwort: „Armutsmigration"). Wenn es sich denn so verhält, daß *komplexe Dienstleistungen und wissensintensive Güter* einen eher wachsenden Bereich der Ökonomie darstellen, so ist sogleich darauf hinzuweisen, daß dieses Feld die Domäne der entwickelten Volkswirtschaften und Gesellschaften darstellt. Auch hier scheint sich eher eine „Globalisierung" insbesondere des Arbeitsmarktes zu entwickeln – ein Prozeß, den man früher „brain drain" genannt hat. Ermöglicht und erleichtert werden diese Prozesse in der Tat durch technische, politische und zum Teil auch kulturelle Globalisierung; früher entlegene Regionen der Welt rücken näher, weil Kommunikationsmedien aller Art verbilligt worden sind und Mobilität erleichtern.

Aber auch primäre und sekundäre Produktion wird wohl komplexer, wissensintensiver, z.B. im primären Sektor durch nachhaltige, ökologische Landwirtschaft, ressourcenschonende und naturnahe Energiegewinnung, Abfallvermeidung, Kreislaufwirtschaft o.ä.; hier handelt es sich keineswegs um die Rückkehr zu primitiven Formen, sondern es ist nun ein sehr viel weiter entwickeltes wissenschaftliches Verständnis komplexer Wechselwirkungen in ökologischen Systemen gefordert. Im sekundären Sektor dominieren tendenziell Know-how-intensive Produkte, die in hohem Maße ortsgebunden hergestellt werden und kundenspezifisch ausgerichtet sind. Aber auch in scheinbar einfachen Produkten steckt oftmals sehr viel Vorwissen und langjährige Erfahrung, z.B. wenn unnötig komplizierte Produkte oder Verfahren durch einfache substituiert werden.

Kurzum: Schon die bisher vorgebrachten Erkenntnisse und Argumente vermögen die Aussage zu stützen, daß verkürzt und unzulässig vereinfacht, wer schlankweg und einseitig von der „Globalisierung" spricht, ohne zugleich auf den Trend der Regionalisierung näher einzugehen.

Für die komplexe Produktion und Leistungserstellung ist aber nun typisch, daß sie oftmals *intensive Kommunikation und interdisziplinäre Kooperation* erforderlich macht. Das heißt: der Einbezug und das Zusammenwirken verschiedener (Wissenschafts-)Disziplinen wird benötigt und lange Erprobungs-, Experimentier- und Testphasen mit kurzen „feed back – Schleifen" sind gefordert. Die laufende wechselseitige Beobachtung und verdichtete Kommunikation – Voraussetzung für das Entstehen von *„tacit knowledge"* – setzt regelmäßigen persönlichen Kontakt voraus; nur so entsteht „Verständnis". Das wechselseitige Verstehen von Codes, Symbolen, Signalen, diffusen Andeutungen usw. impliziert neben hoch entwickelten kognitiven Kompetenzen auch spezifische Erfahrung, Empathie, ähnliche oder sogar homogene wertbezogene, kulturelle Deutungs- und Orientierungsmuster. Diese Kombination von kognitiven, emotionalen und erfahrungsgebundenen Elementen macht „tacit knowledge" so schwer faßbar und manchmal recht geheimnisvoll, weil sich dieses Wissen für den externen Akteur oder Beobachter nicht (ohne weiteres) erschließt und kaum objektivierbar erscheint. In der Regel wird sich solcherart Wissen wohl nur in einem kulturell und zivilisatorisch einigermaßen homogenen sozialen Raum, also bei *sozialer*, aber auch *räumlicher Nähe* entwickeln können, weil „blindes Verstehen", „unausgesprochenes Einverständnis", implizites „commitment", „Vertrauensvorschüsse“, Empathie usw. sich unter autonomen und isolierten Akteuren, die nur wenig voneinander wissen und sich nicht „kennen“ wohl kaum entstehen kann. Es geht ja um nicht ohne weiteres kommunizierbares Wissen. Ein gewisses Maß an sozio-kultureller Homogenität ist also unabdingbar, weil der Inhalt von Informationen und die „Botschaften“ von Kommunikationen anders gar nicht verarbeitet werden können. Sowohl *J. Genosko*, *H.-J. Kujath* und *H.-J. Weißbach* (in diesem Band) weisen explizit auf die Relevanz dieses „tacit knowledge“ für die Herausbildung und Stabilisierung von „industrial districts“, „innovativen Milieus“ und regionalen „Clustern“ hin. Damit wird im Zusammenhang der Diskussion über die Restrukturierung interorganisationaler Beziehungen ein Thema wieder aufgenommen, das in der deutschen und angelsächsischen Industriesoziologie in den 80ern Jahren eine bedeutsame Rolle im Rahmen der „labour-process-debate“ spielte, hier aber organisationsinterne Kooperations- und Machtbeziehungen betraf.

Vor dem Hintergrund derartiger Sachverhalte und Anforderungen, die die These zunehmender Regionalisierung stützen, ist nun die Annahme formuliert worden, *Vernetzung* sei das Gebot der Stunde – oder weniger aktionistisch formuliert: Vernetzung zwischen Unternehmen, aber auch anderen – regionalen – Organisationen als Alternative zur marktförmigen ebenso wie zur Koordination wirtschaftlicher Aktivitäten in hierarchischen Firmen sei das Kennzeichen moderner Ökonomien. In etwas anderer Terminologie heißt dies „Kooperation“ (z.B. *Semlinger/Krause* in diesem Band). Manche haben sogleich von „Vernetzungswirtschaft“ (Mill/Weißbach 1992) und „network society“ (Castells 1996) gesprochen. „Standortbindungen“ (Hirsch-Kreinsen/Schulte 2000), „regionale Vernetzung“ (Dreher, Kinkel 2000, S. 34) „kulturelle Identität einer Region“ (Castells 1995, S. 43) u.ä. lauten die Stichworte, mit denen die These von der Regionalisierung einerseits und die These von der Vernetzung andererseits miteinander verklammert werden.

Das – sagen wir – „Basismodul“ regionaler Vernetzung stellt die Vernetzung der in einer Region ansässigen Unternehmen dar. Im Folgenden wird in diesem Sinne von „vernetzten Geschäftsbeziehungen“ gesprochen.

3. Vernetzte Geschäftsbeziehungen

(1) Einmalige und jeweils voneinander isolierte Transaktionen auf Märkten mag es geben, typisch sind sie wohl nicht. Häufig beobachtbar sind eher „Geschäftsbeziehungen“, also über die Zeit relativ stabile, d.h. sich wiederholende Transaktionen, die allein schon durch eben diese Wiederholung einen anderen Charakter gewinnen (können). Als vernetzte Geschäftsbeziehungen können sie angesehen werden, wenn erstens diese Beziehungen auch mehr und mehr eine

„soziale“ Seite hinzu gewinnen; zweitens wenn es sich nicht nur um dyadische Geschäftsbeziehungen handelt. Der zweite Aspekt ist deshalb wichtig, weil die gegenseitige Beeinflussung der drei (oder mehr) Akteure nicht nur direkt (wie im Fall zweier Akteure), sondern auch indirekt erfolgen kann.

Mit „Netzwerk“, „Netz“ oder „Vernetzung“ wird einmal eine spezifische Form der Koordination wirtschaftlicher Aktivitäten in arbeitsteilig strukturierten Kontexten bezeichnet, die sowohl Charakteristika marktlicher als auch hierarchischer Koordination aufweist und daher als „Mischform“ angesprochen werden kann (vgl. Sydow 1993; Fischer/Gensior 1995), zum anderen aber auch ein eigenständiger Koordinationstypus neben Markt und Hierarchie (Powell 1990; Mayntz 1996) bzw. jenseits von Vertrag und Organisation (Teubner 1996, S. 542).

Als spezifische Koordinationsform wirtschaftlichen Handelns stellen Netze eine Verknüpfung charakteristischer Merkmale sowohl von Markt bzw. Vertrag zum einen und von Hierarchie bzw. Organisation zum anderen dar. Die *Funktion von Vernetzung* kann daher darin bestehen, nicht intendierte, aber annähernd unvermeidliche Effekte der Marktkoordination einerseits und der hierarchischen Organisation andererseits zu reduzieren (vgl. Teubner 1996, S. 542f.; Fischer/Gensior 1998, S. 34).

Ruft man sich kurz in Erinnerung, in welchen Kontexten von ‘Netzen’ und ‘Vernetzung’ die Rede war und ist, so wird dies schnell plausibel: So kooperieren Betriebe bei Projekten mit ungewissem Ausgang; für die Akquisition von größeren Aufträgen werden Bietergemeinschaften gebildet; die Kapazitätsgrenzen der eigenen Organisation überschreitende Aufträge werden an ‘befreundete’ Unternehmen weitergereicht; Ressourcen verschiedener Organisationen werden zeitweise gepoolt, um eine rationellere Nutzung zu erreichen; Absatzwege werden gemeinsam genutzt; Preise und die Aufteilung von Absatzmärkten werden informell vereinbart usw. Oder: Vertikal integrierte und stark diversifizierte Unternehmen lösen sich in eigenständige unternehmerische Einheiten auf, bleiben aber oftmals gleichwohl untereinander verbunden; es entstehen neue Varianten der selbständigen Erwerbsarbeit (Franchising, ‘Scheinselbständigkeit’, der ‘Arbeitskraft-Unternehmer’); dezentrale Verantwortlichkeiten in Organisationen werden gestärkt; Instanzen werden abgebaut und Fremdkontrolle wird durch Mechanismen der Selbstkontrolle – mindestens teilweise – substituiert

Dort, wo typischerweise externe Effekte auftreten, weil die in Beziehung tretenden oder in Beziehung zueinander stehenden Subsysteme (z.B. Unternehmen) autonom agieren bzw. nur sehr *lose gekoppelt* sind – Stichwort: Koordination wirtschaftlichen Handelns durch den Markt –, findet eine engere Kopplung statt; die Akteure stimmen ihr Handeln stärker aufeinander ab, um damit die Chancen zu erhöhen, daß von den Beteiligten intendierte Effekte eintreten. Ein solches Verhalten setzt im allgemeinen Freiwilligkeit voraus und es impliziert einen erhöhten Grad an Reflexivität: Ein Teil der Autonomie muß 'geopfert' werden; nicht nur eigene Erwartungen müssen relativ klar definiert sein, sondern auch fremde Erwartungen müssen genauer kalkuliert – und wohl auch kommuniziert – werden.

Dort, wo typischerweise externe Effekte auftreten (Redundanzen, Umwege, Widerstände), weil hierarchische Koordination – und daher *enge Kopplung* – vorherrscht, lassen sich Prozesse der Entkopplung bzw. der loseren Kopplung beobachten. Ein solches Verhalten beinhaltet einerseits, daß formelle Macht aufgegeben werden muß und neue Ungewißheitszonen entstehen, andererseits, daß Kontrollkosten gesenkt werden können.

Netze sind demnach erstens – mindestens – *hybride Koordinationsformen* wirtschaftlichen Handelns. Wir sagen deshalb einschränkend „mindestens", weil sie darüber hinaus auch als eigenständige *„Steigerungsformen"* von Markt *und* Hierarchie gesehen werden können: denn „bei ihnen (gewinnen) vertragliche und organisatorische Komponenten *gleichzeitig* an Bedeutung." (Teubner 1996, S. 545; Hervorh. d. Verf.)

Sie sind aber zweitens auch überlappende Strukturen unterschiedlicher sozialer Subsysteme und insoweit auch noch in einem anderen Sinn Mischformen: Zum einen stellen sie interorganisationale Beziehungen dar, insbesondere Geschäftsbeziehungen, zum anderen *soziale Beziehungen zwischen Personen*. Korporative Akteure handeln durch Repräsentanten; die Interaktion zwischen ihnen erfolgt in der Regel über jene Repräsentanten, die an sogenannten *Grenzstellen* agieren. Die Organisationsmitglieder in diesen Grenzstellenrollen verfügen wegen der relativen Diffusität der Grenzen zwischen Organisation und Organisationsumwelt über gewisse, individuell gestaltbare Handlungsspielräume; denn an den Grenzen von Organisationen entsteht und besteht notwendig immer eine relativ offene Handlungssituation. Aus der Perspektive der formalen Organisation mag es sich bei den Aktivitäten zur Ausgestaltung dieser Spielräume und bei der Herstellung von Beziehungen zur 'Außenwelt' um 'informelle' handeln. Diese informellen Beziehungen, die sich durchaus zu informellen *Strukturen* auswachsen können, stellen Verbindungslinien zu anderen Organisationen, in andere Organisationen hinein dar. Selbstverständlich können diese informellen Beziehungen – ganz so wie innerhalb von Organisationen auch – funktional für die jeweilige Organisation sein; daß sie auch von den entsprechenden Personen funktionalisiert werden können, versteht sich ebenso.

Eine latente Basis für solche informellen Beziehungen zwischen Organisationen – in diesem doppelten Sinne – besteht immer und überall, sobald Kommunikationen oder Transaktionen zwischen Organisationen stattfinden. Insofern bilden sie auch kein eigentlich neues Phänomen, sondern sollen hier nur in Erinnerung gerufen werden. Dann allerdings, wenn 'Netzwerke' relativ *stabile* Strukturen sind, verknüpfen sich die beiden genannten Dimensionen ebenfalls dauerhaft und werden in höherem Maße interdependent: Die Tragfähigkeit interorganisationaler Beziehungen kann dann in verstärktem Maße von persönlichen Beziehungen abhängig werden und persönliche Beziehungen knüpfen sich in erhöhtem Maß an die Fortexistenz der interorganisationalen Transaktionen. Diese *Multiplexität* der Beziehung stabilisiert solche Geschäftsbeziehungen:

> „Bei Multiplexität ist der Bestand der Beziehung schon 'strukturell' gesicherter, weil die Beziehung – sozusagen – an mehreren Fäden hängt, von denen getrost einmal einer reißen kann, ohne daß die Beziehung insgesamt gleich in die Brüche geht." (Esser 2000, S. 179)

Der oben getroffenen Unterscheidung zwischen organisationalen und personalen Beziehungen entspricht die Differenz von „Rollenvertrauen" bzw. „Systemvertrauen" oder auch „Institutionenvertrauen" (Strasser/Voswinkel 1997, S. 225) auf der einen Seite und „Vertrautheit" bzw. „trust", der nach Luhmann „der Sphäre interpersonaler Beziehungen vorbehalten ist" (ebd., S. 222), auf der anderen; „persönliche Kontakte ergänzen funktionale Beziehungen, weil man durch sie reichhaltigere Informationen und ein größeres Maß an Verbindlichkeit erwartet." (ebd., S. 232)

(2) Wie *entstehen* nun vernetzte Geschäftsbeziehungen? Netze im oben skizzierten Sinn stellen zunächst und primär emergente Phänomene dar; sie entstehen und bilden sich im Wechselspiel wiederholter Interaktion heraus. Sie sind also weder immer schon gegeben bzw. einfach vorhanden, noch lassen sie sich beliebig herstellen (vgl. Grabher 1993). Ihre (latente) Existenz, ihre Funktionsweise, ihre Funktionstüchtigkeit und schließlich ihre strategische Nutzbarkeit treten daher im allgemeinen erst langsam ins Bewußtsein der beteiligten Akteure; auch ihre Steuerungsfähigkeit ist grundlegend durch diesen Charakter bestimmt.

Interorganisationale Netze bauen *erstens* auf Mustern marktförmiger Koordination auf bzw. knüpfen an diese an. Solche vernetzten Beziehungen zum Beispiel zwischen Unternehmen können aber auch als Resultat der Entflechtung von Organisationen entstehen. Häufig beobachtet werden konnten solche Prozesse in Ostdeutschland im Zuge der Dezentralisierung der Wirtschaft, also der Auflösung der Kombinate in selbständige Wirtschaftseinheiten. Hier sind z.B. Ausgründungen bzw. Ausgliederungen von Unternehmen erfolgt, deren Existenz in der ersten Phase der 'Abnabelung' vom Mutterunternehmen durch die Garantie eines gewissen Auftragsvolumens seitens dieses Mutterunternehmens gesichert wurde. Ob diese Verbindungen auch dann noch lebensfähig bleiben, wenn die Auftragsgarantien ausgelaufen sind, hängt entscheidend davon ab, ob funktionale Äquivalente für solcherart stabile Geschäftsbeziehungen entwickelt werden (können) (vgl. Bleicher u.a. 1998, 1999b).

'Netzwerke' entstehen *zweitens* durch Anlagerung persönlicher Beziehungen an interorganisationale Beziehungen, z.B. und insbesondere durch Verstetigung der Interaktion der oben schon erwähnten Grenzstelleninhaber; zu den Geschäftsbeziehungen zwischen Unternehmen treten persönliche Kontakte in gewisser Regelmäßigkeit hinzu und gewinnen den Charakter auch persönlicher Vertrautheit. Im Falle von Kleinbetrieben, dort also, wo Unternehmen und Unternehmer in hohem Maße identisch sind, ist dieses Phänomen gut und häufig beobachtbar.

'Netzwerke' können aber auch – *drittens* – auf dem umgekehrten Weg entstehen: durch Anlagerung interorganisationaler Beziehungen (Geschäftsbeziehungen) an private und außerhalb der ökonomischen Sphäre liegender Beziehungen. In diesem Fall werden private Kontakte, Bekanntschaften usw. in wirtschaftlich relevante Beziehungen 'umgemünzt'. Diese Umwandlung bzw. Nutzung setzt im allgemeinen das Einverständnis der Beteiligten voraus – auch dann, wenn der absehbare Nutzen ungleich verteilt ist.

(3) Wie können vernetzte Geschäftsbeziehungen einigermaßen *dauerhaft stabilisiert* werden? Netze in wirtschaftlich relevanten Kontexten werden zunächst und primär durch den *wechselseitigen Nutzen* der Beteiligten zusammengehalten. Von wechselseitigem Nutzen kann in zweierlei Hinsicht gesprochen werden: Einmal geht es um den Nutzen des korporativen Akteurs; zum anderen dreht es sich um den Nutzen des individuellen Akteurs, der zugleich Repräsentant und Mitglied der betreffenden Organisation und als solcher obendrein Grenzstelleninhaber ist, daher die Umweltbeziehungen 'seiner' Organisation (mit)gestaltet.

In solchen Netzen findet auch ein *sozialer Tausch* statt; die Beziehung zwischen den Akteuren dieses sozialen Tausches läßt sich als reziproke kennzeichnen. Dies impliziert eine Reihe von charakteristischen Merkmalen (vgl. Grabher 1993): Die Beziehung besteht über eine längere Frist, d.h. es lassen sich wiederholte Tauschaktivitäten beobachten bzw. es kommt zu Ketten von Tauschakten. Leistung und Gegenleistung können auf verschiedenen Dimensionen angesiedelt sein und sind in der Regel keineswegs umstandslos in Geld umzurechnen. Ein Äquivalenztausch – im engeren ökonomischen Sinn – findet eher ausnahmsweise statt. Die Beziehungen zwischen den im 'Netzwerk' befindlichen Akteuren sind durch Macht strukturiert, es bestehen Dominanzverhältnisse aufgrund unterschiedlicher Ressourcenausstattung (vgl. Hessinger 1995). In diese Tauschaktivitäten sind mindestens drei Beteiligte involviert, so daß eine Art Ringtausch zustande kommt oder wenigstens zustande kommen kann.

Netze werden zweitens – und dies wird in der einschlägigen Diskussion immer wieder betont – durch *Vertrauen* zusammengehalten. Die am 'Netzwerk' beteiligten Akteure sind bereit, Vorschüsse zu leisten, im Vertrauen darauf, daß ihnen umgekehrt auch Vertrauen entgegengebracht wird. Sie betrachten diese (Vertrauens-)Vorschüsse zwar wohl weiterhin als eine Art 'Wette', aber als eine, bei der man im Regelfall gewinnt (vgl. Zündorf 1986; Strasser/Voswinkel 1997, S. 218).

Vertrauen macht Netze stabil, die mit Vertrauen verbundene latente Unsicherheit macht Netze instabil. „Vertrauenssysteme sind *fragil.*" (Strasser/Voswinkel 1997, S. 230; Hervorh. im Text). Wechselseitige Vertrauensbeweise gehören zu einem 'Netzwerk', insbesondere solche Vertrauensbeweise, die ohne spezifische, konkrete Erwartungen auf Gegenleistungen erbracht werden; sie sind Eintrittskarte und Mitgliedsbeitrag. Nicht, weil der Netzwerkforscher dies normativ verordnet oder es gern so hätte, sondern weil die Beteiligten dies zu ihrer informellen Handlungsregel gemacht haben.

Daß Vertrauen im allgemeinen ganz profan auf den sprichwörtlichen 'guten Erfahrungen' beruht, die man hat machen können, unterstreicht den alltäglichen Charakter solcher Beziehungen. „Entscheidend sind Erfahrungen", schreibt Koller im Anschluß an Deutsch (1997, S. 15). 'Netzwerke' an sich sind nichts Geheimnisvolles; für den, der in ihnen agiert, sind sie oft so selbstverständlich, daß er ihre Existenz kaum wahrnimmt.

Die erfahrene *Verläßlichkeit* (bzw. Zuverlässigkeit) geht als gesicherte Prognose in die folgende Handlung ein, obwohl abstrakt gesehen eigentlich auch mit einem anderen Verhalten gerechnet werden könnte. Dieses 'abweichende Verhalten' allerdings erscheint als unwahrscheinlich. Zum Vertrauen gehört – bedauerlicherweise, möchte man vielleicht hinzufügen – natürlich auch, daß es irgendwann einmal enttäuscht wird, aber wann dieser Fall eintritt und ob in einem bestimmten, relevanten Zeitraum überhaupt, ist ungewiß. „Vertrauen schenken", sagt ja auch der Volksmund, und akzentuiert damit den Aspekt der „Vorleistung" und wohl unvermeidlich auch des 'Wunschdenkens' (Koller 1997, S. 21). „Vertrauen ist eine riskante Vorleistung und immer ein Wagnis, eine Mischung aus Wissen und Nichtwissen. Es ist letztlich auch unbegründbar, Gründe lassen sich aber immer finden und dienen der Rechtfertigung sich selbst und anderen gegenüber." (ebd., S. 19; vgl. Luhmann 1973)

Die naheliegende Frage zu beantworten, worauf Vertrauen denn basiere, fällt schwer. (Grund-)Vertrauen entsteht zunächst sehr früh im Sozialisationsprozeß (Scheuerer-Englisch/Zimmermann 1997) und wird in kulturell ähnlich geprägten sozialen Kontexten immer wieder – mit den üblicherweise erwartbaren oben angesprochenen Ausnahmen – bestätigt, erneuert und reproduziert. Ohne solche sozialisatorisch und kulturell fundierten Affinitäten zwischen den Akteuren, ohne diese ähnlich strukturierten Erfahrungen wird Vertrauen kaum nachhaltig wirksam und von langer Dauer sein können. Die Beteiligten müssen relativ fest mit gemeinsamen Wertorientierungen (z.B. über faires Geschäftsgebaren) rechnen, weil nur auf ihrer Basis einigermaßen verläßliche Prognosen über wahrscheinliches Verhalten, wahrscheinliche Reaktionen und Handlungen möglich sind. Solche als gesichert angesehenen Erwartungen entstehen wahrscheinlich nur auf einer relativ homogenen sozialisatorischen und kulturellen Erfahrungsgrundlage, bei *'sozialer Nähe'*. Nur so läßt sich ja auch erklären, woher Netze ihre Funktion sozialer Schließung erhalten. Bekannte Beispiele im hier relevanten Kontext wirtschaftlichen Handelns sind etwa sogenannte Expertennetzwerke (vgl. Zündorf u.a. 1993) oder sogenannte ethnische Netzwerke (vgl. Granovetter 1990).

Soziale Unterstützungsnetzwerke, wie sie in relativ homogenen Gruppen bzw. Gemeinschaften an der Tagesordnung sind, also starke soziale Beziehungen, spielen auch im Kontext wirtschaftlicher Aktivitäten oftmals eine tragende Rolle. Überzeugende Beispiele dafür liefert die Gründungsforschung. So hat Bühler in seiner empirischen Untersuchung über die „strukturelle Eingebundenheit neugegründeter Unternehmen" (1999) ermittelt, daß nicht nur das unmittelbar gründungsrelevante Handeln von Eltern, anderen nahen Verwandten und engen Bekannten bzw. Freunden unterstützt wurde, sondern auch der Erfolg und die weitere positive Entwicklung der neuen Unternehmen in entscheidender Weise von diesen Personen abhängig war. Ganz unspektakulär heißt es daher:

> „Schließlich zeigten noch die Analysen des Erfolgs und der betrieblichen Entwicklung der Unternehmen, daß auch hier die soziale Einbettung der Gründungspersonen eine Rolle spielte. Hierbei schälten sich die Eltern als wichtigste Akteure für den betrieblichen Erfolg heraus." (Bühler 1999, S. 191)

Zu ähnlichen Erkenntnissen zur zentralen Bedeutung der „strong relationships" für Unternehmensgründer, gleichgültig welcher Provenienz, ist auch Johannisson gelangt (1998, S. 307). Wir registrieren hier also das Phänomen der *Stärke starker Beziehungen.*

Die oft im vorliegenden Zusammenhang zitierte *Stärke schwacher Beziehungen* (Granovetter 1973; Wegener 1987) resultiert im allgemeinen aus der schon oben angedeuteten Asymmetrie (ungleichgewichtiger, machtstrukturierter) Beziehungen. So ist etwa der 'Makler', der informell einen Arbeitsplatz vermittelt, in der stärkeren Position; er ist dies allein schon deshalb, weil er als „lachender Dritter" ein „strukturelles Loch" (Burt 1992) zu überbrücken vermag – hier zwischen dem Stellenanbieter und dem Stellensucher, die voneinander keine hinreichende Kenntnis haben und schon gar nicht über gehaltvolle Informationen über den jeweils anderen verfügen. Ob für diesen Makler zukünftig – über den Gewinn von Anerkennung und Ansehen hinaus – ein weiterer Nutzen aus dieser Aktion erwächst, steht dahin, ist aber zumindest möglich gemacht worden. Aus der Perspektive der (drei) Beteiligten aber hat in jedem Fall eine – zum Teil schon manifest gewordene, zum Teil noch latente – Erschließung von zuvor nicht ohne weiteres zugänglichen Ressourcen stattgefunden. Ob z.B. die ausgeübte Brückenfunktion, die Vermittlung zwischen verschiedenen 'sozialen Welten' später einmal Nutzen stiftet, ist zwar ungewiß, aber nicht – wie zuvor – unmöglich. Denn erst jetzt können sich 'Gelegenheiten' ergeben und genutzt werden. Die Stärke schwacher Beziehungen hat damit zu tun, daß über solche Vermittlungen gegebenenfalls Vertrauen auch über sozialisatorische und kulturelle Grenzen hinweg entstehen kann.

Die *Schwäche starker Beziehungen* ist oftmals beklagt worden; man kann eben auch in Netzen gefangen sein (vgl. z.B. Deeke 1991, S. 10). Daß Netze sich gerade wegen der relativ ausgeprägten Homogenität der Wertorientierungen der beteiligten Akteure gewissermaßen 'verknoten' können, weil sie sich nach innen abschließen, auf externe Impulse vermeintlich verzichten können, so daß es zu einer inneren Blockade kommt – das ist die andere Seite der Medaille.

(4) Kurzum: Strukturen regionaler Vernetzung zwischen erwerbswirtschaftlichen Organisationen werden vorrangig über stabile Geschäftsbeziehungen konstituiert. Unternehmen treten zueinander in Beziehung, um durch den Austausch ihrer jeweilig knappen Ressourcen die Realisation ihrer strategischen Ziele zu erreichen. Den dauerhaften Geschäftsbeziehungen liegen stofflich bedingte Liefer- und Leistungsverflechtungen zugrunde, die für die Unternehmen von erheblicher Bedeutung sind; es handelt sich also bei den jeweiligen Geschäftspartnern um wichtige Lieferanten und Kunden. Der Aufbau stabiler Geschäftsbeziehungen erfordert finanzielle, vertragliche, technische und kommunikative *Anpassungsleistungen* der Akteure. Die zunehmende Anpassung wird die Verflechtungen der Akteure verstärken und die Geschäftsbeziehungen gegebenenfalls stabilisieren.

Darüber hinaus können *mediäre Akteure* (Kammern, Verbände, Organisationen der Wirtschaft) dazu beitragen, die Austauschbeziehungen in einer Region zu befördern. Auch wenn die Bedeutung dieser Intermediäre nicht überschätzt werden sollte (vgl. Genosko 1999, S. 99ff.); Hirsch-Kreinsen/Schulte 2000, S. 21), so können sie doch ihren Beitrag zur Verdichtung der interorganisationalen Beziehungen und darüber hinaus zur regionalen Vernetzung leisten.

Es sei nochmals betont: Im Prozeß der Entstehung stabiler Geschäftsbeziehungen kommt den *Grenzstelleninhabern (linking pin, boundary spanner)*, über die der Tausch realisiert wird, eine herausragende Rolle zu. Dabei kommen nicht nur die 'klassischen' Grenzstellen wie Einkauf und Vertrieb in Betracht, sondern auch jene Grenzstellen der operativen Ebenen, die im 'Alltagsgeschäft' an zwischenbetrieblichen Transaktionen beteiligt sind. Da durch formale Organisationsprozesse der Aufgabenbereich der Grenzstellen nicht vollständig verregelt werden kann, verfügen Grenzstelleninhaber über gewisse Spielräume, um ihre Interessen, die 'ihrer' Organisation und die Anforderungen der anderen organisationsexternen Akteure in Übereinstimmung zu bringen. In den Aktivitäten der Grenzstelleninhaber vermischen sich geschäftliche und persönlich-private Aspekte. Diese Vermischung kann unterschiedlich stark ausgeprägt sein, je nachdem welche Grenzstelle und welche Hierarchieebene dabei im Spiel ist. Die relative Dauerhaftigkeit (bzw. zeitliche Stabilität) von Geschäftsbeziehungen kann auch an die *Kontinuität* persönlicher Beziehungen geknüpft sein. Diskontinuitäten *in der personellen Besetzung solcher Stellen* behindern den Aufbau entsprechender Geschäftsbeziehungen oder beeinträchtigen die Funktionsfähigkeit der bereits stabilisierten. Der Aufbau bzw. die Fortsetzung vernetzter Geschäftsbeziehungen wird daher durch personelle Kontinuität in bezug auf die Grenzstelleninhaber befördert.

Im Prozeß der Entstehung und Stabilisierung von Geschäftsbeziehungen werden Stadien durchlaufen, in denen das Verhalten des jeweiligen Partners zunächst als *berechenbar*, sodann als *verläßlich* und schließlich als *vertrauensvoll* gekennzeichnet werden kann. Diesen Kennzeichnungen liegen jeweils Annahmen über das wahrscheinliche Verhalten des Partners zugrunde.

Es lassen sich sodann zwei Arten von Vertrauen unterscheiden (Zucker 1986). *Erstens* läßt sich von Vertrauen sprechen, das darauf beruht, daß sich in der Geschäftsbeziehung im Zeitablauf konsonante Auffassungen, gemeinsame Wertorientierungen und Normen herausgebildet haben: insbesondere über faires Geschäftsgebaren, Qualität und Zuverlässigkeit. Geteiltes Erfahrungswissen über die spezifischen Traditionen des Leistungsaustausches kann dem zugrunde liegen. *Zweitens* spricht *Zucker* von Vertrauen, das gespeist ist aus anderen als den ökonomischen Austauschbeziehungen. In Frage kommt hier ein gemeinsamer sozialer Hintergrund (etwa gemeinsame Studienerfahrungen, gemeinsame Freizeitaktivitäten etc.). Gerade aufgrund eines geteilten sozialen Hintergrundes entstehen ja auch Gefühle wie Wertschätzung oder Sympathie oder das Gefühl der Verpflichtung gegenüber dem Partner, das in Empathie münden kann. Neben personalem Vertrauen kommt dem Systemvertrauen – verstanden als generalisiertes Vertrauen in die erwartbare Funktionsweise von Tauschbeziehungen – bei der Entstehung und Stabilisierung von Geschäftsbeziehungen ebenfalls eine wesentliche Bedeutung zu.

Wenn also auch wechselseitiger Nutzen eine notwendige Stabilitätsbedingung darstellt – und sei es nur im Sinne des sozialen Tausches und diffuser Reziprozitätserwartungen – so spielen doch andere Motive in dauerhaft vernetzten Geschäftsbeziehungen ebenfalls eine Rolle. 'Netzwerke' und Kooperation dienen zwar vordergründig dem Erhalt oder gar der Steigerung von Wettbewerbsfähigkeit der verbundenen Unternehmen – und das ist auch die legitimatorische Formel (der 'Code'), mit der sie begründet werden; ihre Funktionen sind damit aber noch nicht hinreichend gekennzeichnet.

Gewisse Besonderheiten ergeben sich für vernetzte Geschäftsbeziehungen, an denen *kleine und mittlere Unternehmen* beteiligt sind. So ist regelmäßig und üblicherweise mit strukturellen Grenzen vernetzter Geschäftsbeziehungen zu rechnen, die aus den typischen Kapazitätsengpässen kleiner und mittlerer Unternehmen resultieren. Bei diesen Unternehmen verschärft sich das generelle Problem des begrenzten Kommunikationsradius von Grenzstellen durch Konzentration der Kompetenzen auf wenige zentrale Akteure zusätzlich. Je komplexer zudem der Informationsinhalt wird, desto wichtiger werden 'face to face'-Kontakte, deren Wahrnehmung gerade kleine und mittlere Unternehmen an ihre Kapazitätsgrenze führt. In dem Maße, wie diese Bedingungen zutreffen, nimmt die Wahrscheinlichkeit zu, daß im Bereich kleiner und mittlerer Unternehmen Geschäftsbeziehungen lediglich regional gebunden sind.

Die Tragfähigkeit einer als 'vernetzt' charakterisierten Geschäftsbeziehung hängt neben der oben dargestellten sich wiederholenden Zuschreibung wechselseitigen Nutzens oder neben den angegebenen Faktoren wie Vertrauen oder Empathie auch an expansiven oder *innovativen Impulsen* als Ergebnis eben dieser Beziehung. Insbesondere die gegebenenfalls hohen Anpassungskosten, die aus dem Aufbau und der Stabilisierung solcher Geschäftsbeziehungen resultieren, können für Betriebe ein hohes 'Lock-in-Risiko' bedeuten. Erst wenn die (möglicherweise) in eine solche Beziehung eingelagerten Expansions- und/oder Innovationspotentiale tatsächlich erschlossen werden, kann man von nachhaltigem Nutzen der Beziehung sprechen. Und dieser nachhaltige Nutzen kann eben auch darin bestehen, daß dann die regionalen Bindungen als „Sprungbrett" zur Erschließung überregionaler Ressourcen und Märkte dienen können.

Selektivität und (soziale) Schließung sind ebensowenig wie regionale Nähe und regionale Bindung per se 'lock-in-Phänomene'. Weil Vertrauen und Empathie nicht beliebig ausgedehnt werden können, Normen und Werte nicht in beliebiger Weise kompatibel sind, können sich auch mit stabilisierenden, expansiven und innovativen Entwicklungen Prozesse der Abschottung und Eingrenzung verbinden.

4. „Social Embeddedness"

(1) Mit dem Terminus „social embeddedness" ist im Anschluß an Granovetter (1995 bzw. 1985) zunächst und in allgemeiner Weise gemeint, daß (auch) ökonomisches Handeln nicht (nur) im Sinne einer spezifischen Eigenlogik des funktional differenzierten Systems „Wirtschaft" erfolgt. Zwar mag dieses funktional differenzierte System „Ökonomie" in manchen Modellvorstellungen ganz eigene, besondere Regeln und Handlungslogiken aufweisen, der empirische Blick lehrt demgegenüber aber, daß dieses Handlungssystem beeinflußt, ja durchdrungen ist von allgemeinen gesellschaftlichen Werten und Normen, Deutungen und Interpretationen, Konventionen und institutionalisierten Regelungen, wenn man so mag: auch von einer übergreifenden Ethik und Moral sozialen Handelns, die über verschiedene gesellschaftliche Subsysteme generalisiert wirksam ist und

das Tun und Lassen sozial konstituierter Individuen bestimmt (vgl. Beckert 1997; Berger 1999; Biggart 2000; Heinemann 1987.)

„Gesellschaft" – so lesen wir beispielsweise bei Esser –

> „ist jenes soziale Gebilde, das als der *umfassende*, dann aber auch *selbstgenügsame*, allgemeine institutionelle Rahmen für die Handlungen und sozialen Beziehungen einer Bevölkerung von Menschen fungiert, innerhalb dessen es den Menschen möglich ist, längerfristig und relativ spannungsfrei Produktion und Reproduktion ihres Lebens zu sichern." (1996, S. 324; Hervorh. im Text)

Und weiter heißt es: Die *„übergreifende Verfassung"* sei es, die den „verbindlichen Rahmen aller weiteren institutionellen Regelungen abgibt" (ebd., S. 325; Hervorh. im Text). Versteht man die „übergreifende Verfassung" als eine legitime soziale Ordnung, so kann man mit Meulemann sagen, daß eben diese übergreifende Verfassung die

> „Möglichkeiten und Grenzen des Handelns nicht nur in der Politik, sondern auch in Wirtschaft, Kultur, Familie und Religion, in Beruf und Freizeit, im öffentlichen und im privaten Leben (regelt)" (1996, S. 21).

Eine solche legitime Ordnung besteht nur, weil sie von den Gesellschaftsmitgliedern als eine solche anerkannt und durch ihr alltägliches Handeln auch immer wieder reproduziert wird.

Für das – soziale – Handeln im Subsystem „Ökonomie" bedeutet dies, daß im engen Sinn zweckrationale und Eigennutzen maximierende Aktivitäten nach dem Modell des homo oeconomicus wohl durchaus vorkommen mögen, nicht aber als typische – oder gar einzige – Handlungsweise einfach unterstellt werden können. Empirische Beobachtungen ökonomischen Handelns geben in der Regel vielmehr Anlaß zu der Annahme, daß auch diese Variante sozialer Aktivität in vielen Fällen überlagert und verquickt ist mit anderen Rationalitäten – einfach schon deshalb, weil ökonomische Austauschprozesse in aller Regel *an Personen gebunden bzw. über Personen vermittelt* sind. Diese Personen treten nun aber nicht nur in den jeweiligen Subsystemen einer Gesellschaft strikt nach den jeweils vorgegebenen Rollenmustern in Interaktion und zum Beispiel auf „den Markt", sondern als durchaus vielfältige und ideosynkratische Persönlichkeiten und verwischen dann die Grenzen zwischen spezifischen, an Subsysteme gebundenen Rollen und Normen.

Diese keineswegs neue Erkenntnis tritt offenbar nicht zu jeder Zeit gleichermaßen ins Bewußtsein, so daß augenscheinlich hin und wieder die „Rückkehr der Ökonomie in die Gesellschaft" (Piorc/Sabel 1985) oder die „Rückkehr der Gesellschaft" in die Organisation(stheorie) (Ortmann u.a. 1997) oder auch „die Wiederentdeckung des Sozialen" (Schienstock/Steffensen 1995, S. 348; Grabher 1993) proklamiert und mahnend in Erinnerung gerufen werden muß. Hier kehrt offenbar die Erblast der funktionalen Differenzierung in den Sozialwissenschaften immer wieder zurück.

(2) Mit dem, man kann vielleicht sagen: wirtschaftssoziologischem Paradigma der „social embeddedness“ – und dies betont auch Beckert – muß keineswegs die Vorstellung aufgegeben werden, „daß Akteure nicht intentional an ihren wahrgenommenen Interessen orientiert handeln“ (1997, S. 403); aber erst

> „... durch die Loslösung von der Optimierungsunterstellung als empirischer Annahme (wird) die Differenz zwischen Handlungsintention und Handlungsresultaten ... zum möglichen Untersuchungsgegenstand.“ (ebd.; vgl. Heinemann 1987, S. 9)

Beckert führt zur Stützung seiner Argumentation mehrere ‘Kronzeugen‘ an:

> „Durkheim verweist auf die Bedeutung von moralischen Verpflichtungen und daraus hergeleiteten Normen in wirtschaftlichen Beziehungen, die sowohl als kultureller Rahmen das Handeln der Akteure durchdringen als auch in Interaktionsbeziehungen selbst entstehen können“ (ebd., S. 405).

> „Parsons nimmt an, daß Akteure als integrierte Persönlichkeitssysteme Wertmaßstäbe von einem Handlungsbereich auch in andere hereintragen. Wenn dem so ist, dann schließen die verschiedenen Rollen, die Akteure in unterschiedlichen Handlungskontexten einnehmen müssen, auch für den wirtschaftlichen Bereich ein allein an individuellen Vorteilsüberlegungen orientiertes Handeln aus. Wertvorstellungen der Solidarität und der Kooperation, die etwa familiäre Kontexte prägen, werden von den Akteuren in wirtschaftliche Handlungssituationen eingebracht und nehmen auf diese Einfluß. Die Grenze des Marktes erkennt Parsons in den kulturellen Voraussetzungen der marktlichen Organisation wirtschaftlicher Tätigkeit“ (ebd., S. 406)

Normen, Institutionen, Konventionen, soziale Strukturen im Sinne von Prädispositionen und Pfadabhängigkeiten, die durch die Eingebundenheit in soziale Kreise bedingt sind, sowie Macht bewirken und prägen die Art der sozialen Einbettung wirtschaftlichen Handelns. In der Wirtschaftssoziologie können sie als Variablen für die Erklärung ökonomischer Prozesse und Strukturen Verwendung finden. (vgl. ebd., S. 410, 411)

Wenn also von „social embeddedness“ die Rede ist, so ist damit das Ensemble von historisch gewachsenen Institutionen, Organisationen, Rechtsformen sowie Legitimitäts-, Wert- und Moralvorstellungen gemeint, in das auch wirtschaftliches Handeln eingebunden bleibt. Im theoretischen Modell kann zwar ein nach eigenen Regeln und Normen funktional differenziertes System „Ökonomie“ mit idealtypischen Orientierungen, Einstellungen und Erwartungsmustern („Charaktermasken“, „homo oeconomicus“) ausgemalt werden, faktisch und empirisch bleibt dieser Typus sozialen Handelns, das wirtschaftliche Handeln, rückgebunden an einen *übergeordneten, kulturell spezifischen Rahmen*, der zum Teil juristisch kodifiziert, zum Teil über Sozialisationsinstanzen eingeprägt und zum Teil im Alltagshandeln über Normen, Konventionen, Routinen und moralische Selbstverständlichkeiten reguliert ist und reproduziert wird.

Die oben angesprochenen Rollenverknüpfungen schlagen sich dann auch nieder in der Gestaltung von Geschäftsbeziehungen. Dies läßt sich übrigens selbst in einer ökonomisch funktionalen Perspektive mit dem Argument der hohen Bedeutung von *Erwartungssicherheit* gut begründen:

> „Nicht nur der Homo Sociologicus fürchtet das Chaos einer normativ ungeordneten Welt. Der Homo Oeconomicus kann ebenfalls keine Erwartungsunsicherheit gebrauchen, weil sie ihm seine rationalen Handlungskalkulationen erschwert oder gar verunmöglicht." (Schimank 2000, S. 105)

Erwartungssicherheit gilt demzufolge unter Ökonomen als ein durchaus ehrwürdiges und erstrebenswertes Ziel.

In konkreter, empirischer Perspektive macht sich „social embeddedness" nun in der Tat oftmals auf sehr profane Art geltend, ja mehr noch, scheint annähernd trivial: Sei es, daß persönliche Kontakte und sich aus persönlichen Beziehungen ergebende ökonomisch relevante Gelegenheiten Geschäftsbeziehungen einleiten; sei es, daß aus Akteuren, die Transaktionen vollziehen, „Geschäftsfreunde" werden (vgl. z.B. Uzzi 1996, S. 677); sei es, daß sich in solchen Fällen „Geschäftliches" und „Privates" wechselseitig 'durchtränken'. Erwartungssicherheit im Sinne von Berechenbarkeit, Verläßlichkeit und der Aufbau von Vertrauen liegen so weit nicht auseinander, wenn Transaktionen sich über längere Perioden wiederholen. Und eben dies läßt sich auch beobachten: die gezielte, sehr bewußte, kalkulierte und strategisch angelegte Orientierung auf langfristige, stabile, zuverlässige und dann letztlich vielleicht sogar 'vertrauensgesättigte' Geschäftsbeziehungen (Fischer 2001, S. 97).

Aus berufssoziologischen Arbeiten kennt man entsprechende Traditionen oder auch die mit Prozessen der Professionalisierung verbundene Herausbildung von Standards und Normen, die ein berufliches Standesbewußtsein konstituieren. Ärzte und Rechtsanwälte mögen einem hier einfallen, aber auch die „Handwerker-Ehre", das „Ethos" beispielsweise des „hanseatischen Kaufmanns"; schließlich verweisen auch Formeln wie der „seriöse Geschäftsmann" oder der „ehrliche Makler" auf entsprechende gesellschaftlich verankerte Leitbilder.

(3) Im Anschluß an diesen Hinweis auf die soziale Einbettung wirtschaftlichen Handelns sollen für den vorliegenden Zusammenhang, in dem es um „Strukturen und Voraussetzungen vernetzter Geschäftsbeziehungen" geht, zwei Argumente herausgestellt werden. Auch ökonomische Aktivitäten sind – erstens – übergreifenden sozialen Werten, generalisierten Normen, im Allgemeinen nicht weiter hinterfragten Selbstverständlichkeiten des sozialen Umgangs verpflichtet.

Tauschnormen und Tauschmoralitäten charakterisieren demzufolge das Handeln auf Märkten – und in einem sehr allgemeinen Sinne vertrauen auch die meisten Akteure darauf, daß es dabei bleibt. Ein zweites Argument, auf das im Folgenden noch etwas näher eingegangen werden soll, betrifft insbesondere das Phänomen „Vernetzung“: Es ist dies die Überlegung, daß Restriktionen und Opportunitäten des sozialen Handelns vor allem auf *Wechselbeziehungen* und *Wechselwirkungen* zurückgeführt werden können, die aus diesem Handeln erwachsen.

Am Anfang dieser Überlegungen steht nicht das isoliert handelnde, sondern das in sozialen Kontexten agierende Individuum. Methodologisch gesprochen: Nicht der methodologische Individualismus bildet den Ausgangspunkt von Analysen ökonomischer Strukturen und Prozesse, sondern der „methodologische Relationismus“ (Kappelhoff 2000, S. 33).

Ganz in diesem Sinne leitet Granovetter seinen bekannten Aufsatz „Economic Action and Social Structure: The Problem of Embeddedness“ mit den folgenden Worten ein:

> „How behavior and institutions are affected by social relations is one of the classic questions of social theory. This paper concerns the extent to which economic action is embedded in *structures of social relations*“ (1995, S. 211; Hervorh. d. Verf.).

Granovetter betont also die „ongoing structures of social relations“ (ebd.). Sein Argument lautet, daß zwar institutionelle Arrangements und generalisierte Moralvorstellungen im Wirtschaftsleben eine wichtige Rolle spielen, daß aber für die Entstehung von Vertrauen soziale Beziehungen, also persönliche Beziehungen und mit Personen verbundene Reputation, fundamental sind.

Mit dieser allgemeinen Überlegung läßt sich zwanglos zur Erläuterung des Begriffs „Netz“, „Netzwerk“ oder „Vernetzung“ und zur sogenannten „Netzwerkanalyse“ überleiten. Wir kommen damit, allerdings auf einem abstrakteren Argumentationsniveau, also wieder zurück zum Thema „Vernetzung“ (bzw. „vernetzte Geschäftsbeziehungen“). Sehr anspruchsvoll heißt es dazu bei Esser:

> „Die sog. Netzwerkanalyse ist das – theoretische wie technische – Instrumentarium zur Beschreibung der Strukturen sozialer Einbettung der Akteure und damit ein Mittel auch zur Erklärung der Entstehung sozialer Ordnung – und anderer sozialer Phänomene und Prozesse – als Folge solcher Strukturen.“ (2000, S. 173)

Ein Netzwerk oder Netz kann verstanden werden als ein „System sozialer Wechselwirkungen, das eine Menge von Akteuren und den zwischen diesen bestehenden sozialen Beziehungen“ umfaßt (Kappelhoff 2000, S. 26; vgl. Mitchell 1969). Oder etwas technischer formuliert: Ein Netzwerk kann formal als multipler Graph verstanden werden, also eine Menge von Knoten (die Akteure des

Netzwerkes) und den zwischen diesen Knoten existierenden Kanten, die die zwischen den Akteuren bestehenden sozialen Beziehungen kennzeichnen (vgl. Kappelhoff 2000, S. 36). In diesem abstrakten (bzw. formalen) Verständnis stellen sich auch Märkte und Organisationen als soziale Gebilde, genauer: als Tauschsysteme, dar, die als „Netzwerk“ betrachtet werden können. Kappelhoff akzentuiert – ganz wie Granovetter – das Spezifische dieser Perspektive wie folgt:

> „Erst durch die Interdependenzen, die sich aus der Verbundenheit von sozialen Beziehungen ergeben, konstituiert sich ein Netzwerk als soziales System.“ (Kappelhoff 2000, S. 27)

Vielleicht etwas esoterisch formuliert: Es kommt auf die Beziehungen von Beziehungen an.

Solche sozialen Strukturen, in denen (was auch immer) getauscht wird, sind durch eine übergreifende systemische *Tauschlogik* charakterisiert. Diese Tauschlogik setzt voraus (bzw. impliziert) *Tauschnormen* und eine allgemeine *Tauschmoralität* – und reproduziert diese im Vollzug des Tausches.

> „Auch zielstrebig ihre Interessen verfolgende Akteure können niemals allein aus einer rationalistischen Situationslogik heraus ihre Handlungsstrategien entwikkeln und bleiben somit auf handlungsleitende Regeln angewiesen. Bestätigt der sich auf dieser Grundlage entwickelnde Tauschprozeß die Erwartungen der Akteure, so kommt es zu einer wechselseitigen Stabilisierung von Tauschstruktur und Tauschmoralität oder, abstrakter gesprochen, von sozialen und kulturellen Komponenten des Tauschsystems. Umgekehrt können mißlingende Transaktionen dazu führen, daß die handlungsleitenden Regeln in Frage gestellt und evtl. sogar die zugrundeliegenden Tauschbeziehungen zur Disposition gestellt werden“ (Kappelhoff 2000, S. 49).

Wird diese kulturelle Dimension des Netzwerk-Konzeptes mit in das analytische und methodische Vorgehen einbezogen, so umfaßt der Ansatz durchaus nicht nur das formale und ‘technische‘ Instrumentarium, wie manches Vorurteil es wissen will.

Zusammengefaßt: Wenn soziale Beziehungen abstrakt als Tauschbeziehungen betrachtet werden, so können soziale Interaktionen als Austauschprozesse materieller oder auch immaterieller Ressourcen analysiert werden. Ein System solcher Beziehungen konstituiert dann ein Netz (oder „Netzwerk“).

> „Zwar ist das Urbild des Tausches das Geben und Nehmen in einer Zweierbeziehung, aber dies geschieht mit Ausnahme der isolierten Dyade stets vor dem Hintergrund eines Netzwerks von Tauschbeziehungen. Aus der Perspektive des Netzwerkansatzes steht daher die Betrachtung der systemischen Verbundenheit von Tauschbeziehungen im Mittelpunkt des theoretischen Interesses. Je nach Art der Verbundenheit der Tauschbeziehungen und der strukturellen Form des Netzwerkes ergibt sich eine je spezifische, die einzelnen Tauschbeziehungen übergreifende systemische Tauschlogik.“ (ebd., S. 43)

5. Dimensionen interorganisationaler – regionaler – Vernetzung

(1) Im Folgenden soll in einer Art *Zwischenresümee* nochmals knapp zusammengefaßt werden, welche Dimensionen von Vernetzung bzw. insbesondere regionaler Vernetzung unterschieden und bei empirischen Untersuchungen – soweit möglich – beachtet und erfaßt werden sollten. Den allgemeinen Orientierungsrahmen hierfür bietet das Netz als soziale Struktur (bzw. soziales Gebilde) mit „Knoten“ und „Kanten“, so daß es auf die Qualifizierung der Akteure und ihrer sozialen Beziehungen ankommt.

Zunächst sei klargestellt, daß die einfachsten Elemente eines sozialen Systems „Netz“ zwar Dyaden sind, also zweiseitige Beziehungen, aber netzspezifische Effekte erst eintreten und beobachtet werden können, wenn neben direkten noch *indirekt* wirksame Beziehungen bestehen und wirksam wirken.

Erinnert sei ferner daran, daß bei empirischen Analysen interorganisationaler Beziehungen (und auch vernetzter Geschäftsbeziehungen) sich die systematische Beobachtung verkompliziert, weil sowohl *kollektive* als auch *individuelle* Akteure das Netz oder gegebenenfalls Netze konstituieren.

(2) Netze als Tauschsysteme sind im Allgemeinen Ungleichgewichtssysteme und interorganisationale Netzwerke von Unternehmen sind dies in besonderer Weise, da sie in der Regel auf antagonistischer Kooperation basieren (vgl. Kappelhoff 2000, S. 27 und 43). Innerhalb dieses Systems treten direkte und indirekte Wechselwirkungen auf, die durch das Handeln und die Handlungsfolgen der – ebenfalls direkt und indirekt miteinander verbundenen – Akteure verursacht sind.

Damit sind mindestens *drei zentrale Charakteristika* von Vernetzung angesprochen: Erstens kann ein Machtgefälle bzw. können typischerweise Dominanz- und Abhängigkeitsverhältnisse zwischen den Akteuren festgestellt werden. Zweitens treten kettenartige Verknüpfungen von Handlungen und Handlungsfolgen auf, die unvermeidlich eigendynamische Prozesse und – eng damit verbunden – neben intendierten immer auch nicht intendierte Effekte einschließen. Drittens schließlich handelt es sich um Tauschprozesse, die allerdings ganz unterschiedliche und – wohl nicht selten – auch inkompatible Dimensionen umfassen.

Machtasymmetrie bedeutet bekanntlich, daß Macht zwar ungleich verteilt ist, nicht aber, daß die schlichte Unterscheidung von machtvollen und machtlosen Akteuren auch nur annähernd hinreichend wäre. Es kommt in empirischen Untersuchungen mithin darauf an, die unterschiedlichen Quellen von Macht zu identifizieren und zu gewichten. Auf diese Problematik weist auch *Winkler* (in diesem Band) hin.

Eigendynamische Prozesse können allein schon deshalb erwartet werden, weil die Kontrolle von Handlungsfolgen in einem Netz spätestens dann prekär wird, wenn *Dritte* ins Spiel kommen. Soweit möglich, sollte daher im Rahmen empirischer Analysen versucht werden, direkte und indirekte Wirkungen zu unterscheiden und Akteuren bzw. Handlungen zuzurechnen – auch wenn natürlich zu berücksichtigen ist, daß konkrete Akteure unintendierte positive Folgen gern ihrer Geschäftigkeit zuschreiben, unintendierte negative Folgen hingegen unerfreulichen situativen Faktoren anlasten, zu denen bevorzugt Dritte gehören, mit deren Einfluß man nicht habe rechnen können.

Arbeitsteilung oder andere soziale Interdependenzen machen Koordination – und Tausch – erforderlich. Wenn aber in sogenannten Netzwerken getauscht wird, so ist – wie oben schon dargelegt – ein übergreifendes System des wechselseitigen Bezugs von Ressourcen und Leistungen gemeint, ein *komplexes und mehrdimensionales Tauschsystem.* Es werden also nicht einfach nur Äquivalente getauscht und auch nicht nur monetär bewertbare Ressourcen und Leistungen; aus diesem Grund kommen unvermeidlich Werturteile verschiedenster Herkunft ins Spiel. Solche Bewertungsmaßstäbe sind gesellschaftlich geprägt und keineswegs irgendwelchen zufälligen individuellen Präferenzen geschuldet. Was als erstrebenswert und als wertvoll gilt, mag interindividuell durchaus variieren, das ist keine Frage, aber es lassen sich auch vorherrschende, typischerweise verbreitete, gewissermaßen 'mehrheitsfähige' Wunschvorstellungen, Bedürfnisse, Ziele, Ideale etc. ausmachen. Es sind eben diese letztgenannten, die soziale Systeme kennzeichnen.

Damit sind wir wieder zu dem Phänomen relativer kultureller Homogenität und zum Thema „soziale Nähe" zurückgekehrt. Ohne gemeinsame, von den Akteuren geteilte Auffassungen, Orientierungs- und Deutungsmuster, Handlungsregeln und akzeptierte Vorgehensweisen 'läuft nicht viel', auch nicht in Geschäftsbeziehungen zwischen Unternehmen. Für die empirische Untersuchung bedeutet dies, daß zumindest über einige relevante Dimensionen dieser Werte, Normen und Orientierungsmuster – zum Beispiel mit Blick auf das gewohnte Geschäftsgebaren – Informationen vorliegen sollten, damit Näheres und inhaltlich Gehaltvolles über Entstehung und Stabilisierung, aber auch über den Zerfall von vernetzten Geschäftsbeziehungen gesagt werden kann. Schließlich lautet eine zentrale Annahme der hier vorgestellten Überlegungen, daß die Vorstellungen von Reziprozität oder gar 'Tauschgerechtigkeit' die Basis für die Aufnahme oder das Aufkündigen von Geschäftsbeziehungen darstellen.

Zu vernetzten Geschäftsbeziehungen gehören zudem Austauschprozesse auch auf anderen Ebenen als nur der der Güter und der handgreiflichen Dienste. Insbesondere für den Fall der Kooperation bei der Entwicklung von Innovationen ist dies immer wieder betont worden. Dieses 'Mehrebenen'-Merkmal trifft aber wohl nicht nur für diesen klassischen Fall von Unsicherheit zu, sondern auch für alle möglichen anderen Austauschprozesse, die mit mehr oder minder beunruhigender Ungewißheit befrachtet sind. Die spezifischen Kombinationen von erwartungssicheren und ungewissen Zonen bei den an einem Netz beteiligten Akteuren etwas näher auszuloten, stellt also eine weitere lohnende Aufgabe dar, wenn interorganisationale Beziehungen empirisch analysiert werden.

Grenzstellen, aber nicht nur diese, sondern auch weitere Akteure, die in den involvierten Organisationen an Tauschvorgängen beteiligt sind, manches Mal nur scheinbar peripher, sollten identifizierbar und qualifizierbar sein; insbesondere wird dies dann wichtig, wenn neben den der Natur der Sache nach beteiligten Grenzstellen weitere, also wiederum Dritte die Bühne der Geschäftsbeziehungen betreten, und deren Handeln wiederum Wirkungen auslöst. Denn die Handlungslogiken und Ziele dieser Beteiligten können recht unterschiedlich gelagert sein. Unternehmen als kollektive Akteure werden nicht nur durch unterschiedliche individuelle Akteure repräsentiert, sondern auch die bestehenden Geschäftsbeziehungen werden von diesen verschiedenen Akteuren gestaltet. Was *in* Organisationen üblicherweise die Ausgestaltung von Strukturen beeinflußt, wird auch in den Beziehungen *zwischen* Organisationen wirksam: Neben Verträgen, Rahmenvereinbarungen, Kooperationsabkommen usw. müssen also auch informelle Beziehungen und Mikropolitik Beachtung finden und in die empirische Analyse eingehen.

(3) Wenn darüber hinaus – wie hier – von *regionalen* Unternehmensnetzwerken gesprochen wird, so gilt es nicht nur, den je spezifischen Mischtyp (oder die jeweilige Steigerungsform) von Markt und Organisation empirisch greifbar zu machen, also die marktlichen ebenso wie die hierarchischen bzw. Anweisungs-Strukturen in vernetzten Geschäftsbeziehungen zu erfassen, sondern auch dem Umstand Rechnung zu tragen, daß regionale Besonderheiten und Bezüge – und damit dann auch eine schier unendliche Fülle von Akteuren und sozialen Beziehungen – das Untersuchungsfeld ausweiten. Ein Konzept, dem näherungsweise beizukommen, stellen *Lutz/Sydow* (in diesem Band) vor: „institutional thickness“ als Voraussetzung für die Entwicklung eines wettbewerbsfähigen Standortes, hier der Medienindustrie. Die regionale Ballung von Kompetenzen, damit also auch regionale Nähe, die unkomplizierte, unaufwendige „face-to-face-Kontakte“ ermöglicht, erweist sich dann als Standortvorteil und vielleicht sogar als Existenzbedingung erfolgreicher Branchen.

Das ist nun wahrlich ein umfangreiches Forschungsprogramm und der Leser bzw. die Leserin wird kaum überrascht sein, wenn wir bekennen, daß es in diesem Band mitnichten eingelöst wird. Aber zumindest einige Elemente dieser Untersuchungsdimensionen regionaler Vernetzung wird man in den folgenden Beiträgen finden können.

6. Zur Methodik

(1) Für die empirische Erfassung regional vernetzter Geschäftsbeziehungen sind – wie sonst auch – sowohl qualitative wie quantitative Methoden 'im Angebot'. Es scheint uns, daß bei der bisherigen Analyse von „industrial districts" und „innovativen Milieus" regional orientierte Fallstudien dominieren, und daß bei der empirischen Untersuchung von Unternehmungsnetzwerken qualitativ orientierte Vorgehensweisen im Vordergrund stehen. Demgegenüber findet die klassische Vorgehensweise der sogenannten Netzwerkanalyse – soweit wir sehen – selten Anwendung. Letzteres hat mit hoher Wahrscheinlichkeit seine Ursache darin, daß – wie Kappelhoff zu Recht bemerkt – mit einer „theoretisch gut begründeten, inhaltlich validen Systemabgrenzung ... jede empirische Untersuchung mit dem Netzwerkansatz (steht und fällt)" (2000, S. 37). Denn wie soll vorab ein industrieller Distrikt oder ein innovatives Milieu „theoretisch gut begründet" und „inhaltlich valide" abgegrenzt werden? „Industrial districts" und „innovative Milieus" stellen selbst Konstrukte einer zusammenfassenden Empirie dar. Die übliche Notlösung, die in diesem Fall gefunden wird, ist die regionale Begrenzung, die an Verwaltungseinheiten o.a. vorgefundenen Gebietsgrenzen festgemacht ist, aber zumeist ganz anderen Zwecken diente. Diese „Lösung" haben auch wir im Projekt „Strukturen und Stabilitätsbedingungen regionaler Vernetzung" gewählt und das Land Brandenburg als Untersuchungsregion auserkoren (vgl. dazu den Beitrag von *Bleicher/Steiner* im vorliegenden Band). Auch Ungarn kann in diesem Sinn als Region gelten und die ungarische Wirtschaft kann als ein Netzwerk betrachtet werden, wie dies *Vedres* (in diesem Band) demonstriert.

Einen etwas anderen Weg ist *Kujath* (in diesem Band) gegangen. Er bezieht sich dabei auf die Analyse von Dybe/Kujath (2000), die ein „Wirtschaftscluster", nämlich das der deutschen Schienenfahrzeugindustrie, empirisch untersucht haben. Die Autoren weisen zunächst darauf hin, daß zur Erfassung von „Clustern" oder Wertschöpfungsketten die Daten der Input-Output-Analyse, wie sie von der amtlichen Statistik bereit gestellt werden, „in nur sehr eingeschränktem Maß" (2000, S. 51) genutzt werden können. Im Prinzip aber könnten Güter-, Leistungs- und Geldströme zwischen Branchen (bzw. Unternehmen), die mit einiger Wahrscheinlichkeit einem solchen „Wirtschaftscluster" angehören, den Ausgangspunkt einer Vernetzungsanalyse bilden. Zumindest die mehr oder minder ausgeprägte regionale Konzentration von Branchen, die ein solches Cluster bilden, läßt sich durchaus ermitteln (vgl. ebd., S. 77-80). Für die Netzwerkanalyse, die dann vorgenommen wird, liegen – wie es heißt – „Daten der auf der Messe Inno Trans 98 in Berlin vertretenen Anbieter von Produkten der Schienenfahrzeugindustrie" (ebd., S. 80) zugrunde, also offenbar ein Katalog zu dieser Messe (vgl. ebd., S. 152). Wie theoretisch gut begründet und inhaltlich valide diese Systemabgrenzung ist, mag der Insider beurteilen, der den Stellenwert dieser Messe einzuschätzen weiß – plausibel und sicherlich in ähnlicher Weise nachahmenswert ist das Vorgehen allemal.

Uzzi (1996) kann in seiner empirischen Untersuchung ebenfalls auf ein schon an anderer Stelle erfaßtes „Netzwerk" zurückgreifen. Dieser Glücksfall sei hier etwas ausführlicher beschrieben

> „Data on the network ties among all better dress apparel firms in the New York apparel economy were obtained from the International Ladies Garment Workers Union, which keep records on the volume of exchanges between contractors and manufactures ... The data describe (1) firm-to-firm resource exchanges, (2) business group membership, and (3) company's product lines, age, size of employment, and location. The data on resource exchange and social tie networks cover the full network of relations for each firm in this economy (e.g., the proportion of work that each firm 'sends' and 'receives' to and from its network partners and whether firms are linked by family, friendship or shareholdings). The union collects these data in order to calculate a worker's union dues, which are paid by the employer on the basis of the amount of work done in the employer's shop." (S. 685)

Hinsichtlich der Anforderung, Systemabgrenzungen theoretisch gut begründet und inhaltlich valide vorzunehmen, müssen wahrscheinlich im Regelfall – schon aus forschungspragmatischen Gründen und aus Gründen, die mit der Verfügbarkeit vorhandener, vielleicht zu anderen Zwecken gesammelten Daten – Abstriche gemacht werden.

(2) Häufiger stößt man daher auf Fallstudien, die in starkem Maße qualitativer Forschungsmethodik verpflichtet sind. Um die Motive, Ziele, Bewertungen und Handlungslogiken der Akteure in Netzen zu erfassen, erscheinen in der Tat solche Fallanalysen gut geeignet.

Wie ist eine vernetzte Geschäftsbeziehung entstanden, welche Geschichte hat sie und welche Rolle haben in dieser Geschichte zum Beispiel persönliche Kontakte gespielt? Welche Austauschprozesse finden statt, welche Güter und Ressourcen werden in diese Prozesse einbezogen? Welche Akteure, neben den ohnehin aktiven Grenzstellen, sind beteiligt? Wie bewertet man die Geschäftsbeziehung im Hinblick auf Kalkulierbarkeit, Berechenbarkeit, Zuverlässigkeit und Verläßlichkeit; kann von Vertrauen oder gar freundschaftlichen Beziehungen gesprochen werden? Eben solchen, hier nur beispielhaft aufgeführten Fragen, kann unter Einsatz des Instrumentariums qualitativer Sozialforschung nachgegangen werden.

Die Vorteile und Nachteile der jeweils eingesetzten Methoden liegen auf der Hand. Die Netzwerkanalyse stellt ein formal elegantes Verfahren bereit, mit dem die Wechselwirkungen sozialer Beziehungen analysiert werden können. Sie steht aber immer auch im Verdacht, vorschnell von bloß formalen Beziehungen auf inhaltlich bedeutungsvolle Wirkungen zu schließen. Man muß daher eigentlich qualitativ Genaueres über die involvierten Akteure und die Art ihrer sozialen Beziehungen wissen. Bei Kapitalverflechtungen und der wechselseitigen Besetzung von Positionen in Aufsichtsräten mögen bestimmte Schlußfolgerungen plausibel sein, in anderen Fällen müssen die Informationslücken mit Interpretationen gefüllt werden. Vorbildlich sind demgegenüber wohl kombinierte Vorgehensweisen, wie sie etwa Uzzi (1996) praktiziert hat: Ein und dasselbe Netz wird sowohl mit „ethnographischen" (vgl. ebd., S. 677) als auch mit traditionellen quantitativen Methoden analysiert.

Wir kombinieren in unserem Projekt über „Strukturen und Stabilitätsbedingungen regionaler Vernetzung" ebenfalls quantitative und qualitative Methoden. Mit Hilfe einer repräsentativen (schriftlichen) Befragung der Unternehmen, die den Industrie- und Handelskammern und den Handwerkskammern im Land Brandenburg angehören, wurden Informationen zur Struktur der Liefer-, Kunden- und Kapitalbeziehungen der Unternehmen erhoben (vgl. hierzu auch den Beitrag von *A. Bleicher* und *R. Steiner* in diesem Band). Von besonderem Interesse waren hier neben den (im engeren Sinn) ökonomischen Beziehungen auch deren soziale und kommunikative Dimensionen. Im Rahmen einer solchen schriftlichen Unternehmensbefragung lassen sich Vernetzungsphänomene indes nur ansatzweise erfassen: nämlich als *Ego-Netze* der Befragten. Und auch dies ist nur in einem eingeschränkten Sinne möglich und praktikabel. Im vorliegenden Fall wurde versucht, zumindest das Akteurssystem zu erfassen, das vom befragten Unternehmen (Ego) und seinem wichtigsten Kunden, seinem wichtigsten Lieferanten und seinem wichtigsten Kapitalgeber gebildet wird, einschließlich aller wechselseitigen Beziehungen, sofern der Befragte davon Kenntnis hat. Darüber hinaus haben wir Fallanalysen zur Vernetzung in verschiedenen Bereichen wirtschaftlicher Aktivität durchgeführt. In diesen Fallanalysen zur (regionalen) Vernetzung wurde versucht, dem Netz-Charakter des Untersuchungsgegenstandes dadurch Rechnung zu tragen, daß nach dem *„Schneeballsystem"* verfahren worden ist: Das empirische Vorgehen folgt dabei den Hinweisen der Interviewten; der empirische Forscher läßt sich gewissermaßen das Netz von den befragten Akteuren konstruieren.

Allein schon deshalb, weil dies aus forschungspraktischen Gründen in vielen Untersuchungen kaum möglich ist, wird es wohl auch weiterhin zum einen eher qualitative Zugänge und zum anderen eher quantitative, und hierin eingeschlossen: netzwerkanalytische Vorgehensweisen im engeren Sinn, geben müssen. Für die empirische Untersuchung von Unternehmungsnetzwerken und vernetzten Geschäftsbeziehungen scheinen uns aber insbesondere die Potentiale der eher quantitativen Methodik bislang noch kaum ausgeschöpft zu sein.

Um regionale Vernetzung und vernetzte interorganisationale Beziehungen zu analysieren, kann somit das gesamte Spektrum der Methoden empirischer Sozial- und Wirtschaftsforschung eingesetzt werden. Selbst wenn die Einschätzung, daß noch vieles zu tun bleibt, richtig ist, so läßt sich doch auch schon ein vorläufiges Fazit ziehen und es lassen sich gewisse Erwartungen an weitere Forschungsarbeiten stellen.

Das methodische Vorgehen künftiger empirischer Forschung zur interorganisationalen Vernetzung kann und sollte auf einer 'erweiterten Stufenleiter' ansetzen. Sinnvoll und nützlich erscheint uns eine Weiterentwicklung im Sinne der wechselseitigen 'Befruchtung und Durchdringung' qualitativ und quantitativ orientierter Ansätze bzw. Konzepte. Denn um die Analytik zu schärfen, kommt es nicht unbedingt darauf an, Vollständigkeit bei der Erfassung der unterschiedlichsten Untersuchungsfelder anzustreben. Für wirtschaftspolitische Akteure mag die statistische Erfassung bzw. die 'Rundum-Information' nützlich, vielleicht sogar notwendig sein. Für solche Zwecke macht es Sinn, ein möglichst umfassendes Bild der Unternehmenslandschaft zu zeichnen, also quasi eine Landkarte mit möglichst allen Unternehmen und ihren Input- und Output-Verflechtungen zu erstellen. Für die tiefere wissenschaftliche Einsicht und entsprechenden Erkenntnisfortschritt etwa hinsichtlich der Funktionsweise interorganisationaler Beziehungen hingegen kommt es nicht auf Komplettierung an.

Auch garantiert die Modernität (bzw. die – vermeintliche – Innovativität) einer Branche oder einer wirtschaftlichen Aktivität nicht den Neuigkeitswert von Wissen. Ein kleiner 'Seitenhieb' sei an dieser Stelle gestattet: Bei kritischer Betrachtung mancher Studien kann man mitunter den Eindruck gewinnen, daß hier der Glaube herrscht, allein schon die empirische Erfassung der neuesten Entwicklungen in vermeintlichen Leitindustrien oder modernen Branchen verbürge innovative Einsichten.

Analysen zur interorganisationalen – regionalen – Vernetzung lassen sich angesichts des noch unzureichenden Kenntnisstandes aber ebenso fruchtbar beispielsweise in West- wie in Ostdeutschland oder in der Multi-Media-Industrie und im Baugewerbe durchführen. Von Interesse und von Relevanz sind zunächst die Strukturgleichheiten oder Struktur*un*gleichheiten, nicht jede Facette spezifischer Ausprägungen dieser Strukturen. Weder die Modernität einer Branche noch die Avanciertheit einer Technik und auch nicht der Umstand, daß das Untersuchungsfeld noch kaum beforscht ist, stellt unserer Auffassung nach eine Garantie für weiterführende Erkenntnisse dar.

Fallstudien, wenn es sich denn überhaupt um solche handelt und nicht um bloße empirische Illustrationen, sind dort sinnvoll einzusetzen, wo es um die Erforschung noch ungeklärter und erst noch aufzuhellender Dimensionen von Vernetzung geht. „Ethnographische" Methodik erscheint uns dann nicht mehr am Platz zu sein, wenn schon einiges an Wissen über den Untersuchungsgegenstand vorliegt; das alleinige „story telling“ mag dann angemessen sein, wenn das Untersuchungsfeld eine ‘terra incognita‘ darstellt, ist aber nicht per se anderen Verfahren überlegen. Es besteht sonst sogar die Gefahr, daß die eingesetzte Methode den Forscher (bzw. die Forscherin) auf ein schon erreichtes Informations- und Erkenntnisniveau zurückwirft. Weiter zu entwickeln und zu verbessern sind unseres Erachtens demnach insbesondere das Design der Studien und die Operationalisierung von Untersuchungsdimensionen, also ein originelles Forschungsdesign und gehaltvolle empirische Indikatoren, wenn man sich künftig dem Phänomen interorganisationaler (regionaler) Vernetzung widmet.

7. Zu den Beiträgen

Der vorliegende Band ist in vier größere Abschnitte unterteilt, denen jeweils zwei, drei oder mehr Beiträge zugeordnet sind. Die Überschriften über diese fünf Abschnitte sollen jeweils die Schwerpunktsetzung der Beiträge kennzeichnen. Mit Blick auf den Untertitel des Bandes kann man sagen, daß in den Abschnitten I. bis III. die Thematik „Strukturen“ regionaler Vernetzung eindeutig im Vordergrund steht, während in den Abschnitten IV. und V. eher die „Voraussetzungen“ regionaler Vernetzung behandelt werden. Es ist uns wichtig zu betonen, daß die weit überwiegende Zahl der hier versammelten Aufsätze sich auf je eigene empirische Projekte stützt, an denen die Autor(inn)en maßgeblich beteiligt waren, und daß auch die anderen Beiträge zumindest Sekundäranalysen solcher empirischer Analysen darstellen.

Regionale Vernetzung

Interorganisationale regionale Vernetzung bildet den Gegenstand der Beiträge von *J. Genosko* („Regionale Netzwerke und regionaler Arbeitsmarkt: Kumulative Prozese zirkulärer Verursachung?“), *A. Lutz/J. Sydow* („Content-Produktion in der Region – Zur Notwendigkeit und Schwierigkeit der politischen Förderung einer projektbasierten Dienstleistungsindustrie“) und *A. Bleicher/R. Steiner* („Funktionsweise und Potentiale vernetzter Geschäftsbeziehungen – Das Beispiel Brandenburg“).

In allen drei Aufsätzen werden nicht nur interorganisationale Beziehungen angesprochen, sondern es wird auch explizit die Frage nach der regionalen Bindung dieser Beziehungen aufgeworfen – und zum Teil unterschiedlich, aber überwiegend doch relativ einheitlich beantwortet. Bemerkenswert erscheint, daß Genosko und Lutz/Sydow für die Medienindustrie die hohe Relevanz dieser regionalen Bindung herausstellen, daß also gerade in einer als modern geltenden Branche sowohl regionale soziale Einbettung als auch institutionelle Dichte in besonderer Weise wichtig zu sein scheinen. Bleicher/Steiner betonen ebenfalls, daß soziale Einbettung sowohl zur Stabilisierung der regionalen Wirtschaft – hier im kleinbetrieblich strukturierten Wirtschaftsraum Brandenburg –, aber auch für die Orientierung auf überregionale Märkte zentral ist. Die sozioökonomische Festigung der Standorte stellt offenbar in der Tat eine Voraussetzung für überregionale Aktivitäten dar. Die im Titel des Bandes gestellte Frage „Sprungbrett Region?" kann unter Hinweis auf diese Beiträge – mit aller gebotenen Vorsicht positiv beantwortet werden. Interessant ist – und auch dies zeigt Genosko –, daß die „reife" Industrie des Kraftfahrzeugbaus (um nicht „Altindustrie" zu sagen) zwar durchaus auch regional angebunden bleibt, eine unbedingte ökonomische Notwendigkeit dafür aber deutlich schwerer erkennbar ist als im Fall der Medienindustrie; die Kraftfahrzeughersteller weisen deutlich eine Reihe von Merkmalen eines „global player" auf.

Interorganisationale Beziehungen im regionalen Kontext

Diese, dem Titel des ersten Abschnittes doch sehr ähnliche Überschrift über die drei Beiträge des zweiten Abschnitts, weist darauf hin, daß es auch hier um Vernetzung und – zumindest – um „regionale Kontexte" geht. In allen drei Beiträgen – „Global Play im Ruhrgebiet" (*A. Helmer-Denzel*), „Jenseits des Industriedistrikts – globale Warenketten und ihre Institutionen" (*P. Hessinger*), „Organisatorische und räumliche Dynamik „reifer" Industriesysteme – das Netzwerk der deutschen Schienenfahrzeugindustrie als Beispiel" (*H.-J. Kujath*) – spielen diese regionalen Kontexte eine Rolle, im Vordergrund stehen aber doch eher die interorganisationalen Beziehungen.

Helmer-Denzel analysiert ein Netzwerk, das „Urban Entertainment Center" in Oberhausen, das sowohl autonome Unternehmen als auch einen zentralen Akteur umfaßt, der das Netzwerk in gewisser Weise 'steuert', nämlich in Bezug auf einige gemeinsame Aktivitäten. Regionale Nähe ist hier vorausgesetzt. Zwei bemerkenswerte Aspekte der Untersuchung seien an dieser Stelle herausgegriffen:

(1) Die Entstehung und die Stabilisierung des hier analysierten Netzes verdankt sich auch der politischen Unterstützung, und diese wiederum scheint an persönliche Beziehungen geknüpft zu sein.
(2) Die regionale Ballung verschiedener Kompetenzen wirkt im Fall des „CentrO" auch überregional: Das CentrO ist weit über die engere Region hinaus bekannt und stellt überregional – bis in die Niederlande – einen attraktiven Anziehungspunkt dar. Auch so also lassen sich überregionale Ressourcen erschließen.

Hessinger – so jedenfalls erscheint es auf den ersten Blick – setzt demgegenüber etwas andere Akzente: Er kritisiert das Konzept der „flexiblen Spezialisierung" und das damit verbundene Konzept des „industriellen Distrikts“, und zwar gerade wegen der dort herausgehobenen Relevanz regionaler Bindungen. Er möchte dem entgegen halten, daß es neben den von Sabel u.a. beschriebenen regionalen Vernetzungsformen auch solche globaler, raumübergreifender Art gibt. Seiner Interpretation nach haben sich überregional bzw. global normensetzende Institutionen entwickelt, die „die gesamte Distriktentwicklung aus den Angeln heben“. Am Beispiel der norwegischen Werftindustrie wird – nach einem zweiten Blick – dann aber auch deutlich, daß die Erschließung überregionaler Märkte durchaus auf einer florierenden regionalen Industriestruktur basiert. Allerdings verändere die Ausdehnung des Aktionsradius dann diese Struktur und es entstünden „globale Warenketten“. Schließlich wird außerdem noch gegen den Ansatz der „institutionellen Einbettung“ im Anschluß an Boyer/Hollingsworth die Idee einer „institutionellen nestedness“ ins Feld geführt (was an dieser Stelle aber nicht mehr näher thematisiert werden kann).

Mit diesem Beitrag von P. Hessinger verlassen wir nun auch den DFG-Forschungsschwerpunkt „Regulierung und Restrukturierung der Arbeit in den Spannungsfeldern von Globalisierung und Dezentralisierung“. Alle oben erwähnten Aufsätze entstammen diesem Kontext und stellen Ausschnitte aus der empirischen Arbeit der jeweiligen Projekte dar. Die im Folgenden kurz kommentierten Beiträge hingegen verdanken sich anderen Entstehungszusammenhängen und sind aus der Sicht des DFG-Schwerpunktprogramms „externe“ Arbeiten.

Die methodische Seite der Untersuchung, deren Ergebnisse H. J. Kujath hier vorstellt, ist oben schon gewürdigt worden: Zugrunde liegt ein netzwerkanalytisches Vorgehen. Das Wirtschaftscluster des deutschen Schienenfahrzeugbaus hat jahrzehntelang den Charakter eines „Milieus“ getragen, ähnlich wie dies früher für die ‘Hoflieferanten‘ der Deutschen Post auf dem Gebiet der Telefonie gegolten hat. Dieses Milieu befindet sich in begrenzter Auflösung, indiziert etwa durch den Einstieg des „global player“ Bombardier in den deutschen Markt. Die zumeist regional konzentrierten Hersteller-Zulieferer-Beziehungen in diesem Cluster allerdings scheinen von erstaunlicher Stabilität zu sein. Diese Stabilität wiederum kann und wird wohl wichtig bleiben, wenn die Produkte der Branche weiterhin und vermehrt auch überregional abgesetzt werden (sollen). Die Redeweise vom „Sprungbrett Region“ hat auch hier eine gewisse Berechtigung.

Vernetzung und zwischenbetriebliche Kooperation im Kontext der Transformation

Der dritte Abschnitt dieses Bandes handelt also von interorganisationalen Beziehungen im Kontext von Transformationsprozessen, das heißt, alle vier Beiträge sind explizit auf die Fragestellung ausgerichtet, welche Bedeutung der Struktur und dem Wandel interorganisationaler Beziehungen für die Gestaltung von

Transformationsprozessen bzw. für den Aufbau einer neuen, marktwirtschaftlichen, tragfähigen 'Unternehmenslandschaft' zukommt.

B. Vedres liefert unter dem Titel „Political Actors, Banks and Large Corporations in the Network of Directorate Interlocks in Hungary" eine klassiche Netzwerk-Analyse. *Semlinger/Krause* stellen empirische Ergebnisse zum Thema „Kleinbetriebliche Kooperationspraxis – Zwischen Gewohnheit und Kalkül. Hinweise aus den neuen Bundesländern" vor. Auch *I. Winkler* beschäftigt sich mit Klein- Mittelbetrieben in den neuen Bundesländern: „Steuerung von Netzwerken kleiner und mittlerer Unternehmen im Spannungsverhältnis individueller und kollektiver Interessen. Sechs kooperative Netzwerke in Sachsen" ist sein Aufsatz betitelt. Eine andere Akteursgruppe, die in den bisherigen Beiträgen bislang noch keine tragende Rolle bei der Gestaltung von Netzen gespielt hat, die Betriebsräte in ostdeutschen Unternehmen nämlich, geraten mit dem Aufsatz von *A. Fischer* ins Blickfeld der Analyse. Berichtet wird über „Betriebsräte-Netzwerke – Erfahrungen aus den neuen Bundesländern".

Vedres macht die Grundlagen von ökonomischer Macht und damit die Gestaltungschancen des Transformationsprozesses in Ungarn an der Stellung der Akteure in einem Netzwerk fest. Konstituiert wird dieses Netzwerk durch die wichtigsten politischen Akteure (z.B. Regierungs- und Parlamentsmitglieder) sowie durch die bedeutendsten Großunternehmen und – gesondert – die Banken in Ungarn, die durch Mitgliedschaften z.B. in Aufsichtsräten („interlocking directorates") jeweils wechselseitig miteinander verbunden sind. Vedres identifiziert nun die Ausprägungen von „Zentralität" und „Autonomie" (im Sinne von Burt) und präsentiert unterschiedliche Kombinationen von Zentralität und Autonomie, die ganz offenbar mit unterschiedlichen Machtpotentialen verbunden sind. Wir finden in diesem Aufsatz daher eine – im formalen Sinn – klassische Netzwerkanalyse, mit der ein weiteres Mal demonstriert werden kann, daß sich dieses Vorgehen zur empirischen Erfassung von Machtstrukturen ausgezeichnet eignet.

Während im Beitrag von Vedres eher die machtvollen Akteure, also zum Beispiel Großunternehmen und Großbanken, im Zentrum der Analyse stehen, rücken die beiden folgenden Beiträge von Semlinger/Krause und von Winkler die kleinen Unternehmen in den Vordergrund.

Semlinger/Krause thematisieren zwischenbetriebliche Kooperation (in Ostdeutschland), d.h. interorganisationale Beziehungen, die sich durchaus auch auf dyadische Beziehungen beschränken können, die nicht nur vertikal, sondern auch horizontal gelagert sein können, und die schließlich den Charakter von Reziprozitäts-Relationen annehmen können, die über den Tausch von Äquivalenten hinausgehen. Unter der Perspektive der in dieser Einleitung hervorgehobenen Dimensionen vernetzter Geschäftsbeziehungen soll an dieser Stelle auf drei Punkte ausdrücklich hingewiesen werden: Erstens scheinen ostdeutsche Unternehmer sich durch eine besonders ausgeprägte Kooperationsbereitschaft auszuzeichnen; bei der Umsetzung dieser Bereitschaft in entsprechendes wirtschaftliches Handeln wird dann auf jene noch nicht „zerrissenen Netze“ gebaut, die an persönliche Beziehungen geknüpft sind. So ist beispielsweise die Hälfte der in der Untersuchung erfaßten Kontaktanbahnungen auf persönliche Bekanntschaft zurückzuführen. Zweitens: Semlinger/Krause plädieren für eine stärkere strategische Nutzung von zwischenbetrieblicher Kooperation, gerade im Fall von Kleinbetrieben; derzeit hätten kooperative Beziehungen mehrheitlich nur beiläufigen Gelegenheitscharakter. Beide Punkte fügen sich, folgen wir der Darstellung oben, recht gut in das Bild sozial eingebetteter interorganisationaler Beziehungen. Drittens – und bezogen auf die Frage nach dem „Sprungbrett Region“ – zeigen die Ergebnisse, daß überregionale Aktivitäten der Kleinunternehmen eher mit einem Kooperationsmuster einhergehen, das von den Autoren als „ambitioniert“ gekennzeichnet wird, also stärker strategische Elemente impliziert.

Winkler hat beispielhaft sechs, zum Teil noch im Aufbau befindliche Netzwerke in Sachsen unter Einsatz qualitativer Methoden untersucht. Im Zentrum seiner Betrachtungen stehen die Innenbeziehungen des Netzes und die Frage nach den Steuerungsmedien. Es wird den Leser bzw. die Leserin schon nicht mehr überraschen, wenn wir wiederum darauf hinweisen können, daß auch in diesem Aufsatz die hohe Bedeutung persönlicher Beziehungen für die Funktionsweise vernetzter Geschäftsbeziehungen herausgearbeitet wird. Besondere Aufmerksamkeit verdient unseres Erachtens zudem die Analyse der Rolle sogenannter Netzwerk-Koordinatoren, die in vier der insgesamt sechs Untersuchungsfälle aktiv sind. Mit der Ausdifferenzierung einer solchen Funktion wird versucht, sowohl dem Netzwerk eine eigene organisatorische Ausdrucksform zu verleihen, als auch das Problem der Steuerung eines Netzwerks explizit anzugehen. Daß dieses Vorhaben keineswegs unproblematisch ist und eine Reihe neuer, zum Teil auch unerwarteter Folgeprobleme nach sich zieht, verweist wohl auf die Grenzen bewußter, strategischer und/oder politischer Gestaltung von Netzen.

A. Fischer, darauf ist oben schon aufmerksam gemacht worden, stellt Erfahrungen mit einer Akteursgruppe dar, an die man wohl erst in zweiter Linie denkt, wenn es um die Herstellung und die Stabilisierung vernetzter Geschäftsbeziehungen geht: die Betriebsräte. Zum einen stellen Versuche der Kooperation und Vernetzung der Betriebsrätearbeit gewissermaßen die parallele Aktivität zu der Ausgestaltung der Geschäftsbeziehungen durch Unternehmer oder Management dar. Die Koordination der Aktivitäten der Betriebsräte entlang einer Wertschöpfungskette etwa zielt auf die effektivere Durchsetzung von Arbeitnehmerinteressen in den beteiligten Unternehmen. Auf der anderen Seite können die Betriebsräte aber auch selbst als Grenzstellen-Akteure betrachtet werden, die einen Beitrag zur Stabilisierung der Geschäftsbeziehungen zu leisten vermögen. Diese typische Doppelrolle, wie sie bundesdeutsche Betriebsräte oftmals auszeichnet, finden wir daher auch im vorliegenden Fall. Einschränkend muß allerdings gesagt werden, daß der Aufbau solcher Betriebsräte-Netzwerke ein mühsames Unterfangen darstellt und offenbar – so jedenfalls die Autorin dieses Beitrages – der externen Unterstützung durch Moderatoren (bzw. Koordinatoren) bedarf. An dieser Stelle ergeben sich mithin einige bemerkenswerte Parallelen zum Aufsatz von Winkler.

Voraussetzungen vernetzter Geschäftsbeziehungen

In den Abschnitten IV und V werden – gemäß unserer Einordnung – die *„Voraussetzungen"* vernetzter Geschäftsbeziehungen behandelt. Die Aufsätze von *J. Caspar, S. Krömmelbein, A. Schmid* über „Regionale Beschäftigungseffekte der neuen Informations- und Kommunikationstechnologien in der Region Rhein-Main" und von *H.-J. Weißbach* über „Informationstechnische Vernetzung, New Economy und nachhaltige Entwicklung peripherer Regionen. Das Beispiel der Alpenregion" bilden den Abschnitt IV. „Technische Vernetzung und regionale Entwicklung". Im Abschnitt V. haben wir unter der Überschrift „Soziales Kapital, wirtschaftliche Entwicklung und globaler Wettbewerb die Beiträge von *C. Haerpfer, C. Wallace* über „Social Capital and Economic Development in Central and Eastern Europe" und *W. Schoeller* („Globaler Wettbewerb und Produktivität") zusammengefaßt. Allgemein gesprochen, sollen hier technische, kulturelle und ökonomische Voraussetzungen vernetzter Geschäftsbeziehungen näher in den Blick genommen werden.

Technische Vernetzung und regionale Entwicklung

Caspar, Krömmelbein, Schmid werfen in ihrem Beitrag unter anderen die Frage auf, inwieweit die technischen Möglichkeiten globaler Unternehmensvernetzung auch tatsächlich genutzt werden. Insoweit wird auch hier, im Rahmen der Darstellung von Ergebnissen einer Unternehmensbefragung, den Grenzen der Globalisierung nachgespürt. In welchem Maß sind die Betriebe in der Region Rhein-Main mit moderner Informations- und Kommunikationstechnik ausgestattet? Welche regionalen Distanzen werden mit der neuen Kommunikationstechnik überbrückt? Geht der Einsatz dieser Technik mit veränderten Unternehmensstrategien, insbesondere solcher der Dezentralisierung der Unternehmensorganisation einher? Auf diese Frage gibt der Beitrag Antworten. Ein Ergebnis sei schon dieser Stelle vorweggenommen: Die Unternehmen im Rhein-Main- Gebiet, also einer Region, die wir guten Gewissens zu den modernen Ballungs- und Boom-Regionen zählen dürfen, sind in ihren Aktivitäten eher regional orientiert; Globalisierungstendenzen sind spürbar, aber keineswegs sonderlich ausgeprägt oder gar übermächtig und dramatisch. Die Spannung zwischen technisch möglicher (bzw. denkbarer) Globalisierung und sozio-ökonomischer Regionalisierung bleibt erhalten. Regionale Nähe und „face-to-face“- Kontakte bleiben offenbar weiterhin äußerst bedeutsam.

Weißbach thematisiert in seinem Beitrag gleichermaßen technische wie sozio-kulturelle Voraussetzungen von Vernetzung. Ähnlich wie Caspar u.a. stellt auch er heraus, daß technische Gegebenheiten zwar durchaus eine notwendige, aber in keiner Weise hinreichende Voraussetzung dafür darstellen, daß überregionale Netze geknüpft werden. Das Beispiel der Alpenregion eignet sich zudem recht gut, um die Relevanz gewachsener kultureller regionaler Identität zu belegen.

Die Aufsätze von Caspar u.a. sowie von Weißbach lassen sich auch als Kritik an – offenbar mit jeder neuen Technik wieder aufkommenden – technikdeterministischen Vorstellungen lesen. Die Ausführungen von Weißbach können zugleich noch als Warnung vor einem naiven Universalismus interpretiert werden, der dann in besonderer Weise naiv daherkommt, wenn er zur Begründung vorrangig die angebliche Schubkraft technischer Entwicklungen beschwört. Denn trotz scheinbar grenzenloser Kommunikationsmöglichkeiten bleibt sinnhafter Informations- und Wissensaustausch sozio-kulturell begrenzt, oftmals auch regional limitiert und an konkrete Personen gebunden.

Soziales Kapital, wirtschaftliche Entwicklung und globaler Wettbewerb

Diese Hinweise leiten über zum Thema „soziales Kapital und wirtschaftliche Entwicklung“, das im V. Abschnitt dieses Bandes von C. Haerpfer und C. Wallace am Beispiel mittel- und osteuropäischer Länder behandelt wird. Die Hypothese, die am Anfang der empirischen Analysen der Autoren steht, lautet, daß eine gedeihliche ökonomische Entwicklung, ja selbst simples ökonomisches Wachstum, entscheidend von gesellschaftlichen und kulturellen Voraussetzungen abhängt. In dieser Einleitung ist darüber unter dem Titel „social embeddedness“ schon gesprochen worden. Vertrauen in die Rahmenbedingungen wirtschaftlichen Handelns kann als Akzeptanz von und Mitarbeit sowie Vertrauen in gesellschaftliche(n) Institutionen verschiedenster Art operationalisiert werden. Bedeutsam und schon hier hervorhebenswert erscheint uns, daß – um ein interessantes Ergebnis noch etwas zuzuspitzen – ausgeprägte soziale Kohäsion für den Transformationsprozeß planwirtschaftlicher in marktwirtschaftliche Systeme eher hinderlich zu sein scheint. Ob dann aber „Unternehmensnetzwerke“ gebildet werden können? Unterschiedliche ökonomische Systeme sind offenbar nur begrenzt kompatibel mit bestimmten sozio-kulturellen Voraussetzungen. Oder anders gesagt: Je spezifische ökonomische und je spezifische sozio-kulturelle Strukturen bedingen einander; wenn sie nicht „zusammen passen“, leidet entweder das ökonomische Wachstum oder der soziale Zusammenhalt – oder, im schlimmsten Fall, beides.

Auf den ersten Blick scheinbar etwas außerhalb der Thematik dieses Bandes liegt der Aufsatz „Globaler Wettbewerb und Produktivität“ von W. Schoeller. Der Autor behandelt jedoch durchaus auch Voraussetzungen vernetzter Geschäftsbeziehungen, wenn er über die historische Entwicklung von Austauschbeziehungen im globalen Maßstab berichtet. Solche Entwicklungen sind zunächst pfadabhängig und folgen offenbar weithin dem Muster ‘von der Industrie- zur Dienstleistungsökonomie‘. Damit sind materiell-stoffliche Produkte bzw. konkrete Leistungen angesprochen, die selbst als situative Faktoren auf die Gestaltung und die Gestaltungschancen von Geschäftsbeziehungen Einfluß nehmen. „Voraussetzungen vernetzter Geschäftsbeziehungen“ sind darüber hinaus ebenfalls tradierte und präferierte Austauschbeziehungen zwischen den Wirtschaftsregionen dieser Welt. Hier zeigt sich das bekannte Phänomen, daß es sich bei der ökonomischen Globalisierung um ein recht einseitiges ‘Geschäft‘ handelt, das keinesfalls sämtliche Regionen dieser Welt auch nur annähernd gleichmäßig erfaßt. Wir finden – im Gegenteil – wiederum regional begrenzte Austauschrelationen, beispiels- und typischerweise im Europa der Europäischen Union. Mit diesen (vorgefundenen) Gegebenheiten aber muß natürlich gerechnet werden, wenn die Opportunitäten der Entstehung regionaler interorganisationaler Vernetzung abgeschätzt werden sollen. Schließlich kann – wer mag (und wir finden das reizvoll) – die Weltwirtschaft in Gänze als Netz betrachtet werden; es lassen sich dann starke und schwache Beziehungen sowie zentrale (fokale) und periphere bzw. dominante und subalterne kollektive Akteure identifizieren.

Sozialwissenschaftliche Forschung zu interorganisationaler – regionaler – Vernetzung: Eine interdisziplinäre Aufgabe

Hingewiesen sei abschließend noch kurz auf die Interdisziplinarität sowohl des DFG-Forschungsschwerpunktes „Regulierung und Restrukturierung der Arbeit in den Spannungsfeldern von Globalisierung und Dezentralisierung“ als auch der Beiträge in diesem Band – und obendrein der beteiligten Projektgruppen. Man sieht, daß das Thema die verschiedenen Disziplinen der Sozialwissenschaften bewegt. Die Soziologie ist im vorliegenden Band recht stark vertreten (was wahrscheinlich die „Schuld“ der Herausgeber ist): Jürgen Caspar, Christian Haerpfer, Andrea Helmer-Denzel, Philipp Hessinger, Marek Krause, Silvia Krömmelbein, Anja Lutz, Balàsz Vedres, Claire Wallace, Hans-Jürgen Weißbach sowie die Herausgeber rechnen sich dieser Disziplin zu. Die Wirtschaftswissenschaften sind mit Volkswirten – Joachim Genosko, Alfons Schmid, Wolfgang Schoeller, Klaus Semlinger und Roald Steiner – vertreten, die Betriebswirte durch André Bleicher, Jörg Sydow und Ingo Winkler. Alrun Fischer kommt aus der Politikwissenschaft (und der Soziologie) und Hans-Joachim Kujath, ein Ingenieur, aus der Stadt- und Regionalplanung.

Literatur

Altvater, E.; Mahnkopf, B. (1996): Grenzen der Globalisierung. Ökonomie, Ökologie und Politik in der Weltgesellschaft. Münster

Beckert, J. (1997): Grenzen des Marktes. Die sozialen Grundlagen wirtschaftlicher Effizienz. Frankfurt/M., New York

Berger, J. (1999): Die Wirtschaft der modernen Gesellschaft. Strukturprobleme und Zukunftsperspektiven. Frankfurt/M., New York

Biggart, N. W. (2000): Social Organization and Economic Development. Paper prepared for presentation at the Economic Sociology at the Edge of the Third Millenium Conference, Moscow, Russia, January 14-15, 2000

Bleicher, A.; Fischer, J.; Gensior, S.; Kohler, R.; Steiner, R. (unter Mitarbeit von A. Bläsche) (1998): Perspektiven von Unternehmensausgründungen aus der Bergbau- und Energiewirtschaft – Ostdeutschland als Experimentierfeld für die Neustrukturierung der Betriebe und Arbeitsbeziehungen. Forschungs- und Arbeitsberichte des Lehrstuhls Wirtschafts- und Industriesoziologie, Brandenburgische Technische Universität Cottbus, Heft 98-01. Cottbus

Bleicher, A.; Fischer, J.; Gensior, S.; Steiner, R. (1999a): Strukturen und Stabilitätsbedingungen regionaler Vernetzung – Zwischenergebnisse aus einem empirischen Forschungsprojekt. Forschungs- und Arbeitsberichte des Lehrstuhls Wirtschafts- und Industriesoziologie, Brandenburgische Technische Universität Cottbus, Heft 99-03. Cottbus

Bleicher, A.; Fischer, J.; Gensior, S.; Kohler, R.; Steiner, R. (unter Mitarbeit von A. Bläsche) (1999b): Unternehmensausgründungen aus der Bergbau- und Energiewirtschaft und regionale Wirtschaftsentwicklung. In: Forum der Forschung, 4. Jg./Heft 9, S. 25-30

Bühler, C. (1999): Die strukturelle Eingebundenheit neugegründeter Unternehmen. München: LMU München, Sozialwissenschaftliche Fakultät (Diss.)

Burt, R. S. (1992): Structural Holes. The Social Structure of Competition. Cambridge/Mass.

Castells, M. (1995): Regionale Ungleichheiten im Informationszeitalter. In: Lehner, F.; Schmidt-Bleek, F.; Kilper, H. (Hg.): Regiovision. Neue Strategien für alte Industrieregionen. München, Mering, S. 34-46

Castells, M. (1996): The Rise of the Network Society. Malden/Mass.

Deeke, A. (1991): Informelle Beziehungen auf dem Arbeitsmarkt. Marktregulierung und Chancenverteilung durch Arbeitsvermittlung. Frankfurt/M., New York

Dreher, C.; Kinkel, S. (2000): Die Bedeutung der regionalen Basis für Globalisierungsentscheidungen. In: Hirsch-Kreinsen/Schulte 2000, S. 29-60

Dybe, G.; Kujath, H.-J. (2000): Hoffnungsträger Wirtschaftscluster. Unternehmensnetzwerke und regionale Innovationssysteme: Das Beispiel der deutschen Schienenfahrzeugindustrie. Berlin

Eckardt, A.; Köhler, H.-D.; Pries, L. (Hg.) (1999): Global Players in lokalen Bindungen. Unternehmensglobalisierung in soziologischer Perspektive. Berlin

Eckardt, A.; Köhler, H.-D.; Pries, L. (1999a): Die Internationalisierung von Wirtschaftsorganisationen revisited. Organisationssoziologische Aspekte von Unternehmens-Globalisierung. In: Eckardt/Köhler/Pries 1999, S. 9-29

Esser, H. (1996): Soziologie. Allgemeine Grundlagen. Frankfurt/M., New York

Esser, H. (2000): Soziologie. Spezielle Grundlagen. Band 4: Opportunitäten und Restriktionen. Frankfurt/M., New York

Fischer, J. (2001): Aspekte regionaler Vernetzung – das Beispiel Brandenburg. In: FHTW Forschungsmagazin. Berlin, S. 95-97

Fischer, J.; Gensior, S. (Hg.) (1995): Netz-Spannungen. Trends in der sozialen und technischen Vernetzung von Arbeit. Berlin

Fischer, J.; Gensior, S. (1998): Was sind „Netzwerke, wie entstehen sie und wie werden sie zusammengehalten? In: Heinze, R. G.; Minssen, H. (Hg.): Regionale Netzwerke – Realität oder Fiktion? Diskussionspapiere aus der Fakultät für Sozialwissenschaften, Ruhr-Universität Bochum, Heft 98-04, S. 33-40

Genosko, J. (1999): Netzwerke in der Regionalpolitik. Marburg

Grabher, G. (1993): Rediscovering the social in the economics of interfirm relations. In: Grabher, G.: The embedded firm. London, New York, S. 1-31

Granovetter, M. (1973): The Strength of Weak Ties. In: American Journal of Sociology, Vol. 78/No. 6, S. 1360-1380

Granovetter, M. (1990): Entrepreneurship, Development and the Emergence of Firms. Berlin: Wissenschaftszentrum Berlin für Sozialforschung (WZB), discussion paper FS I 90-2

Granovetter, M. (1995/bzw. 1985): Economic Action and Social Structure: The Problem of Embeddedness. In: Granovetter, M.: Getting a Job. A Study of Contacts and Careers (Second Edition). Chicago, London, S. 211-240

Heinemann, K. (1987): Probleme der Konstituierung einer Wirtschaftssoziologie. In: Heinemann, K. (Hg.): Soziologie wirtschaftlichen Handelns. Sonderheft 28 der Kölner Zeitschrift für Soziologie und Sozialpsychologie, S. 7-39

Hessinger, P. (1995): Dominanz und Balance in industriellen Netzwerken. In: Fischer/Gensior 1995, S. 157-185

Hirsch-Kreinsen, H.; Schulte, A. (Hg.) (2000): Standortbindungen. Unternehmen zwischen Globalisierung und Regionalisierung. Berlin

Hirsch-Kreinsen, H.; Schulte, A. (Hg.) (2000a): Einführung: Standortentscheidungen zwischen Globalisierung und Regionalisierung. In: Hirsch-Kreinsen/Schulte 2000, S. 9-27

Johannisson, B. (1998): Personal networks in emerging knowledge-based firms: spatial and functional patterns. In: Entrepreneurship and Regional Development, Vol. 10/No. 4, S. 297-312

Kappelhoff, P. (2000): Der Netzwerkansatz als konzeptueller Rahmen für eine Theorie interorganisationaler Netzwerke. In: Sydow/Windeler (2000), S. 25-57

Kenis, P.; Schneider, V. (Hg.) (1996): Organisation und Netzwerk. Institutionelle Steuerung in Wirtschaft und Politik. Frankfurt/M., New York

Koller, M. (1997): Psychologie interpersonalen Vertrauens: Eine Einführung in theoretische Ansätze. In: Schweer 1997, S. 13-26

Krätke, S.; Heeg, S.; Stein, R. (1997): Regionen im Umbruch. Probleme der Regionalentwicklung an den Grenzen zwischen „Ost“ und „West“. Frankfurt/M., New York

Luhmann, N. (1989): Vertrauen. Stuttgart

Mayntz, R. (1996): Policy-Netzwerke und die Logik von Verhandlungssystemen. In: Kenis, P.; Schneider, V. (Hg.): Organisation und Netzwerk. Institutionelle Steuerung in Wirtschaft und Politik. Frankfurt/M., New York, S. 471-496

Meulemann, H. (1996): Werte und Wertewandel. Zur Identität einer geteilten und wieder vereinten Nation. Weinheim, München

Mill, U.; Weißbach, H.-J. (1992): Vernetzungswirtschaft. Ursachen, Funktionsprinzipien, Funktionsprobleme. In: Malsch,T.; Mill, U. (Hg.): ArBYTE. Modernisierung der Industriesoziologie? Berlin, S. 315-342

Mitchell, J. C. (1969): The Concept and Use of Social Networks. In: Mitchell, J. C. (ed.): Social Networks in Urban Situations. Manchester, S. 1-50

OECD (1997): Labour Statistics. Paris

Ortmann, G.; Sydow, J.; Türk, K. (Hg.) (1997): Theorien der Organisation. Die Rückkehr der Gesellschaft. Opladen

Piore, M. J.; Sabel, C. F. (1985): Das Ende der Massenproduktion. Studie über die Requalifizierung der Arbeit und die Rückkehr der Ökonomie in die Gesellschaft. Berlin

Powell, W. W. (1990): Neither market nor hierarchy: Network forms of organization. In: Staw, B. M.; Cummings, L. L. (eds.): Research in organizational behavior. Greenwich/ Conn., S. 295-336

Scheuerer-Englisch, H.; Zimmermann, P. (1997): Vertrauensentwicklung in Kindheit und Jugend. In: Schweer 1997, S. 27-48

Schienstock, G.; Steffensen, B. (1995): „Lean Production" als Leitbild der Restrukturierung einer Region – Die Wirtschaft Baden-Württembergs im Wandel. In: Fischer/Gensior 1995, S. 347-383

Schimank, U. (2000): Handeln und Strukturen. Einführung in die akteurtheoretische Soziologie. Weinheim, München

Schmierl, K. (2000): Standortsicherungspolitik und territoriale Einbettung im Einfachproduktsektor. In: Hirsch-Kreinsen/Schulte 2000, S. 157-186

Schweer, M. (Hg.) (1997): Interpersonales Vertrauen. Theorien und empirische Befunde. Opladen, Wiesbaden

Strasser, H.; Voswinkel, S. (1997): Vertrauen im gesellschaftlichen Wandel. In: Schweer 1997, S. 217-236

Sydow, J. (1993): Strategische Netzwerke. Evolution und Organisation. Wiesbaden.

Sydow, J.; Windeler, A. (Hg.): Steuerung von Netzwerken. Konzepte und Praktiken. Opladen, Wiesbaden

Teubner, G. (1996): Die vielköpfige Hydra: Netzwerke als kollektive Akteure höherer Ordnung. In: Kenis/Schneider 1996, S. 535-561

Tichy, G. (2000): Die Globalisierung als Bedrohung der europäischen (Klein-)unternehmen? – Ein Plädoyer für eine europäische Wirtschafts- und Unternehmenspolitik. In: Bögenhold, D. (Hg.): Kleine und mittlere Unternehmen im Strukturwandel – Arbeitsmarkt und Strukturpolitik. Frankfurt/M. u.a.O., S. 193-227

Uzzi, B. (1996): The Sources and Consequences of Embeddedness for the Economic Performance of Organizations. In: American Sociological Review, Vol. 61, S. 674-698

Wegener, B. (1987): Vom Nutzen entfernter Bekannter. In: Kölner Zeitschrift für Soziologie und Sozialpsychologie, Jg. 39, S. 287-301

Zucker, L. (1986): Production of Trust: Institutional Sources of Economic Structure. In: Research in Organizational Behaviour, Vol. 8, S. 53-112

Zündorf, L. (1986): Macht, Einfluß, Vertrauen und Verständigung. Zum Problem der Handlungskoordinierung in Arbeitsorganisationen. In: Seltz, R.; Mill, U.; Hildebrandt, E. (Hg.): Organisation als soziales System. Kontrolle und Kommunikationstechnologie in Arbeitsorganisationen. Berlin, S. 33-56

Zündorf, L; Heitbrede, V.; Kneißle, R.-J. (1993): Betriebsübergreifende Problembewältigung in der mittelständischen Industrie. Frankfurt/M., New York

I.

Regionale Vernetzung

Regionale Netzwerke und regionaler Arbeitsmarkt: Kumulative Prozesse zirkulärer Verursachung?

Joachim Genosko

Inhalt

1. Einführung

> „Der Ansatz der zirkulären und kumulativen Verursachung geht zwar auch von Wachstumsimpulsen aus, kommt aber unter stärkerer Berücksichtigung des interregionalen Wettbewerbs zum Ergebnis, daß die räumliche Diffusion des Wachstums ('spread-Effekt') durch 'backwash'-Effekte und eine fortschreitende Konzentration kompensiert wird" (Biehl/Ungar 1995, S. 187).

Dieser von Myrdal (1957) erstmals beschriebene Prozeß, ist, wie der Titel unseres Projektes (und dieses Beitrags) unschwer erkennen läßt, Ausgangspunkt unserer Überlegungen gewesen. Wie später noch darzulegen sein wird, allerdings in einer revidierten Interpretation.

Sichtet man die Legion gewordene einschlägige Literatur, so scheint zwischenzeitlich „alles Netzwerk" zu sein (Genosko 1997). Der Begriff „Netzwerk" wird so „schillernd" und „vielgestaltig" (Backhaus/Meyer 1993) verwendet, daß er bereits zur Beliebigkeit zu verkommen droht. Die Omnipräsenz von Netzwerken in der wissenschaftlichen Diskussion wird nicht zuletzt durch die Regionalökonomik befördert, die betont „... Networks are increasingly seen as vehicles par excellence in a global economy". (Nijkamp 1994a, S. 343f.) und an anderer Stelle feststellt, daß Netzwerke einen dynamischen und fruchtbaren Einfluß auf

Regionen haben (Nijkamp 1994b). In diesem Kontext sei auf die behaviouristischen Konzeptionen der Standorttheorie verwiesen, in deren Rahmen „innovative Milieux“ eine spezielle Subform von Netzwerk-Arrangements bilden.

> „Das innovative Unternehmen wird gleichsam als Produkt seiner lokalen Umgebung (des 'Milieus') betrachtet, und letztere als der eigentliche Innovator angesehen“ (Maier/Tödtling 1995, S. 97).

Nähert man sich dem Netzwerk-Begriff graphentheoretisch, so sind Netzwerke Systeme von Kanten und Knoten. Kanten sind gerichtete Pfeile, die Anfangs- und Endpunkte (Knoten genannt) haben (Carré 1979, S. 32f. und 35). Konkretisiert man von der Graphentheorie ausgehend den Netzwerk-Begriff sozialwissenschaftlich, so können Kanten soziale Beziehungen (Interaktionen), aber auch Güterströme, also ökonomische Transaktionen im engeren Sinne, sein; Knoten hinwiederum lassen sich als Personen, Projekte oder Ereignisse definieren (Genosko 1999, S. 32). Was dabei zu einem Netzwerk gezählt wird und was nicht, hängt dann letztlich ganz wesentlich von den Forschungszwecken und Zielen ab (Knoke/Kulinski 1991). Regionale Netzwerke umfassen entlang dieser Definition Knoten und Kanten, die sich, wiederum sehr allgemein formuliert, in „räumlicher Nähe“ zueinander befinden.

Streng ökonomisch betrachtet, ist der Arbeitsmarkt der abstrakte Ort, an dem sich der „Matching“-Prozeß zwischen Arbeitsangebot und Arbeitsnachfrage vollzieht (Franz 1991). Ein regionaler Arbeitsmarkt ist dementsprechend ein regional fixierter Ort eines derartigen „Matching“-Prozesses. Mag in ihrer Abstraktheit eine solche Definition als nachgerade trivial erscheinen, so verliert sich diese Trivialität in der konkreten Empirie. Denn es ist keineswegs eindeutig klar, was oder wer das regionale Arbeitsangebot bzw. was oder wer die regionale Arbeitsnachfrage formiert. Welche Problematik sich dahinter verbergen kann, wird sichtbar, wenn empirische Untersuchungen für deutsche Regionen zeigen, daß dieser „Matching“-Prozeß auf der Angebotsseite in erster Linie über die Migration und erst in zweiter Linie über den regionalen Beschäftigten- und Arbeitslosen-„Pool“ geleistet wird (Bilger/Genosko/Hirte 1991).

Die weiteren Überlegungen dieser Arbeit gliedern sich wie folgt: Im nächsten Abschnitt werden die Arbeitshypothesen formuliert, wobei einige in der Einführung nur sehr generell vorgenommenen Abgrenzungen weiter spezifiziert werden. Im nächsten Schritt werden einschlägige empirische Befunde vorgestellt. Abschließend werden einige regionalpolitische und theoretische Schlußfolgerungen gezogen.

2. Zur theoretischen Basis

2.1 Vorbemerkungen

Wie in der Einführung angedeutet, spielen in den weiteren Überlegungen „innovative Milieux" eine zentrale Rolle. Welche Faktoren bzw. Bedingungen machen ein *„innovatives Milieu"* aus?

- Innovation wird als arbeitsteiliger, gleichzeitiger aber auch als kollektiver Prozeß angesehen, bei dem große und kleine Unternehmen, private und öffentliche Forschungs-, Ausbildungs-, Transfer- und Beratungseinrichtungen, produktionsnahe Dienstleister und dergleichen zusammenwirken.
- Die so entstehenden Netzwerke sind wichtige Quellen von Information und Wissen, finanziellen Ressourcen und Kooperationspartnern. Zumindest für einen Teil der Netzwerkbeziehungen ist wegen der „face-to-face"-Kontakte und deren Informalität räumliche Nähe ein notwendiges Merkmal.
- Trotz der Bedeutung von räumlicher Nähe und von Konzentration ist der Milieu-Ansatz kein geographischer, sondern ein kultureller. „Innovative Milieux" basieren nämlich auf einem gemeinsamen Grundverständnis bezüglich *sozioökonomischer* Probleme und Lösungen.
- Die „Synergie" bzw. das Zusammenwirken von Faktoren und nicht die Existenz einzelner Faktoren wird als zentral für den Innovationsprozeß betrachtet (Maier/Tödtling 1995, S. 98f. und die dort zitierte Literatur).

Die „Milieu"-Betrachtung legt es nahe, die „Vernetzung" bzw. das „Netzwerk" originär an Wertschöpfungsketten festzumachen, wobei die Umwelt der ökonomischen Akteure als eine Art „Input" in die Wertschöpfungsketten aufgefaßt wird. Im Rahmen dieser Wertschöpfungsketten finden ökonomische Transaktionen von Gütern und Dienstleistungen statt, aber auch Interaktionen in Form des Tausches von Wissen, Kenntnissen etc. Hinzu kommen öffentliche und private Infrastruktureinrichtungen und deren Dienstleistungen, die den Rahmen und die Fundamente von Netzwerken bilden. Dabei zeigen sich ganz unterschiedliche Formen von „Vernetzungen" in unterschiedlichen Abschnitten der Wertschöpfungsketten.

An dieser Stelle sind zunächst zwei kurze Exkurse erforderlich. Der erste Exkurs bezieht sich auf die Unterscheidung zwischen „strong ties"- und „weak ties"-Netzwerken. „Strong ties"-Netzwerke zeichnen sich dadurch aus, daß die beteiligten Akteure sich beispielsweise hinsichtlich ihrer Einstellungen und Wertungen, ihrer Bildung und Ausbildung sowie hinsichtlich ihres sozialen Status sehr ähnlich sind (Genosko 1999, S. 32). Der entscheidende Vorteil von „strong ties"-Netzwerken ist ihre Fähigkeit, ausgetauschte Informationen schnell zu decodieren (Pfeifer 1997). Ihr wesentlicher Nachteil dagegen besteht in der

Gefahr, daß sie „strukturelle Löcher“ entstehen lassen (Jansen 1998), die Ausdruck des Isomorphismus der Beteiligten an „strong ties“-Netzwerken sind (Steward/Conway 1996). „Strong ties“-Netzwerke behindern wegen der großen Gemeinsamkeiten und Ähnlichkeiten der beteiligten Akteure das Eindringen neuer Ideen in solche Netzwerke. Umgekehrt eliminieren „weak ties“ solche Abschottungstendenzen und folglich „strukturelle Löcher“. „Weak ties“-Netzwerke sind deshalb ihrer Natur nach mehr oder weniger informell. Eine weitere wichtige Aufgabe von („weak ties“-)Netzwerken „is the constitution of new ensembles of codified and tacit knowledge“ (Lundvall/Borras 1999, S. 33).

Das letzte Zitat leitet zum zweiten Exkurs über. Polyani (1966) faßt die Essenz des *„tacit knowledge“* im folgendem Satz zusammen: Wir wissen mehr, als wir mitteilen können. Rosenberg (1982, S. 143) betrachtet

> „tacit knowledge (as) the knowledge of techniques, methods and designs that work in certain ways and with certain consequences, even when one cannot explain why.“

Stilles Wissen ist deshalb an personale Interaktionen gebunden.

> „On this basis, we hypothesize that tacit knowledge is a very important element of the knowledge transferred through personal (or social – JG) networks“ (Senker/Faulkner 1996, S. 85).

Gerade aus dem letzten Exkurs wird deutlich, daß unsere Betrachtung über die pure ökonomische „Vernetzung“ hinausreichen soll.

In der Einführung ist ebenfalls schon der regionale Arbeitsmarkt angesprochen worden. Wenn man die dort angebotene „erweiterte“ Definition des regionalen Arbeitsmarktes akzeptiert und Migranten und Pendler in die Überlegungen mit einbezieht, dann rücken auch Faktoren ins Blickfeld, die für die Attraktivität einer Region maßgeblich sind. In diesem Kontext spielen dann die „weichen“, die quantitativ nur schwer erfaßbaren Regional- und Standortfaktoren eine nicht unerhebliche Rolle.

Daraus folgt: Der regionale Arbeitsmarkt definiert sich nicht nur aus dem tatsächlich in einer Region (wie immer sie auch abgegrenzt ist) ansässigen Arbeitsangebot, sondern auch aus der regionalen Anziehungskraft dem regionsexternen Arbeitspotential gegenüber. Im Prinzip gilt das auch für die Arbeitsnachfrage; sie bleibt allerdings bei unserer Betrachtung weitgehendst außen vor, weil sie im Argumentationszusammenhang unseres Projekts lediglich von untergeordneter Relevanz ist (Biehler et al. 1998, S. 5f.).

Während Myrdal (1957) die „Schattenseite" des kumulativen Prozesses zirkulärer Verursachung „erzählt", macht Krugman (1991) die „Erfolgsseite" zum Gegenstand seiner Überlegungen. Krugman, der in seinem Buch „Geography and Trade" eine Erklärung für „Unternehmens-Cluster" in den USA (vornehmlich für die Automobilindustrie) liefern will, sieht solche Unternehmensballungen deswegen entstehen, weil an den jeweiligen Standorten qualifizierte Arbeitskräfte und Netzwerke zu finden sind, die für eine rasche Verbreitung von technischen Neuerungen und sonstigen für den Unternehmenserfolg wichtigen Informationen sorgen (Genosko 1996, S. 135).

Warum haben Netzwerke bei Krugman eine so hohe Bedeutung? Er selbst führt dies auf Agglomerationseffekte sowohl in Form der Lokalisations- wie in Form der Urbanisationseffekte zurück. Für unsere Untersuchung ist diese Feststellung etwas zu allgemein, weswegen wir seine Überlegungen mit anderen Beobachtungen, die die einschlägige Literatur anbietet, unterfüttern.

Durch Netzwerke und Allianzen kann das einzelne Unternehmen seinen Marktzugang verbessern. Diese Hypothese wird von der europäischen Forschungsgruppe RESER (1995, S. 91) zumindest für produktionsnahe Dienstleister als bestätigt angesehen. Des weiteren schaffen Netzwerke für die Mitgliedsunternehmen Reputation, insbesondere wenn sie international ausgerichtet sind (ebenda). Sie ermöglichen zudem „Synergieeffekte", die die Effizienz der Produktion wie auch die Kundenorientierung verbessern (ebenda).

Der Eintritt in ein Netzwerk erbringt für ein Unternehmen Spezialisierungsvorteile und Know-how-Zuwächse. So wird z.B. im Fahrzeugbau Know-how im Produktionsbereich gegen Know-how in der Fertigung getauscht (vgl. sinngemäß Gaitanides 1997, S. 746f.). Ein Netzwerk kann Kostenvorteile bringen, wenn etwa durch Lernkurveneffekte die Fixkosten einer gemeinsamen Forschung und Entwicklung (FuE) reduziert werden. Kostensenkungspotentiale liegen aber auch im Bereich der Beschaffung und des Vertriebs.

Netzwerke können das „speed management" positiv beeinflussen (Clark/Fujimoto 1992, S. 138ff.). Sie verkürzen Markteintrittszeiten und ermöglichen es, „Pionierrenten" leichter abzuschöpfen (vgl. hierzu auch Backhaus/Meyer 1993, S. 331). Zudem verkürzen sich die Produktlebenszyklen zusehends und folglich auch die Amortisationszeiten für Investitionen.

Netzwerke gestatten darüber hinaus ein „risk sharing" bzw. lassen es zu, eine unsichere Umwelt besser zu kontrollieren (Mayntz 1993, S. 39f.). Das „risk sharing" ist besonders wichtig bei umfänglichen Forschungs- und Entwicklungsprojekten, wegen der damit verbundenen hohen Fixkosten, und bei Unbeständigkeit der Märkte, wie sie u.a. durch die „Theorie angreifbarer Märkte" (Baumol/Panzar/Willig 1982) beschrieben wird. In beiden Fällen können hohe

„sunk costs“ anfallen, die für das einzelne Unternehmen existenzgefährdend werden können. Schließlich erlauben Netzwerke eine bessere Internalisierung positiver wie negativer Externalitäten (Mayntz 1993, S. 45).

Ehe auf die Arbeitshypothesen im einzelnen eingegangen wird, sei noch darauf hingewiesen, daß sich unsere Untersuchung auf die beiden Produktions-Dienstleistungskomplexe „Fahrzeugbau“ und „Medienwirtschaft“ konzentriert, wobei der komplexe Bereich „Medienwirtschaft“ in einige typische Medienproduktionen zerlegt worden ist: Musikproduktion, Filmproduktion, CD-ROM-Produktion (Multimedia). Für beide Komplexe sind etwas differierende Regionsabgrenzungen vorgenommen worden: Während im „Fahrzeugbau“ die Untersuchungsregion durch das Städtedreieck München- Dingolfing- Ingolstadt aufgespannt wird, beschränkt sich die Untersuchungsregion für die „Medienwirtschaft“ auf das Stadtgebiet München und die München umgebenden Landkreise.

Basierend auf den bisher skizzierten Überlegungen haben wir uns bei der empirischen Studie, die auf Interviews mit Geschäftsleitungen, Arbeitnehmervertretungen und unternehmensexternen Experten beruht, von den folgenden Arbeitshypothesen leiten lassen:

Sind innovative Milieux einmal entstanden – und für die beiden genannten Untersuchungsregionen läßt sich dies unterstellen –, dann haben sie die Tendenz zur Perpetuierung, so daß das wirtschaftliche Zentrum aus der wirtschaftlichen Peripherie weiterhin Akteure (Unternehmen und Arbeitskräfte) sowie Ressourcen (Know-how) an- bzw. abzieht. Das Zentrum (sprich: der Raum München) kann dadurch zu Lasten der wirtschaftlichen Peripherie seine bereits starke wirtschaftliche Stellung noch weiter stärken. Im Anschluß an Krugman sind für diese Entwicklung bedingend die Existenz von Netzwerken und von hohen Arbeitskräftequalifikationen in der Region München.

Das beschriebene Verhältnis zwischen Zentrum und Peripherie führt auch zu einer „Regulierung und Restrukturierung der Arbeit“, die in gewisser Weise dem „Arbeitsmarktsegmentierungsansatz“ ähnelt, wie er von Doeringer und Piore (1971) sowie Sengenberger (1987) entwickelt worden ist. Restrukturiert wird der Arbeitsmarkt deshalb, weil sich in innovativen und kreativen Milieux in der Tendenz eher die Qualifizierten „konzentrieren“, wobei Qualifikation nicht unbedingt mit formalen Abschlüssen gleichzusetzen ist, während „nachrangige“ Qualifikationen in die volks- und weltwirtschaftliche Peripherie ausgelagert werden. So gesehen, kann „networking“ für die Unternehmen im Netzwerk zugleich auch eine Erweiterung des „internen“ Arbeitsmarktes bedeuten, wenn ein Zugriff auf das Personal kooperierender Unternehmen erleichtert wird (Sengenberger 1987, S. 87ff.). Arbeitsmärkte können auch (indirekt) reguliert werden, wenn andere Volkswirtschaften neo-protektionistische Maßnahmen (z.B. „local content“-Vorschriften) zum Schutz der eigenen Volkswirtschaft erlassen.

Der Globalisierung in Form des „global sourcing“ sind Grenzen gesetzt, weil sie in der mittleren und längeren Frist erstens einen direkten und indirekten (nämlich im regionalen Netzwerk) Kompetenzverlust bei den Unternehmen bewirken kann. Indirekt wird diese Sicht auch durch Dudenhöfer (1997, S. 145) gestützt, wenn er darauf verweist, daß die Entwicklungsausführung durch Systemketten eine immer weitere Verwendung findet. Zum zweiten können instabile Transportketten und Kommunikationsfriktionen das „global sourcing“ einschränken, auch wenn „economies of scale“ für das „global sourcing“ sprechen mögen (ebenda, S. 144).

Insbesondere bei kleinen und mittleren Unternehmen (KMU) kann eine starke regionale Verankerung vorliegen, die nicht zuletzt durch die Mentalität und die personale Bindung der Eigentümerunternehmer bedingt ist. Selbst wenn KMU als „global players“ agieren, sind sie in der Regel von einer geeigneten Gestaltung ihres unmittelbaren regionalen Umfeldes abhängig.

3. Empirische Befunde

3.1 Fahrzeugbau

Die Produkte im Fahrzeugbau zeichnen sich u.a. durch ihren hohen Fixkostenanteil bei Entwicklung und Produktion aus. Insbesondere im Vertrieb versuchen die Hersteller das weltweite Nachfragepotential für sich zu aktivieren, um die Skalenerträge der Massenproduktion ausschöpfen zu können (Dudenhöfer 1997, S. 144). Allerdings sind im Fahrzeugbau bzw. in der Automobilindustrie die Produktinnovationen relativ gering. Innovationen finden derzeit vor allem im Produktions- und im Organisationsbereich sowie bei den Verkehrsleitsystemen und der passiven Sicherheit der Fahrzeuge statt.

Auf allen Ebenen des Fahrzeugbaus ist eine Konzentration auf das Kerngeschäft zu beobachten. Die Endhersteller reduzieren deshalb ihre Fertigungstiefen stark (BMW um 36% Audi um 25%). Immer mehr Tätigkeiten bei Entwicklung und Produktion werden nach außen verlagert, vom Endhersteller zum Zulieferer, vom Zulieferer zum Vorlieferanten. Die Produktzyklen werden immer kürzer, weswegen auch die Entwicklungszyklen verkürzt werden müssen. Als Ausweg bietet sich das „simultaneous engineering“ an (ebenda).

Umorganisationen finden sich sowohl bei den Endproduktherstellern wie auch in den Hersteller- Zulieferer- Beziehungen. Ihre Fertigungsstätten versuchen die Großunternehmen der Automobilindustrie in kleine, überschaubare Einheiten zu „zerlegen“. Innerhalb der Unternehmen erfolgt eine funktionale Aufteilung, die teilweise von räumlichen Separierungen überlagert wird. Allerdings scheint in jüngster Zeit dieser Prozeß etwas ins Stocken geraten zu sein.

Auch die unternehmensexternen Strukturen unterliegen einem deutlichen Wandel:

- Die Zahl der Zulieferer für ein Produkt wird drastisch verringert, etwa um die Potenz 10.
- Diese Reduzierung geht u.a. dadurch vonstatten, daß die Endhersteller ganze Module bzw. Systeme von ihren Zulieferern beziehen. Dies hat für KMU im Zuliefererbereich durchaus Probleme mit sich gebracht.
- Die Zulieferer werden bereits sehr früh in Neuentwicklungen eingebunden. Dies führt dazu, daß Direktzulieferer nur noch Unternehmen sein werden, die in der Lage sind, Forschungs- und Entwicklungsarbeiten für den Endhersteller zu übernehmen (Gaitanides 1997).
- Um zu Systemlieferanten aufsteigen zu können, werden Zulieferer ihrerseits ihre Fertigungstiefe senken und einen Teil der Produktion auf die Vorlieferanten verlagern. Da die Entwicklungskosten und das Stückzahlrisiko von den Endherstellern auf die Systemlieferanten zurückgewälzt werden, versuchen letztere ähnliches mit ihren Zulieferern zu praktizieren. Zudem brauchen Systemlieferanten ein relativ großes finanzielles Polster.
- Die Kontrolle über die Wertschöpfungskette und damit die Marktmacht versuchen die Automobilhersteller zu behalten. Der ablaufende bzw. bereits abgelaufene Konzentrationsprozeß bei den Zulieferern dürfte dies jedoch erschweren, weswegen die Endhersteller eine immer engere Verflechtung mit den Systemzulieferern anstreben.

Grundsätzlich kommen als Kooperationsfelder bei den Unternehmen der Automobilindustrie drei Bereiche besonders in Frage: Forschung, Entwicklung und Produktion. Dabei läßt sich feststellen, daß der Beginn der Kooperation in der Zeitachse immer weiter nach vorne verschoben wird. Setzte die Kooperation früher erst bei der Belieferung ein, wird sie nun über die Entwicklungsphase hinweg weiter in Richtung Forschung ausgedehnt.

Trotzdem konnten wir bei den untersuchten Unternehmen kaum eine Kooperation im Forschungsbereich feststellen. Letzteres gilt in Sonderheit für den Zuliefererbereich. Nach unseren Feststellungen läßt sich dieses Ergebnis teilweise damit erklären, daß es sich bei der Forschung um einen sehr sensiblen Bereich handelt, aus dem möglichst wenige Informationen nach außen dringen sollen. In eingeschränkter Form finden im Forschungsbereich gewisse Kooperationen auf horizontaler Ebene zwischen den Endherstellern statt (z.B. auf dem Gebiet der Antriebstechnik, aber auch im Beschaffungswesen). Solche Kooperationen sind aber häufig nicht regional gebunden und nehmen eher die Form strategischer Allianzen an.

Formal zugenommen haben die innerbetrieblichen Kooperationen. Dies ist jedoch bedingt durch die Zergliederung der Unternehmen im Profitcenters. Was früher hierarchisch betriebsintern organisiert war, erfordert jetzt eine „Kooperation“ zwischen den einzelnen verselbständigten operativen Einheiten des Unternehmens.

Lediglich im FuE-Bereich lassen sich im gewissem Umfang auch Kooperationen bzw. Vernetzungen mit regionalen Forschungseinrichtungen und regionalen externen Konstruktionsbüros beobachten.

Die Kooperationen im Fahrzeugbau des Untersuchungsraumes folgen fast ausschließlich dem Muster traditioneller Marktbeziehungen zwischen Herstellern und Zulieferern. Der wesentliche Koordinationsmodus scheint der Markt zu sein. Allenfalls im FuE-Bereich lassen sich darüber hinausgehende nicht-marktliche wechselseitige Aktivitäten erkennen, vornehmlich in Form eines „Personaltausches“. Dies hat zur Folge, daß sich die bestehenden Kooperationen nur langsam und nur in Teilbereichen enthierarchisieren. Des weiteren sind für die Wahl des Kooperationspartners eher dessen Kompetenzen als dessen Standort entscheidend. Wegen der sich verstärkenden Abhängigkeit gewinnt die Reputation der Unternehmen bei der Partnerwahl zunehmend an Bedeutung. Räumliche bzw. geographische Nähe scheint damit keine notwendige Voraussetzung für Kooperationen im Fahrzeugbau zu sein.

Obwohl die befragten Unternehmen (Geschäftsleitung wie Betriebsrat) die räumliche Nähe als notwendige Voraussetzung für die Netzwerk-Bildung verneinen, klingt bei den Arbeitnehmervertretungen nicht selten an, daß physische Nähe durch eine über Medien vermittelte Kommunikation nur begrenzt substituierbar ist. Hier lassen sich Widersprüche zwischen Management und Arbeitnehmern, aber auch zwischen den Aussagen der Arbeitnehmer erkennen, die unserer Meinung nach mit der eingeschränkten Kommunizierbarkeit von „tacit knowledge“ zu tun haben.

Die Tätigkeitsentwicklung innerhalb der Unternehmen führt zu folgendem Bild: Es kommt zu einem generellen „Upgrading“ der Belegschaft und gleichzeitig zu einer Polarisierung der Qualifikation. In der Verwaltung, bei der Forschung und Entwicklung und im Verkauf entstehen Bereiche hochqualifizierter Tätigkeiten. Die Produktion hingegen entwickelt sich dualisiert,

- in einen Bereich anspruchsvoller Tätigkeiten für qualifizierte Fachkräfte, der in aller Regel im Inland verbleibt;
- in einen Bereich personalintensiver Routinetätigkeiten, die vornehmlich in die mittel- und osteuropäischen Niedriglohn-Länder ausgelagert werden und
- in die Teile- bzw. Modulfertigung, die an Zulieferer im In- wie im Ausland vergeben wird.

Die Geschäftsleitungen der befragten Unternehmen betrachten die benötigten Qualifikationen für Verwaltung, Forschung und Entwicklung, Einkauf und Verkauf sowie Produktion als Ubiquitäten; d.h. man ist der Meinung, die qualifizierten Mitarbeiter überall und jederzeit attrahieren bzw. die Qualifikationen auch in Form „geronnener Arbeit" (Kapital) kaufen zu können. Aus der Sicht der Arbeitgeber ist daher der Arbeitsmarkt im Raum München de facto ohne besondere Bedeutung, d.h. kein standortgenerierender Faktor (mehr). Wenn es trotzdem nicht zur Standortmobilität kommt, so wird dies – entgegen der traditionellen Migrationstheorie – mit der Immobilität des Managements begründet.

Die Auskünfte der Arbeitnehmervertretungen zu diesem Punkt lauten (fast naturgemäß) etwas anders, wenn sie darauf verweisen, daß ihre Unternehmen an den ausländischen Standorten Qualitätssicherungsprobleme haben. So verweisen die Belegschaftsvertretungen der Fahrzeughersteller darauf, daß häufig und für mehrere Monate qualifizierte heimische Fachkräfte, insbesondere Facharbeiter, an die Auslandsstandorte abgeordnet werden, um „Einarbeitungsleistungen" zu erbringen.

Faßt man die Ausführungen zum Fahrzeugbau zusammen, so kommen wir zu den folgenden Hauptthesen:

- Kooperationen zwischen den Unternehmen im Fahrzeugbau zeigen sich eher als traditionelle Marktbeziehungen und haben zumeist (noch) hierarchische Strukturen. Anzutreffen sind Kooperationen vor allem in den Bereichen „simultaneous engineering" und „Just in Time"-Belieferung.
- Im Fahrzeugbau findet eine zunehmende Polarisierung in der Belegschaft und ein starkes „Upgrading" der Mitarbeiter statt. Der regionale Arbeitsmarkt büßt an Bedeutung ein.
- In der Region München ist in Bezug auf Globalisierung und Regionalisierung eine Art „Drehtüreffekt" beobachtbar: Einerseits verlagern Münchner Unternehmen in Gänze ihren Standort aus der Region (und zwar nicht im Sinne einer „Suburbanisierung") bzw. gehen mit der Fertigung von Halbzeug in Niedriglohn-Länder, andererseits kommen ausländische Unternehmen in die Region, um in der Nähe ihrer Hersteller-Kunden zu sein. Insgesamt haben aber immer weniger System- und Sublieferanten Fertigungsstandorte in der Agglomeration München; die Vorprodukte für die Endhersteller kommen heutzutage aus ganz Deutschland bzw. Europa. Sollte es je einen regionalisierten Wachstumspol München im Boudevillschen Sinne (Buttler/Hirschenauer 1995, S. 1059) im Fahrzeugbau gegeben haben, so bildet er sich heute eher zurück.

Im übrigen verändert der Begriff „Region" seine Bedeutung. Es findet eine Regionalisierung einerseits auf der Makroebene der Weltregionen statt. Auf der Mikroebene wird unter „Region" andererseits das nationale bzw. räumliche Umfeld eines Standortes verstanden. Im Rahmen der Globalisierung läuft demzufolge eine Art doppelter Regionalisierung ab.

3.2 *Medienwirtschaft*

Verglichen mit den Produkten des Fahrzeugbaus, sehen wir die Produkte der Medienwirtschaft eher als singuläre Resultate wirtschaftlicher Aktivitäten. Betrachtet man die Produkte der Medienwirtschaft nicht aus der Sicht ihrer Trägermedien, sondern aus dem Blickwinkel des zu transportierenden Inhalts, so ist es im wesentlichen das Ergebnis eines immer wieder neu zu gestaltenden Produktionsprozesses, selbst wenn ihre Herstellung zunehmend standardisiert wird, also den Charakter industrieller Massenproduktion annimmt.

Zudem haben die Ergebnisse des medienwirtschaftlichen Herstellungsprozesses, der abgesehen von der Reproduzierbarkeit des Medienproduktes, eher ein handwerklich-manufakturmäßiger Gestaltungsprozeß ist, Projektcharakter. Dies läßt sich m.E. wie folgt begründen:

- Erstens entsprechen Medienprodukte dem Typus „Interaktionsgüter", d.h. sie entstehen durch das Zusammenwirken gemeinsam agierender, zum Großteil formal eigenständiger Beteiligter.
- Zum zweiten handelt es sich hierbei um eine flexible und temporäre Kooperation, d.h. die Zusammensetzung des Kreises der Beteiligten ändert sich nach dem Zweck des Produktes und nach dem Charakter des Mediums.

Allerdings weisen Läpple und Thiel (2000) in einer kritischen Anmerkung zu dieser Unterscheidung darauf hin, daß beispielsweise auch ein Fahrzeug in der frühen Phase seiner Wertschöpfungskette (FuE) Projektcharakter besitzt und sich, wie eben angemerkt, der (Re-)Produktionsprozeß vieler Medien zunehmend „standardisiert". Folgt man diesem Einwand, dann richtet sich die Differenzierung zwischen den Produkten der beiden betrachteten Branchen eher daran aus, wann in der Wertschöpfungskette der Übergang vom „Interaktions-" zum Industrie-Produkt erfolgt.

Aus den skizzierten „Eigenschaften" von Medienprodukten folgt nahezu zwingend, daß die Medienwirtschaft, wie man sie im Detail auch abgrenzt, eine Branche darstellt, in der das „Netzwerk" bzw. die Kooperation ein Grundprinzip der Herstellung ist. Je mehr der mediale Herstellungsprozeß einem industriellen Produktionsverfahren ähnelt (etwa die Herstellung einer Tageszeitung), um so mehr erfolgt die Kooperation unternehmensintern. (Letzteres gilt besonders auch beim „book on demand".) Je mehr die Herstellung eines Medienproduktes ein singuläres Ereignis ist (z.B. die Produktion eines Spielfilms oder eine Musikproduktion), um so mehr entstehen Kooperationsbeziehungen zwischen verschiedenen, selbständigen Partnern unter Leitung eines hauptverantwortlichen Generalunternehmers. In diesem Kontext sind Kooperationsbeziehungen häufig befristet, um beim nächsten Projekt ein „Netzwerk" mit anderen Partnern einzugehen.

Ein Teil der Medienunternehmen, vor allem die Großunternehmen, bauen Kooperationsbezeichnungen in Form von strategischen Allianzen auf – eine Art latente Kooperationsbeziehung, die bei Bedarf zu einem konkreten Kooperationsprojekt aktiviert werden kann. Eine etwas festere und beständigere Form der Kooperation zwischen Unternehmen stellen „Joint Ventures" mit einem relativ genau definierten Unternehmenszweck dar.

In mediale „Projekt-Netzwerke" sind nicht selten auch Akteure (teils öffentlich-rechtlicher, teils privatwirtschaftlicher Natur) eingebunden, die nicht unmittelbar an der „content"-Produktion beteiligt sind.

Die typische Form der Zusammenarbeit besteht in der (vertraglich fixierten) flexiblen, weitgehend enthierarchisierten und zeitlich befristeten Kooperation von Partnern mit unterschiedlichen, aufeinander abgestimmten Qualifikationen und Kompetenzen unter Anleitung eines Koordinators. Im Unterschied zum Fahrzeugbau handelt es sich im Mediensektor weitgehend um horizontale Kooperationen mehr oder minder gleichberechtigter Partner. Damit solche Kooperationsmuster ohne Komplikationen und kurzfristig zustande kommen, muß ein Medienstandort eine Reihe von Voraussetzungen erfüllen, die am Standort München in folgenden Faktoren und Bedingungen ihren Ausdruck finden:

- Räumliche Nähe einer Vielzahl von Medienanbietern und –nutzern;
- Vorhandensein eines großen, nach Qualifikationen breitgefächerten Arbeitskräfteangebots und eines *kreativen* Mitarbeiterpotentials;
- eine breite Palette an Ausbildungseinrichtungen und -plätzen für Medienberufe;
- eine gut ausgebaute Medieninfrastruktur, einschließlich einschlägiger Finanzdienstleister;
- ein urbanes Milieu, inklusive eines entsprechenden Image als Raum geballter Medienkompetenz und
- ein kommunal-, regional- und landespolitisches Umfeld, das sich für die Stärkung des Medienstandortes einsetzt.

Es ist gerade der komplexe „Mix" vielfältiger „harter" *und* „weicher" Standortfaktoren, der es schwierig macht, einen „neuen" Medienstandort zu kreieren.

Die genannten Standortfaktoren und -bedingungen, zu denen noch der hohe Wohn- und Freizeitwert Münchens zu zählen wäre, bilden ein Amalgam, das stark den Charakter eines „innovativen Milieus" trägt, wie es in der Literatur beschrieben wird. Ausdruck, Voraussetzung und Resultate dieses kreativen Milieus ist die Urbanität Münchens, welche den mediensektoralen und qualifikatorischen Resonanzboden darstellt. Dabei schafft räumliche Nähe als eine Ausprägung von Urbanität Fühlungsvorteile, läßt viele persönliche Kontakte zu und erhöht und sichert die Verfügbarkeit einschlägiger Informationen.

Angesichts der ansässigen Medienunternehmen sowie der kulturellen, wissenschaftlichen und Ausbildungseinrichtungen bietet der Arbeitsmarkt in München für die Medienwirtschaft ein großes Reservoir an Arbeitskräften. Mit ihren Qualifikationen decken sie im Grunde die gesamte Bereite medienwirtschaftlicher Anforderungsprofile ab. Dieser Arbeitskräfte-Pool bietet nicht nur den Medien-Arbeitgebern Agglomerationsvorteile, die sich einem Überangebot an Medien-Beschäftigten gegenübersehen (in Sonderheit bei den Beschäftigten des Druckgewerbes, bei den Journalisten und Schauspielern), sondern auch für die Arbeitnehmer selbst, denen sich immer wieder neue unterschiedliche Beschäftigungs- und Erwerbsmöglichkeiten eröffnen.

Im Zuge der Neu- und Umstrukturierung der Medienbranche und im Zuge des technischen Fortschritts im Medienbereich werden zunehmend Festangestellte durch „feste" freie oder gänzlich freie Mitarbeiter ersetzt. Die Tätigkeit als freier Mitarbeiter wird nicht nur von den Arbeitgebern erzwungen, sondern liegt nicht selten auch im Interesse der freien Mitarbeiter, insbesondere wenn sie über herausragende Qualitäten verfügen. Anders ausgedrückt, es ist nicht selten die freie Entscheidung der Arbeitnehmer, aus einem festen Angestelltenverhältnis in eine freie Mitarbeit zu wechseln, wobei im einzelnen die freie Mitarbeiterschaft ganz unterschiedliche Ausprägungen zeitigt. Mit der freien Mitarbeiterschaft werden die Grenzen zwischen Arbeitszeit und Nicht-Arbeitszeit fließend.

Bedingten bislang in der Medienwirtschaft das Können, das Talent (die Kreativität) und die in der Praxis erworbenen Fähigkeiten günstige Voraussetzungen für eine Beschäftigung, so verlangen vor allem neue Audio-/Video-Unternehmen zunehmend einen formalen Berufsabschluß. Dafür gibt es mehrere Gründe:

- Es wird nicht mehr nur praktisches Können verlangt, sondern es werden auch theoretische Fähigkeiten und Organisationswissen eingefordert.
- Etwa im Bereich des Journalismus wird mit dem Hochschulstudium die Erwartung verknüpft, den Gesprächspartnern in Qualifikation und Auftreten ein adäquates Gegenüber zu offerieren.
- Zudem fördert die durch ein Studium ausgewiesene Lernfähigkeit auch den Mitarbeiter-Typus des „Allrounders".
- Schließlich werden formale Berufsabschlüsse auch deshalb zunehmend vorausgesetzt, um Kriterien dafür zu erhalten, wie die in den Anfangsjahren (vor allem der „neuen" Medien) oftmals chaotisch gewachsenen Personalstrukturen in eine mit anderen Unternehmen vergleichbare Personalentwicklung überführt werden können.

An dieser Stelle ist auch anzumerken, daß beispielsweise die Digitalisierung die klassische Arbeitsteilung zwischen den Produzenten von Inhalt und dem technischen Team aufhebt. Journalisten beispielsweise werden zu Reportern, Kameramännern, Cuttern und Toningenieuren in einem.

Die Medienwirtschaft unterliegt ebenfalls dem Prozeß der Globalisierung, der allerdings in dieser Branche differenzierter verläuft. Generell gilt, daß die steigenden Produktionskosten von Medienprodukten auch dort den Drang nach erweiterten Absatzmärkten verstärkt. Andererseits stellt das Medium Sprache eine hohe Schwelle dar, die den Zugang einer Reihe von deutschen Medienprodukten zu internationalen Märkten erschwert, wie umgekehrt auch von ausländischen Produkten, die auf den deutschen Markt drängen. (Selbstredend haben deshalb Medienprodukte, die ohne Sprache auskommen, einen leichteren Zugang.) Um diese Schwelle zu überwinden und sich Zugang zu internationalen Märkten zu verschaffen, bedarf es eines sprunghaft höheren Kapitalaufwandes, den in der Regel nur große Medienunternehmen betreiben können. Insofern ist die Trennlinie zwischen Unternehmen, die den nationalen bzw. deutschsprachigen Markt bedienen, und Unternehmen, die international operieren und in der Tendenz global ausgerichtet sind, in der Medienwirtschaft deutlicher als in anderen Clustern.

Globalisierung der Medienwirtschaft bedeutet aber nicht, daß der Bezug zur Region München aufgegeben wird. Vielmehr sind gerade die besondere funktionale Differenzierung der Medienwirtschaft in München sowie das innovative Klima und das kreative Milieu standörtliche Voraussetzungen, um von dieser Basis aus internationale Aktivitäten zu starten und Kooperationen einzugehen. In vielen Interviews wurde – dies sei in Parenthese angemerkt – auch auf die günstige Verkehrslage Münchens hingewiesen.

4. Ein Resümee

Die in den Wirtschaftszweigen „Fahrzeugbau“ und „Medienwirtschaft“ durchgeführten qualitativen Interviews haben uns, gemessen an den theoretischen Ausgangsüberlegungen, zumindest zu einer gewissen Modifizierung unserer Arbeitshypothesen veranlaßt.

Es ist zwar unbestritten, daß der Raum München auch im Fahrzeugbau „innovative Milieux“ ausgebildet hat, aber diese gehen nicht unbedingt zu Lasten der Peripherie und stärken nicht notwendigerweise den Standort München.

Es bleibt zunächst festzuhalten, daß die Netzwerke im Fahrzeugbau heute eher der Vorstellung des abstrakten ökonomischen Raumes Perrouxscher Provenienz entsprechen (Blotevogel 1995, S. 739). Zulieferer werden weltweit gesucht. Ausschlaggebender Parameter der Wahl ist der Preis. Zusätzlich ist zu berücksichtigen, daß die Automobilhersteller zunehmend mit Systemzulieferern in Verbindung treten, die sich ihrerseits ihre Sublieferanten wieder weltweit suchen, wobei auf die Wahl der Subzulieferer teilweise von den Automobilherstellern

„durchgegriffen“ wird. A priori ist deshalb nicht von *regionalen* Netzwerken zu sprechen.

In einem zweiten Schritt entstehen dann doch solche Netzwerke, weil der in München ansässige Auto-Konzern aus Marketing- und Imagegründen zumindest auf technischen „Brückenköpfen“ seiner Systemzulieferer an seinen bayerischen Standorten besteht. Aufgrund der bestehenden Beschaffungskooperation bewegt sich der andere bayerische Automobilhersteller ebenfalls in diese Richtung. Netzwerke im Fahrzeugbau sind demzufolge weniger Ursache, als vielmehr Folge der Spitzenstellung des Raumes München in dieser Branche.

Noch weniger bedeutsam als bei den Endproduktherstellern sind Netzwerke im Zuliefererbereich im weitesten Sinne. Hier lassen sich allenfalls von den Endproduktherstellern erzwungene Kooperationen ausmachen. Fehlt dieser Zwang, dann steht man Netzwerken eher skeptisch bis ablehnend gegenüber.

In der Wertschöpfungskette ist eine Risiko-Verschiebung feststellbar. Endhersteller bürden ihren Systemzulieferern FuE-Kosten auf, die von denen an die Subzulieferer weitergewälzt werden.

Wegen des Preiswettbewerbs im Zuliefererbereich kommt es zu einer gewissen „Restrukturierung der Arbeit“, indem Auslagerungen in die benachbarten mittel- und osteuropäischen Staaten erfolgen. Es handelt sich jedoch dabei um keinen linearen Prozeß, weil Probleme mit den Qualitätsstandards bereits wieder zu Rückverlagerungen von Produktionen geführt haben. Im übrigen scheinen Kommunikationsfriktionen dem „global sourcing“ Grenzen zu setzen.

In mehrfacher Hinsicht völlig anders präsentiert sich die Situation in der Medienwirtschaft: Hier spielen Netzwerke in der Tat eine erhebliche Rolle, und zwar Netzwerke im Sinne einer horizontalen Kooperation. Dies hängt offenbar damit zusammen, daß die „Medien-Produkte“ eher Projekte sind, die „Teamarbeit“ im echten Sinne unabdingbar machen.

Im Gegensatz zum Fahrzeugbau ist die Medienwirtschaft von nicht-traditionellen Beschäftigungsverhältnissen geprägt. Die „freien“ Mitarbeiter werden zunehmend zu selbständigen Unternehmern dergestalt, daß sie nicht nur ihre (kreative) Arbeitskraft einbringen müssen, sondern auch das erforderliche „Equipment“ für Produktionen zur Verfügung zu stellen haben. Dies erhöht die Flexibilität und die effektive Zusammensetzung der Teams.

Noch in einem weiteren Punkt unterscheidet sich die Medienwirtschaft vom Fahrzeugbau: In den Interviews mit Vertretern der Medienwirtschaft wird durchgängig darauf verwiesen, daß München über Ausbildungsstätten verfügt, die das Qualifikationsmerkmal „Kreativität“, das in der Medienwirtschaft hoch gehandelt wird, „produzieren“. Mit anderen Worten: Qualifikation im weitesten Sinne stellt für die Medienwirtschaft einen wichtigen (Standort-)Faktor dar. Des weiteren wird betont, der Raum München liefere „Urbanität“ in dem Sinne, daß

Fühlungsvorteile, verstanden als Agglomerationsvorteile, wahrgenommen werden können.

Auf einen kurzen Nenner gebracht, lassen sich wohl folgende vorläufigen Feststellungen treffen: Während die eingangs formulierten Arbeitshypothesen für den Fahrzeugbau allenfalls, wenn überhaupt, eingeschränkt gelten, beschreiben sie relativ gut die regionalwirtschaftliche Situation der Medienwirtschaft, insbesondere der „neuen" Medien und des Multimediabereiches, in München. Forschungsstrategisch ist daraus der Schluß zu ziehen, daß die industrielle Produktion einer „neuen" Regionalökonomie bedarf (im Extremfall überhaupt keiner Regionalökonomie mehr), während ihre traditionelle Spielart überraschenderweise gut auf einen „modernen", vorwiegend dienstleistungsorientierten Bereich wie der Medienwirtschaft paßt. Damit stellt sich in der Tat die Frage, ob nicht auch die Regionalökonomie als Disziplin einem Produktlebenszyklus (Nijkamp 1994a) unterliegt. Zugleich wird deutlich, daß die regionale Wirtschaftsförderung möglicherweise mehr Einfluß auf die Medienwirtschaft als auf den Fahrzeugbau nehmen kann und zwar sowohl in ordnungs- wie in prozeßpolitischer Hinsicht. Allerdings ist die staatliche (monetäre und nicht-monetäre) Förderung lediglich eine notwendige, keinesfalls aber eine hinreichende Bedingung für die regionale Prosperität zumindest von Teilen der Medienwirtschaft.

Literatur

Backhaus, K.; Meyer, M. (1993): Strategische Allianzen und strategische Netzwerke. In: Wirtschaftswissenschaftliches Studium, 22, S. 330-334

Baumol, W.; Panzar, J.; Willig, R. (1982): Contestable Markets and the Theory of Industry Structure. New York

Biehl, D.; Ungar, P. (1995): Disparitäten, regionale. In: Handwörterbuch der Raumordnung. Hannover, S. 185-189

Biehler, H.; Genosko, J.; Sargl, M.; Sträter, D. (1998): Regionale Netzwerke und regionaler Arbeitsmarkt: kumulative Prozesse zirkulärer Verursachung? Diskussionsbeiträge aus der Wirtschaftswissenschaftlichen Fakultät Ingolstadt, Nr. 100

Bilger, U.; Genosko, J.; Hirte, G. (1991): Migration and regional labour market adjustment in West Germany. In: Stillwell, J.; Congdon, P. (eds.): Migration Models. Macro and Micro Approaches. London, New York, S. 152-167

Blotevogel, H. H. (1995): Raum. In: Handwörterbuch der Raumodnung. Hannover, S. 733-740

Buttler, F.; Hirschenauer, F. (1995): Wachstumspole. In: Handwörterbuch der Raumordnung. Hannover, S. 1058-1063

Carré, B. (1979): Graphs and Networks. Oxford

Clark, K. B.; Fujimoto, A. (1992): Automobilentwicklung mit System: Strategie, Organisation und Management in Europa, Japan und USA. Frankfurt/M., New York

Dudenhöfer, F. (1997): Outsourcing, Plattform-Strategien und Badge-Engineering. In: Wirtschaftswissenschaftliches Studium, 28, S. 144-150

Franz, W. (1991): Arbeitsökonomik. Berlin u.a.O.

Gaitanides, M. (1997): Integrierte Belieferung – Eine ressourcenorientierte Erklärung der Entstehung von Systemlieferanten in der Automobilzulieferindustrie. In: Zeitschrift für Betriebswirtschaft, 67, S. 737-757

Genosko, J. (1996): Regionale Differenzierung der Wirtschaftsstrukturen. In: Strubelt, W. et al. (Hg.): Region und Stadt. Berichtsband der Berichtsgruppe V der KSPW. Opladen. S. 111-142

Genosko, J. (1997): Networks, Innovative Milieux and Globalization: Some Comments on a Regional Economic Discussion. In: Journal of European Planning Studies, 5, S. 283-297

Genosko, J. (1999): Netzwerke in der Regionalpolitik. Marburg

Jansen, D. (1998): Was sind Netzwerke, wodurch entstehen sie, wie werden sie zusammengehalten? Theoretische Annäherungen an einen Begriff. In: Heinze, R.G.; Minssen, H. (Hg.): Regionale Netzwerke – Realität oder Fiktion? Bochum: Ruhr-Universität Bochum (Diskussionspapiere der Fakultät für Sozialwissenschaft), S. 4-9

Knoke, D.; Kulinski, J. H. (1991): Network Analysis: Basic Concepts. In: Thomson, G. et al (eds.): Markets, Hierarchies & Networks. The Coordination of Social Life. London u.a.O., S. 173-182

Krugman, P. (1991): Geography and Trade. Cambridge/Ma., London

Läpple, D.; Thiel, J. (2000): Regional Specialisation and Media Convergence: The Dynamic Restructuring of the Hamburg Advertising Industry. Paper presented at the International Conference on "The Economics and Socio-Economics of Services." Lille-Roubaix, 22 and 23 June 2000

Lundvall, B.-A.; Borras, S. (1999): The Globalising Learning Economy: Implications for Innovation Policy. Luxemburg: Office for Official Publications of the European Community

Maier, G.; Tödtling, F. (1995): Regional- und Stadtökonomik. Standorttheorie und Raumstruktur. Wien, New York

Mayntz, R. (1993): Policy-Netzwerke und die Logik von Verhandlungssystemen. In: Héritier, A. (Hg.): Policy-Analyse. Kritik und Neuorientierung. PVS-Sonderheft 24, S. 39-56

Myrdal, R. (1957): Economic Theory and Underdeveloped Regions. London

Nijkamp, P. (1994a): Guest Editorial: Regional Science – A Product Life Cycle Interpretation. In: Papers in Regional Science 73, Amsterdam, S. 341-345

Nijkamp, P. (1994b): New Borders and Old Barriers in Spatial Development. Aldershot

Pfeifer, C. (1997): Eine kritische Analyse neoklassischer Ökonomik vor dem Hintergrund von Orientierung und Kognition. Ingolstadt: Dissertation an der Wirtschaftswissenschaftlichen Fakultät

Polyani, M. (1966): The Tacit Dimension. London

RESER (1995): Consultancy Services. Networks in Europe. Aix-en-Provence

Rosenberg, N. (1982): Perspectives on Technology. Cambridge/UK

Sengenberger, W. (1987): Struktur und Funktionsweise von Arbeitsmärkten. Frankfurt/M., New York

Senker, J.; Faulkner, W. (1996): Networks, Tacit Knowledge and Innovation. In: Coombs, R. et al. (eds.): Technological Collaboration. The Dynamics of Cooperation in Industrial Innovation. Cheltenham, Brookfield, S. 76-97

Steward, F.; Conway, St. (1996): Informal Networks in the Orgination of Successful Innovations. In: Coombs, R. et al. (eds.): Technological Collaboration. The Dynamics of Cooperation in Industrial Innovation. Cheltenham, Brookfield, S. 201-221

Content-Produktion in der Region

Zur Notwendigkeit und Schwierigkeit der politischen Förderung einer projektbasierten Dienstleistungsindustrie

Anja Lutz, Jörg Sydow

Inhalt

1. Einleitung

Was ist der Computerindustrie im Silicon Valley, der Biotechnologie in Boston/Cambridge, der Schuhindustrie in der Emilia Romagna, der Halbleiterindustrie in Singapur, der Werbebranche in Soho und der New Media Industry in New York City gemeinsam? In diesen Regionen wird extrem erfolgreich gewirtschaftet. Das Erfolgsrezept der meisten dieser „industrial districts“, „clusters“, „learning regions“ oder „hot spots“, so betonen Regionalökonomen wie -soziologen (z.B. Piore/Sabel 1985; Amin/Thrift 1994; Krumbein 1994; Staber et al. 1996; Braczyk et al. 1998; Scott 1998; Porter 1999; Keeble/Wilkinson 2000), liegt, bei allen Unterschieden im Detail, in einem Gemisch aus kleinen, mittelständischen und größeren Hersteller-, Zuliefer- und Dienstleistungsunternehmen, die auf der einen Seite hochspezialisiert sind, gleichzeitig aber flexibel auf veränderte Marktlagen reagieren können. Letzteres gelingt ihnen durch eine enge Kooperation in Netzwerken, die nicht selten von international tätigen, aber in die regionalen Netzwerkstrukturen eingebetteten Unternehmen organisiert werden. Wie ökonomisch erfolgreich die Kooperation in der Region verläuft, hängt zu aller erst von der Motivlage und Initiative der Unternehmen, aber auch von den (meist über Jahrzehnte gewachsenen) ökonomischen und politischen Regionalstrukturen ab. Diese Strukturen eröffnen oder begrenzen die Handlungsspielräume regionaler Akteure für die Entwicklung eines kooperationsfördernden institutionellen Rahmens, der Aus- und Weiterbildungseinrichtungen, Forschungs- und Finanzinstitute, Berufs- und Industrieverbände, Behörden und Förderinstitutionen genauso umfaßt wie geteilte Werte und Sichtweisen und eingeübte Praktiken. Ein solcher institutioneller Rahmen, der teils von wirtschaftlichen, teils von politischen Akteuren geschaffen wird, vorzugsweise aber in enger Zusammenarbeit entsteht, erleichtert die Spezialisierung und Kooperation der Unternehmen in der Region, im Extremfall ermöglicht er sie sogar erst.

Dabei kommt es nicht nur auf die Existenz dieser Institutionen an, sondern ganz entscheidend auch auf die Art und Intensität ihrer Interaktion mit den Unternehmen in der Region. Genau dieser Sachverhalt wird in der Regionalforschung mit dem Begriff der „institutional thickness“ (Amin/Thrift 1994) belegt. Erst infolge dieser institutionellen Dichte kommt es auf Dauer zu einer ausgefeilten zwischenbetrieblichen Arbeitsteilung, zum überbetrieblichen Wissensaustausch, zur praktischen Verfügbarkeit notwendiger Ressourcen in der Region; darüber hinaus zur Entstehung spezifischer, auf die Bedürfnisse einer regionalen Industrie ausgerichteter Sichtweisen, Normen und Werte, die ein bestimmtes ökonomisches Handeln mit Sinn und Legitimität versehen. Diese Institutionen bereiten den Boden für die (Weiter-)Entwicklung entsprechender öffentlicher und privater Organisationen und bilden so das Fundament für (weiteres) wirtschaftliches Wachstum in der Region.

Obgleich eine sehr hohe Institutionalisierung regionaler Interaktion nicht ohne Risiken ist,[1] scheinen die Implikationen dieses Konzepts für die Politik relativ klar: Förderung nicht nur der Einrichtung geeigneter Institutionen, sondern Unterstützung auch ihrer Interaktion mit Unternehmen – und damit auch direkt und indirekt der Spezialisierung und Kooperation von Unternehmen in der Region. Und in der Tat bemüht man sich in vielen Regionen aus genau diesen Gründen um eine entsprechende institutionelle Dichte. Gleichwohl ist nicht davon auszu-

1 Ein Beispiel für solche Risiken sind mögliche 'lock-in'-Effekte (vgl. z.B. der Beitrag von Grabher [1993] und Glasmeier in Amin/Thrift 1994). Auch mag eine überregionale Zusammenarbeit in einigen Fällen innovationsfördernder sein als eine Kooperation in der Region (vgl. dazu Braczyk et al. 1998; Nachum/Keeble 1999).

gehen, daß diese Dichte zur Gänze, vielleicht noch nicht einmal zum überwiegenden Teil, Folge absichtsvollen Handelns ist. Vielmehr entsteht „institutional thickness“ auch und gerade ungeplant, ist oft nur Nebenprodukt anders motivierten politischen oder ökonomischen Handelns. In jedem Fall aber hängt die erfolgreiche Entwicklung einer „institutional thickness“ zentral von den regionalen Ressourcen (z.B. Vorkommen von potenten Auftraggebern und -nehmern) und Regeln (z.B. eingespielte Kooperationskultur zwischen Politikern und Unternehmen) ab, ohne die sich kein Wachstum entwickeln kann.

Von diesen Prämissen ausgehend wollen wir am Beispiel der Produktion von Inhalten – oder neudeutsch: „Content“ – für das (zunehmend digitale) Fernsehen in zwei deutschen Medienregionen der Frage nachgehen, wie die „institutional thickness“ in diesen zwei Regionen ausgeprägt ist. Dabei werden wir ein besonderes Augenmerk auf den Grad institutioneller Verflechtung legen und klären, warum auf der einen Seite eine gezielte Förderung der Entwicklung und Ausbildung einer institutionellen Dichte gerade in Medienregionen so wichtig, auf der anderen Seite der Erfolg einer darauf ausgerichteten Regionalpolitik aber so ungewiß ist.

Bei der Aufhellung dieses sich in der Praxis stellenden Dilemmas, das von den regionalen Akteuren nicht aufgelöst werden kann, wohl aber zu managen ist, wird uns die genauere Analyse der Produktionsorganisation in dieser Branche weiterhelfen. Diese werden wir im folgenden unter dem Begriff des „Projektnetzwerks“ (Sydow/Windeler 1999) analysieren, bevor wir das Konzept der institutionellen Dichte sowie das der Medienregion etwas genauer spezifizieren (Abschnitt 2). Dabei wird deutlich werden, daß diese Koordinationsform ökonomischer Aktivitäten in besonderer Weise auf wirksame Institutionen angewiesen ist. Deshalb werden wir im Folgenden den Institutionenrahmen und, soweit aufgrund unserer begrenzten Erhebungen in den Medienregionen Köln/Düsseldorf und Berlin/Babelsberg möglich, die Interaktionsdichte in den beiden Regionen beschreiben und miteinander vergleichen (Abschnitte 3 und 4). Den Beitrag beschließend werden die Implikationen der Untersuchung für Politik und Wirtschaft aufgezeigt (Abschnitt 5).

Grundlage unserer Untersuchung sind Informationen aus Medientagungen und Publikationen, vor allem aber aus mehr als 70 leitfadengestützten Interviews mit Produzenten, Sendervertretern sowie Wirtschafts- und Filmförderern aus beiden Regionen, die im Rahmen eines von der Deutschen Forschungsgemeinschaft (DFG) geförderten Projekts über die vernetzte ‘Content‘-Produktion für das digitale Fernsehen in den Jahren 1998 bis 2000 erhoben wurden.[2] Im Zen-

---

2 Der DFG danken wir für die finanzielle Förderung des Projekts (SY32/2-1) im Rahmen des SPP 197 „Regulierung und Restrukturierung von Arbeit in den Spannungsfeldern von Globalisierung und Dezentralisierung“, den Interviewpartnern für ihre Auskunfts-

trum der Untersuchung stand allerdings die Produktionsorganisation, weniger die diese unterstützenden regionalen Institutionen. Die Interviewergebnisse deuten jedoch an, daß die Organisationsform des Projektnetzwerks in den meisten Fällen ohne diese Institutionen nicht effektiv funktionieren kann. Dies gilt insbesondere für die Institutionen, die die ausreichende Verfügbarkeit von Kapital und qualifizierten Arbeitskräften gewährleisten, aber auch für jene, die zu ähnlichen Sicht- und Legitimationsweisen beitragen und dadurch die Koordination im Netzwerk erleichtern. Gleichwohl sind die folgenden Ausführungen aufgrund der zum Vorhandensein und zur Wirkungsweise dieser Institutionen schwachen Datenbasis eher als Problemaufriß denn als Bewertung des Institutionengefüges in den beiden untersuchten Medienregionen zu verstehen. Theoretisch ist die Untersuchung von einer strukturationstheoretischen Netzwerkperspektive informiert, die in besonderem Maße für den Prozeß der Institutionalisierung, die Entwicklung der Beziehungen zwischen Organisationen und das rekursive Zusammenspiel von Projektnetzwerk und Institutionengefüge sowie für die Bedeutung vorhandener Regeln und Ressourcen in diesem Prozeß sensibilisiert (vgl. dazu Sydow et al. 1995; Windeler 2001).

2. Die Konzepte: Projektnetzwerk, Medienregion und „institutional thickness"

Die Produktion von Fernsehprogrammen, seien es Spielfilme (TV Movies), Serien (incl. Soap Operas[3]) oder Beiträge für Nachrichten- und Wissenschaftsmagazine, wird in Form größerer oder kleinerer Projekte abgewickelt, deren Dauer sich üblicherweise zwischen wenigen Tagen und mehreren Monaten bewegt. Die Produktionsergebnisse sind – projekttypisch – Unikate. Bei den Projekten handelt es sich allerdings, weil wiederkehrend mit denselben Dienstleistern zusammengearbeitet wird, nicht um bloß temporäre Systeme. Vielmehr basiert diese Zusammenarbeit auf relativ stabilen Netzwerkbeziehungen, die sich – gleichsam als unbeabsichtigtes Nebenprodukt – in Folge der Zusammenarbeit herausbilden.

Der Vergangenheits-, aber auch Zukunftsbezug der Kooperation in einem *Projektnetzwerk* macht aus diesem mehr als ein bloß temporäres System. Das Anknüpfen an schon bestehende Beziehungen und erprobte Praktiken erleichtert oder ermöglicht sogar oft erst die immer zeitkritische Produktion in Projekten (vgl. Sydow/Windeler 1999). Im Fall der Produktion von Inhalten für das Fern-

---

bereitschaft, *Arnold Windeler* und *Carsten Wirth* für die konstruktive Unterstützung bei der Bearbeitung auch der hier aufgeworfenen Fragen sowie *Gabriele Röthemeyer*, Geschäftsführerin der MFG Filmförderung Baden-Württemberg, für ihre hilfreichen Hinweise zu einer früheren Fassung dieses Beitrags.

3 Im folgenden nur noch Soaps genannt.

sehen gehören zu einem solchen Projektnetzwerk auf der 'Zulieferseite' neben Autoren und Regisseuren eine Vielzahl künstlerischer und technischer Mediendienstleister (z.B. Script Consultants, Casting Agenturen, Location Scouts, Szenenbildner bis hin zu Firmen wie Mind the Company, die sich auf die Entwicklung von Quizfragen spezialisiert haben). Diese werden typischerweise vom Produzenten bzw. der Produktionsfirma ausgewählt, der bzw. die das Netzwerk auch koordiniert. Die Produktion erfolgt dabei zumeist im Auftrag eines Fernsehsenders,[4] der sich abnehmerseitig mehr oder weniger stark in die Auswahl der Projektpartner und in die Projektkoordination einmischt bzw. vom Produzenten im Sinne einer Kundenintegration einbezogen wird.

Netzwerke werden, vergleicht man sie mit hierarchischeren Organisationsformen wie Unternehmen, Verwaltungen oder Konzerne, zurecht als „lighter on their feet" (Powell 1990, S. 303) bezeichnet. Diese Charakterisierung trifft auf Projektnetzwerke im besonderen Maße zu. Gleichwohl unterscheiden sich diese in Hinblick auf ihre zeitliche und räumliche Ausdehnung erheblich – je nachdem, welcher 'Content' in ihnen produziert wird. Während beispielsweise Studioproduktionen wie Soaps, Comedies, Game- und Talkshows als lang laufend und ortsgebunden charakterisiert werden können, ist die Produktion von TV-Movies, 13-teiligen Serien und Beiträgen für Wissenschaftsmagazine in der Ausstrahlung und Produktion auf wenige Folgen begrenzt und zumindest in der Drehphase außerordentlich mobil (wechselnde Außendrehorte). Allenfalls die in der Phase der Postproduktion erforderlichen Arbeiten (wie der Bildschnitt) werden in auf diese Contentarten spezialisierten Projektnetzwerken wiederkehrend an einem bestimmten Ort durchgeführt.

Als dynamische Netzwerke sind Projektnetzwerke in weitaus größerem Maße noch als stabilere Netzwerkformen (vgl. zu dieser Unterscheidung Snow et al. 1992) auf ein institutionelles Umfeld angewiesen, das ihnen spezifische Ressourcen wie qualifiziertes Humankapital, technische Infrastrukturen und ausreichendes Kapital zur Verfügung stellt sowie die Koordinationsbemühungen der Netzwerkmitglieder, insbesondere des Produzenten bzw. der Produktionsfirma, unterstützt. Beispielsweise versagen Projektnetzwerke regelmäßig bei der systematischen und nachhaltigen Entwicklung von Human-Ressourcen, denn deren Auf- und Ausbau ist auf vergleichsweise stabile Institutionen angewiesen. Allenfalls Fernsehsender und größere Produktionsfirmen mit lang laufenden und daher eine kontinuierliche Produktion gewährleistenden Serien sind in der Lage, systematisch an der Entwicklung von Human-Ressourcen mitzuwirken (vgl. auch MMB 1998). Kleinere und mittlere Unternehmen, die in den Projektnetzwerken kooperieren, verfügen nur im Ausnahmefall über die dafür erforderlichen Vor-

4 Bzw. in Zukunft wohl verstärkt auch eines Internet-TV-Anbieters – schon deshalb auch die Rede vom digitalen Fernsehen.

aussetzungen. Aber selbst die Großen unter den Sendern und Produzenten sind mittlerweile schlank, verfügen kaum über überschüssige Ressourcen, sog. Slack. Ein Producer einer großen Fernsehproduktionsfirma beschreibt anschaulich die Folgen:

> „Früher wurden Kameraleute und Bildmischer bei den Fernsehanstalten ausgebildet. Das war sehr gut, weil dort konnten sie mit kleinen Projekten beginnen und sind dann in immer größere hineingerutscht. Das gibt es so heute nicht mehr. Die haben das Geld nicht mehr. Als Produktionsfirma können wir das aber auch nicht leisten, weil bei uns gleich einer 28 Minuten-Beiträge mischen muß. [...] Früher konnte man noch einen zweiten und dritten Regieassistenten hinzuziehen und ausbilden. Dafür hat heute ebenfalls keiner mehr Geld" (Producer 2).

Viele künstlerische und technische Mediendienstleister werden von Produzenten als sogenannte freie Mitarbeiter, abhängige Selbständige oder „Arbeitskraftunternehmer" (Voß/Pongratz 1998) in die Produktion im Projektnetzwerk einbezogen. Als solche verfügen sie grundsätzlich nicht über die für die systematische und nachhaltige Entwicklung von Human-Ressourcen erforderlichen Kapazitäten. Auch wenn die praktische Projektarbeit vielfältige Möglichkeiten zum Erwerb künstlerischer, technischer und/oder administrativer Kompetenzen bietet, so sind diese doch sehr stark an den im jeweiligen Projektnetzwerk üblichen Praktiken ausgerichtet. Erst die Einbindung konkreter Akteure in mehrere Projektnetzwerke ermöglicht im Laufe ihrer grenzenlosen, weil nicht an Organisationsgrenzen gebundenen Karrieren ein Erlernen branchenüblicher Praktiken (vgl. dazu Jones/Walsh 1997).

Hinzu kommt, daß sich unter den Umständen einer projektbasierten Dienstleistungsproduktion, nicht zuletzt wegen des Mangels an dafür zuständigen Institutionen, Berufe und berufliche Standards (insbesondere in den Bereichen Projektmanagement und Drehbuch), denen als Regeln ebenfalls koordinationserleichternde Eigenschaften zugeschrieben werden können, nur mit Mühe herausbilden. Im Feld der Content-Produktion für das Fernsehen ist genau dies der Fall. In vielen Bereichen der Medienindustrie dominieren denn auch, sowohl im technischen als auch im künstlerischen Bereich, Anlerntätigkeiten; eine formelle Berufsausbildung ist dort eher Ausnahme- als Regelfall.[5]

In der Konsequenz sind Projektnetzwerke in weitaus höherem Maße als hierarchische Organisationsformen, stärker aber auch als andere Arten von Netzwerken, für ihre Funktionalität und Leistungsfähigkeit auf professionelle und branchenbezogene, nicht zuletzt aber auch gesellschaftsweite Institutionen angewie-

---

5 So wurde erst 1999 an der Deutschen Film und Fernsehakademie Berlin (DFFB) ein Studienprogramm „TV-Producer" eingerichtet. Studiengänge für Führungskräfte mit „programmwirtschaftlicher Kompetenz", die mit Geld und Inhalten gleichermaßen gut umgehen können, werden auch in Köln/Düsseldorf vermißt (vgl. MBB 1998, S. 64).

sen. Dabei kommt es jedoch, wie bereits einleitend festgestellt, auf deutlich mehr an als auf die bloße Existenz dieser Institutionen. Das Konzept der *„institutional thickness"* (Amin/Thrift 1994) verweist denn auch nicht nur auf

(1) die Anzahl und Diversität der in einer Region vorhandenen Institutionen (inclusive Organisationen), sondern verlangt zusätzlich

(2) ein ausgeprägt hohes Interaktionsniveau zwischen diesen Institutionen:

„The institutions involved must be actively engaged with and conscious of each other, displaying high levels of contact, cooperation, and information exchange which may lead, in time, to a degree of mutual isomorphism" (Amin/Thrift 1994, S. 14);

es beinhaltet aber auch

(3) die Entwicklung kollektiver Strukturen, die sich als Ergebnis genau dieser intensiven Interaktion herausbilden und infolge die Organisation typischerweise fragmentierter Interessen erleichtern wie den Opportunismus einzudämmen helfen; und es umfaßt

(4) die Herausbildung eines Bewußtseins für die Notwendigkeit eines gemeinsamen Engagements für eine bestimmte wirtschaftliche Entwicklung, von der ihrerseits die (Weiter-)Entwicklung der Institutionen abhängt (vgl. Amin/Thrift 1994, S. 14f.).

Diese vier Faktoren, auf deren Zusammenspiel es entscheidend ankommt, machen die Koordination in Projektnetzwerken signifikant erleichternde institutionelle Dichte aus. Ergänzt werden muß diese Dichte, die von regionalen Akteuren zwar zum Teil, niemals jedoch zur Gänze bewußt hergestellt werden kann, um die Fähigkeit zum institutionellen Lernen und Wandel.

Erleichtert wird die Koordination im Projektnetzwerk nicht nur, weil die Institutionen – im Zusammenspiel mit den Unternehmen der Region – für die notwendigen Ressourcen (z.B. qualifiziertes Personal und zinsgünstiges Risikokapital) sorgen, sondern darüber hinaus den sozialen Konsens fördern, die Hervorbringung von Innovationen erleichtern, die Zirkulation von Ideen beschleunigen u.v.m. (vgl. Amin/Thrift 1994). Damit ist jedoch nicht gesagt, daß Interessenunterschieden und Machtdifferenzen keine Bedeutung zukommt. Im Gegenteil: Ebenso wie die Entstehung und Koordination von Projektnetzwerken ist auch die Entwicklung von Institutionen, nicht zuletzt aufgrund asymmetrisch verteilter Ressourcen, ein machtdurchtränkter Prozess. Ob intendiert oder nicht, die „institutional thickness" ist dabei nicht nur Ergebnis, sondern auch Medium kooperativen Handelns, mit anderen Worten: macht Netzwerkkooperation möglich.

Bereits theoretisch ist aufgrund dieser rekursiven Zusammenhänge somit klar, daß die gezielte Förderung und Entwicklung eines geeigneten, die Spezialisierung und Kooperation auch und gerade in Projektnetzwerken erleichternden Institutionengefüges keine leichte Aufgabe ist. Dennoch sind in den beiden von uns untersuchten Medienregionen in und um Köln/Düsseldorf bzw. Berlin/Babelsberg entsprechende Institutionen geschaffen worden bzw. entstanden. Dabei verstehen wir unter einer *Medienregion*, dem dritten in diesem Zusammenhang wichtigen Konzept, ein organisationales Feld, dessen Grenzen dadurch entstehen, daß die in einer Region ansässigen Akteure/Organisationen sich

(1) in ihren sozialen Praktiken sowohl zu einem signifikanten Ausmaß aufeinander sowie
(2) auf die Region (hier Köln/Düsseldorf bzw. Berlin/Babelsberg) und
(3) eine für diesen Raum ökonomisch bedeutende Branche (hier die Medienindustrie) beziehen (vgl. Sydow et al. 1998).

Die ökonomische Bedeutung muß sich nicht unbedingt an aktuellen Umsatz- oder Unternehmenszahlen festmachen; sie kann auch in der Tradition oder Zukunft der Region begründet liegen. Vor allem aber kommt es darauf an, daß sie in den Strategien und Praktiken, und d.h. zumeist auch im Bewußtsein, der regionalen Akteure Berücksichtigung findet.

Eine derart definierte (Medien-)Region muß im übrigen nicht notwendig politischen Verwaltungsgrenzen entsprechen. Tatsächlich konstituieren sich Regionen über die konkreten Praktiken aller, nicht nur der politischen Akteure einer räumlichen Einheit und einer spezifischen Branche. Der Grad der „institutional thickness" in einer Region hängt u.a. davon ab, wie gut die drei genannten Bezugsebenen im Handeln der Akteure in einander greifen. In welchem Ausmaß und wie dies in den untersuchten Regionen erreicht worden ist, wird im Folgenden, beginnend mit der Region Köln/Düsseldorf, genauer betrachtet. In ökonomischer Hinsicht wird auch und gerade für Medienregionen erwartet, daß die räumliche Nähe den funktional spezialisierten Organisationen mit ihren dichten Beziehungsnetzwerken effizientere Transaktionen und einen effektiveren Wissensaustausch ermöglicht (vgl. Scott 1998).

3. Köln/Düsseldorf – Erfolgsbeispiel für die Entwicklung einer Medienregion

Die Medienregion Köln/Düsseldorf[6] rangiert im Bereich Fernsehen (gemessen an Umsatzzahlen der lokal ansässigen TV-Produzenten und den dort gedrehten Auftragsvolumina) heute vor München, Hamburg und Berlin/Babelsberg auf

6 Während die Film- und Fernsehindustrie vor allem im Großraum Köln (z.B. in Hürth) angesiedelt ist, bildet Düsseldorf das Zentrum für die Werbeindustrie und die politische Administration. Neben der Staatskanzlei und dem Wirtschaftsministerium hat auch die Filmstiftung ihren Sitz im Düsseldorfer Hafengelände, das mittlerweile auch Unternehmen aus der Multimedia- und Fernsehbranche beherbergt.

Platz eins. Die ökonomische Bedeutung dieser Region für das Fernsehen erstaunt, bedenkt man, daß Mitte der 80er Jahre in NRW, bis auf den WDR und einige kleinere Produktionsfirmen, nichts auf die Entwicklung zu einem pulsierenden Medienland hinwies. Wie ist es dennoch möglich, daß sich die Region Köln/Düsseldorf binnen eines Jahrzehnts zu einer wirtschaftlich erfolgreichen Medienregion entwickelte?

3.1 Die regionalen Akteure und ihre engen Beziehungen

Entscheidend dafür verantwortlich, insbesondere in der ersten Aufbauphase Anfang der 80er bis Anfang der 90er Jahre, ist das Zusammenspiel folgender regionaler Unternehmen, Organisationen und Institutionen aus Politik und Wirtschaft: die Sender WDR und RTL; die Landesregierung NRW, unterstützt von der Wirtschaftsförderung; die Stadt Köln und die Stadtsparkasse Köln; die regionalen mittelständischen Fernsehproduzenten und ihre Produzentenverbände; sowie schließlich die Filmstiftung NRW. Dank ihres hohen Interaktionsniveaus und ihrer wechselseitigen Orientierung aneinander sind sie bis heute in der Lage, bereits vorhandene Ressourcen wie finanzielles Kapital sowie Branchen-Know-how für den Aufbau der regionalen Industrie zu nutzen und zu vermehren.

Mitte der 80er Jahre rückte die bis dahin kleine, aber mit der Region stark verbundene Fernsehwirtschaft, bestehend aus dem WDR und einigen mittelständischen Produzenten, ins Zentrum politischer Förderung. Die Landesregierung in NRW sah sich unter den Folgen einer schrumpfenden Stahl-, Eisen- und Kohleindustrie gezwungen, einen Strukturwandel einzuleiten. Das heißt, Wirtschaftsförderer konzentrierten sich von nun an stärker auf zukunftsträchtige Industrien wie die Medienindustrie, zu der neben der Informations- und Kommunikations- auch die Film- und Fernsehindustrie gehörte. Die für NRW typische (z.B. auch für die Stahlindustrie) enge Kooperation zwischen Politik und Wirtschaft kennzeichnet auch die Praktiken der Wirtschaftsförderer in der Medienindustrie. So versuchten Politiker, regionale Medienunternehmen und Verbände von Anfang an, unternehmensübergreifend Ressourcen für den Aufbau einer regionalen Medienindustrie zu bündeln (vgl. Geschwandtner-Andreß 1999, S. 32ff.).

Gute Voraussetzungen für den Aufbau einer regionalen Fernsehindustrie bietet die hohe Bevölkerungszahl und -dichte in NRW, die den WDR zur größten öffentlich-rechtlichen Rundfunkanstalt werden ließ. Dank der hohen Gebühreneinnahmen war der WDR in der Lage, sowohl als Auftraggeber für externe Produzenten, aber auch als Ausbilder und Beschäftiger von künstlerischen und technischen Mediendienstleistern, die regionale Fernsehindustrie in relevanten Maße zu stützen. Eingebunden in die wirtschaftliche Entwicklung speziell des Raums Köln/Düsseldorf zur führenden deutschen Region für Fernsehproduktionen waren aber auch mehrere Verbände. Dazu zählten neben dem Bundesverband Deutscher

Fernsehproduzenten, der durch den Geschäftsführer der regional ansässigen Colonia Media eine starke regionale Präsenz erfuhr, auch zwei regionale Verbände: der schon seit Anfang der 80er Jahre existierende Verband der Fernseh-, Film-, und Videowirtschaft NRW e.V. (VFFV e.V.) sowie der 1990 gegründete Verband der nordrhein-westfälischen Spielfilmproduzenten (Verband Spielfilm NRW e.V.). Die in diesen Verbänden organisierten Produzenten informierten die Politik über Branchenprobleme und erarbeiteten Lösungskonzepte (z.B. Konzepte für Ausbildungsinstitutionen), deren Realisierung sie auch finanziell förderten. Ein Produzent, der die Aufbauphase der Medienregion Köln/Düsseldorf als aktives Mitglied eines der genannten Verbände wesentlich mitgestaltet hatte, bewertet die Beziehungen zur Politik sehr positiv:

> „Der Verband der Film- und Fernsehproduzenten hat sich zufällig zu dem Zeitpunkt gegründet, als sich die sozialdemokratische Regierung entschlossen hatte, aus NRW ein Medienland zu machen. Insofern war das zehn oder 14 Jahre lang eine ideale Public-Private-Partnership. Wir waren ständig mit der Politik im Gespräch. Die Politik hat auf uns gehört. Wir haben die Politik um Hilfe gebeten und diese auch bekommen. Ohne diese Zusammenarbeit hätte sich das Land nicht entwickelt. Man kann ja kein Medienland verordnen. Es war eine Substanz da sowie der politische Wille und das Geld“ (Produzent 1).

So setzte die Politik von Anfang an ein starkes Vertrauen in das Wachstumspotential der zwar noch zahlenmäßig kleinen, jedoch hinsichtlich des Nachfragevolumens (gemessen an den Bevölkerungszahlen) ökonomisch potenten Fernsehwirtschaft. So erklärt sich, daß herkömmliche politische Institutionen wie das Wirtschaftsministerium in großem Umfang insbesondere die technische Infrastruktur (Studios, Aufnahme- und Bildbearbeitungstechnik) förderten und die Stadt Köln eine Stabstelle ‘Medienwirtschaft‘ ins Leben gerufen und in Zusammenarbeit mit der Industrie- und Handelskammer Ausbildungsförderungen für neue Medienberufe initiiert hat (vgl. Geschwandtner-Andreß 1999, S. 40). Aber auch die städtischen Kreditinstitute, wie z.B. die Stadtsparkasse Köln, engagierten sich durch die Bereitstellung günstiger Immobilien sowie zinsgünstigem Risikokapital für die regionale Medienindustrie (im weiteren Sinne).[7]

---

7 Insgesamt (bis 1998) hat die Stadtsparkasse Köln ein Kreditvolumen von DM 3,5 Mrd. mobilisiert und darüber hinaus DM 20 Mio. in hauseigene Medienkompetenz (z.B. Schulungen und Einkauf von Spezialisten) investiert (vgl. Peters 1998). Sie tritt durch ihre Tochtergesellschaft SK Immobilien, die an zwölf Medienunternehmen (darunter dem Studiobetreiber MMC) beteiligt ist, als ‘Venture Capitalist‘ auf. Darüber hinaus finanziert sie – gegen Lizenzrechte – Film- und Fernsehprojekte und hat ein zinsgünstiges Investitionsdarlehen zur Förderung von technologischem ‘Equipment‘ für Medienunternehmen aufgelegt (vgl. Geschwandtner-Andreß 1999, S. 48 f.).

Förderlich für die Durchsetzung politischer Strategien war, daß die Fernsehsender zum damaligen Zeitpunkt vorwiegend öffentlich-rechtlicher Natur waren und der Politik gute Ansatzpunkte zur Einflußnahme bot. So wirkte Anfang der 90er Jahre der WDR, auf politischen Druck hin, sogar darauf ein, daß sich die Colonia Media GmbH, eine hundertprozentige Produktionstochter der in München ansässigen Bavaria Film, an der der WDR beteiligt ist, in Köln ansiedelte. Auf diese Weise sollten Mediendienstleister der Colonia Media, die selbst, wenn sie im Auftrage des WDR in Köln/Düsseldorf produzierte, noch projektbezogen auf Unternehmen u.a. aus der Münchner Medienregion zurückgriff, dauerhaft an die Köln/Düsseldorfer Region gebunden werden. Zusätzlich zu seinen senderinternen Ausbildungsaktivitäten setzte sich der WDR, später unterstützt u.a. durch die strukturbildenden Maßnahmen der Colonia Media, für die Verbesserung der Ausbildungslandschaft in Köln/Düsseldorf ein (siehe dazu Abschnitt 3.2) und vergab Aufträge möglichst nur an regionale Produzenten.

3.2 Der Weg zur führenden Medienregion für Fernseh-Programminhalte: Wandel in der Produktionsorganisation und die Rolle der Filmstiftung

Obwohl die Region Köln/Düsseldorf über die jeweils größten Sendeanstalten aus dem öffentlich-rechtlichen und durch die Ansiedlung von RTL Mitte der 80er Jahre auch aus dem privaten Bereich verfügt, verdiente sie unseres Erachtens damals noch nicht die Bezeichnung „Medienregion". Insbesondere war die Zahl an Produzenten gering und die Ausstattung der Region mit technischen und künstlerischen Mediendienstleistern defizitär. Die Produktion erfolgte vorzugsweise „inhouse" (WDR) oder aber das Programm basierte wesentlich auf aus dem Ausland zugekauften Filmen und Serien (RTL). Zwar löste der Markteintritt privater Sender, aber auch die Entwicklung so personalintensiver und lang laufender Formate wie Soaps (z.B. *Lindenstraße*), die bis zu etwa 100 Beschäftigten im Bereich technischer und künstlerischer Mediendienstleistungen erforderten, eine steigende Nachfrage nach 'Content' aus. Diese konnte jedoch zunächst nicht mit regionalen Ressourcen bedient werden. Weniger in den Strategien und Praktiken der politischen Akteure, aber dafür um so mehr bei den externen Fernsehproduzenten, die vorwiegend überregional agierten, war die Region Köln/Düsseldorf noch kein zentraler Bezugspunkt, der sich durch gute Produktionsinfrastrukturen auszeichnete.

Auslöser für ein Erstarken der bis dahin eher kleinen Produzentenlandschaft in der Region waren Ende der 80er/Anfang der 90er Jahre vor allem zwei Ereignisse: Zum einen wechselte plötzlich der Geschmack der Fernsehzuschauer von amerikanischer Fernsehware zu solcher mit mehr nationalem und regionalem Bezug. Das führte bei den Sendern zu einem Strategiewechsel von einem Programmeinkauf vor allem auf dem amerikanischen Markt zu mehr Eigenproduktionen, die bei den öffentlich-rechtlichen Sendern (mit Ausnahme des ZDF) „inhouse" spezifisch für den deutschen Markt erstellt wurden. Zum anderen führten die privaten Sender mit ihrem Markteintritt das im Vergleich zur bis dahin vorherrschenden „Inhouse"-Produktion kostengünstigere Prinzip der Auftragsproduktion ein. Ganz im Sinne eines „Lean Television" (Sjurts 1996) wurden bereits etablierte Produktionsabteilungen ausgelagert oder sie wurden erst gar nicht aufgebaut, weil direkt externe Produzenten mit der Organisation und Herstellung der Fernsehprojekte beauftragt wurden. Durch den ökonomischen Erfolg dieses Modells unter Druck gesetzt, lagerte auch die ARD (wie zuvor das ZDF) weite Teile ihrer internen Produktionskapazitäten vor allem im sogenannten Fiction-Bereich aus. In der Konsequenz siedelten sich um die Sender WDR und RTL herum zahlreiche (rechtlich selbständige) Produzenten an, die die Produktion zusammen mit technischen und künstlerischen Dienstleistern in Projektnetzwerken organisieren.[8] Ein Indiz für die wachsende Bedeutung dieser Organisationsform in der Region ist die stark ansteigende Zahl freier Mitarbeiter und kleinerer Produktionsfirmen und Dienstleister (vgl. dazu auch MBB 1998).[9]

Die unzureichende Infrastruktur in Form von fehlenden Studiokapazitäten, aber auch die immer noch begrenzte Zahl künstlerischer und technischer Dienstleister hemmte zwar Anfang der 90er Jahre weiterhin das Wachstum dieser Medienregion, und Kreative, insbesondere Schauspieler, Autoren und Produzenten, mußten häufiger, als dies heute der Fall ist, aus anderen Regionen für Produktionen hinzugezogen werden. Es lag jedoch im Interesse der Politik, der Wirtschaftsförderer und der regionalen Produzenten, entsprechende Produktionskapazitäten in der Region aufzubauen. Neben der Ansiedlung und stärkeren regionalen Bindung von Produktionsfirmen gehörte dazu auch die Qualifizierung von Nachwuchskräften, um dem akuten Mangel an kreativen und technischen Dienstleistern zu begegnen. Spätestens zu diesem Zeitpunkt wurde die Leistungsfähigkeit der bis dahin aufgebauten „institutional thickness" bestehend aus Politikern, Förderinstitutionen, Verbänden, Kreditinstituten, Produktionsunternehmen und

---

8 Das externe Netzwerk aus Mediendienstleistern und Produktionsfirmen setzt sich z.B. im Fall von RTL aus Unternehmensausgründungen wie z.B. CreaTV (48%), Beteiligungsunternehmen wie z.B. dem Mediendienstleister MCC (Magic Media Company) für Studio- und Produktionsdienstleistungen (25,1%) und unabhängigen Produktionsfirmen (wie z.B. Endemol) zusammen. Ein Teil dieses externen Dienstleistungsnetzwerks ist, wie z.B. MMC und CreaTV, im Kölner Raum angesiedelt und stärkt damit nachhaltig die regionale Medienindustrie.

9 Derzeit beschäftigt RTL, nach eigenen Angaben, infolge der Auftragsproduktion neben 890 festangestellten und 400 freien Mitarbeitern (plus 640 Angestellten in Beteiligungsfirmen, die sich aber nur teilweise in der Region Köln/Düsseldorf befinden) über 3.100 Personen bei Produktionsfirmen; die weitaus meisten davon in der Region (www.rtl.de). Auf einen Festangestellten kommen somit mehr als drei Arbeitsplätze bei den von RTL beauftragten Produzenten und Dienstleistern.

Kommunalverwaltungen, auf die Probe gestellt. Gelang es ihr, Maßnahmen zu entwickeln, um langfristig Mediendienstleister und Produzenten in der Region anzusiedeln und zu binden?

Weder der klein- oder mittelständische Fernsehproduzent noch die bis dahin existierenden Förderinstitutionen (wie die allgemeine Wirtschaftsförderung und die kleine, eher auf künstlerische denn auf ökonomische Belange ausgerichtete Filmförderung oder das Filmbüro) waren dazu zunächst in der Lage. Die traditionelle Wirtschaftsförderung trug zwar im wesentlichen dazu bei, daß die technische Infrastruktur in Form von Studioanlagen oder Hochleistungskommunikationsnetzen finanziell gefördert wurde; jedoch war und ist diese Förderung eher auf Branchen mit hohen Sachkapitalkosten in der Produktion ausgelegt denn auf die arbeitsintensive Fernsehindustrie, die für die Entwicklung von 'Content' bislang weniger auf Technik denn auf künstlerische und technische Human-Ressourcen (u.a. Autoren, Regisseure, Cutter und Kameraleute) angewiesen ist.

1991 wurde auf die Initiative der Landesregierung und des WDR eine neue branchenspezifische Institution, die Filmstiftung NRW, gegründet, um langfristig in erster Linie die Film- aber indirekt auch die Fernsehindustrie zu stärken. Auch wegen ihrer beiden finanzstarken Gesellschafter, WDR und Land NRW, ist sie mit verhältnismäßig umfangreichen finanziellen Mitteln ausgestattet.[10] Gefördert werden hauptsächlich publikumswirksame Filmprojekte (vgl. Filmstiftung NRW 1998) und nur bedingt Fernsehprojekte regional ansässiger Produzenten.[11] Neben Filmen werden von der Filmstiftung aber auch herausragende internationale und international verwertbare TV-Produktionen gefördert, darüber hinaus zudem der Vertrieb, der Ausbau von Kinos und insbesondere auch die Aus- und Weiterbildung (vgl. MBB 1998, S. 54 und www.filmstiftung.de).

Die Förderungsempfänger sind verpflichtet, das 1,5-fache der gewährten Fördersumme in NRW auszugeben. Außer von diesen finanziellen Projektförderungen profitiert die regionale Fernsehindustrie – insbesondere auch die Fernsehsender der Region – jedoch auch indirekt in nicht unerheblichem Maße von den Filmförderungen: Zwei Jahre nach der Kino-Erstaufführung sind die Sender befugt, soweit sie die Rechte dazu besitzen, die Kinofilme im Fernsehen auszustrahlen. Die Nutzungsrechte an den Kinofilmen, die unter Mitwirkung von privaten oder öffentlich-rechtlichen Fernsehsendern hergestellt worden sind, fallen

10 Heute ist die Filmstiftung NRW mit jährlich ca. DM 70 Mio. die finanziell stärkste Filmförderinstitution in Deutschland. Im Jahr 1998 z.B. kamen davon jeweils DM 26,4 Mio. Fördergelder vom Land NRW und dem WDR sowie jeweils DM 3 Mio. von Pro 7 und SAT.1, DM 6 Mio. von RTL und DM 5 Mio. vom ZDF (vgl. Filmstiftung NRW 1998).

11 Zum Beispiel wurden von den für den Zeitraum 1991-1998 zur Verfügung stehenden Fördergeldern 25% (ca. DM 65,7 Mio.) für 68 TV-Projekte und 70% (ca. DM 300 Mio.) für 167 Kinofilme ausgegeben (vgl. Filmstiftung NRW 1999, S. 12f.).

diesen zu. Auf diese Weise verschaffen sich die Sender den Zugang zu hochkarätiger Fernsehware.[12]

Im Ergebnis betreibt die Filmstiftung NRW, zusammen mit ihren beiden Gesellschaftern (WDR und Land NRW), eine erfolgreiche Standortpolitik. Denn viele Film- und Fernsehproduzenten sehen sich inzwischen genötigt, auch in Köln/Düsseldorf eine Niederlassung zu gründen, um ihre Projekte mit regionalen Fördermitteln finanzieren zu lassen. Dies gilt beispielsweise auch für die Bavaria in München, an der der WDR beteiligt ist und die mit der Colonia Media eine Tochterfirma in Köln gegründet hat. Dies war und ist für die Region ein großer Gewinn, denn bis zum Zeitpunkt der Gründung dieser Tochterfirma beauftragte der WDR die Münchener Bavaria mit der Produktion vieler lukrativer Fernsehprojekte (viele Faßbinder-Stoffe, der Film *Rote Erde* und viele Serien). Die jahrelange indirekte Förderung der konkurrierenden Münchner Medienregion mit Gebührengeldern des WDR wurde auf diese Weise beendet. Schließlich profitiert die Fernsehindustrie auch indirekt von den Filmförderungen durch die Dienstleistungen, die sich im Zuge der sich regional entwickelnden Kinofilmindustrie angesiedelt haben. Dazu gehören neben der technischen Infrastruktur auch qualifizierte Human Ressourcen aus den Bereichen Studiotechnik, Requisite, Maske, Casting, Schauspiel, Drehbuch, Regie sowie produktionsnahe Dienstleistungen (z.B. Autovermietungen und Caterer).

In ihrer Rolle als Regionalförderer der Film- *und* Fernsehindustrie unterstützte die Filmstiftung auch direkt Fernsehsender und -produzenten. Dank ihrer guten institutionellen und informellen Beziehungen zu Akteuren aus Politik, Film- und Fernsehwirtschaft mobilisiert die Filmstiftung, über eine reine Interessenvertretung hinaus, externe Ressourcen wie politische Legitimität, Knowhow und letztlich auch privates Kapital für die wirksame Umsetzung kollektiv erarbeiteter Handlungsstrategien. So fördert bzw. unterstützt die Filmstiftung

- die Entwicklung einer *Kultur der Kooperation und des Wissensaustauschs*, indem sie Kontakte zwischen Produzenten und Drehbuchautoren und anderen Mediendienstleistern herstellt und so eine ideale Anlaufstelle für Brancheneinsteiger, aber auch für sich neu in der Region ansiedelnde Produzenten ist,
- die Durchführung von *Branchentreffs* wie das seit zwölf Jahren bestehende Medienforum NRW (das auch die Cologne Conference umfasst) unter-

12 Wieweit dabei der Einfluß der Sender in ihrer Rolle als Filmförderer auf die inhaltliche Ausrichtung der Kinofilme reicht, ist Gegenstand öffentlicher Diskussion: Den Sendern wird vorgeworfen, mit Hilfe öffentlicher Fördergelder fernsehtaugliche Kinofilme zu fördern, die über den nationalen Markt hinaus kaum Verwertungschancen haben (vgl. dazu z.B. Ott 1998).

stützt die Filmstiftung, indem sie auf Podiumsdiskussionen mit Film- und Fernsehproduzenten Branchenprobleme diskutiert.[13]

- den Aufbau und Betrieb von *Ausbildungsinstitutionen*, die spezifisch auf die Bedürfnisse der Fernsehindustrie zugeschnitten sind und durch Umschulungsmaßnahmen (z.B. vom Friseur/Friseuse zum Maskenbildner/in) weitere Arbeitsplätze in der regionalen Medienindustrie schaffen sollen.

Die institutionelle Verflechtung zwischen Politik und Industrie setzt sich nicht zu letzt in diesen Ausbildungsinstitutionen fort. Als gemeinnützige Vereine haben die Ausbildungsinstitutionen die Filmstiftung zum Mitglied, deren Geschäftsführer als Vorsitzenden sowie Produzenten und Sender als zahlende Vereinsmitglieder. Die Schreibschule e.V. (1994) und die Filmschule e.V. (1996), aber auch die Koordinierungsstelle Ausbildung in Medienberufen (AIM) e.V. (1995) sind auf ähnliche Weise entstanden. Daneben organisiert die Filmstiftung zusammen mit dem WDR auch temporäre Nachwuchsförderungsprogramme wie die Praktikantenförderung.

Die Filmstiftung, die sich selbst denn auch als Innovator und Promotor beim Aufbau einer regionalen Film- und Fernsehwirtschaft begreift, nimmt auf diese Weise eine für (regionale) Netzwerke wichtige Brokerfunktion wahr:

> „Bezeichnend ist unser politisches Engagement: Wir gehen in den Landtag und bedienen alle wichtigen Ausschüsse (Hauptausschuß, Wirtschaft, Haushalt, Kultur). ... Inzwischen hat sich eingebürgert, daß wir alle halbe Jahre bei einem Ausschuß vorbeigucken und referieren. Alle Abgeordneten bekommen unsere Unterlagen. Also, wir gucken auch, daß die ein Gefühl dafür bekommen, was wir für eine Arbeit tun und daß wir eine gute Arbeit tun ... Da ist uns auch immer daran gelegen, den Kontakt zu halten, im übrigen auch zu den Gewerkschaften“ (Filmförderer 1).

Die Leistungen der Filmstiftung werden von der Politik anerkannt und durch die jährliche Erhöhung des Förderetats honoriert. Das erzeugt einerseits Bestätigung aber auch Druck, diese Rolle weiter erfolgreich auszuführen, wie ein Filmförderer beschreibt:

> „Von uns wird erwartet, daß wir immer wieder das Rad neu erfinden, daß wir immer wieder Dinge hervorzaubern und weitere Anstöße geben, daß noch mehr passiert. Zum Beispiel neue Finanzierungsmodelle oder die ganzen Kontakte mit

13 Hierzu gehört zum Beispiel die Diskussion um die Abgabe aller Fernsehrechte für den inländischen Markt an den Sender. Die Produzenten können deshalb kaum Eigenkapital generieren, da die Zuschläge für die sog. Handlungskosten dafür nicht ausreichen, die Gewinne in der Regel zu gering sind. Oft produzieren die Produzenten auf eigenes Risiko, schießen Entwicklungskosten in Höhe von bis zu DM 50.000 vor und zahlen bei Budgetüberschreitungen die Differenz.

> den Banken. Jetzt ist es schon zwei Jahre her, da waren wir die ersten, die so ein Meeting mit den Banken initiiert haben“ (Filmförderer 1).

Die engen Kontakte zur Politik, zu den Fernsehsendern und führenden Produktionsfirmen sowie zu Kreativen aus der Film- und Fernsehwirtschaft ermöglichen der Filmstiftung schnelle unbürokratische Entscheidungswege bei der Initiierung neuer Förderprogramme (z.B. die Praktikantenförderung) oder Ausbildungsinstitutionen. Die 1999 von RTL und dem Land NRW ins Leben gerufene Comedyschule oder die zusammen von der überregionalen Ausbildungseinrichtung Adolf Grimme Institut und der Produktionsfirma Brainpool gegründete Gag Akademie sind ein weiteres Zeichen dafür, daß sich die Zusammenarbeit zwischen Politik und Fernsehindustrie über den Aktionskreis der Filmstiftung hinaus durchgesetzt hat. Hier, und nicht mehr nur bei den Sendern oder in den von Produzenten organisierten Projektnetzwerken, wird der Nachwuchs für lukrative Formate wie fiktionale Fernsehserien (z.B. Soaps), aber auch für innovative neue Formate, wie z.B. Comedy, ausgebildet.

Ein führender Fernsehfilmproduzent aus Köln/Düsseldorf hebt die wichtige Funktion von Ausbildungsinstitutionen sowie Branchentreffs für die Anwerbung von Nachwuchskräften hervor:

> „Die meisten neuen Produzenten, Regisseure und Autoren werden heutzutage von den Sendern und Produktionsfirmen auf den Hochschulen entdeckt. Das ist auch der Grund, warum ich da soviel Arbeitszeit verbringe, nämlich um die Leute dort früh genug zu erwischen. Dann machen die einen Abschlußfilm, der auf dem Festival der Hochschulstudenten läuft. Da sind die Sender anwesend. Da sieht man den also schon mal. ... Dann fragt man auch mal den Leiter der Filmklasse oder Regieklasse oder den Rainer Hauff von der DFFB in Berlin oder bei anderen Filmhochschulen nach, wie dort die Lehrer ihre Schüler einschätzen. ... Die Branche hat außerordentlich viele Begegnungsmöglichkeiten ... Ich bin auf vielen Premieren, Panels, Festivals, Tagungen, Preisverleihungen und Empfängen anwesend. Auf diesen Gelegenheiten aber sieht man sich ständig. An einem Abend erfährt man: der ist ein Stück weiter, das Projekt ist geplatzt, das Projekt geht, die Katja Riemann hat jetzt eine eigene Firma mit Uwe Wilhelm zusammen. Dann frage ich den Uwe, ob das stimmt und der sagt ja, und wir haben schon das und das akquiriert. Das war eine erfolgreiche Premiere für mich, aber fragen Sie mich nicht, welchen Film ich gesehen habe. Wir erfahren dort alles, was wir wissen müssen und sehen auch, wie die einzelnen Leute entstehen“ (Produzent 2).

Der Grad der „institutional thickness“ lässt sich nicht allein an der Anzahl und der Art der in der Region existierenden Institutionen und der Einbeziehung ökonomisch potenter Medienunternehmen in ihren Erhalt, auch nicht allein an kollektiven Strukturen und einem entsprechenden Bewußtsein für die Notwendigkeit eines gemeinsamen Engagements für die Region ablesen. Vielmehr bedarf es zusätzlich einer gewissen Entwicklungsdynamik, die sich z.B. in der Schaffung neuer Institutionen wie der Filmstiftung äußert, die zugleich Medium und Resultat kooperativer Strategien zwischen Politik und Fernsehwirtschaft sind. Ein anderes Beispiel dafür ist die Bindung prominenter Persönlichkeiten aus der Fernsehindustrie als Medienberater an die Landesregierung. Der ehemalige Geschäftsführer von RTL, Helmut Thoma, unterstützt seit 1999, in einer eigens für ihn geschaffenen Position, mit seinen guten Beziehungen zur nationalen, aber insbesondere internationalen Film- und Fernsehindustrie, das Standortmarketing und die Ansiedlungspolitik der Landesregierung. Welchen konkreten Nutzen die regionale Fernsehindustrie daraus in Zukunft ziehen wird, ist noch nicht abzusehen. Sein Versuch, das Kölner Medienforum zu einer internationalen Verkaufsmesse für deutsche Fernsehware auszubauen, konnte sich bisher gegen die Konkurrenz (z.B. die MipCom) nicht durchsetzen (vgl. Lüke 2000).

Zieht man jedoch in Betracht, daß sich das politische Engagement der Landesregierung für die Medienindustrie auf kommunaler Ebene mit der Stadt Köln, aber auch den Sparkassen in Hürth und Ossendorf (zwei Kölner Vororten) fortsetzt, tritt das vergleichsweise große Ressourcenpotential zu tage, das den in NRW (neu) angesiedelten Medienunternehmen zur Verfügung steht. So gelang es Hürth aufgrund der Verfügbarkeit günstiger Gewerbeflächen, niedrigen Gewerbesteuer-Hebesätzen und nicht zuletzt des Engagements seiner Stadtverwaltung, auf einem Gelände von 130.000 m^2, die Studiobetreiber MMC und NOB (Nederlands Omroepprodukie Bedrijf) anzusiedeln. Diese wiederum profitierten maßgeblich von den von RTL in Auftrag gegebenen kommerziellen Studioproduktionen (insbesondere Talk- und Gameshows).

Heute erzielt die Region Köln/Düsseldorf durch die Spezialisierung auf kommerzielle, lang laufende Studioproduktionen wie Soaps, Talk- und Gameshows (insbesondere für RTL) hohe Regionaleffekte, die eine langfristige Auslastung sowohl der technischen Infrastruktur als auch der künstlerischen und technischen Mediendienstleister über das ganze Jahr ermöglichen (vgl. Pätzold/Röper 1999, S. 463). Um diesen Wirtschaftsfaktor weiter auszubauen, haben sich private aber auch öffentlich-rechtliche Investoren zusammengefunden. Diese ermöglichen zusätzlich zu dem Studiogelände in Hürth im Stadtteil Ossendorf den Bau eines weiteren – Europas größtem – Studiokomplexes, das Coloneum (Gesellschafter sind NOB und MCC, an der neben RTL die Kapitalbeteiligungsgesellschaft der Stadtsparkasse Köln zu 25,4% Beteiligungen hält) zu günstigen Bedingungen (vgl. Peters 1998, S. 62; Geschwandtner-Andreß 1999, S. 44f.). 32 Studios auf 25 Hektar sollen dort neben Ausbildungsinstitutionen entstehen und etwa 6.000 Arbeitsplätze schaffen (vgl. Kurp 1999, S. 18). Diese sich hier abzeichnende enge Verflechtung zwischen der Stadtsparkasse Köln, die die Interessen der regionalen Medienpolitik verkörpert, und privatwirtschaftlichen Medienunternehmen wie Studiodienstleistern (MCC) und Sendern (RTL) ist für die

Stärke und kollektive Handlungsfähigkeit der regionalen „institutional thickness" mit verantwortlich.

Trotz dieses Erfolges beim aktiven Aufbau der skizzierten institutionellen Dichte in der Region Köln/Düsseldorf bleibt der nachhaltige Erfolg selbst der zuletzt erwähnten Maßnahmen aufgrund der in der Fernsehindustrie vorherrschenden Produktionsorganisation in Projektnetzwerken prekär. Diese Form der Produktionsorganisation ist zwar mehr als andere auf ein unterstützendes Institutionengefüge angewiesen, sie ist und bleibt – gerade aufgrund der sie kennzeichnenden Dynamik – aber beweglich, kann sich somit auch vergleichsweise leicht aus einer Region zurückziehen. Beispiele hierfür sind:

(1) die durch den Hauptstadtwechsel einsetzende Verlagerung der Nachrichtenproduktion von Köln/Bonn in die neuerrichteten Hauptstadtstudios z.B. von RTL, SAT.1, ZDF und ARD sowie
(2) der interregionale Wettbewerb zwischen den Medienregionen Köln/Düsseldorf, München, Hamburg, Berlin und Leipzig, der ständig die Gefahr in sich birgt, lukrative Film- und Fernsehprojekte an die Region mit den besten Förder- und Produktionsbedingungen zu verlieren.

Schließlich hängt die Existenz, Ausrichtung und der Erfolg der Projektnetzwerke in der Fernsehindustrie im wesentlichen von den Strategien der Sender ab. Der jahrzehntelang andauernde Auftragsboom für fiktionale Serien und Talkshows beginnt sich auf kostengünstige und noch dazu quotenstarke Reality-Soaps, Game-, Gag- und Quizshows zu verlagern. Dies könnte langfristig zu einer Krise der Projektnetzwerke führen, die auf die fiktionale Produktion ausgerichtet sind.

4. Berlin/Babelsberg als Kontrast – Politisches „laissez-faire" oder verhinderte Kooperation?

Der Versuch, anhand von Umsatzzahlen der TV-Produktion (die allerdings den jeweiligen Regionen nur ungenau zugerechnet werden können) Unterschiede in der ökonomischen Bedeutung beider regionaler Fernsehindustrien herauszuarbeiten, zeigt einen zwar deutlichen, keinesfalls jedoch überwältigenden Vorsprung der Region Köln/Düsseldorf vor Berlin/Babelsberg (Tab. 1).

Dabei sind die Daten alles andere als eindeutig. Eine Studie der HMR Medienberatung (1998) in Köln schätzt den Vorsprung der Region Köln/Düsseldorf zum Beispiel weitaus größer ein als das Deutsche Institut für Wirtschaftsforschung (DIW 1999).[14]

---

14 Die Umsatzangaben (brutto) beruhen auf Eigenangaben der Unternehmen, Einschätzungen von Branchenkennern oder Berechnungen nach durchschnittlichen Minutenkosten

Tab. 1: Die ökonomische Bedeutung und Struktur der regionalen Fernsehindustrien nach den Ergebnissen verschiedener Regionalstudien von 1997-1998

	Köln/Düsseldorf	Berlin/Babelsberg
1997 (HMR) TV-Prod. (Umsatz)	DM 912 Mio.	DM 504 Mio.
1997 (DIW) TV-Prod. (Umsatz)	DM 545 Mio.	DM 430 Mio.
1997 (DIW) TV + Filmprod. (Umsatz)	DM 735 Mio.	DM 835 Mio.
1998 (Formatt) Anteil am gesamten TV-Fiction-Auftragsvolumen in Sendemin.	23%	31%
1998 (Formatt) Anteil am gesamten TV-Fiction-Auftragsvolumen nach Drehorten in Sendemin.	30%	15%
1998 (Formatt) Anteil am gesamten Game-Auftragsvolumen in Sendemin.	64%	18%
1998 (Formatt) Anteil am gesamten Talkshow-Auftragsvolumen in Sendemin.	41%	9%

Der Vorsprung der Kölner Region wird mit den großen, dort ansässigen Produzenten begründet, die wesentlich von dem Auftragsvolumen von RTL und dem WDR profitieren. Dazu gehören u.a. Endemol (DM 139 Mio. Umsatz), Fremantle Deutschland (DM 85 Mio.) und Colonia Media (DM 60 Mio.). Das „Weniger" an Fernsehproduktion gleicht die Region Berlin/Babelsberg, den Ergebnissen des DIW entsprechend, durch ein „Mehr" an Kinofilmproduktion aus. Eine Studie des Dortmunder Formatt Instituts (vgl. Pätzold/Röper 1999, S. 460f.) bestätigt Berlins Führung im Jahr 1998, allerdings nur für den sogenannten TV-Fiction-Bereich. Danach wird der Hauptanteil des 'Fiction'-Auftragsvolumens an Produzenten in Berlin/Babelsberg gegeben, allerdings wird davon nur etwa die Hälfte auch tatsächlich in der Region gedreht.[15] Köln/Düsseldorf dagegen gelingt es, nach diesen Studien, mehr 'Fiction'-Projekte (30%), zumindest für die Dauer der Drehphase, ins Land zu holen; und das, obwohl nur 23% des Auftragsvolumens in der Region in Auftrag gegeben wurden. Zieht man zusätzlich

pro Genre und wurden vom Jahr 1996 auf das Jahr 1997 hochgerechnet. Ungenauigkeiten entstehen jedoch, weil der Umsatz von UFA Grundy mit DM 110 Mio. der Kölner Region zugerechnet wurde, obwohl mit *Gute Zeiten Schlechte Zeiten* (RTL, Daily Soap) und *Hinter Gittern – der Frauenknast* (RTL, Weekly Soap) schon zwei langlaufende Serien von UFA Grundy in der Region Berlin/Babelsberg produziert werden.

15 Eine Umfrage der IHK Berlin (2000), an der sich 181 Unternehmungen der Film- und Fernsehbranche der Region Berlin/Babelsberg beteiligten, ergab, daß 40 % dieser Unternehmungen vorwiegend für das Fernsehen und nur 12 % vorwiegend für den Spiel- und Kinofilm produzieren und 11% überwiegend im Bereich 'Postproduction' engagiert sind. Nach dieser Studie ist Berlin/Babelsberg in erster Linie ein TV-Produktionsstandort.

den hohen Anteil an lang laufenden Studioproduktionen (Game- und Talkshows) in Betracht, erzielt die Region Köln/Düsseldorf im Vergleich zu Berlin/Brandenburg wesentlich höhere Regionaleffekte (z.B. Auslastung von Studios sowie langfristige regionale Bindung von technischen und künstlerischen Mediendienstleistern).

Offensichtlich hat sich in beiden Regionen mittlerweile ein intakter Produktionsapparat etabliert, in dem gleichermaßen die Produktion in Projektnetzwerken organisiert und koordiniert wird. Tatsächlich verfügt auch Berlin/Babelsberg über eine reichhaltige Produzentenlandschaft aus mittlerweile 770 Unternehmen (vgl. DIW 1999, S. 35),[16] darunter Großproduzenten wie UFA, UFA Grundy und seit kurzem auch eine Niederlassung von Studio Hamburg. Zudem gibt es mittlerweile künstlerische und technische Mediendienstleister (z.B. Studio Babelsberg, das Studiogelände in Adlershof) in ausreichender Zahl. Die Region zeichnet sich darüber hinaus durch drei namhafte Hochschulen im Bereich Film, Fernsehen, Schauspiel und neue Medien aus: die Hochschule der Künste (HdK) und die Deutsche Film und Fernsehakademie (DFFB) in Berlin sowie die Hochschule für Film- und Fernsehen (HFF) Konrad Wolf in Babelsberg. Die Aussage eines in beiden Regionen erfahrenen Serienproduzenten, daß man „in beiden Regionen gut produzieren kann", wird denn auch von allen interviewten Produzenten beider Regionen geteilt. Darüber hinaus sprechen weitere Standortfaktoren für die Region Berlin/Babelsberg: die Anziehungskraft einer Haupt- und Kulturstadt für Medienschaffende sowie die Anknüpfungspunkte an eine legendäre Filmvergangenheit in Babelsberg.[17] Erstaunlich ist daher um so mehr, daß es Berlin/Babelsberg bisher trotz dieser guten Voraussetzungen im Fernsehbereich nicht gelungen ist, den – je nach Meßform knappen oder doch signifikanten – Vorsprung von Köln/Düsseldorf zu verringern.

4.1 Die regionalen Akteure und ihre losen Beziehungen – Die Entwicklung bis 1999

Die Regionen Berlin/Babelsberg und Köln/Düsseldorf unterscheiden sich auf den ersten Blick auch in der Konstellation der institutionellen und unternehmerischen Akteuren *nicht* wesentlich: Die Wirtschaftsförderungen von Berlin und Brandenburg unterstützen die beiden Länderregierungen in der Akquisition von neuen Medienunternehmen und bei der Vermittlung von Förderprogrammen.

---

16 Die Studie der IHK (2000) zählt für den Raum Berlin 600 Film- und Fernsehunternehmungen mit 3.000 festen und rund 4.000 freien Mitarbeitern.

17 Dies bestätigen auch Umfrageergebnisse der IHK (2000), nach denen die im Raum Berlin ansässigen Film- und TV-Produzenten die Telekommunikationsinfrastruktur, das kulturelle Leben, die Medienkultur sowie das Angebot an kreativen Arbeitskräften in der Region sehr positiv bewerten.

Den Wirtschafts- und Filmförderern in der Region stehen dieselben Förderinstitutionen und -instrumente (Filmprojektförderung und Infrastrukturförderung) zur Verfügung wie in NRW. Die Förderer haben sogar dieselben Fehler begangen: Sowohl in Oberhausen als auch in Babelsberg wurden mit jeweils DM 100 Mio. 'High-tech Center' für die digitale Filmbearbeitung errichtet, die bei weitem nicht ausgelastet sind und deren Investitionskosten infolge des raschen technischen Wandels den heutigen Marktwert weit überschreiten. Tatsächlich fließt das Gros der Fördermittel in beiden Ländern heute immer noch in technische Infrastrukturen wie Hard- und Software oder Studioanlagen, weniger in die Inhalteentwicklung und Ausbildung.

Weitere Akteure, die neben den landesbezogenen Wirtschafts- und Filmförderungen für den Aufbau einer regionalen Film- und Fernsehindustrie eine wichtige Rolle spielen, sind in der Region Berlin/Babelsberg: die Berliner Wirtschaftssenatsverwaltung; die Brandenburger Staatskanzlei in Potsdam; die Stadtmarketingagentur Partner für Berlin, die für die Akquisition von Medienunternehmen und das Standortmarketing (z.B. Organisation von sog. Locationtours) zuständig ist; das Filmboard Berlin-Brandenburg, das die länderübergreifende Filmförderung verantwortet und sich neben der Film- auch für die Nachwuchsförderung einsetzt; sowie schließlich, als 'Venture Capitalist' und Kreditgeber, die Investitionslandesbank Brandenburg (ILB) sowie die Investitionsbank Berlin (IBB).

Markante Unterschiede liegen weniger in dem Vorhandensein dieser Akteure in den beiden Regionen als vielmehr in

(1) den ökonomischen und politischen Ausgangsbedingungen,
(2) der Präsenz ökonomisch sehr unterschiedlich bedeutsamer Fernsehsender,
(3) den verschiedenen Praktiken regionaler Medienpolitik,
(4) der deutlich geringeren Ressourcenausstattung der Institutionen sowie der ungünstigen Aufspaltung der Medienregion Berlin/Babelsberg in zwei Länderverwaltungen und
(5) dem geringeren Engagement regionaler Produzenten für die Schaffung einer regionalen Institutionenstruktur.

Auf diesen letzten Aspekt wird in Abschnitt 4.2 gesondert eingegangen, um am Beispiel von Ausbildungsinstitutionen die geringe Verflechtung der Akteure – und in Folge dessen die geringere „institutional thickness" – der Region zu verdeutlichen.

(1) Während sich die Entwicklung in der Medienregion Köln/Düsseldorf seit den 60er Jahren, zumindest in ihrer politischen Dimension, vergleichsweise kontinuierlich vollzogen hat, ist sie in der Region Berlin/Brandenburg gleich *doppelt gebrochen*: erstens durch den Zweiten Weltkrieg mit

der weitgehenden Zerstörung der in Babelsberg ansässigen deutschen Filmindustrie, zweitens mit der im Nachgang der Wiedervereinigung notwendig werdenden Umstrukturierung der in DDR-Zeiten am selben Ort sowie in Berlin-Adlershof angesiedelten Film- und Fernsehindustrie. Diese doppelt gebrochene Entwicklung setzte sich mit der gescheiterten Länderfusion (1996) und dem mißlungenen Versuch, in Babelsberg den deutschen Kinofilm wiederzubeleben, fort. Des weiteren fehlten und fehlen wirtschaftlich mächtige Medienunternehmen, die sich in der Fernsehindustrie engagieren. Zudem profitiert Köln/Düsseldorf von den guten Kontakten zur Fernsehindustrie der angrenzenden Niederlande. So gehört der mittlerweile auch in Köln ansässige niederländische Produzent Endemol, Vorreiter in der Einführung innovativer kommerzieller Formate (*Big Brother*, *Die Wache*), zu den wichtigsten Auftragnehmern von RTL. Dagegen weist das Hinterland Berlins bis auf Babelsberg keine namhaften Medienzentren auf.

(2) Die ungünstigen ökonomischen und politischen Ausgangsbedingungen spiegeln sich in den ökonomisch weniger bedeutsamen Positionen der beiden regionalen öffentlich-rechtlichen Sendeanstalten ORB und SFB wider.[18] Nachteilig für das Wachstum dieser Sender sowie für die Ansiedlung von ökonomisch potenten Sendern wirkte sich zudem die Tatsache aus, daß Berlin kein Flächenstaat ist und auch heute zusammen mit Brandenburg nur ca. 6 Mio. Einwohner (gegenüber fast 18 Mio. in NRW) zählt. Die Verbreitung von 'Content' über das regionale Kabelnetz erbringt also nicht dieselben Werbeerlöse wie in NRW.

(3) Die unterschiedlichen Praktiken der politischen Akteure und deren Auswirkungen für die Entwicklung beider Medienregionen sind in Tabelle 2 zusammengefaßt und müssen hier nicht weiter kommentiert werden. Einige von ihnen werden im Zusammenhang mit der Diskussion der auf die Ausbildungsförderung gerichteten Institutionen Erwähnung finden (siehe Abschnitt 4.2).

Die Unterschiedlichkeit der politischen Praktiken in den Medienregionen, aber auch die ökonomisch differente Potenz der Regionen spiegelt sich in den politisch verfügbaren Ressourcen (z.B. für die Filmförderung und das Standortmarketing) sowie dem Grad der Ausdifferenzierung politischer Förderungsinstitutionen. Dabei hat die gegenwärtige Aufspaltung der Zuständigkeiten in zwei Bundesländer erhebliche Konsequenzen für die Entwicklung der Region. Die Wirtschaftsförderer präsentieren Berlin/Babelsberg zwar nach außen hin als *eine*

18 Welchen Einfluß die Umsiedlung von SAT.1, dem zweitgrößten privaten Fernsehsender, nach Berlin auf die Entwicklung der regionalen Fernsehproduktion haben wird, ist zum Zeitpunkt dieser Untersuchung noch nicht absehbar.

Tab. 2: Praktiken politischer Akteure in den Medienregionen und deren Auswirkungen

Köln/Düsseldorf *„Konzentration auf Kernindustrien"*	**Berlin/Babelsberg** *„verteilte, unzentrierte Förderung"*
starke Orientierung auf die Region Köln/Düsseldorf und gleichzeitig ein Bundesland (NRW)	partielle Orientierung auf die Region und starke Orientierung auf zwei Bundesländer (Berlin und Brandenburg)
Kooperation, nur partiell Kompetition zwischen den politischen Akteuren auf kommunaler und Landesebene in der Region	partielle Kooperation, vor allem aber Kompetition zwischen politischen Akteuren auf Länderebene in der Region
starke Anreize für die Ansiedlung und Gründung von für die regionale Industrie relevanten Medienunternehmen und Institutionen, Kooperation mit Vertretern aus Wirtschaft (Unternehmen und Verbände)	zurückhaltendes, die gesamte Region umfassendes Standortmarketing und schwache bis fehlende Positionierung regionaler Akteure wie z.B. öffentlich-rechtliche Unternehmen und Verbände als Förderer der regionalen Institutionenstruktur
Orientierung auf die Förderung einer regionalen Institutionenstruktur	relative Vernachlässigung der regionalen Institutionenstruktur

Medienregion, ihre Förderpraktiken sind jedoch an Ländergrenzen und nicht an Wirtschaftsräumen orientiert (vgl. dazu auch Röber/Völkel 1999). Die einzige länderübergreifende Förderinstitution ist zur Zeit das Filmboard Berlin-Brandenburg (Gründung 1995).[19] Behindert durch die vergleichsweise geringen finanziellen Ressourcen, ist das Filmboard bislang allerdings nicht in der Lage, die Integration beider Länder zum Aufbau einer regionalen Film- und Fernsehindustrie wesentlich voranzutreiben.[20] Zudem kann das Filmboard bisher nicht auf starke ökonomische Partner wie Rundfunkunternehmen oder regionale Verbände zurückgreifen, die es dabei unterstützen. Selbst wenn sich die öffentlich-rechtlichen Sender der Region, SFB und ORB, stärker beim Filmboard engagierten, wären sie ökonomisch zu schwach, um die Film- und Fernsehwirtschaft in der Region so zu fördern wie zum Beispiel der WDR in Köln. Eine ähnlich machtvolle Institution wie die Filmstiftung, die in NRW erheblich zur „institu-

19 Eine andere länderübergreifende Institution, die Medienanstalt Berlin-Brandenburg (MABB) vergibt Lizenzen für die Einspeisung von Programmen in das regionale Kabelnetz und beschäftigt sich sonst mehr mit der rechtlichen und medienpolitischen Regelung neuer Distributionskanäle (digitales TV) als mit der Förderung der Produktion von TV Inhalten.

20 1999 zahlten Brandenburg und Berlin jeweils DM 12,2 Mio., das ZDF DM 2 Mio., SAT.1 DM 3 Mio. und Pro 7 DM 2 Mio. (vgl. Filmboard Berlin-Brandenburg 2000). Damit verfügt die Filmboard mit DM 31,4 Mio. um rund DM 40 Mio. weniger Fördergelder als die Filmstiftung NRW (DM 70 Mio.).

tional thickness“ beiträgt (siehe Abschnitt 3.2), gibt es in dieser Region bislang nicht. Im Ergebnis kann es dann kaum überraschen, daß zum Beispiel Rainer Wemcken (2000), General Manager der in Babelsberg ansässigen und zur RTL Group gehörenden Produktionsfirma UFA Grundy, feststellt:

> „Nordrhein-Westfalen ist bei dem Kampf um TV-Produktionen insgesamt besser positioniert als Berlin-Brandenburg.“

Und der Geschäftsführer einer Kölner Produktionsfirma hält die Region

> „für umtriebiger als das, was in anderen Bundesländern passiert. ... Den Schwung, den bekomme ich von Berlin nicht mit. Von Berlin kriege ich mit, daß sich sämtliche Kreative dort ansiedeln: Filmschauspieler, Regisseure und Autoren. ... Wegen der Stadt, und arbeiten tun sie alle wieder in Köln“ (Produzent 9).

Ein von uns befragter Produzent äußert denn angesichts der bisher ausbleibenden, jedoch schon vor fünf Jahren in Aussicht gestellten Erhöhung der Landesfördermittel für das Filmboard Berlin-Brandenburg von DM 20 Mio. auf DM 40 Mio. denn auch wenig überraschend folgende Wünsche:

> „Ich würde mir eine höhere Flexibilität und Bereitschaft sowie eine konkrete Unterstützung von der Stadt wünschen. Zu wünschen wäre eine Anerkennung der Filmwirtschaft als ernst zu nehmenden Wirtschaftsfaktor, der dann auch angemessen gefördert wird. Oder zumindest, wenn man das schon nicht will, ihr keine Steine in den Weg legt“ (Produzent 4).

Weiterhin sind weniger ausgeprägte Beziehungen bzw. kollektive Strukturen zwischen den politischen Akteuren sowie zwischen Politik und Wirtschaft der Region ebenso Ursache wie Folge einer relativ schwach ausgeprägten „institutional thickness“. Ein von uns befragter Wirtschaftsförderer konstatiert denn auch:

> „Ich denke, das Institutionengefüge in NRW ist eingespielter als in Berlin. Die Verwaltung ist in Berlin aufgebläht und deshalb weniger in der Lage, sich wirklich um eine aktive Strukturpolitik zu kümmern. Es passiert noch nicht so professionell wie in NRW. ... Es fehlt der permanente Kontakt mit der Industrie. Nicht, daß man der Industrie nach der Pfeife tanzt, aber daß man Kontakt hält“ (Wirtschaftsförderer 2).

4.2 Geringe Orientierung auf Region und Branche – Das Beispiel der Ausbildungsinstitutionen

Schon ein erster vergleichender Blick auf die Ausbildungslandschaft von Köln/Düsseldorf einerseits und Berlin/Brandenburg andererseits bringt die deutlich geringere Interaktionsdichte in Berlin/Babelsberg ans Licht, die bis heute Ausdruck einer geringen Zusammenarbeit regionaler Akteure bei der Entwicklung eines die TV-Produktion in Projektnetzwerken unterstützenden Institutionengefüges ist. Die Berliner Ausbildungslandschaft unterscheidet sich von der in Köln/Düsseldorf zum einen durch eine (immer noch) geringere Ausrichtung auf die Bedürfnisse der regional ansässigen Fernsehwirtschaft, zum anderen durch eine geringe Zahl von Mitgliedern und Förderern insbesondere unter den regionalen Fernsehproduzenten. Dieses geringere Engagement, auch regionaler Organisationen, wie des Filmboard Berlin-Brandenburg, wird nur teilweise durch eine vergleichsweise hohe Zahl überregionaler Förderer auf Bundes- bzw. EU-Ebene (EU-Sozialfonds, EU Media II Programm und Bundesverband Deutscher Fernsehproduzenten) kompensiert. Die Tabelle 3 zeigt das unterschiedliche Maß institutioneller Differenzierung und Verflechtung der beiden Regionen (vgl. Tab. 3).

Die beiden alteingesessenen Filmhochschulen, die DFFB in Berlin und die HFF in Babelsberg, bilden schwerpunktmäßig für die klassischen „above the line"-Positionen (Kamera, Regie und Produktion, zunehmend aber auch Drehbuch) aus. Davon profitieren vor allem Produzenten hochwertiger fiktionaler Film- und Fernsehware (TV-Movies, Kinofilme). Diese aber produzieren nur projektweise in der Region Berlin/Babelsberg. Die stärker auf kommerzielle, lang laufende Fernsehprogramme konzentrierten Produzenten (z.B. UFA Grundy und Studio Hamburg) sowie die alteingesessenen Berliner Produzenten (z.B. Nova Film und Phönix) werden dagegen kaum von den in Berlin und Babelsberg ansässigen Film- und Fernsehhochschulen spezifisch bedient.[21]

Die Kölner Ausbildungsinstitutionen (z.B. Schreibschule oder Comedy Schule) erreichen durch die Einbindung unterschiedlich spezialisierter regionaler Fernsehproduzenten,[22] Sender (RTL, WDR) und Studiodienstleister (MMC, NOB) hingegen eine hohe fernsehspezifische Ausrichtung. Ausgebildet wird sowohl für „below the line"-Positionen" (u.a. Requisiteure, Visagisten, Fernseh- und Studiotechniker) als auch für „above the line"-Positionen (insbesondere Darsteller und Autoren). Dabei erfolgt die Ausbildung gezielt auf spezifische Fernsehformate hin. Dies ist ein Vorteil für die vielen vor Ort erstellten Studioproduktionen (Comedy, Soap, Fernsehserien, Talk- und Gameshows).

Die Ausbildungsinstitutionen in Berlin/Brandenburg müssen bislang weitgehend ohne die Schirmherrschaft prominenter regionaler Produzenten und Sender auskommen. So hat das Erich-Pommer-Institut in Brandenburg gerade zwei, die Drehbuchakademie der DFFB in Berlin allenfalls temporäre und das Scripthouse

21 Die vor nicht allzu langer Zeit an der DFFB eingerichtete Ausbildung zum Creative Producer sowie die ebenfalls an dieser Hochschule zu findende Drehbuchklasse sind bislang nur als Ausnahmen zu bezeichnen.

22 Z.B. Endemol steht für Comedies, Colonia Media für Fernsehserien und Brainpool für Gag-Shows.

Tab. 3: Grade regionaler institutioneller Differenzierung und Verflechtung – das Beispiel der Ausbildungsinstitutionen für Fernsehen in Köln/ Düsseldorf und Berlin/Babelsberg

Köln/Düsseldorf	*Anzahl der Förderer/Mitglieder*				
Ausbildungs-institutionen	Land	Produktion/ Verleih/Recht	Sender	Verband/ Stiftung	Förder- bzw. Ausbildungs-institution
Medienschule Erftkreis e.V., 1992 Produktionsorganisation, Recht, Film- und Fernsehtechnik		7 NOB, MMC, ...	1 RTL	1 VFFV NRW e.V.	
Schreibschule Köln e.V., 1994 Film- und v.a. Fernsehgenre (Serie bis Sitcom)		8 Colonia Media, GFF, Senator, ...	4 RTL, WDR, SAT.1, Kanal 4	4 VFFV NRW e.V., Spielfilm NRW.e.V., ...	3 Filmstiftung NRW, Filmbüro NW e.V., ...
AIM e.V. Köln, 1995 Ausbildung in Medienberufen Informationszentrum	NRW	1 MMC	3 RTL, WDR, VIVA	5 VFFV NRW e.V., Spielfilm NRW e.V., ...	6 Filmstiftung NRW, ...
Filmschule NRW e.V., 1996 Ausstattung, Maske, Requisite, Kostüm, Schauspiel	NRW			3 VFFV NRW e.V., Spielfilm NRW e.V., ...	6 Filmstiftung NRW, Filmbüro NRW e.V., ...
Köln Comedy Schule, 1999	NRW	1 Endemol	1 RTL		
Gag Akademie, 1999		1 Brainpool			1 Adolf Grimme Akademie
Medienakademie Köln, 2000 Multimedia	NRW			1 Bertelsmann Stiftung	
RTL-Journalistenschule, 2001 TV- und Online-Redakteure	NRW, LfR[1)]		1 RTL		

1) Landesanstalt für Rundfunk

gar keine Förderer unter den regionalen Produzenten. Dagegen zählt beispielsweise die Kölner Schreibschule e.V. acht und die Medienschule Erftkreis e.V. sieben Firmen aus dem Bereich Produktion, Filmverleih, Film- und Fernsehrecht zu ihren Vereinsmitgliedern bzw. Förderern (siehe noch einmal Tabelle 3).

Grundlage für die starke Kooperation zwischen staatlichen Akteuren (auf Landes- und kommunaler Ebene) und der Produktionswirtschaft bilden in NRW die starke Präsenz vor allem regionaler, aber auch überregionaler branchenspezifischer Verbände, die auch als Ausbildungsförderer auftreten. Regionale Produ-

Tab. 3: (Fortsetzung)

Berlin/Babelsberg	*Anzahl der Förderer/Mitglieder*				
Ausbildungs-institutionen	Land	Produktion/ Recht	Sender	Verband	Förderinstitution
HFF, 1954 Regie, Kamera, Produktion, Schauspiel, Animation, Dramaturgie	Brandenburg				
DFFB, 1965 Regie, Kamera, Produktion	Berlin				
Drehbuchakademie, 1997 (DFFB)		Wechselnd private Produzenten	2 SFB, RTL		2 Filmboard, EU-Media II Programm
Scripthouse GmbH, 1997 Drehbuchentwicklung					
TV-Producer-Programm, 1999 (DFFB)			1 Pro 7	1 Bundesverband Dt. Fernsehproduzenten	1 EU-Sozialfond (i.A. Berliner Senat)
Erich-Pommer-Institut, 1999 Medienmanagement u. -recht	Brandenburg	2 Ufa, AGICOA			

zentenverbände fehlen in Berlin gänzlich. Zudem ist, wie schon erwähnt, die regionale Filmförderung nicht in dem Maße wie die Filmstiftung NRW in der Lage, die Ausbildungslandschaft zu fördern. Auffallend ist auch, daß Berlin/Babelsberg zwar eine Vielzahl kleiner und kleinster Ausbildungseinrichtungen sowie temporärer Veranstaltungen im Wochenendseminarstil aufweist (vgl. FFA 1999), dauerhaft angelegte Ausbildungsinstitutionen, die sich explizit auf bestimmte Fernsehgenres wie Comedy spezialisiert haben, allerdings fehlen.

Hinzu kommt die Verbundenheit der Ausbildungsinstitutionen (HFF und DFFB) und deren Schüler mit der Erzähltradition des Kinofilms. Dies bestätigt ein Producer, der in beiden Regionen Soaps produziert und die mehr fernsehspezifische Autorenausbildung der Schreibschule Köln hervorhebt (Producer 2). Rainer Hauff (1999), der das Ausbildungsprogramm der DFFB bereits in ersten Ansätzen auf die Fernsehwirtschaft eingestellt hat, betont die Schwierigkeit, Studenten an kommerzielle Fernsehformate wie TV-Serien, die immer noch als unkreativ gelten, heranzuführen. Erste Versuche, die Ausbildung generell, über das Sponsoring einzelner Drehbuchklassen hinausgehend, stärker auf die Fernsehproduktion zu orientieren, könnte der Umzug der HFF auf das Babelsberger

Studiogelände und der DFFB in das Sony Center am Potsdamer Platz symbolisieren. Entschieden ist damit allerdings noch nicht, ob sich die Ausbildungsinstitutionen in Zukunft mehr der Fernsehproduktion zuwenden werden.

Die Frage, zu welchem Ausmaß sich die Region zu einer Film-, Fernseh- und/oder Multimediaregion entwickeln wird, hängt zwar zu einem großen Teil von der Stärke der Anziehungskraft von Berlin als Haupt- und Kulturstadt ab, aber eben auch von der Fähigkeit der regionalen Akteure aus Politik und Wirtschaft und Ausbildung, dieses Potential für das ökonomische Wachstum zu nutzen. Die vom Berliner Wirtschaftssenator verkündete Überzeugung, eine pulsierende Großstadt wie Berlin ziehe schon von allein, ohne Zutun der Politik, kreative Kräfte und Unternehmen an (vgl. Branoner 1999), versteckt fehlende politische Initiative hinter der Fassade eines „laissez faire". Zwar rühmte der Senator Berlin als „capital of talents", jedoch auch Kreative müssen gefördert werden – und das noch um so mehr, wenn die lukrativen Auftraggeber wie RTL, WDR, NDR, ZDF und Pro 7 in anderen Regionen angesiedelt sind. Die mangelnde Ausrichtung der Ausbildungsinstitutionen auf kommerzielle Fernsehformate sowie der Landespolitiker auf den Wirtschaftsfaktor Film- und Fernsehindustrie konnte bisher nicht die schlechten ökonomischen Ausgangsbedingungen, die Spaltung der Region in zwei Bundesländer und den Mangel an potenten Auftraggebern, wettmachen.

4.3 Die Region Berlin/Babelsberg im Aufbruch?

Die tatsächliche Wandlung Berlins zur Hauptstadt versetzte die regionale Medienindustrie Ende der 90er Jahre in eine Aufbruchstimmung. Folgende vier Entwicklungen weisen darauf hin, daß sich in Berlin/Babelsberg eine stärker auf die regionale Medienindustrie ausgerichtete „institutional thickness" zu etablieren beginnt:

(1) Schaffung finanzieller Anreize seitens der Politik zur stärkeren regionalen Bindung von ökonomisch bedeutsamen Produktionsunternehmen: Die ILB hat einen unternehmensbezogenen Filmfonds aufgesetzt. Mit DM 20 Mio. beteiligt sie sich an den Film-, Fernseh- und Videoprojekten der Produktionsunternehmen Neue Deutsche Filmgesellschaft (Kirch-Gruppe) und UFA (Bertelsmann). Diese Projekte müssen bei beiden Unternehmen ein Gesamtinvestitionsvolumen von je DM 100 Mio. betragen, wovon sie jeweils DM 30 Mio. des Investitionsvolumens in der Region auszugeben haben (vgl. o.V. 1998).[23]

23 Nach Aussagen von Bernd-Peter Morgenroth (IBB) in einem Interview mit dem Mediendienst ProMedia kommt dieser Fonds auch der zum Studio Babelsberg gehörenden Produktionsfirma Babelsberg Independents zugute (vgl. o.V. 2000). Zusätzlich hat die

(2) Gründung speziell auf die Medienindustrie ausgerichteter politischer Institutionen: Die Brandenburger Landesregierung beabsichtigt, den Informationsaustausch am Medienstandort Babelsberg mit der Errichtung einer Medienagentur (Anlaufstelle für Unternehmen der Medienbranche) zu verbessern. Berlin hat seit dem 1. Juli 2000, wie NRW, einen prominenten Vertreter aus der Medienwirtschaft, Bernd Schiphorst vom Bertelsmann-Konzern, als Medienberater eingesetzt. Ausgestattet mit einem Etat von DM 250.000, sechs Mitarbeitern, Erfahrung und Kontakten zu Medienunternehmen soll er die politische Spaltung zugunsten der wirtschaftlichen Entwicklung der Region abbauen helfen.

(3) Einrichtung von Branchentreffs: Seit mittlerweile zwei Jahren betreibt die Region mit den beiden Branchentreffs Film- und Fernsehkonferenz Babelsberg und Berlin-Brandenburger Medienforum ein aktives Standortmarketing auf nationaler und internationaler Ebene.

(4) Ansiedlung ökonomisch bedeutsamer, nationaler und internationaler Medienunternehmen: Anzeichen für eine steigende Attraktivität der Medienregion sind die Ansiedlung von SAT.1 (Kirch-Gruppe), Studio Berlin Atelier GmbH (Studio Hamburg-Gruppe), Columbia Tristar Film GmbH aus München (amerikanischer Produzent), der Granada Produktion für Film und Fernsehen GmbH (eine Tochter der größten britischen TV-Produktionsfirma Granada) und Ellipse Deutschland (erste ausländische Niederlassung der Ellipse-Gruppe in Frankreich, der viertgrößte europäische TV-Produzent). Die Unternehmen kündigen an, erhebliche Produktionsvolumina in der Region umzusetzen. Granada z.B. will nach Aussagen ihres Geschäftsführers im Bereich von Entertainment-Formaten wie Fernsehserien und -filme in drei Jahren weitere DM 100 Mio. Umsatzvolumen in die Region bringen (o.V. 2000, S. 27); bei SAT.1 sollen es sogar jährlich DM 300 Mio. sein (vgl. Butzek 1999).

Abzuwarten bleibt, ob die Fernsehsender auch in der Region Berlin/Brandenburg stärker die Rolle des Netzwerkorganisators annehmen und welche langfristig positiven Effekte von alledem für die Entwicklung der regionalen Fernsehindustrie ausgehen werden. Wünschenswert ist, daß Produzenten nicht nur kurzfristig Fördergelder abschöpfen und sich die Sender über die Initiierung und Vergabe von Film- und Fernsehprojekten hinaus, aktiv am Ausbau der regionalen Institutionenstruktur (z.B. im Ausbildungsbereich) beteiligen. Ein positives Beispiel bietet das Studio Berlin Atelier GmbH, das am Berliner Standort Ad-

---

ILB die Gründung der Producers' AG gefördert, die vor allem mittelständische Produzenten stützt, indem sie an ihnen Beteiligungen erwirbt (siehe dazu Butzek 1999; o.V. 2000a, S. 26f.). Da bislang vor allem Beteiligungen an Produktionsfirmen anderer Medienregionen erworben wurden, ist noch nicht erkennbar, welche Effekte dies für die Region haben wird.

lershof immerhin ca. DM 80 Mio. in den Studioausbau investierte (vgl. o.V. 2000b) und damit wesentlich zum Ausbau der regionalen Produktionskapazitäten beiträgt. Von dem neuen Medienbeauftragten ist zu hoffen, daß er, ähnlich wie in NRW die Filmstiftung, die Funktion eines Netzwerkbrokers einnimmt. Dies ist jedoch nur möglich, wenn er einen ähnlichen Verflechtungsgrad mit den (neuen) regionalen Medienunternehmen und Initiativen (z.B. Medieninitiative Babelsberg e.V. mit ihren derzeit 130 Medienunternehmen) entwickelt und ihn die Landespolitiker mit entsprechender Legitimität und private Investoren mit hinreichend Ressourcen ausstatten. Vorausgesetzt, den zahlreicher werdenden ökonomisch potenten Produzenten und umdenkenden Regionalpolitikern gelingt es, ähnlich wie in NRW, eine starke wechselseitige Orientierung aufeinander und vor allem auch auf die Region zu entwickeln, hat die Region Berlin/Babelsberg gute Chancen, mehr Projektnetzwerke als bisher regional zu binden.

5. „Institutional thickness" – Dreh- und Angelpunkt einer erfolgreichen Entwicklung von Medienregionen?

Das unserer Untersuchung der zwei Medienregionen zugrunde gelegte Konzept der „institutional thickness" zeigt, daß deren erfolgreicher Aufbau Handlungspotentiale für mehr wirtschaftliches Wachstum und eine stärkere regionale Bindung von projektbasierten Industrien aufweist. Allerdings wurde auch deutlich, daß der Erfolg von Medienregionen wie aller „districts", „clusters" oder „hot spots" (und deren „institutional thickness") sich nicht ad hoc politisch konstruieren läßt (vgl. Eichener et al. 2000 zur Entwicklung von Biotech-Regionen). Über viele Jahrzehnte mehr oder weniger kontinuierlich gewachsene politische und wirtschaftliche Strukturen erleichtern in dem einen oder hindern in dem anderen Fall den Aufbau einer „institutional thickness" und den gewünschten wirtschaftlichen Erfolg der Region (vgl. auch zu Knyphausen-Aufseß 1999).

Bezüglich der differenten politischen und ökonomischen Entwicklung der zwei untersuchten Medienregionen, Köln/Düsseldorf einerseits und Berlin/Babelsberg anderseits, ist festzuhalten, daß es die „doppelte Brechung" der Entwicklung in Berlin/Brandenburg den dortigen Akteuren nicht leicht macht, an die Entwicklung in NRW anzuschließen. Diese Brechung hat sich auch und gerade in einer mangelnden institutionellen Verflechtung niedergeschlagen, die heute immer noch Extra-Anstrengungen bedürfte, um den Entwicklungsrückstand wettzumachen. Die hohe Eigendynamik der Region wird – nicht zuletzt aufgrund der Bedeutung eines ausdifferenzierten Institutionengefüges für die 'Content'-Produktion in Projektnetzwerken – vermutlich nicht allein dafür sorgen können, den Rückstand gegenüber NRW aufzuholen. Aktuell aber scheinen die verantwortlichen Akteure in Berlin/Babelsberg aufgrund schlechterer Ressourcenausstattung nicht in der Lage, die gleichen Anstrengungen zu unternehmen wie die nordrhein-westfälischen Unternehmen, Anstalten, Behörden und Agenturen.

Wichtig erscheint uns in diesem Zusammenhang, daß sich die Akteure in beiden Regionen – und auch andernorts – des Charakters der in Projektnetzwerken organisierten Produktion bewußter werden, um die Möglichkeiten und Grenzen einer gezielten Förderung der 'Content'-Produktion für das Fernsehen im besonderen und einer projektbasierten Dienstleistungsindustrie im allgemeinen realistischer abzuschätzen. Angesichts des in die Förderung einer solch beweglichen Branche involvierten Risikos, und nicht zuletzt angesichts knapper finanzieller Ressourcen der öffentlichen Hand (auch in NRW), kommt Politik nicht umhin, privates Engagement zu stimulieren und für die Produktion öffentlicher Güter zu nutzen.[24] Angesichts der Produktionsorganisation in Projektnetzwerken sollte zudem überlegt werden, das Institutionengefüge ebenfalls nur projektnetzwerkförmig zu organisieren. Eine solche organisatorische Anpassung des Institutionengefüges an die (dominante) Produktionsorganisation hätte den Vorteil, daß eine der Produktionsorganisation ähnliche Flexibilität erreicht und das Risiko von Fehlinvestitionen gemindert werden könnte. Einen Schritt in diese Richtung ist man in Baden-Württemberg mit der Gründung der Filmakademie Ludwigsburg, in Köln mit den Ausbildungsvereinen (z.B. Schreib- und Filmschule) und in Babelsberg mit der Errichtung des Erich-Pommer-Instituts gegangen, in denen Praktiker aus der Medienindustrie quasi als Gastdozenten für die Fernsehproduktion relevantes Know-how vermitteln. Dabei wäre jedoch zu beachten, daß die Institutionen eine gewisse (Mindest-)Stabilität aufweisen müßten, damit sich langfristig Standards jenseits der üblichen Projektpraxis etablieren können. Nicht nur, daß dem Begriff der Institution eine solche Stabilität immanent ist; praktisch von größerer Bedeutung ist, daß eine dynamische Produktionsorganisation wie die in Projektnetzwerken darauf angewiesen ist.

Mit dem Konzept der „institutional thickness“ lassen sich wichtige Voraussetzungen einer in wirtschaftlicher Hinsicht erfolgreichen Region erfassen. Einen Erfolg garantieren kann eine institutionelle Dichte allerdings nicht (vgl. auch Amin/Thrift 1994), zumal nicht, wenn in Organisationsformen produziert wird, die – wie Projektnetzwerke – so „light on their feet“ und deshalb so rasch auf Strategiewechsel dominanter Akteure, hier der Fernsehsender, einzustellen sind. Diese Schlußfolgerung dürfte nicht nur für die hier genauer untersuchte 'Content'-Produktion für das analoge, sondern auch für das digitale Fernsehen, für die „New Media Industry“ und insgesamt für projektbasierte Formen der Dienstleistungsproduktion zutreffen.

---

24 Einen ressourcenschonenden und auf von Anbeginn auf Kooperation setzenden Ansatzpunkt bieten Public-Private-Partnerships, wie sie in der Medienindustrie auch bereits praktiziert werden (z.B die Filmstiftung in NRW).

Literatur

Amin, A.; Thrift, N. (1994): Living in the global. In: Amin, A.; Thrift, N. (Hg.): Globalization, institutions and regional development in Europe. Oxford, S. 1-22

Braczyk, H.-J.; Cooke, P.; Heidenreich, M. (Hg.) (1998): Regional innovation systems. London

Branoner, W. (1999): Äußerung aus dem Vortrag „Medienstadt Berlin – Anziehungspunkt für innovative Unternehmen" zum Thema: „Berlin – Capital of talents: Die knappe Ressource Kreativität" im Rahmen des Medienforums Berlin-Brandenburg 1999

Butzek, E. (1999): In der Standortpolitik Berlin-Brandenburgs kämpft jeder gegen jeden. In: Frankfurter Rundschau vom 28.8.99, www.frankfurter-rundschau. de/ fr/ 280/ t280004. htm

DIW (1999): Wirtschaftliche Bedeutung des TV-Marktes für die deutsche Filmwirtschaft 1997. BLM Schriftenreihe Band 54. Bayrische Landeszentrale für neue Medien (BLM) München

Eichener, V.; Schaaf, S.; Schulte, F. (2000): Erfolgsfördernde und -hemmende Faktoren für Biotechnologie-Regionen (unveröffentlichter Projektbericht). Bochum

Filmboard Berlin-Brandenburg (2000): Mitteilung der Presseabteilung der Filmboard Berlin-Brandenburg vom 8. Mai 2000

FFA (1999): FFA-Weiterbildungsatlas für Filmschaffende. Filmförderungsanstalt (FFA) Berlin

Filmstiftung NRW (1998): Filmstiftung Nordrhein-Westfalen GmbH, Kurzbeschreibung, Informationsblatt. Düsseldorf

Filmstiftung NRW (1999): Die Zahlen 1991-1998, Stand Januar 1999. Düsseldorf

Geschwandtner-Andreß, P. (1999): Medienwirtschaft in Köln: Theoretische Erklärungsansätze und politische Bestimmungsfaktoren eines regionalen Produktionsclusters Medien. Arbeitspapiere des Instituts für Rundfunkökonomie an der Universität zu Köln, Heft 116. Köln www.un-koeln.de/wiso-fak/rundfunk/index.html

Grabher, G. (1993): The weakness of strong ties: the lock-in of regional development in the Ruhr area. In: Grabher, G. (Hg.): The embedded Firm. London u.a.O., S. 255-277

Hauff, R. (1999): Diskussionsbeitrag in der Gesprächsrunde zum Thema: „Berlin – Capital of talents: Die knappe Ressource Kreativität" im Rahmen des Medienforums Berlin-Brandenburg 1999

HMR Medienberatung (1998): NRW bei Fernsehproduktion vorn, Zusammenstellung von Daten (Stand 10.11.1997) über die Medienindustrie, die teilweise in mehreren Zeitschriften veröffentlicht wurden

IHK (2000): Medienstandort im Aufbruch, Teil I: Film-TV. Berlin: Industrie- und Handelskammer (IHK)

Jones, C.; Walsh, K. (1997): Boundaryless careers in the US film industry: Understanding labor market dynamics of network organizations. In: Industrielle Beziehungen, 4. Jg./ Heft 1, S. 58-73 (Wieder abgedruckt in: Sydow, J.; Wirth, C. (Hg.): Arbeit, Personal und Mitbestimmung in Unternehmungsnetzwerken. München, Mering, S. 99-115.)

Keeble, D.; Wilkinson, F. (Hg.) (2000): High-technology clusters, networking and collective learning in Europe. Aldershot u.a.O.

Krumbein, W. (Hg.) (1994): Ökonomische und politische Netzwerke in der Region. Münster

Kurp, M. (1999): Mythos und Modelle im Medienland NRW. In: Tendenz, Heft 1, S. 16-18

Knyphausen-Aufseß, D. zu (1999): Theoretische Perspektiven der Entwicklung von Regionalnetzwerken. In: Zeitschrift für Betriebswirtschaft Jg. 69/Heft 5/6, S. 593-616

Lüke, R. (2000): Kann Köln Cannes kopieren? In: Frankfurter Rundschau vom 28.7.00, www.fr-aktuell.de/fr/280/t280007.htm

MMB (1998): AV-Medien in NRW – Arbeitsmarkt und Qualifizierung, Schlußbericht der Michel Medienforschung und Beratung (MMB) im Auftrag des Ministeriums für Wissenschaft und Forschung NRW. Düsseldorf

Müller, M. L. (1998): Verschläft Berlin die Medien-Zukunft? Fachleute sehen Versäumnisse der Politik. In: Berliner Morgenpost vom 29.10.1998, S. 14

Nachum, L.; Keeble, D. (1999): Neo-Marhallian nodes, global networks and firm competitiveness: The media cluster of Central London. WP 138. ERC Centre for Business Research. Cambridge: University of Cambridge

Ott, K. (1998): Wer drehen will, muss spuren: Die Filmförderung kommt Sendern und Standorten zugute, weniger dem Film. In: Süddeutsche Zeitung vom 3.8.1998, S. 15

Pätzold, U.; Röper, H. (1999): Fernsehproduktionsvolumen in Deutschland 1998, Formatt-Studie über Konzentration und regionale Schwerpunkte der Auftragsproduktionsbranche. In: Media Perspektiven, Jg. 9, S. 447-468

Peters, R.-H. (1998): Echte Fründe. Die Domstadt, Deutschlands Medienstadt Nummer eins, entwickelt sich immer mehr zum Hollywood am Rhein. In: Wirtschaftswoche Nr. 34 vom 13.8.99, S. 60

Piore, M. J.; Sabel, Ch. F. (1985): Das Ende der Massenproduktion. Berlin

Porter, M. E. (1999): Unternehmen können von regionaler Vernetzung profitieren. In: Harvard Business Manager 21. Jg./Heft 3, S. 51-63

Powell, W. W. (1990): Neither market nor hierarchy: Network forms of organizations. In: Staw, B. M.; Cummings, L. L. (Hg.): Research in Organizational Behavior 12. Greenwich/Conn., S. 295-336

o.V. (1998): Eine sichere Bank für Leo Kirch. Mit staatlicher Unterstützung produziert er jetzt in Babelsberg. In: Süddeutsche Zeitung vom 17.12.1998, www.sueddeutsche.de/ aktuell/fern_d.htm

o.V. (2000): Granada: Britische Ideen für den deutschen TV-Markt. In: ProMedia, 4. Jg./Heft 4, S. 27

o.V. (2000a): Die Producers' AG – das erste Beteiligungs- und Dienstleistungsunternehmen für Produzenten. In: ProMedia, 4. Jg./Heft 5, S. 26-27

o.V. (2000b): Erster Spatenstich für neues TV-Studio in Adlershof. In: ProMedia, 4. Jg./Heft 1, S. 27

Röber, M.; Völkel, S. (1999): Szenen einer wilden Ehe. Die Zusammenarbeit zwischen Berlin und Brandenburg nach der gescheiterten Fusion. In: Verwaltungsarchiv, 90. Jg., S. 112-137

Scott, A. J. (1998): From Silicon Valley to Hollywood: Growth and development of the multimedia industry in California. In: Braczyk, H.-J.; Cooke, P.; Heidenreich, M. (Hg.): Regional innovation systems. London, S. 136-162

Sjurts, I. (1996): Die deutsche Medienbranche: eine unternehmensstrategische Analyse. Wiesbaden

Snow, C. C.; Miles, R. E.; Coleman, H. J. Jr. (1992): Managing 21st century network organizations. In: Organizational Dynamics, Jg. 21/Heft 4, S. 5-20

Staber, U. H.; Schaefer, N. V.; Sharma, B. (Hg.) 1996: Business networks: Prospects for regional development. Berlin, New York

Sydow, J.; Windeler, A. (1999): Projektnetzwerke: Management von (mehr als) temporären Systemen. In: Engelhardt, J.; Sinz, E. (Hg.): Kooperation im Wettbewerb. Wiesbaden, S. 213-235

Sydow, J.; Windeler, A.; Lutz, A.; Wirth, C. (1998): Vernetzte Content-Produktion für das digitale Fersehen – Theoretische Konzepte und erste Befunde. Arbeitspapier zum Kolloquium am 11./12. Dezember 1998 in Erlangen im Rahmen des DFG-Schwerpunkts: Regulierung und Restrukturierung der Arbeit in den Spannungsfeldern von Globalisierung und Dezentralisierung, www.wiwiss.fu-berlin.de/w3/w3sydow/

Sydow, J.; Windeler, A.; Krebs, M.; Loose, A.; van Well, B. (1995): Organisation von Netzwerken. Opladen

Voß, G. G.; Pongratz, H. J. (1998): Der Arbeitskraftunternehmer. Eine neue Grundform der Ware Arbeitskraft? In: Kölner Zeitschrift für Soziologie und Sozialpsychologie, Jg. 50/ Heft 1, S. 131-158

Wemcken, R. (2000): Sitcoms werden viele Talk-Shows ablösen. In: ProMedia, Jg. 4/Heft 4, S. 30-31

Windeler, A. (2001): Unternehmungsnetzwerke – Konstitution und Strukturation. Wiesbaden

Funktionsweise und Potentiale regional vernetzter Geschäftsbeziehungen

Das Beispiel Brandenburg

André Bleicher, Roald Steiner

Inhalt

Vorbemerkung

Der vorliegende Beitrag fußt auf Ergebnissen, die im Rahmen des von der Deutschen Forschungsgemeinschaft (DFG) geförderten Projektes *„Strukturen und Stabilitätsbedingungen regionaler Vernetzung"* erarbeitet wurden.[1] Das Projekt befaßt sich am Beispiel einer ostdeutschen Region – Brandenburg – mit der Entstehung und Stabilisierung regionaler betrieblicher Vernetzung. Es geht aus von der Überlegung, daß neben Tendenzen der Globalisierung auch solche der Regionalisierung ökonomischer Beziehungen zu beobachten sind.

---

1 Das Projekt (Antragstellung und Projektleitung: Prof. Dr. Sabine Gensior, Brandenburgische Technische Universität Cottbus, und Prof. Dr. Joachim Fischer, FHTW Berlin) ist angesiedelt im DFG-Schwerpunkt „Regulierung und Restrukturierung der Arbeit in den Spannungsfeldern von Globalisierung und Dezentralisierung".

Diese Problematik wurde einerseits anhand von Fallanalysen in fünf Bereichen wirtschaftlicher Aktivität analysiert: Altindustrielle Kerne mit regionalen Produktions- und Dienstleistungsnetzen; Textilproduktion auf Basis nachwachsender Rohstoffe; Recyclingindustrie; Ingenieurbüros in der Umweltsanierung; sowie als Querschnittsanalyse solche Betriebe, die grenzüberschreitende Geschäftsbeziehungen zu polnischen Unternehmen pflegen. Diese Fallanalysen erbrachten fundierte Aussagen zu Inhalten, Funktionen und Mechanismen vernetzter Beziehungen (vgl. Bleicher et al. 1999, S. 26ff.; Bleicher et al. 2001a; Fischer/Gensior 2000).

Andererseits wurden mit Hilfe einer repräsentativen (schriftlichen) Betriebsbefragung detaillierte Informationen zur Struktur der Liefer-, Kunden- und Kapitalbeziehungen der Betriebe erhoben, die zugleich als Indikatoren – regionaler, aber gegebenenfalls natürlich auch überregionaler – Vernetzung angesehen werden können. Von besonderem Interesse waren hier neben den (im engeren Sinne) ökonomischen Beziehungen auch deren soziale und kommunikative Dimensionen. Die Betriebsanschriften wurden uns freundlicherweise von den Industrie- und Handelskammern sowie den Handwerkskammern in Brandenburg zur Verfügung gestellt. Für diese Unterstützung sei auch an dieser Stelle ausdrücklich gedankt. Ebenso danken wir allen Unternehmen, die an dieser Befragung teilgenommen haben.

Die vorliegenden Ausführungen stellen einen Ausschnitt der anhand der schriftlichen Betriebsbefragung untersuchten Fragestellungen dar.

1. Problemstellung

'Regionale Vernetzung' und 'regionale Netzwerke' haben sowohl in der einschlägigen sozialwissenschaftlichen Debatte als auch in Konzeptionen regionaler Strukturpolitik seit geraumer Zeit Konjunktur. 'Regionale Vernetzung' – im Sinne mehr oder weniger enger Austauschbeziehungen zwischen regional ansässigen Betrieben selbst, aber auch mit dem näheren betrieblichen Umfeld – könne, so eine weitverbreitete Überzeugung, zu einer Bündelung von Ressourcen und Kompetenzen führen, die geeignet sei, eine Reihe betrieblicher Engpässe zu überwinden und so die Wettbewerbsfähigkeit von Unternehmen und Regionen zu erhöhen.

'Vernetzung' als ein multiples Beziehungsgefüge, das die Geschäftsbeziehungen und Transaktionen entlang der Wertschöpfungsketten ebenso einschließt wie ein mehr oder weniger belastungsfähiges organisationales und persönliches Beziehungsgeflecht zwischen regionalen Akteuren (Unternehmen, Institutionen der Wirtschaftsförderung, Beratungs- und Transfereinrichtungen, regionale Finanzierungsinstitute, Verbände, Kammern, Gewerkschaften, Hochschulen), erscheint als eine angemessene Antwort auf die Herausforderungen der Globalisierung.[2] In einer regionalen Vernetzung ökonomischer Aktivitäten wird zudem auch ein Weg gesehen, der zur Überwindung transformationsbedingter Strukturschwächen des ostdeutschen Unternehmenssektors beitragen kann (vgl. DIW/IfW/IWH 1998, S. 72f.; MWMT 1998, S. 105; Koschatzky/Zenker 1999; Bleicher et al. 2001b).

Der vorliegende Beitrag befaßt sich vor diesem Hintergrund mit zwei Fragestellungen:

(1) Wie 'funktionieren' regional vernetzte Geschäftsbeziehungen?
(2) Befördert regionale Vernetzung von Geschäftsbeziehungen geschäftlichen Erfolg und Exportchancen?

Damit wird die Problematik aufgegriffen, daß die im Kontext der Globalisierungs- und Transformationsdebatte nahezu inflationäre Verwendung der Begriffe 'Vernetzung', 'Netze' oder 'Netzwerk' (immer noch) in einem gewissen Kontrast zur empirischen Greifbarkeit des Phänomens und seiner Effekte steht. Im folgenden wird daher eine empirische Annäherung an die Funktionsweise regionaler Vernetzung vorgenommen. Untersucht werden die zwischen regional ansässigen Unternehmen existierenden Austauschbeziehungen und Kommunikationsprozesse; weiterhin, ob und inwieweit eine solche Vernetzung Leistungsfähigkeit und Erfolg der Unternehmen befördert und ihre überregionalen Aktivitäten begünstigt. Damit wird eine kausale Verknüpfung thematisiert, die im Diskurs über den Zusammenhang von Vernetzung, Regionalisierung und Globalisierung und in der wirtschaftspolitisch motivierten, auf die Problembewältigung gerade kleinerer und mittlerer Unternehmen gerichteten Strategiediskussion häufig positiv unterstellt wird: daß Vernetzung absatzseitig die Vermarktungschancen erhöht, die Vernetzung der Betriebe mit ihrem räumlichen Umfeld also vielfach als 'Sprungbrett' für die Ausweitung zunächst regional begrenzter ökonomischer Aktivitäten auf überregionale Märkte fungiert.

---

2 „Networks are increasingly seen as vehicles par excellence in a global economy" (Nijkamp 1994, S. 344). Die Einsicht, daß es gerade die zwischenbetrieblichen Leistungsverflechtungen und Kooperationsbeziehungen sind, deren Ausprägung und Qualität für die Wettbewerbsfähigkeit von Unternehmen ebenso von Bedeutung ist wie für die Stabilität regionaler Wirtschaftsstrukturen, ist in den mit wirtschaftlichen Aktivitäten befaßten sozialwissenschaftlichen Disziplinen weitgehend unbestritten (vgl. DIW 1990; Tichy 1995; Cooke 1996; Brüderl/Preisendörfer 1998; Scheidt 1995; Koschatzky 1998; Porter 1999; Rehfeld 1999).

2. Vorgehensweise

(1) Wir beziehen uns auf Ergebnisse der *schriftlichen Betriebsbefragung*, die im Rahmen des Projekts „Strukturen und Stabilitätsbedingungen regionaler Vernetzung“ in der Untersuchungsregion Brandenburg durchgeführt wurde.[3] Da sich das Untersuchungsfeld durch eine ausgeprägte industrielle Schwäche und eine kleinbetriebliche Struktur auszeichnet, bestand das Risiko, daß die wenigen Großbetriebe und jene des Produzierenden Gewerbes aus einer Zufallsstichprobe herausfallen. Um diesem Problem einer möglicherweise unzureichenden Varianz zu begegnen, wurde die Stichprobe geschichtet: Angeschrieben wurden alle Betriebe des Produzierenden Gewerbes sowie jene Betriebe, die eine bestimmte Größenklasse überschreiten[4]; für die anderen Betriebe wurde eine Zufallsstichprobe gezogen. Auf diese Weise konnte sichergestellt werden, daß alle in der Untersuchungsregion vertretenen Branchen und vor allem auch alle Betriebsgrößen in der Stichprobe enthalten sind.[5] Diese Schichtung wurde für die Auswertung dann wieder – durch eine entsprechende Gewichtung – rückgängig gemacht. Die geschichtete Stichprobe umfaßt etwa 1.100 auswertbare Fragebögen; die ‘entschichtete’ bzw. gewichtete Anzahl der Fälle beläuft sich auf insgesamt rund 22.000. Die im folgenden dargestellten Analysen beruhen auf dieser gewichteten Stichprobe.[6]

(2) Im Rahmen der schriftlichen Befragung wurde das Konzept der *ego-zentrierten Netzwerkanalyse* herangezogen (Burt 1984). Es ermöglicht Einsichten auch in mehrstellige Beziehungen bzw. Netzwerke auf der Basis der Auskünfte nur eines Akteurs (vgl. Coleman 1969, S. 518f.). Bei der befragten Person ‘Ego’ handelt es sich hier zumeist – bei den Kleinst- und Kleinbetrieben – um den

---

3 Dabei wurden aus jedem der jeweils drei Industrie- und Handels- sowie Kammerbezirke – Potsdam, Frankfurt/Oder und Cottbus – 1.000 Betriebsanschriften gezogen, so daß insgesamt 6.000 Fragebögen verschickt worden sind.

4 Bei den Betrieben, die bei den Industrie- und Handelskammern eingetragen sind, liegt diese ‘Größenschwelle’ bei 100 und mehr Beschäftigten, bei jenen, die bei den Handwerkskammern gemeldet sind, bei 60 und mehr Beschäftigten.

5 Erfaßt wurde insbesondere auch die Gruppe der Kleinstbetriebe mit weniger als 20 Beschäftigten. Allerdings fehlen hier die nicht bei den Industrie- und Handelskammern bzw. Handwerkskammern gemeldeten Unternehmen wie beispielsweise Architekturbüros oder Arztpraxen, sogenannte freie Berufe.

6 Auf dieser Datengrundlage kann ein recht realitätsnahes Bild erwartet werden. In diese Richtung deuten jedenfalls Auswertungen zur Struktur des Untersuchungsfeldes und ihr Abgleich mit anderen einschlägigen empirischen Arbeiten. Einschränkend ist allerdings zu vermerken, daß die Untersuchungsregion Brandenburg angesichts des sogenannten ‘Speckgürtels’ um Berlin im Vergleich zu der Situation in den anderen Neuen Bundesländern einen gewissen Sonderfall dargestellt. Wünschenswert wäre auch eine Vergleichsregion gewesen, etwa aus den alten Bundesländern.

Unternehmer/Geschäftsführer, seltener auch – bei den wenigen größeren Betrieben – um ein Mitglied des Managements; beide treten als Repräsentanten des jeweiligen Betriebes auf. Dieser 'Ego-Akteur' gibt zum einen – und vor allem – Auskunft über relevante Struktureigenschaften der Geschäftsbeziehungen des betreffenden Unternehmens zu seinem *wichtigsten* Kunden, Lieferanten und Kapitalgeber, zu Unternehmen also, die zu Ego *adjazent* sind, d.h. mit ihm in direktem Kontakt stehen. Zum anderen liefert er auch – in sehr begrenztem Umfang – Angaben über Beziehungen zwischen den 'Alteri', also zwischen dem wichtigsten Kunden, Lieferanten und Kapitalgeber. Ego nämlich wurde gefragt, ob sich diese Alteri seines Wissens nach untereinander kennen, miteinander Geschäftsbeziehungen unterhalten oder private Kontakte pflegen, mithin, ob die Alteri selber *adjazent* zueinander sind. Dieses um Ego gruppierte 'Set von Relationen' nennt Barnes (1969, S. 60ff.) *primäre Zone*. Finden sich in dieser primären Zone mindestens vier (Geschäfts-)Beziehungen – d.h. mindestens zwei Alteri sind adjazent zueinander – so kann diese primäre Zone als 'formal vernetzt' bezeichnet werden. Mit dem Begriff 'formal' vernetzt soll zum Ausdruck gebracht werden, daß über den Inhalt und die Qualität dieser Vernetzung nichts Näheres bekannt ist; man weiß nur, daß drei oder mehr Akteure in *irgendeiner* Beziehung zueinander stehen. Erhoben wurde ja lediglich die Qualität der Geschäftsbeziehungen zwischen Ego und seinem wichtigsten Kunden, Lieferanten und Kapitalgeber.

Die Anwendung des Ego-Konzepts zur Analyse vernetzter (Geschäfts-)Beziehungen stößt bekanntermaßen an konzeptionelle Grenzen:

(a) Zum einen hängt die Qualität der Informationen über die Beziehungen zwischen den Alteri von der Bereitschaft und Fähigkeit des befragten Egos zu entsprechenden Auskünften ab. Der Befragte mag zwar unter Umständen Informationen darüber besitzen, ob sich seine wichtigsten Geschäftspartner untereinander kennen; eingeschränkter dürfte seine Auskunftsfähigkeit jedoch hinsichtlich bestehender Geschäftsbeziehungen oder gar hinsichtlich bestehender Privatkontakte zwischen seinen wichtigsten Geschäftspartnern sein. Andererseits: Kann der Befragte hierüber Auskunft geben, so erscheint uns dies als ein deutlicher Hinweis auf eine vernetzte Beziehung.

(b) Zum anderen werden mit diesem Ansatz vernetzte Geschäftsbeziehungen bzw. Netze zwangsläufig nur aus der Perspektive desjenigen erfaßt, der den Fragebogen ausgefüllt hat. Dieser Befragte repräsentiert lediglich 'sein' Beziehungsgefüge, nicht aber notwendig dasjenige des gesamten Unternehmens; diese Einschränkung gilt um so mehr, je größer das betreffende Unternehmen ist. Es ist daher nicht auszuschließen, daß eine ganze Reihe anderer vernetzter Beziehungen aufgrund dieses Zugangs nicht 'eingefangen' werden können. Auch werden mögliche andere Formen der Vernetzung wie horizontale Kooperationsbeziehungen aufgrund dieser Vorgehensweise nicht erfaßt.

(3) Vernetzte Geschäftsbeziehungen bzw. Vernetzung werden anhand folgender Variablen, die aus den im Fragebogen erfaßten Merkmalen gebildet wurden, analysiert: als *direkte Prozeßvariablen* Kommunikationsintensität, Breite der Kommunikationsinhalte, Anzahl der involvierten Grenzstellen; als *indirekte Prozeßvariablen* das Alter der Geschäftsbeziehung, Privatkontakte, institutionelle Einbettung (Mitgliedschaften), 'formale' Vernetzung; daneben – für den vorliegenden Zusammenhang nur am Rande herangezogen – *situative Variablen* wie Betriebsgröße, Herkunft des Eigentümers, Qualifikationsstruktur der Belegschaft, Abhängigkeit vom Geschäftspartner; schließlich als *Erfolgsvariablen* das Betriebsergebnis und die Exporttätigkeit.[7]

Die Funktionsweise vernetzter Geschäftsbeziehungen wird anhand der dyadischen Geschäftsbeziehungen der befragten Betriebe *zum wichtigsten Kunden*[8] analysiert. Im Mittelpunkt steht die Frage, wie Kommunikationsprozesse innerhalb einer Geschäftsbeziehung ablaufen; diesen Zusammenhängen wird mittels einer Korrelationsanalyse nachgegangen.

Die Analyse der Potentiale regional vernetzter Geschäftsbeziehungen erfolgt schrittweise: Auch hier werden in einem ersten Schritt – analog zur Vorgehensweise bei der Untersuchung der Funktionsweise vernetzter Geschäftsbeziehungen – die dyadischen Beziehungen der Betriebe zu ihrem wichtigsten Kunden betrachtet; wiederum wird mit Hilfe einer Korrelationsanalyse untersucht, inwieweit sich die Art und Weise der Kommunikation auf den Unternehmenserfolg auswirkt. Dyadische Geschäftsbeziehungen können zwar Hinweise auf Vernetzung beinhalten, sie sind jedoch lediglich Elemente vernetzter Beziehungen. Daher sind in einem nächsten Schritt 'härtere' Indikatoren für Vernetzung, zum

---

7 Im einzelnen: Kommunikationsintensität wird über Dauer und Häufigkeit einer Interaktion indiziert; die erhobene Bandbreite der Kommunikationsinhalte reicht von ausschließlich transaktionsspezifischen über breitere ökonomische – branchenspezifische und allgemeine wirtschaftliche Bedingungen – bis hin zu privaten und politischen Gesprächsinhalten; institutionelle Einbettung wird gemessen anhand der Mitgliedschaften in wirtschaftsnahen und soziokulturellen Organisationen (zum Beispiel Verbänden).

8 Diese Beschränkung auf die kundenseitige Beziehung kann damit begründet werden, daß absatzwirtschaftliche Schwierigkeiten in der Problemskala der Betriebe in der Untersuchungsregion ganz weit oben rangieren und damit die Beziehung zum wichtigsten Kunden besonders geeignet erscheint, um mögliche Unterschiede im geschäftlichen Erfolg zwischen 'vernetzten' und 'nicht-vernetzten' Betrieben mit hinreichender Trennschärfe abzubilden. Immerhin werden von der empirischen Wirtschaftsforschung die absatzseitigen Schwächen ostdeutscher Betriebe als „entscheidendes Problem" angesehen (vgl. Ragnitz 1998, S. 336).

Beispiel der Indikator ‘formale Vernetzung’, heranzuziehen; eine solche ‘formale Vernetzung’ liegt nur dann vor, wenn mindestens zwei Alteri eine Beziehung unterhalten. Diesen ‘harten’ Kriterien für Vernetzung’ entsprechen im Rahmen der hier zugrundegelegten Ego-Netz orientierten schriftlichen Betriebsbefragung – was nicht überraschend ist – nur relativ wenige Fälle. In dem Maße, wie beide Schritte zu übereinstimmenden Ergebnissen führen, können entsprechende Interpretationen als vergleichsweise gesichert gelten.

Aus der eingangs skizzierten Zielsetzung, die Funktionsweise regional vernetzter Geschäftsbeziehungen und ihre Potentiale hinsichtlich Unternehmenserfolg und Exporttätigkeit zu analysieren, ergibt sich nachstehende Anordnung der Darstellung: Im folgenden (3.) wird untersucht, inwieweit für die Funktionsweise vernetzter Geschäftsbeziehungen ein komplexes Kommunikationssystem charakteristisch ist. Im weiteren (4.) werden die Potentiale regional vernetzter Geschäftsbeziehungen analysiert.

3. Funktionsweise: Kommunikation in vernetzten Geschäftsbeziehungen

Eine Auseinandersetzung mit der Funktionsweise ‘regional vernetzter Geschäftsbeziehungen’ bedarf vorab einer kurzen begrifflichen Klärung. ‘Regionale Vernetzung’ konstituiert sich im hier zugrundegelegten Verständnis wesentlich über die zwischen Unternehmen existierenden Austauschbeziehungen. Diese Beziehungen können als ‘vernetzt’ bezeichnet werden, wenn sie nicht nur durch einen regelmäßig zwischen mehr als zwei Akteuren wiederholten Leistungsaustausch, sondern auch durch Einbindung in ein Geflecht interorganisationaler Beziehungen und persönlicher Kontakte charakterisiert sind; dyadische Geschäftsbeziehungen, denen letztere Merkmale eigen sind, können Elemente solcher vernetzten Geschäftsbeziehungen darstellen. Von *‘regionaler Vernetzung’* wird gesprochen, wenn räumliche Nähe für Entstehung und Stabilisierung der organisationalen und persönlichen Beziehungen sowie für die materiellen Verflechtungsstrukturen von grundlegender Bedeutung ist.

Als typische Merkmale vernetzter Geschäftsbeziehungen, die sich auch schon in dyadischen Beziehungen finden, gelten Stabilität, Reziprozität und wechselseitige Abhängigkeit (die Machtasymmetrie keineswegs ausschließt), gemeinsame Sichtweisen, Werte und Deutungsmuster, die soziale Nähe voraussetzen und konstituieren, sowie in einem gewissen Umfang Vertrauen (vgl. Fischer/Gensior 1998). Jene Eigenschaften vernetzter Geschäftsbeziehungen sind dabei nicht a priori gegeben, sondern müssen vielmehr erst innerhalb dieser Beziehung ‘produziert’ werden. Dies geschieht durch umfangreiche Kommunikationsprozesse (vgl. Williamson 1985; Meyer 1994, 1995). Vernetzte Geschäftsbeziehungen sind daher durch ein komplexes Kommunikationssystem gekennzeichnet, das eine hohe Kommunikationsintensität, vielfältige Inhalte und verschiedene Akteure (Grenzstellen – aber nicht nur diese) umfaßt. Die Frage nach der Funktionsweise vernetzter Geschäftsbeziehungen aufzuwerfen, bedeutet demnach auch, zu fragen, welche Rolle dem Kommunikationsprozeß im geschäftlichen Alltagshandeln zukommt.[9]

Wesentlich ist im vorliegenden Zusammenhang die Überlegung, daß Geschäftsbeziehungen – wie andere ökonomische Aktivitäten auch – immer und notwendigerweise in einen sozialen Kontext eingebettet sind, sich aus sozialen Beziehungen entwickeln und angemessen nur aus der Interaktion der beteiligten Akteure verstanden werden können. So argumentiert Powell (1990), daß die Existenz einer sozialen Beziehung die Handlungslogik der ökonomischen Akteure verändere; diese trachteten nicht einfach nach dem unmittelbaren Erfolg, sondern nach der Etablierung einer dauerhaften Beziehung, die von Reziprozität und Vertrauen gekennzeichnet sei. Eine solche Sichtweise über die Bedeutung persönlicher Beziehungen für wirtschaftliches Handeln liegt auch den nachstehenden Ausführungen zugrunde. Theoretischer Bezugspunkt ist insoweit die Konzeption der 'Social Embeddedness' (vgl. Granovetter 1985; Portes/Sensenbrenner 1998; Romo/Schwartz 1995; Uzzi 1996, 1997, 1999). Dabei bedeutet das Konzept der 'Social Embeddedness' nicht, daß die Vorstellung intentionaler Rationalität der Akteure aufgegeben werden muß; im Unterschied zu neoklassisch geprägten Ansätzen sind die Akteure hier jedoch nicht von sozialen Beziehungen losgelöste, ausschließlich preisdeterminierte Nutzenmaximierer – 'untersozialisierte' Akteure im Granovetterschen Sinne –, sondern über vielfältige Mechanismen an gesellschaftliche Strukturen 'zurückgebunden': Für ökonomische Akteure stellen 'soziale Netze' (als personale Beziehungsgeflechte und organisationale Strukturen) und 'Institutionen' (als normative Muster, Regelungen, korporative Organisationen, Traditionen und Routinen) einerseits Bezugspunkte ihrer Entscheidungsprozesse dar und markieren andererseits die Grenzen ihres Handlungsspielraumes. Somit wird eine deutlich andere Perspektive eingenommen als in neoklassisch fundierten Erklärungsansätzen, die in der Analyse wirt-

---

9 Die folgenden Ausführungen zur Funktionsweise vernetzter Geschäftsbeziehungen schließen an solche Studien zu interorganisationalen Beziehungen an, in deren Zentrum die *prozessuale Koordination* von Geschäftsbeziehungen steht (vgl. Uzzi 1996). Insbesondere Studien zu interorganisationalen Beziehungen, die als Rahmen die Transaktionskostentheorie wählen, fokussieren hingegen auf den Aspekt der *kontraktuellen Koordination* von Geschäftsbeziehungen, widmen sich also dem institutionellen Arrangement, in dem die Transaktionen abgewickelt werden (vgl. Joskow 1985; Plinke 1997).

schaftlichen Handelns von außerökonomischen – insbesondere auch persönlichen – Dimensionen absehen.[10]

Vernetzte Geschäftsbeziehungen sollen im folgenden als Kommunikationsbeziehungen analysiert werden: Im Mittelpunkt steht die Frage, wie die Akteure im Zuge der alltäglichen Austauschprozesse die notwendigen Leistungen erbringen, wer hierzu, wie häufig und worüber kommuniziert. Dementsprechend war zu untersuchen, welchen Umfang, welche Intensität, welche Inhalte und welche sozialen Träger die Kommunikationsprozesse haben, die Transaktionen begleiten und so 'Geschäfts*beziehungen*' konstituieren.[11] Bereits ein erster Blick verdeutlicht, daß wir es offenkundig mit einem recht 'dichten' Kommunikationssystem zu tun haben: Die Variablen, die den Prozeß der Kommunikation charakterisieren – Intensität, inhaltliche Breite und Anzahl involvierter Grenzstellen – sind deutlich positiv miteinander korreliert (vgl. Tabelle 1). Im einzelnen zeigt sich weiter:

(1) Kommunikationsintensive Geschäftsbeziehungen weisen auch eine relativ breite Palette an kommunizierten Inhalten auf. Wie aus Tabelle 1 ersichtlich wird, ist dieser Zusammenhang relativ stark ausgeprägt (r = 0,20). Dabei könnte zunächst vermutet werden, daß inhaltliche Breite und Intensität der Kommunikation in einem Substitutionsverhältnis stehen: Je 'gefestigter' die Beziehung, desto größer die Bandbreite der kommunizierten Inhalte und desto 'weniger Worte müssen gemacht werden', um den Geschäftsvorgang abzuwickeln. Es

---

10 „But whether markets are characterized by perfect competition or bilateral monopoly, the necessary and sufficient condition is the inpersonal relation between buyer and seller.“ (Lazonick 1991, S. 60). Auch die Revisionen des neoklassischen Modells, die etwa von grundsätzlich beschränkter Rationalität oder unvollständiger Information der Akteure ausgehen, setzen eine unpersönliche Geschäftsbeziehung voraus. Das Annahmebündel umfaßt dann in der Regel: ausschließliche Verfolgung des Eigeninteresses, Gewinnoptimierung, Vorteilsnahme und unpersönliche Tauschbeziehungen (vgl. North 1990). So führt Williamson (1994) aus, daß Vertrauen und Reziprozität die ökonomische Analyse nur 'verunreinigen' würden. Mehr noch, Williamson (ebd., S.85) hält sich strikt an die Analyse dyadischer Beziehungen: „... transaction cost economics is preoccupied with dyadic relations, so that network relations are given short shrift.“

11 Die Einflüsse situativer Faktoren (Betriebsgröße, Herkunft des Eigentümers, Qualifikationsstruktur der Belegschaft, Abhängigkeit vom Geschäftspartner) auf die Ausprägung der Geschäftsbeziehungen und ihre Funktionsweise wurden im Rahmen der abschließenden Berichterstattung des Projekts dargestellt. Im vorliegenden Zusammenhang werden Ergebnisse der hier nicht bzw. nicht vollständig dokumentierten Korrelationsrechnungen zum Einfluß der situativen Variablen lediglich vereinzelt herangezogen – wenn es darum geht, die Komplexität des Kommunikationssystems aufzuzeigen und zumindest Hinweise auf Interpretationsmöglichkeiten zu geben.

Tab. 1: Kommunikationsprozeß und Unternehmenserfolg

	Alter der Geschäfts-beziehung2)	Intensität der Kommunikation	Breite der Kommunikations-inhalte	Anzahl der Grenzstellen	Privater Kontakt3)	Gewinn
Intensität der Kommunikation	0,00** 1)					
Breite der Kommunikationsinhalte	0,08**	0,20**				
Anzahl der Grenzstellen	-0,02*	0,23**	0,23**			
Privater Kontakt3)	0,03*	0,26**	0,21**	0,14**		
Gewinn	0,16**	0,09**	0,07**	0,18**	0,06**	
Exportquote	-0,08**	0,12**	0,09**	0,13**	0,13**	0,08**

Anmerkungen:

** Die Korrelation (nach Pearson) ist auf dem Niveau von 0,01 (zweiseitig) signifikant
* Die Korrelation (nach Pearson) ist auf dem Niveau von 0,05 (zweiseitig) signifikant
1) Korrelation für Geschäftsbeziehung mit einem „Alter" bis 9 Jahre: r = – 0,05
2) *Alter:* Wert = 1: null bis ein Jahr, ... Wert = 5 neun Jahre und älter
3) *Privater Kontakt:* Wert = 1: keine private Beziehung vorhanden; Wert = 2: private Beziehung an Geschäftsbeziehung angelagert

scheint allerdings eher so zu sein, daß die Intensität, mit der über bestimmte Inhalte gesprochen wird, sich während der Geschichte der Geschäftsbeziehung verlagert. Im Anfangsstadium von Geschäftsbeziehungen wird vorrangig über die speziellen Transaktionsinhalte gesprochen; ferner werden noch betriebliche und branchenspezifische Zusatzinformationen, soweit sie für die Abwicklung der Transaktion von Belang sind, ausgetauscht. Mit zunehmender Dauer der Geschäftsbeziehung, wenn sich der Tausch 'eingespielt' hat und hierüber 'nicht mehr viel Aufhebens gemacht' werden muß, verlagern sich die Kommunikationsinhalte mehr und mehr in Richtung außerökonomischer Gesichtspunkte.

Werden nur Geschäftsbeziehungen bis zu einem Alter von neun Jahren untersucht, so fällt auf, daß junge Geschäftsbeziehungen tendenziell eher durch eine etwas höhere Kommunikationsintensität gekennzeichnet sind als ältere (r=-0,05). Mit zunehmender Dauer der Geschäftsbeziehung nimmt dann der Bedarf an intensiver Kommunikation offensichtlich leicht ab. Allerdings gilt dieser Trend nicht für die gesamte Stichprobe: Ist nämlich die Geschäftsbeziehung älter als neun Jahre, resultiert mithin aus der Zeit vor 1990, so ist festzustellen, daß diesen Geschäftsbeziehungen wiederum ein hohes Maß an Kommunikationsintensität eigen ist.

Dieser Zusammenhang, der durch die Korrelation – wenn auch nicht sonderlich ausgeprägt – gestützt wird, kann wohl wie folgt interpretiert werden: Über Selbstverständliches müssen die Akteure zwar nicht mehr oder zumindest nicht mehr sehr ausführlich reden, aber dafür weitet sich der Horizont der Kommunikationsinhalte aus. Diese Ausweitung dient, im Sinne einer laufend wiederholten Vergewisserung über geteilte Auffassungen hinsichtlich privater Belange oder politischer Vorgänge, der kontinuierlichen Bestätigung einer grundsätzlichen Vertrauenswürdigkeit und Seriosität des jeweiligen Geschäftspartners. Derart im Laufe des Kommunikationsprozesses hergestelltes Vertrauen bildet dann ein wesentliches Element für die Stabilisierung der Geschäftsbeziehung.

Auch die im Kontext von Studien zum Zusammenhang von Vernetzung und Innovation verbreitete Annahme, daß ein hoher Grad an Wissensbasierung der Leistungserstellung typischerweise mit beträchtlichen Kommunikationsanstrengungen verbunden ist, kann im wesentlichen als plausibel gelten. Mit dem 'Akademikeranteil an der Belegschaft' wurde der Grad der Wissensbasierung der Leistungserstellung indiziert.[12] In den Geschäftsbeziehungen, in denen in hohem Maße wissensbasierte Produkte bzw. Leistungen gehandelt werden, wird in der Tat inhaltlich breiter kommuniziert (r = 0,11). Daß gleichzeitig nicht auch Häufigkeit und Dauer der Kommunikation mit der Wissensbasierung zunehmen (r = 0,00), kann vielleicht mit der über Fachsprachen erreichbaren Effizienz der Kommunikation in professionellen Milieus erklärt werden.

(2) Je mehr Grenzstellen in die Bearbeitung von Transaktionen involviert sind, desto kommunikationsintensiver gestaltet sich die Geschäftsbeziehung; dieser Zusammenhang ist mit r = 0,11 positiv ausgeprägt. Offenkundig gilt: Während die Aushandlungsprozesse und zunächst auch die Austauschprozesse zwischen zwei Grenzstellen abgewickelt werden – typischerweise zwischen Verkauf und Einkauf –, kommen schon im Verlaufe des Austauschprozesses, mit Sicherheit aber während der administrativen Prozesse einer Transaktion zusätzlich andere Grenzstellen hinzu. Selbst wenn der kleinbetrieblichen Struktur des Untersuchungsfeldes Rechnung getragen wird, ist es wahrscheinlich, daß die Administration der Transaktion die Einschaltung weiterer Grenzstellen – beispielsweise im buchhalterischen Bereich – erfordert.

Angesichts der stärkeren organisationalen Ausdifferenzierung größerer Unternehmen kommen in diesen auch andere als die 'üblichen' Grenzstellen in Be-

12 Wert = 1: Akademikeranteil kleiner 20%; Wert = 2: Akademikeranteil zwischen 20 und 60%; Wert = 3: Akademikeranteil größer als 60%

tracht, etwa solche der Produktion oder der Forschung und Entwicklung. Dementsprechend zeigt sich, daß, je größer die involvierten Unternehmen sind, es auch desto wahrscheinlicher ist, daß mehr Grenzstellen in die Bearbeitung der Transaktion involviert sind (r = 0,19).[13] Sichtbar wird auch, daß es sich in diesem Fall offenbar um eher ökonomisch-rationale Kontakte handelt: Es ist keine verstärkte Anlagerung privater Beziehungen an die Geschäftsbeziehungen zu verzeichnen. Die zusätzlichen Grenzstellen dienen der Abwicklung der Transaktion – ein anderer Zweck kommt ihnen nicht zu. Dies entspricht der Vorstellung rationalisierter und zweckgerichteter Kommunikation in 'bürokratischen' Organisationen.[14]

(3) Die Daten zeigen ferner, daß ein solches komplexes und aufwendiges *Kommunikationssystem auch durch private Kontakte zwischen den Geschäftspartnern stabilisiert* wird; immerhin ist für ein Fünftel der Geschäftsbeziehungen zum wichtigsten Kunden eine Anlagerung privater Kontakte an die Geschäftsbeziehung zu konstatieren. Sofern solche privaten Kontakte zwischen den Akteuren vorhanden sind, zeichnet sich die Geschäftsbeziehung zugleich durch hohe Intensität und inhaltliche Breite der Kommunikation aus (r = 0,26 bzw. 0,21; vgl. Tabellen 1 und 2).[15]

Private Kontakte als eine Form der Einbettung in eine soziale Struktur wirken dabei offenkundig stabilisierend auf die ökonomischen Transaktionen. Es scheint so zu sein, daß Geschäftsbeziehungen, die von privaten Kontakten begleitet werden, eher von beiderseitigem Vertrauen gekennzeichnet sind und einen detail-

---

13 Einerseits nimmt die Zahl der Grenzstellen zu, je größer Ego, das befragte Unternehmen selbst ist; andererseits steht die Anzahl der Grenzstellen auch mit der Größe des Transaktionspartners in einem positiven Zusammenhang (r = 0,26).

14 Größere Unternehmen verfügen über einen höheren Grad an Spezialisierung. Mit der Pflege der Geschäftsbeziehung ist dann in der Regel eine Abteilung (Funktion) – etwa der Vertrieb – betraut. Diese für größere Unternehmen typische Spezialisierung führt dazu, daß der befragte Grenzstelleninhaber zwar mehr Zeit auf die Pflege der Geschäftsbeziehung verwendet, als dies dem Grenzstelleninhaber in einem Kleinunternehmen (in der Regel der Unternehmer) möglich ist (r = 0,18). Die eher bürokratische Organisation von größeren Unternehmen führt jedoch offensichtlich nicht zu einer verstärkten Anlagerung privater Kontakte (r = 0,03) und begrenzt die kommunizierten Inhalte auf im eigentlichen Sinn ökonomische Sachverhalte.

15 Daß in etwa jeder zehnten Geschäftsbeziehung (12% in Tabelle 2), die private Kontakte beinhaltet, nur über Transaktionsspezifika kommuniziert wird, kann wie folgt erklärt werden: Treffen sich die Geschäftspartner außerhalb der Arbeitszeit – etwa im Rahmen von Unternehmensstammtischen –, so geschieht dies ihrer Rollenwahrnehmung nach nicht als Unternehmer, sondern als Privatier. Bei solchen Treffen bleiben dann die Gesprächsinhalte – so die Deutung der Akteure – jedoch am transaktionsspezifischen Kontext gewissermaßen 'kleben'.

Tab. 2: Breite der Kommunikationsinhalte und private Kontakte in den Geschäftsbeziehungen

Breite der Kommunikationsinhalte	**privater Kontakt zum wichtigsten Kunden vorhanden**	
	ja	nein
schmal[1)]	12%	35%
mittel[2)]	59%	49%
breit[3)]	29%	16%
insgesamt	100% (n = 3.821)	100% (n = 13.838)

Anmerkungen:

1) ausschließlich transaktionsspezifische Inhalte
2) zusätzlich weitere ökonomische (betriebs- und branchenspezifische) Inhalte
3) zusätzlich auch private und/oder politische Inhalte

lierten Informationstransfer ermöglichen. Der Blick auf die Geschäftsbeziehung reduziert sich dabei nicht ausschließlich auf den eigenen Nutzen; die Akteure agieren nicht mehr bzw. nicht mehr ausschließlich isoliert, sondern berücksichtigen im geschäftlichen Alltagshandeln die Interessenlage und Situation des jeweiligen Geschäftspartners. Dies mag soweit gehen, daß innerhalb der Geschäftsbeziehung die Grenzen der Zurechnung zu einem korporativen Akteur aufgeweicht werden, ja daß an der Situation des Anderen auch jenseits der Arbeitswelt Anteil genommen wird.[16]

(4) Für das komplexe Kommunikationssystem in vernetzten Geschäftsbeziehungen ist räumliche Nähe von großer Bedeutung. Dieser Umstand wird schon daraus erkennbar, daß die Mehrzahl der befragten Betriebe ihre wichtigsten Geschäftspartner in der näheren Umgebung hat: Innerhalb der Untersuchungsregion befinden sich etwa vier Fünftel der wichtigsten Kunden und Kapitalgeber sowie drei Fünftel der wichtigsten Lieferanten (vgl. Tabelle 3). Insofern kann

16 Uzzi (1997, S. 677) dokumentiert im Rahmen seiner ethnographischen Analyse folgende Aussagen der Befragten hinsichtlich 'embedded ties': „... interviewees reflected the concept of embeddedness in what they called 'special' or 'close' relationships, as in these typical responses: 'It is hard to see for an outsider that you become friends with these people – business friends. You trust them and their work. You have an interest in what they' re doing outside of business. They know that they' re like parts of the company. They' re part of the family.'"

von einer dezidierten räumlichen Begrenzung ökonomischer Aktivitäten in der Untersuchungsregion Brandenburg, weithin sogar von einer regionalen Schließung gesprochen werden.[17] Angesichts der regionalen Begrenztheit sowohl der ökonomischen Transaktionen als auch der 'überlappenden' persönlichen und organisationalen Beziehungen wird im übrigen auch deutlich, weshalb hier von *regional* vernetzten Geschäftsbeziehungen die Rede ist.

Diese geringe räumliche Distanz zwischen wichtigen Geschäftspartnern ermöglicht die Entstehung eines 'sozialen Raumes', in dem sich betriebliche Akteure ohne größeren Aufwand persönlich treffen, Informationen austauschen und Kontakte knüpfen können, in dem sich aber auch regionsspezifische wirtschaftlich relevante Verhaltensweisen, Deutungsmuster und Legitimationsfiguren konstituieren und verfestigen können. Dabei ist die Wirkung eines durch räumliche Nähe gekennzeichneten sozialen Beziehungsgeflechts durchaus ambivalent: Persönliche Kontakte und als Verpflichtung wahrgenommene vorangegangene Transaktionen können auf der einen Seite bestehende wechselseitige Abhängigkeiten reproduzieren oder neue Strukturen der Verpflichtung und des 'Aufeinander-Angewiesen-Seins' generieren und so ein hohes Maß an Pfadabhängigkeit zur Folge haben (vgl. Bleicher et al. 1999). Auf der anderen Seite erweist sich ein solcher 'sozialer Raum' im Wortsinne als jener Ort, an dem sich von Vertrauen getragene Beziehungen sowie ein beschleunigter und inhaltsreicher Informationsfluß entwickeln. Derart kann sich ein belastungsfähiges soziales Netz konstituieren, das geeignet ist, Unsicherheit auch in einem turbulenten Umfeld betrieblichen Handelns zu reduzieren; es wirkt damit gewissermaßen als ein 'Stabilitätssockel', der auch den Sprung aus dem vertrauten, gleichzeitig aber nicht selten auch begrenzenden regionalen Umfeld hinaus ermöglicht.

Verstärkend wirkt hier vermutlich der Umstand, daß sich räumliche Nähe gerade in der ostdeutschen Untersuchungsregion Brandenburg zudem mit einer 'gemeinsamen Geschichte' der regionalen Akteure verbindet, die sich von überregionalen, 'westlichen' Erfahrungen deutlich unterscheidet. Die Möglichkeit, auf einen gemeinsamen Erfahrungshintergrund zurückgreifen zu können, erklärt vermutlich, weshalb jene Geschäftsbeziehungen, in denen der befragte Unternehmer aus der DDR stammt, signifikant häufiger in private Kontakte 'eingebettet' sind als das bei 'regionsfremden', westdeutschen Unternehmern der Fall ist.[18] In die-

---

17 So beläuft sich der überregionale Absatz (alte Bundesländer und Ausland) auf lediglich ein Zehntel des Gesamtumsatzes der befragten Betriebe; gleichzeitig werden vier Fünftel des Umsatzes in der Untersuchungsregion realisiert – dabei mehr als zwei Fünftel gleichsam 'vor der Tür', d.h. in der näheren Umgebung innerhalb eines Radius' von ca. 30 km (vgl. Bleicher et al. 2001b).

18 Von den befragten Unternehmern ist die Frage nach ihrer Herkunft zu 84% mit 'DDR', zu 14% mit 'BRD' beantwortet worden (vgl. Bleicher et al. 2001b). Das naheliegende

Tab. 3: Regionaler Standort der wichtigsten Geschäftspartner

	nähere Umgebung	restliches Brandenburg und Berlin	andere Neue Bundesländer	Alte Bundesländer	Ausland	Gesamt
wichtigster Kunde	62%	19%	9%	7%	2%	100% (n = 18.677*)
wichtigster Lieferant	41%	19%	10%	27%	3%	100% (n = 20.814*)
wichtigster Kapitalgeber	70%	15%	1%	14%	0%	100% (n = 20.314*)

Anmerkung:
* gewichtet (vgl. die Erläuterung in Abschnitt 2).

ses Bild eines engen und auch durch räumliche Nähe determinierten Beziehungsgeflechts fügt sich im übrigen auch der Befund, daß aus Westdeutschland stammende Unternehmer ihr Manko der 'Fremdheit' im regionalen Umfeld offenkundig über eine intensivere – und bemerkenswerterweise auch über eine inhaltlich breiter angelegte – begleitende Kommunikation in ihrer Geschäftsbeziehung kompensieren müssen.[19]

4. Potentiale regional vernetzter Geschäftsbeziehungen

Mit den vorstehenden Ausführungen zur Funktionsweise vernetzter Geschäftsbeziehungen ist die Grundlage gelegt für die Untersuchung der zu Beginn aufgeworfenen Frage, welchen Einfluß regionale betriebliche Vernetzung auf Unternehmenserfolg und überregionale Aktivitäten hat. Dieser Frage soll im folgenden nachgegangen werden. Dafür sind einige klärende Bemerkungen über das zugrundegelegte abgestufte Vorgehen erforderlich (4.1); im weiteren wird

Argument, daß ein ähnlicher biographischer Hintergrund auch ähnliche wirtschaftlich relevante Handlungsmuster, Normen und Wertegefüge erwarten läßt, darf gleichwohl nicht überdehnt werden: Kotthoff und Matthäi (1999) weisen darauf hin, daß ostdeutsche Unternehmer ungeachtet vereinheitlichender Momente, etwa im Zuge der Transformation geteilter Erfahrungen, ihre Rolle als Unternehmer durchaus unterschiedlich ausgestalten und dementsprechend auch unterschiedliche wirtschaftlich relevante Verhaltensmuster an den Tag legen.

19 Zu beachten ist hier, daß die 'West-Unternehmen' eher größer und die 'Ost-Unternehmen' eher kleiner sind (r = 0,18). Insofern kann die höhere Intensität der Kommunikation von 'West-Unternehmen' teilweise auch auf die Unternehmensgröße zurückgeführt werden.

der Zusammenhang zwischen Vernetzung, Unternehmenserfolg und überregionalen Aktivitäten zunächst (4.2) anhand der dyadischen Geschäftsbeziehungen der Betriebe zu ihrem wichtigsten Kunden analysiert, darauffolgend (4.3) anhand einer Gegenüberstellung von 'vernetzten' und 'nicht-vernetzten' Fällen.

4.1 Zur Systematik der Analyseschritte

Die Annäherung über die dyadischen Geschäftsbeziehungen hat den Vorteil, daß der befragte 'Ego-Akteur' in der Lage ist, Auskünfte über wesentliche Aspekte der Beziehungen zu seinen wichtigsten Geschäftspartnern zu geben. Da hier mit Indikatoren zu Kommunikationsdichte und 'sozialer Einbettung'[20] operiert wird, über die in größerem Umfang Informationen vorliegen, erscheinen die Ergebnisse aufgrund der hohen Fallzahl als durchaus belastbar. Allerdings handelt es sich, was ihre Aussagekraft hinsichtlich 'Vernetzung' angeht, eher um 'weiche' Indikatoren.

Im nächsten Schritt wird untersucht, inwieweit sich die auf der Ebene der Dyaden überprüften Zusammenhänge auch dann auffinden lassen, wenn eindeutigere – wenn man so will: 'härtere' – Indikatoren für Vernetzung herangezogen werden. Dabei gilt: Je 'härter' die herangezogenen Indikatoren für Vernetzung sind, desto spärlicher werden die Informationen; solche Informationen, die auf der Ebene der Dyaden als 'Hinweise auf Vernetzung' gedeutet werden können, werden durch hohe Fallzahlen gestützt, während Informationen, die auf eine 'formale Vernetzung' hindeuten, nur in vergleichsweise geringer Zahl vorliegen. Dieser Sachverhalt ist direkt auf das hier herangezogene methodische Vorgehen der Ego-Netz orientierten schriftlichen Betriebsbefragung zurückzuführen: Die Auskunftsfähigkeit von Ego über Beziehungen zwischen den Alteri ist naturgemäß begrenzt; kann Ego aber hierzu Auskunft geben, liegt also zumindest eine (Geschäfts-)Beziehung zwischen drei Akteuren vor, so kann dies als Hinweis auf eine 'formale Vernetzung', also als ein vergleichsweise 'harter' Indikator für Vernetzung gewertet werden. Von den 12.255 diesbezüglich auswertbaren Fällen können 3.643 (= 29,7%) als 'formal vernetzt' angesehen werden. Für die Interpretation ergibt sich hieraus: Die 'harten', aber zahlenmäßig nur bedingt belastbaren Informationen 'sitzen' gleichsam auf den eher 'weicheren', aber zahlenmäßig belastbaren Informationen zur Vernetzung 'auf'; erst wenn beide

20 Wir verwenden hier den Begriff 'soziale Einbettung' sehr pragmatisch, eingeschränkt und – wenn man so will – 'empiristisch': Die Indikatoren 'Existenz privater Kontakte' und 'institutionelle Einbettung' verweisen auf eine weitergehende soziale Beziehung, die mit der geschäftlichen Verbindung verschränkt ist; in diese Richtung kann auch eine bestimmte Ausprägung des Indikators 'Breite der Kommunikation' deuten (private oder politische Kommunikationsinhalte). Mehr ist hier – und im folgenden – mit 'sozialer Einbettung' nicht gemeint.

gleichsinnige Ergebnisse liefern, kann die Interpretation als vergleichsweise gesichert angesehen werden.

Die Untersuchung der Potentiale vernetzter Geschäftsbeziehungen erfolgt dementsprechend in einer Art *'Trichterverfahren'*: Es ermöglicht die Bildung von 'Extremgruppen', das heißt, die Fälle können relativ eindeutig als 'vernetzt' oder 'nicht-vernetzt' eingruppiert werden. Diese hohe Trennschärfe wird allerdings damit 'erkauft', daß viele Fälle 'Mischfälle' darstellen; eine eindeutige Eingruppierung dieser 'Mischfälle' als 'vernetzt' oder 'nicht-vernetzt' ist nicht möglich. Unterscheidet man beispielsweise zwischen Geschäftsbeziehungen mit Hinweisen auf Vernetzung und Geschäftsbeziehungen ohne solche Hinweise, so beläuft sich die Anzahl der nicht eindeutig zuzuordnenden Fälle auf 75%. Dementsprechend reduziert sich die Anzahl der in die Auswertung einbezogenen Fälle auf die, die in den 'Extremgruppen' vertreten sind. Auf diese vergleichsweise schmale Datengrundlage beziehen sich die nachfolgend angegebenen Berechnungen bzw. Verteilungsangaben.

Herangezogen werden zunächst solche Indikatoren, die noch relativ schwache Hinweise auf Vernetzung geben, im weiteren dann solche, bei denen die Interpretation als 'vernetzt' oder 'nicht-vernetzt' zunehmend belastbarer wird. Dabei werden die Indikatoren zu vier Kriterien gebündelt, anhand derer die Betriebe und ihre Geschäftsbeziehungen (zum wichtigsten Kunden) in 'vernetzte' und 'nicht-vernetzte' Fälle eingruppiert werden:

(1) Das erste Kriterium für die Eingruppierung in 'vernetzte' und 'nicht-vernetzte' Fälle bildet die *Interaktionsintensität* der dyadischen Geschäftsbeziehung. Gemessen wird diese anhand der *Häufigkeit* und des *Zeitbedarfs*, der *inhaltlichen Breite* der die Geschäftsbeziehung 'begleitenden' Kommunikation sowie der *Anzahl der involvierten Grenzstellen*. Dabei gilt die Annahme: je höher die *Interaktionsintensität*, desto eher kann dies als Indiz für eine 'vernetzte' Geschäftsbeziehung interpretiert werden; und umgekehrt: je geringer der 'begleitende kommunikative Austausch' ausfällt, desto eher kann von einer Marktförmigkeit der Geschäftsbeziehung ausgegangen werden. In diesem Sinne wurden als *dyadische Geschäftsbeziehungen 'mit Hinweisen auf Vernetzung'* solche Geschäftsbeziehungen eingruppiert, bei denen entweder die Kombination aus hoher Kommunikationsintensität und ausgeprägter Grenzstellenbesetzung oder breiten Kommunikationsinhalten und ausgeprägter Grenzstellenbesetzung gegeben ist. *Dyadische Geschäftsbeziehungen 'ohne Hinweise auf Vernetzung'* sind dann solche, die sich durch eine geringe Anzahl von Grenzstellen und eine geringe Bandbreite der kommunizierten Inhalte bzw. niedrige Kommunikationsintensität auszeichnen.[21]

---

21 Beide Gruppen sind gleich groß.

(2) Als zweites Gruppierungskriterium wird der *private Kontakt* zum wichtigsten Kunden herangezogen. Gefragt wurde, ob mit dem wichtigsten Ansprechpartner beim wichtigsten Kunden auch außerhalb der Geschäftsbeziehungen privater Kontakt besteht, zum Beispiel in der Freizeit, über Vereine oder familiäre Beziehungen. Ist dies der Fall, so wird ein relativ hohes Maß an 'sozialer Einbettung' der Geschäftsbeziehungen unterstellt – und umgekehrt. Für eine Gruppenbildung wird *zusätzlich* zu diesem Kriterium das erste Kriterium herangezogen: Unterschieden werden Geschäftsbeziehungen zum wichtigsten Kunden, die entsprechend dem ersten Kriterium dem Typ 'Geschäftsbeziehungen mit Hinweisen auf Vernetzung' angehören *und gleichzeitig* einen Privatkontakt zum wichtigsten Ansprechpartner beim wichtigsten Kunden aufweisen; zum anderen solche, die dem Typ *Geschäftsbeziehungen 'ohne Hinweise auf Vernetzung'* angehören und die *keinen* Privatkontakt zum wichtigsten Ansprechpartner beim wichtigsten Kunden haben.[22]

(3) Als drittes Kriterium zur Gruppierung der Unternehmen in 'vernetzte' und 'nicht vernetzte' Fälle wird das Ausmaß der *institutionellen Einbettung* des befragten Unternehmens, gemessen an der Mitgliedschaft in wirtschaftsnahen und soziokulturellen Organisationen, herangezogen. Gefragt wurde nach der Mitgliedschaft in Arbeitgeber- und Fachverbänden, Wirtschaftsfördergesellschaften, Vereinigungen im kulturellen und wissenschaftlichen Bereich, Fördermitgliedschaften und anderen Vereinigungen (zum Beispiel Rotarier und Lions-Club). Es wurden hier dann drei Gruppen gebildet:

- keine institutionelle Einbettung: dyadische Geschäftsbeziehungen zum wichtigsten Kunden ohne Hinweise auf Vernetzung und ohne Mitgliedschaft in wirtschaftsnahen und soziokulturellen Institutionen;
- schwache institutionelle Einbettung: dyadische Geschäftsbeziehungen zum wichtigsten Kunden mit Hinweisen auf Vernetzung und mit einer Mitgliedschaft in wirtschaftsnahen und soziokulturellen Institutionen;
- starke institutionelle Einbettung: dyadische Geschäftsbeziehungen zum wichtigsten Kunden mit Hinweisen auf Vernetzung und mit mindestens zwei Mitgliedschaften in wirtschaftsnahen und soziokulturellen Institutionen.[23]

---

22 Läßt man das Gros der Fälle, die 'Mischfälle', außer acht, so bleiben die beiden genannten 'Extremgruppen'; von den verbleibenden Fällen gehören zur ersten Gruppe *'Geschäftsbeziehungen mit Hinweisen auf Vernetzung' und gleichzeitig Privatkontakt* etwa ein Drittel, zur zweiten Gruppe *'Geschäftsbeziehungen ohne Hinweise auf Vernetzung' und gleichzeitig kein Privatkontakt* etwa zwei Drittel.

23 Keine institutionelle Einbettung weisen knapp 32% dieser Geschäftsbeziehungen auf; als 'schwach' institutionell eingebettet sind 43%, als 'stark' institutionell eingebettet knapp 25% der Geschäftsbeziehungen einzustufen.

(4) Von besonderer Bedeutung für die Unterscheidung in 'vernetzte' und 'nicht-vernetzte' Betriebe ist das Kriterium der *'formalen' Vernetzung* eines Unternehmens mit seiner Umwelt. Eine solche ist dann gegeben, wenn Ego für die primäre Zone mindestens vier Beziehungen benennt, nämlich neben seinen Beziehungen zum wichtigsten Kunden, Lieferanten und Kapitalgeber mindestens eine zusätzliche Beziehung (Kunde – Kapitalgeber oder Kunde – Lieferant) auszumachen ist, also ein Gefüge multipler Geschäftsbeziehungen existiert. Aus diesen Überlegungen ergibt sich für die Gruppenbildung:

- Wir sprechen dann von einem *'formal vernetzten'* Betrieb, wenn der befragte Akteur aus diesem Betrieb von zumindest einer existierenden adjazenten Beziehung zwischen dem wichtigsten Kunden und einem weiteren Alter zu berichten weiß. Erfüllt sein muß gleichzeitig die Bedingung, daß die dyadische Geschäftsbeziehung zum wichtigsten Kunden Hinweise auf Vernetzung aufweist. Da es sich um eine relativ voraussetzungsreiche – 'harte' – Bedingungskonstellation handelt, kann ein derartiger Betrieb als 'vernetzt' eingruppiert werden.
- Weisen die dyadischen Geschäftsbeziehungen des befragten Betriebes zu seinen wichtigsten Geschäftspartnern keine Hinweise auf Vernetzung auf und ist auch die skizzierte Bedingung 'formale Vernetzung' nicht erfüllt, so definieren wir diesen Betrieb als 'nicht-vernetzt'.[24]

4.2 „Soziale Einbettung" dyadischer Geschäftsbeziehungen, Unternehmenserfolg und Exporttätigkeit

Im folgenden ist zu analysieren, ob Betriebe, deren Geschäftsbeziehungen zu ihrem wichtigsten Kunden durch intensive Kommunikation und ein hohes Maß an sozialer Einbettung der ökonomischen Transaktionen gekennzeichnet sind, geschäftlich erfolgreicher sind als solche, bei denen sich kaum entsprechende Hinweise finden lassen. Die Kriterien, die dieser Unterscheidung zugrundegelegt werden, wurden oben bereits dargestellt: ein hohes Maß an 'begleitender Kommunikation' und 'sozialer Einbettung'. 'Soziale Einbettung' findet nach vorliegendem Verständnis ihren Ausdruck dementsprechend durch private, nicht unmittelbar auf den ökonomisch begründeten Austausch bezogene Kontakte zum Geschäftspartner sowie in der Mitgliedschaft in wirtschaftsnahen und sozio-kulturellen Organisationen.

Der Unternehmenserfolg wird gemessen an der Gewinnsituation: Die Untersuchungsbetriebe wurden gefragt, inwieweit ihr Betriebsergebnis „Verluste",

24 Von den 'Mischfällen' abgesehen, ergibt sich für die beiden Extremgruppen: Etwa ein Drittel der Geschäftsbeziehungen kann als 'formal vernetzt' angesehen werden; zwei Drittel haben dementsprechend als 'formal nicht-vernetzt' zu gelten.

„ein ausgeglichenes Ergebnis" oder „Gewinne" aufwies.[25] Zum anderen dient das Ausmaß der Aktivitäten der Untersuchungsbetriebe auf Auslandsmärkten als Erfolgsindikator. Als Maßstab für diesen Zusammenhang wird hier die Exportquote der Betriebe herangezogen. Unterschieden wird dabei zwischen „keinem Auslandsumsatz", einem „geringen Auslandsumsatz", der den Brandenburger Landesdurchschnitt aller Wirtschaftsbereiche von 7,4% (im Untersuchungsjahr 1999) nicht übersteigt, und einem „hohen Auslandsumsatz", der oberhalb dieses Durchschnittswertes liegt.

Entsprechend der zu Beginn eingeführten Fragestellungen des Projekts sind nunmehr folgende Annahmen zu überprüfen: *Untersuchungsbetriebe, die sich in ihren dyadischen Geschäftsbeziehungen zum wichtigsten Kunden durch ein 'dichtes' Kommunikationssystem und ein hohes Maß an 'sozialer Einbettung' auszeichnen, sind gegenüber solchen, die keine solche Ausprägung aufweisen, sowohl geschäftlich erfolgreicher als auch in höherem Umfang im Export tätig.*

(1) Mit Blick auf die Ergebnisse der Korrelationsrechnungen (vgl. Tabelle 1) ergibt sich folgender Eindruck: Der Zusammenhang zwischen Kommunikationsintensität, Breite der Kommunikationsinhalte und privaten Kontakten mit einem positiven Betriebsergebnis ist lediglich schwach positiv. Die Beziehung zwischen einer Mehrfachbesetzung der Schnittstellen und Gewinnen weist eine positive Korrelation auf (r = 0,18). Offenbar scheint die Annahme, wonach vergleichsweise intensive Kommunikationsprozesse und ein hohes Maß an 'sozialer Einbettung' positiv auf das Betriebsergebnis wirken, plausibel zu sein. Allerdings kommt hier anderen Einflüssen ein zumindest ebenso hoher, wenn nicht höherer Stellenwert zu: Der Befund, daß ein positives Betriebsergebnis und Alter der Geschäftsbeziehungen positiv korrelieren (r = 0,16), kann vielleicht dahingehend interpretiert werden, daß für die Untersuchungsbetriebe die Erwirtschaftung von Gewinnen an ein gewisses Mindestmaß an Stabilität gebunden ist. Ebenso weisen Betriebe interessanterweise eher Gewinne auf, wenn es sich bei ihrem Geschäftspartner (hier: der wichtigste Kunde) um ein größeres Unternehmen handelt (r = 0,24). Augenscheinlich wirkt die Größe des Geschäftspartners eher in die Richtung einer Stabilisierung eines vergleichsweise sicheren Absatz-

25 Zur Erfassung der geschäftlichen Lage wurden die Betriebe nicht nur nach ihrer Gewinnsituation, sondern auch nach der Auslastung ihrer Kapazitäten und der Auftragslage gefragt. Im folgenden beschränkt sich die Darstellung auf die Angaben zur Gewinnsituation. Eine ausführliche Darstellung auf breiterer Basis, d.h. unter Hinzuziehung der Indikatoren Auslastung und Auftragslage, erfolgt im Rahmen der abschließenden Berichterstattung des Projekts. Dabei kann an dieser Stelle bereits darauf verwiesen werden, daß sich die im folgenden dargestellten Zusammenhänge zwischen Vernetzung und geschäftlicher Situation auch bei Berücksichtigung dieser zusätzlichen Indikatoren im wesentlichen bestätigen lassen.

marktes, und weniger in die einer Gewinnschmälerung durch entsprechendes Preissetzungsverhalten des vermeintlich 'stärkeren' Geschäftspartners.

(2) Stärker ausgeprägt als bei den Gewinnen ist allem Anschein nach der Einfluß 'begleitender' Kommunikation und 'sozialer Einbettung' auf die Exporttätigkeit der befragten Betriebe: Kommunikationsintensität, Anzahl der Grenzstellen und Existenz von Privatkontakten sind mit den Aktivitäten auf Auslandsmärkten positiv korreliert (r = 0,12 bzw. 0,13); lediglich der Zusammenhang zwischen Breite der Kommunikationsinhalte und Exporttätigkeit ist schwach positiv ausgeprägt (r = 0,09). Betriebe, die in ihren Geschäftsbeziehungen eine höhere Ausprägung der Merkmale 'begleitende Kommunikation' und 'soziale Einbettung' aufweisen, sind danach in der Tat auf Auslandsmärkten erfolgreicher als solche, bei denen das nicht der Fall ist. Ähnlich wie bei der Gewinnsituation, legen die Ergebnisse im übrigen auch hinsichtlich des Einflusses auf die Exporttätigkeit die Interpretation nahe, daß sich die Beziehung zu einem größeren Geschäftspartner nicht negativ auswirkt; es sind im Gegenteil eher jene Untersuchungsbetriebe, deren Geschäftspartner (wichtigster Kunde) der vermeintlich stärkere ist, die überdurchschnittlich erfolgreich auf den Auslandsmärkten aktiv sind. Die Ergebnisse zusammenfassend betrachtet, finden sich also die vermuteten Zusammenhänge wieder.

4.3 Vernetzung, Unternehmenserfolg und Exporttätigkeit

Entsprechend dem oben skizzierten 'Trichterverfahren' ist nunmehr zu untersuchen, ob die anhand der dyadischen Geschäftsbeziehungen nachgezeichneten Zusammenhänge auch empirisch auffindbar sind, wenn zwischen 'vernetzten' und 'nicht-vernetzten' Betrieben unterschieden wird.[26] Analog zum Vorgehen bei der Untersuchung der dyadischen Geschäftsbeziehungen wird auch im folgenden gefragt, ob Betriebe mit vernetzten Geschäftsbeziehungen bzw. einem hohen Grad an Vernetzung gegenüber 'nicht-vernetzten' Betrieben eine günstigere Gewinnsituation und eine höhere Exporttätigkeit aufweisen.

(1) Unternehmenserfolg (Betriebsergebnis): Die Überprüfung der Vermutung, daß *eine Vernetzung der Betriebe und ihrer Geschäftsbeziehungen die Gewinnsituation der Betriebe positiv beeinflußt*, führt zu folgendem Befund (vgl. Abbildung 1):

---

26 Dabei sei an dieser Stelle nochmals daran erinnert, daß der nachstehenden Interpretation angesichts der geringen zugrundeliegenden Fallzahlen in hohem Maße der Charakter von Plausibilitätsüberlegungen zukommt.

Abb. 1: Vernetzung und Unternehmenserfolg

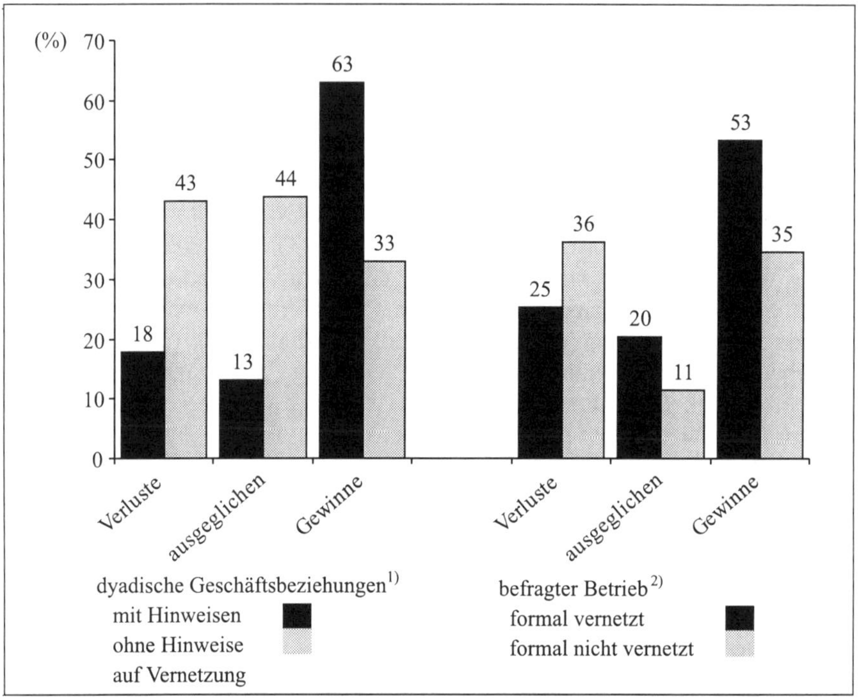

Anmerkungen:

1) Hinweise auf Vernetzung (vgl. Erläuterung in Abschnitt 4.1)

2) mindestens eine adjazente Beziehung zwischen dem wichtigsten Kunden und einem weiteren Alter (vgl. Erläuterung in Abschnitt 4.1)

– Betriebe, deren Geschäftsbeziehungen zum wichtigsten Kunden sich durch Hinweise auf Vernetzung auszeichnen, geben zu 63% an, Gewinne zu erzielen. Dies ist nahezu doppelt so häufig der Fall wie bei den Betrieben, deren Geschäftsbeziehungen zum wichtigsten Kunden nicht durch solche Hinweise gekennzeichnet sind. Spiegelbildlich verhalten sich die Relationen bei denjenigen Betrieben, die mehr oder weniger deutliche Betriebsverluste ausweisen.
– Deutlich häufiger eine positive Bilanz verzeichneten auch jene Betriebe, die als 'formal vernetzt' eingruppiert werden können: Gewinne verzeichnen danach 53% der formal vernetzten, aber erkennbar weniger, nämlich 35% der formal nicht vernetzten Betriebe.

Dieser Befund wird im übrigen gestützt, legt man das Kriterium 'Existenz von Privatkontakten' zugrunde: 71% der Betriebe, deren Geschäftsbeziehungen zum wichtigsten Kunden einen privaten Kontakt aufweisen, geben an, im Befragungsjahr mehr oder weniger deutliche Gewinne realisiert zu haben. Bei den Betrieben ohne solche Privatkontakte stellt sich die Gewinnsituation lediglich für 36% ähnlich vorteilhaft dar.[27] Insgesamt stützt der skizzierte Befund die Annahme eines positiven Einflusses von Vernetzung auf den geschäftlichen Erfolg recht eindeutig.

(2) Exporttätigkeit: Zu überprüfen ist im folgenden die oben bereits erwähnte *'Sprungbrett-Hypothese'*, wonach eine regionale zwischen- und überbetriebliche Vernetzung die Exportfähigkeit bzw. -tätigkeit positiv beeinflußt. Als Maßstab für diesen Zusammenhang wird hier, wie oben skizziert, die Exportquote der Betriebe herangezogen. Es zeigt sich im einzelnen (vgl. Abbildung 2):

- Diejenigen Betriebe, deren Geschäftsbeziehungen zum wichtigsten Kunden durch Hinweise auf Vernetzung gekennzeichnet sind, weisen zu knapp 15% einen überdurchschnittlichen Auslandsumsatz auf. Dieser Wert liegt, verglichen mit denjenigen Betrieben, deren entsprechende Geschäftsbeziehung keine Hinweise auf Vernetzung aufweist, nahezu dreimal so hoch.
- Diesem Muster entspricht auch der Zusammenhang zwischen 'formaler' Vernetzung und der Exporttätigkeit: Diejenigen Betriebe, die als 'formal vernetzt' gelten können, geben zu 24%, die 'formal nicht vernetzten' Betrieben hingegen nur zu 7% einen überdurchschnittlichen Auslandsumsatz an.

Noch deutlicher ist der Unterschied, betrachtet man die Exporttätigkeit der Betriebe, deren Geschäftsbeziehungen zum wichtigsten Kunden durch Privatkontakte begleitet werden: Diese Gruppe weist zu 35% einen überdurchschnittlichen Auslandsumsatz auf, die Gruppe der Betriebe mit entsprechenden Geschäftsbeziehungen ohne Privatkontakte hingegen nur zu 2%.

Zusammengefaßt bestätigt sich auch die eingangs formulierte Hypothese, daß die regionale Vernetzung von Betrieben als 'Sprungbrett' für die Erschließung überregionaler Märkte fungiert.[28]

---

27 Von den Betrieben, deren Geschäftsbeziehung zum wichtigsten Kunden Privatkontakte aufwies, verzeichneten gut 16% Verluste, 13% wiesen ein ausgeglichenes Ergebnis auf und 71% gaben an, daß sich ihre Gewinnsituation eher günstig darstellt. Betriebe ohne Privatkontakte in ihren Geschäftsbeziehungen zum wichtigsten Kunden gaben zu knapp 48% an, ihr Betriebsergebnis sei negativ, gut 10% sprechen von einem ausgeglichenen Ergebnis und gut 36% weisen Gewinne aus.

28 Dieser Befund deckt sich mit dem Ergebnis einer empirischen Untersuchung von Dreher und Kinkel (2000), wonach die regionale Bindung bzw. Verankerung von Unternehmen – d.h. die regionale Vorleistungsverflechtung und das Rekrutierungspotential des regionalen Arbeitsmarkts – für ihren Erfolg auf den Auslandsmärkten von herausgehobener Bedeutung ist.

Abb. 2: Vernetzung und Exporttätigkeit

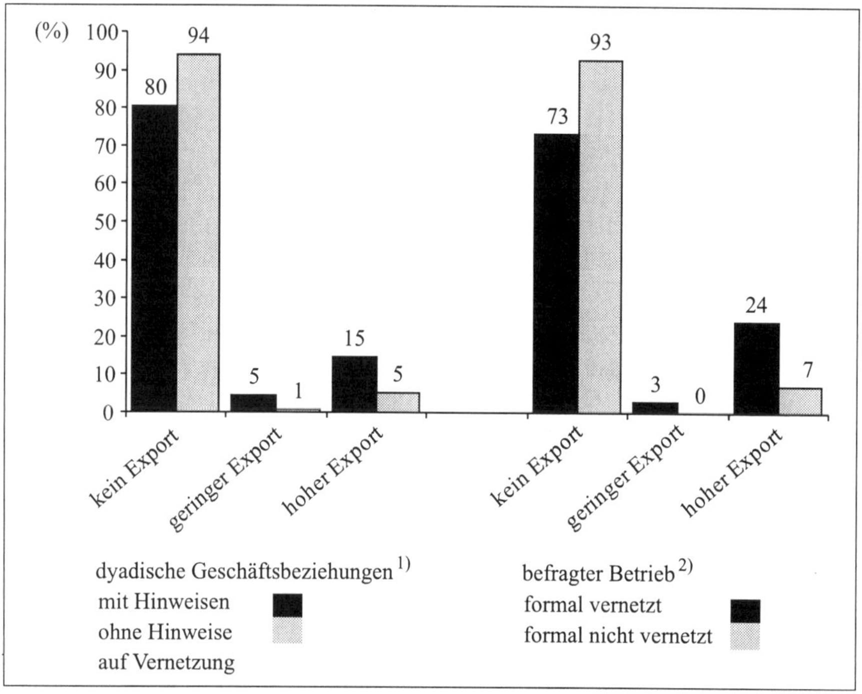

Anmerkungen:

1) Hinweise auf Vernetzung (vgl. Erläuterung in Abschnitt 4.1)
2) mindestens eine adjazente Beziehung zwischen dem wichtigsten Kunden und einem weiteren Alter (vgl. Erläuterung in Abschnitt 4.1)

Im übrigen steht dieses Ergebnis in einem gewissen Gegensatz zu einer Auffassung, die als Folge regionaler Vernetzungsstrukturen vor allem 'Lock-in-Effekte' hervorhebt (vgl. Grabher 1993): Enge Beziehungsgeflechte und tradierte Verflechtungsstrukturen begünstigen danach ein zu starkes Festhalten der Akteure am überkommenen Entwicklungspfad und an bewährten Problemlösungen; notwendige Umstrukturierungen unterbleiben folglich, so daß eine Überwindung wirtschaftsstrukturelle Schwächen dieser Regionen kaum oder gar nicht in Gang kommt. Mit einer solchen Betonung stagnativer Tendenzen wird wahrscheinlich der Blick verstellt für die möglicherweise vorhandene Dynamik, die aus begrenzten endogenen Potentialen erwachsen kann. Darauf deuten jedenfalls die hier vorgestellten Ergebnisse hin, die ja auf einer Befragung von Unternehmen in einer ausgesprochen strukturschwachen Region fußen.

In diesem Zusammenhang ist noch auf einen weiteren Aspekt aufmerksam zu machen: Wie der Abbildung 3 zu entnehmen ist, scheint die sogenannte institutionelle Einbettung – hier indiziert durch die Mitgliedschaft in wirtschaftsnahen und soziokulturellen Organisationen – sowohl auf die Gewinnsituation als auch die Exporttätigkeit einen positiven Einfluß auszuüben:

Abb. 3: Institutionelle Einbettung, Unternehmenserfolg und Exporttätigkeit

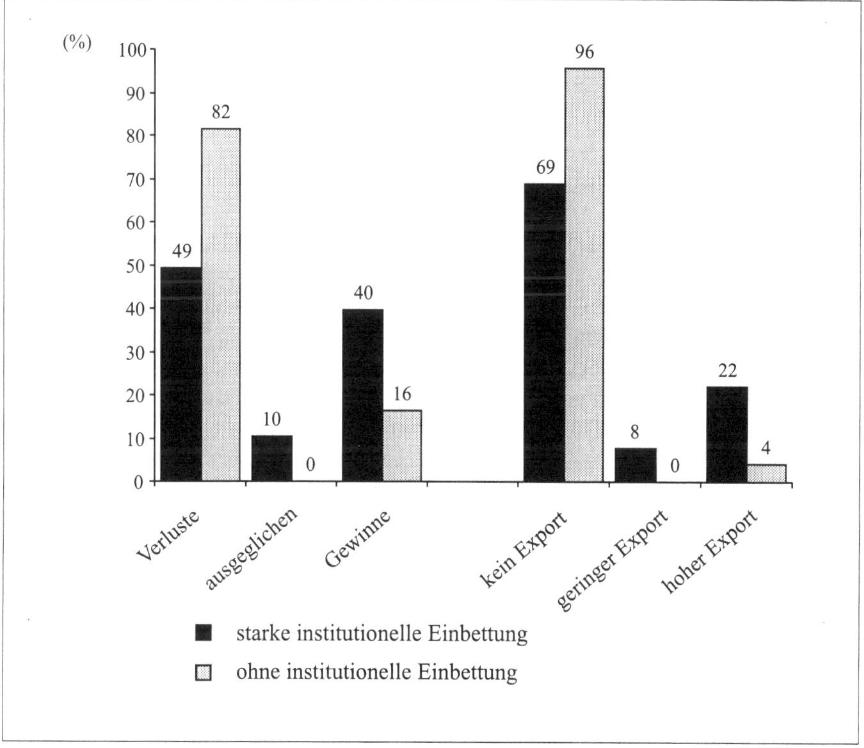

Anmerkungen:

1) Abweichungen von 100%: Rundungsfehler

2) 'Starke institutionelle Einbettung' ist dann gegeben, wenn mindestens zwei Mitgliedschaften in wirtschaftsnahen oder soziokulturellen Organisationen vorliegen. 'Ohne institutionelle Einbettung' bedeutet, daß keine Mitgliedschaft angegeben wurde.

- Unternehmen mit 'starker' institutioneller Einbettung[29] weisen zu 40% Gewinne aus; dies gelingt hingegen nur jedem sechsten Betrieb ohne institutionelle Einbettung.
- Etwa ein Fünftel der institutionell eingebetteten Unternehmen, aber nur 4% der institutionell nicht eingebetteten Unternehmen sind in überdurchschnittlichem Maße auf Auslandsmärkten erfolgreich.

Offenkundig bildet sich hier ein besonderer Bedarf an Beratung und anderen Unterstützungsleistungen beim 'Sprung' auf unbekannte Märkte jenseits des vertrauten regionalen Umfelds ab, der für die Unternehmen ja Anlaß zur Kontaktaufnahme beispielsweise zu wirtschaftsnahen Organisationen bietet.

5. Zusammenfassung

Die vorstehenden Befunde haben gezeigt, daß sich vernetzte Geschäftsbeziehungen wesentlich über Kommunikationsprozesse, welche die regelmäßig wiederkehrenden Transaktionen begleiten, konstituieren. Die auf den ersten Blick scheinbar redundante Kommunikationsintensität dient dem Versuch, die wirtschaftlichem Handeln innewohnende Unsicherheit, das Risiko opportunistischen Handelns und die im Zuge der Anbahnung und Abwicklung von Geschäftsbeziehungen entstehenden Transaktionskosten zu reduzieren.

Vernetzte Geschäftsbeziehungen ersparen auf der einen Seite einen hohen Aufwand an Kommunikation und intensivieren auf der anderen Seite die Kommunikation zugleich: Über Selbstverständliches muß zwar nicht mehr geredet werden, aber dafür weitet sich der Horizont der Inhalte der Kommunikation. Das Nicht-Selbstverständliche ist aber wohl kaum belanglos, sondern – sozusagen im Sinne alltagspraktischer Indikatorenbildung – wahrscheinlich relevant für die Herstellung von Vertrauen.

Geschäftsbeziehungen sind auch subjektiv, aus der Sicht der Akteure, explizit auf Dauer angelegt; sie bekommen damit ihre spezifische Geschichte und eine relativ fest kalkulierbare Zukunft im Sinne stabiler Erwartungen (vgl. auch den Beitrag von Lutz und Sydow in diesem Band). Diese Geschichte und diese Erwartungen prägen das Handeln der Beteiligten ebenso wie ihre mehr oder weniger mit der Geschäftsbeziehung verknüpften sozialen Kontakte, zwischen den personellen Trägern der involvierten Grenzstellen, aber auch zwischen den Betrieben und den wirtschaftsnahen oder soziokulturellen Organisationen im regionalen Umfeld.

---

29 Zur Erinnerung: Eine Mitgliedschaft in einer wirtschaftsnahen oder soziokulturellen Organisation bezeichnen wir als 'einfache', mindestens zwei Mitgliedschaften als 'starke' institutionelle Einbettung.

Noch junge Unternehmen und Unternehmen, die in einem für sie fremden regionalen Umfeld agieren, müssen sich offenbar in besonders intensiver Weise um ihre Geschäftspartner bemühen und kommunizieren entsprechend extensiv. Aber erst nach einer längeren Dauer der Existenz einer Geschäftsbeziehung können auch außerökonomische, zum Beispiel politische und insbesondere private Kommunikationsinhalte ins Spiel kommen. Auch private Kontakte – ob nun als Voraussetzung oder als Resultat der Geschäftsbeziehung – wirken offenbar prägend und gestaltend auf eine Geschäftsbeziehung. Und – so die naheliegende Interpretation – erst diese Ausweitungen, die im Allgemeinen nicht in der kurzen Frist zu haben sind, indizieren wohl eine 'partnerschaftliche' und 'vertrauensvolle' Geschäftsbeziehung.

Mit Blick auf die Frage nach den Potentialen regional vernetzter Geschäftsbeziehungen hat sich gezeigt, daß Vernetzung offenkundig sowohl zur Konsolidierung räumlich begrenzter 'Kirchturmwirtschaften' als auch – im Sinne eines 'Sprungbretts' – zur Erschließung überregionaler Märkte beiträgt. Dieser Befund war nicht unbedingt zu erwarten: Angesichts der regionalen Begrenztheit der ökonomischen Aktivitäten in der Untersuchungsregion war vielmehr damit zu rechnen, daß sich die geschäftliche Situation der Betriebe überwiegend als nicht sehr günstig darstellt. Die erhobenen Angaben über die geschäftliche Lage der Betriebe weisen hingegen darauf hin, daß es sich hier zwar um eine kleinräumig ausgerichtete und in regionaler Hinsicht 'geschlossene', gleichzeitig aber um eine recht stabile und erfolgreiche 'Kirchturmwirtschaft' handelt (vgl. auch Bleicher et al. 2001b). Insbesondere zeigt sich, daß gerade Betriebe, deren Geschäftsbeziehungen besonders viele Merkmale (regionaler) Vernetzung aufweisen, auffallend häufig geschäftlich überdurchschnittlich erfolgreich sind.

Jene Betriebe, die aufgrund der Ausprägung ihrer Geschäftsbeziehungen als 'vernetzt' bezeichnet werden können, sind zudem offenkundig auch überdurchschnittlich erfolgreich auf überregionalen Märkten tätig. Die Vernetzung der Betriebe mit ihrem regionalen Umfeld (ihre regionale Bindung) fungiert hier allem Anschein nach als 'Sprungbrett' für die Erschließung überregionaler Märkte (ihre überregionale Anbindung). Daß regionale Vernetzung die Exportfähigkeit und -tätigkeit befördert, kann damit erklärt werden, daß wiederholte ökonomische Transaktionen mit räumlich begrenztem Horizont einen 'Stabilitätssockel' bilden, auf den dann im weiteren auch der risikoreichere Sprung über die vertraute nähere Umgebung hinaus gründen kann.

Die vorgestellten empirischen Ergebnisse der Betriebsbefragung könnten zu der Schlußfolgerung führen, daß das oft zitierte Manko ostdeutscher Unternehmen, ihre nur bescheidene überregionale Anbindung, für die betroffene Region offenkundig nicht generell in eine ausweglose 'Lock-in'-Situation münden muß. Insofern liegt hier auf den ersten Blick eine optimistische Sichtweise nahe, wonach aus der Not regionaler Begrenzung eine Tugend gemacht werden kann, sich also die Möglichkeit einer zunächst weitgehend endogen stabilisierten Entwicklung für diesen Wirtschaftsraum bietet. Diese Frage kann an dieser Stelle nicht entschieden werden; in Rechnung zu stellen ist allerdings, daß mit den Befunden 'Stabilität' und 'Unternehmenserfolg' der Betriebe noch keine Aussage über die Wertschöpfungs- und Produktivitätspotentiale der betroffenen Region und die dadurch determinierten Einkommensspielräume verbunden ist.

Literatur

Barnes, J. A. (1969): Networks and Political Process. In: Mitchell, J. C. (ed.): Social Networks in Urban Situation. Manchester, S. 51-76

Bleicher, A.; Fischer, J.; Gensior, S.; Steiner, R. (1999): Strukturen und Stabilitätsbedingungen regionaler Vernetzung – Zwischenergebnisse aus einem empirischen Forschungsprojekt. Forschungs- und Arbeitsberichte des Lehrstuhls Wirtschafts- und Industriesoziologie, Heft 99-02, Cottbus

Bleicher, A.; Fischer, J.; Gensior, S.; Steiner, R. (2000): Stabile Geschäftsbeziehungen und regionale Netze in Brandenburg. In: LASA brandaktuell, Nr.7/2000 und Nr.10/2000

Bleicher, A.; Fischer, J.; Gensior, S.; Steiner, R. (2001a): Kurzbericht zum DFG-Projekt „Strukturen und Stabilitätsbedingungen regionaler Vernetzung". Cottbus (hekt. Typ)

Bleicher, A.; Fischer, J.; Gensior, S.; Steiner, R. (2001b): Unternehmen in Brandenburg: Zwischen anhaltenden Strukturschwächen und Potentialen regionaler Vernetzung. In: Forum der Forschung, Heft 12, S. 15-21

Brüderl, J.; Preisendörfer, P. (1998): Network Support and the Success of Newly Founded Business. In: Small Business Economics, Vol. 10/No. 3, S. 213-225

Burt, R. S. (1984): Network items and the general social survey. In: Social Networks, Vol. 6, S. 293-329

Coleman, J. (1969): Relational analysis. The study of social organizations with survey methods (1958). Abgedruckt in: Etzioni, A. (ed.): A sociological reader on complex organizations. New York, S. 517-528

Commons, J. R. (1924): Institutional Economics. New York

Cooke, P. (1996): The new wave of regional innovation networks: analysis, characteristics and strategy. In: Small Business Economics Volume, Vol. 8/No. 2, S. 159-171

Dreher, C.; Kinkel, S. (2000): Die Bedeutung der regionalen Basis für Globalisierungsentscheidungen. In: Hirsch-Kreinsen, H.; Schulte, A. (Hg.): Standortbindungen. Unternehmen zwischen Globalisierung und Regionalisierung. Berlin, S. 29-60

DIW (1990): Reform der Wirtschaftsordnung in der DDR und die Aufgaben der Bundesrepublik. Stellungnahme einer deutsch-deutschen Arbeitsgruppe. In: DIW-Wochenbericht, 57. Jg./Nr. 6, S. 65-71

DIW/IfW/IWH (1998): Gesamtwirtschaftliche und unternehmerische Anpassungsfortschritte in Ostdeutschland. 18. Bericht. In: DIW-Wochenbericht, 65. Jg./Nr. 33

Fischer, J.; Gensior, S. (1998): Was sind „Netzwerke“, wie entstehen sie und wie werden sie zusammengehalten? In: Heinze, R. G.; Minssen, H. (Hg.): Regionale Netzwerke – Realität oder Fiktion? Diskussionspapiere aus der Fakultät für Sozialwissenschaften, Ruhr-Universität Bochum, Heft 98-04, S. 33-40

Fischer, J.; Gensior, S. (2000): Vernetzte Geschäftsbeziehungen als Organisationsform produktionsnaher Dienstleistungen – Probleme und Potentiale. In: Krömmelbein, S.; Schmid, A. (Hg.): Globalisierung, Vernetzung und Erwerbsarbeit. Wiesbaden, S. 47-69

Grabher, G. (1993): Wachstums-Koalitionen und Verhinderungs-Allianzen. Entwicklungsimpulse und -blockierungen durch regionale Netzwerke. In: Informationen zur Raumentwicklung, Heft 11, S. 749-758

Granovetter, M. (1985): Economic Action and Social Structure: The Problem of Embeddedness. In: American Journal of Sociology, Vol. 9/No. 3, S. 481-510

Joskov, P. (1985): Vertical Integration and Long-term Contracts. In: Journal of Law, Economics and Organization, Vol. 1 (Spring), S. 33-80

Koschatzky, K.; Zenker, A. (1999): Innovative Regionen in Ostdeutschland – Merkmale, Defizite, Potentiale. ISI Arbeitspapier Regionalforschung, Nr.17, Karlsruhe

Kotthoff, H.; Matthäi, I. (1999): Vom Kombinat zum Kleinbetrieb. Die Entstehung einer mittelständischen Industrie. Ein deutsch-tschechischer Vergleich. Berlin

Lazonick, W. (1991): Business Organization and the Myth of Market Economy. New York

Meyer, M. (1994): Die Reorganisation logistischer Systeme in strategischen Netzwerken: Instrumente der Stabilitätssicherung und der Innovation. In: Kleinaltenkamp, M.; Schubert, K. (Hg.): Netzwerkansätze im Business-to-Business-Marketing. Beschaffung, Absatz und Implementierung neuer Strategien. Wiesbaden, S. 213-250

Meyer, M. (1995): Ökonomische Organisation der Industrie: Netzwerkarrangements zwischen Markt und Unternehmung. Wiesbaden

MWMT (1998, 1999): Ministerium für Wirtschaft, Mittelstand und Technologie des Landes Brandenburg: Jahreswirtschaftsberichte Brandenburg 1998 und 1999. Potsdam

Nijkamp, P. (1994): Guest Editorial: Regional Science – A Product Life Cycle Interpretation. In: Papers in Regional Science, No. 73, S. 341-345

North, D. (1990): Institutions, Institutional Change, and Economic Performance. New York

Plinke, W. (1997): Grundlagen des Geschäftsbeziehungsmanagements. In: Kleinaltenkamp, M.; Plinke, W. (Hg.): Geschäftsbeziehungs-Management. Berlin, Heidelberg, New York, S. 1-61

Porter, M. E. (1999): Unternehmen können von regionaler Vernetzung profitieren. In: Harvard Businessmanager, Heft 3, S. 51-63

Portes, A.; Sensenbrenner, J. (1998): Embeddedness and Immigration: Notes on the Social Determinants of Economic Action. In: Brinton, M. C.; Nee, V. (eds.): The new Institutionalism in Sociology. Stanford/California, S. 127-149

Powell, W. W. (1990): Neither Markets nor Hierarchy: Network Forms of Organizations. In: Cummings, L. L.; Staw, B. M. (eds.): Research in Organizational Behaviour, Vol. 12, S. 295-336

Ragnitz, J. (1998): Zur Situation im ostdeutschen Unternehmenssektor: Ein buntscheckiges Bild. In: List Forum für Wirtschafts- und Finanzpolitik, 24. Jg./Heft 3, S. 326-343

Rehfeld, D. (1999): Produktionscluster. Konzeption, Analyen und Strategien für eine Neuorientierung der regionalen Strukturpolitik. München, Mering

Romo, F. P.; Schwartz, M. (1995): The Structural Embeddedness of Business Decisions: The Migration of Manufacturing Plants in New York State, 1960-1985. In: American Sociological Review, Vol. 60, S. 874-907

Scheidt, B. (1995): Die Einbindung junger Technologieunternehmen in Unternehmens- und Politiknetzwerke. Eine theoretische, empirische und strukturpolitische Analyse. Volkswirtschaftliche Schriften, Bd. 447, Berlin

Tichy, G. (1995): Die wirtschaftspolitische Bedeutung ökonomisch-technischer Cluster-Konzepte. In: Steiner, M. (Hg.): Regionale Innovation. Durch Technologiepolitik zu neuen Strukturen. Graz, S. 89-103

Uzzi, B. (1996): The Sources and Consequences of Embeddedness for the Economic Performance of Organizations. In: American Sociological Review, Vol. 61, S. 674-698

Uzzi, B. (1997): Social Structure and Competition in Interfirm Networks: The Paradox of Embeddedness. In: Administrative Science Quarterly, Vol. 42, S. 35-67

Uzzi B. (1999): Embeddedness in the Making of Financial Capital: How Social Relations and Networks Benefit Firms Seeking Financing. In: American Sociological Review, Vol. 64, S. 481-505

Williamson, O. E. (1985): The Economic Institutions of Capitalism. New York

Williamson, O. E. (1994): Transaction Cost Economics and Organization Theory. In: Smelser, N. J.; Swedberg, R. (eds.): The Handbook of Economic Sociology. Princeton, S. 77-109

II.

Interorganisationale Beziehungen im regionalen Kontext

Global Play im Ruhrgebiet

Andrea Helmer-Denzel

Inhalt

In Oberhausen wurde 1996 das erste Urban Entertainment Center („CentrO.") Deutschlands eröffnet. In einer explorativ angelegten Studie, die von August 1998 bis August 1999 an der Ruhr-Universität Bochum durchgeführt wurde, standen sowohl die Organisationsstruktur des Unternehmens als auch die Interdependenzen, die sich bei der Einbindung eines „global players" in die altindustriell geprägte Region des Ruhrgebietes möglicherweise ergeben, im Zentrum der Fragestellung.

Unter einem „global player" soll – in Anlehnung an Häußermann/Roost (1998, S. 79) – ein transnationales Unternehmen verstanden werden, das in Summe mit anderen transnationalen Unternehmen einen gewichtigen Teil der weltweit industriellen Produktion bzw. der Dienstleistungserstellung beherrscht. Im vorliegenden Fall handelt es sich bei den Investoren um ein Joint Venture der britischen Stadium Group und des Konzerns Peninsular & Oriental Steam Navigation Company (P & O), die zusammen insgesamt ca. 2 Mrd. DM in das Urban Entertainment Center „CentrO." in Oberhausen investierten. Die P&O ist in 40 Ländern der Welt mit insgesamt 75.000 Beschäftigten vertreten. 1837 als Reederei gegründet, betätigt sich der Konzern heute über die Schiffahrt hinaus auch in den Bereichen Industriebau, Immobilien und Dienstleistungen.

Das Dienstleistungsangebot dieses „global player" im Ruhrgebiet soll unter dem Aspekt der *„globalen Lokalisierung"* betrachtet werden. Ulrich Beck (1997, S. 86) definiert „globale Lokalisierung" als Strategie, die große Konzerne dazu bewege, nicht nur Fabriken überall in der Welt aufzubauen, sondern auch Teil der jeweiligen Kultur zu werden. In welcher Form im vorliegenden Fallbeispiel lokale Bindungen durch die Investoren aufgebaut werden und welche Effekte dadurch in Kommune und Region erzielt werden, war ein Gegenstand unserer Untersuchung.

Nach einigen einführenden Bemerkungen zu Urban Entertainment Centers (UEC) im allgemeinen und der Ausgangslage in Oberhausen greife ich drei Fragestellungen aus diesem Projekt heraus:

1. Inwiefern handelt es sich bei diesem Urban Entertainment Center um ein Netzwerk?
2. Wie bettet sich das Netzwerk in die Region ein und welche Interdependenzen entstehen?
3. Können in diesem Zusammenhang überregionale Ressourcen erschlossen werden?

1. Was ist ein Urban Entertainment Center?

Bei einem Urban Entertainment Center (UEC) handelt es sich um eine Kombination von Einzelhandels-, Gastronomie- und Entertainmentangeboten im räumlichen Kontext. Die Absatzstrategie dieser Dienstleistungsagglomeration liegt in der Erlebnisproduktion für Verbraucher, die von den Anbietern durch zusätzlichen Service, Freizeitangebote und Events erzeugt wird. In den USA etablierte sich diese Betriebsform des Einzelhandels als Reaktion auf den „Donut-Effekt“: In den 70er und 80er Jahren war der Bau eines Eigenheims für die amerikanische Mittelschicht fast ausschließlich in den Vororten der Metropolen möglich. Die Verbesserung des öffentlichen Nahverkehrs ermöglichte einem Großteil der Bevölkerung, in der Innenstadt zu arbeiten und in den Vorstädten zu wohnen. Dadurch verlagerten sich Kaufkraft und Infrastruktur zunehmend in die Vororte. Die Innenstädte verödeten zusehends, während der Ring, der sich um die Innenstädte legte, ständig „fetter“ wurde (Donut-Effekt). Durch politische Fördermaßnahmen wurde der Versuch unternommen, die Vitalität der Innenstädte wieder zu aktivieren.

Je nachdem, ob das UEC einzelhandels- oder freizeitorientiert ist, lassen sich verschiedene Nutzungen ableiten. Die Möglichkeiten reichen von Sport- und Fitneßanlagen, über Freizeit- und Erlebnisbädern bis zu Kinos, Museen usw. In den USA werden wegen der Innenstadtzentriertheit von UECs zunehmend auch Veranstaltungszentren integriert, die die Möglichkeit eröffnen, Sportveranstaltungen sowie Kongresse und Tagungen durchzuführen. Je nach Angebotskonzeption und Einzugsgebiet variieren die Zielgruppen und die Einzugsgebiete eines UECs. Allerdings können einige grundlegende Merkmale definiert werden: Bedingt durch die überregionale Ausrichtung (Tagestourismus) sollen in einer Entfernung von 30 bis 60 Fahrminuten mindestens eine Million Einwohner leben. Dies ist ein maßgebliches Kriterium für die Standortentscheidung. In der Regel liegt die Hauptzielgruppe eines UEC in der Altersgruppe der 15- bis 45jährigen der Mittelschichtszugehörigen. Als überdurchschnittlich ansprechbar gelten junge Paare sowie Bewohner von Einpersonenhaushalten.

Der Erfolg der Urban Entertainment Center in den USA resultiert u.a. aus einem veränderten Konsumentenverhalten. Anfang der 90er Jahre wurde in der amerikanischen Literatur (vgl. Turchiano 1990) eine Trendwende im Verbraucherverhalten festgestellt, die unmittelbare Konsequenzen für die Betreiber von Malls implizierte. Holzschnittartig betrachtet wird das Motto „shop till you drop“ der 80er Jahre durch die Einstellung „Fashion free and proud of it“ abgelöst. Dies bedeutet, daß ein Teil der amerikanischen Verbraucherinnen und Verbraucher eher aus Interesse an Erlebnissen einkaufen geht und nicht ausschließlich, um Ware zu erwerben. Turchiano prognostizierte, daß nur Malls, die Service gekoppelt mit Erlebnissen anbieten, auf die Dauer konkurrenzfähig bleiben werden.

Unter sozialen Aspekten wird die Entwicklung der Supermalls sehr kritisch beobachtet. Der Wandel von „Einkaufsorten“ zu „Aufenthaltsorten“, die Frage des öffentlichen Raums im Gegensatz zum privaten Raum und die sich daraus ergebenden Effekte werden in den letzten Jahren zunehmend thematisiert (vgl. hierzu Marcuse 1994; Rifkin 2000).

2. Das CentrO. Oberhausen als strategisches Netzwerk

Die Investoren des CentrO. haben eine Betreibergesellschaft (CentrO.-Management) für die Leitung des UECs eingesetzt. Die einzelnen Grundeinheiten des Centers (Einzelhandelsunternehmen, Gastronomiebetriebe, Multiplex-Kino, Veranstaltungshalle) sind durch mittel- und langfristige Mietverträge[1] an das Center-Management gebunden.

Das einzelhandelsorientierte UEC besteht aus einer überdachten Shopping-Mall, in der sich ca. 200 Einzelhandelsbetriebe der verschiedensten Branchen auf einer Verkaufsfläche von 70.000 qm eingemietet haben. Außerhalb des Einkaufscenters wurde – an einem künstlich angelegten Flußlauf – eine 400 m lange Promenade angegliedert. Dort befinden sich 30 Gastronomiebetriebe, die mit über 8.000 Sitzplätzen im Innen- und Außenbereich ein Spektrum von Bars über Restaurants bis zur Diskothek bieten. Unmittelbar an die Promenade schließt sich die Veranstaltungshalle „Arena“ mit 11.500 Sitzplätzen an, die vorwiegend

1 In Einzelfällen wurde auch Kaufverträge abgeschlossen.

für Konzerte genutzt wird. Des weiteren findet sich auf dem Areal ein Multiplex-Kino. Auch für den 80.000 qm umfassenden Freizeitpark wurde ein Betreiber gefunden. Der Freizeitpark wurde als „Frequenzbringer“ für den Einzelhandel konzipiert und bietet im Sommerhalbjahr zahlreiche Spiel- und Unterhaltungsmöglichkeiten für Kinder (vgl. Abb. 1).

Für die Handels- und Dienstleistungsunternehmen, die sich im CentrO. einmieten, entsteht – betriebswirtschaftlich gesehen – eine Sondersituation. In der Theorie wird ein Unternehmen als

> „eine wirtschaftliche, technische, soziale und rechtliche Einheit verstanden, deren Aufgabe die Erstellung und der Absatz von Gütern und/oder Dienstleistungen ist. Alle hierfür erforderlichen Entscheidungen werden von der Unternehmensführung getroffen. Sie trägt auch die Verantwortung für die gesamte Geschäftstätigkeit und deren Ergebnis.“ (Vahs 1997, S. 12)

In der Praxis ist die jeweilige Unternehmensleitung der im CentrO. eingemieteten Betriebe aber nicht mehr „alleiniger Entscheidungsträger“ des Unternehmens, sondern sie verpflichtet sich vertraglich, Betriebsfunktionen an das CentrO.-Management auszulagern (Externalisierung). Diese Funktionsauslagerung betrifft die Bereiche Marketing, Sicherheit, Sauberkeit, Reinigung und Haustechnik. Für die Unternehmen ergibt sich – organisationstheoretisch gesehen – eine Besonderheit. Sie sind einerseits häufig Filialbetriebe und somit Bestandteil einer Konzernorganisation, gleichzeitig aber – gebunden durch Verträge und Kooperationsbeziehungen – Teil der Organisation CentrO., die ebenfalls massiv Einfluß auf verschiedene Betriebsabläufe nehmen kann, um Gemeinschaftsgüter (z.B. Sicherheit, Service) für alle Mieter bzw. deren Kunden zur Verfügung stellen zu können (vgl. Abb. 1).

Formal bleibt die wirtschaftliche Selbständigkeit der Unternehmungen erhalten, faktisch entsteht ein wirtschaftliches Abhängigkeitsverhältnis zwischen den Unternehmungen der Kooperation, deren Stellung üblicherweise auch nicht gleichberechtigt ist. Sydow (1992, S. 90) kommentiert diese Situation folgendermaßen:

> „Kooperation zielt darauf, den Handlungsspielraum für die einzelne Unternehmung zu erweitern. Der Preis dafür ist die Einschränkung der wirtschaftlichen Selbständigkeit – und damit einhergehend – eine Einengung des Handlungsspielraumes“.

Boettcher (1974) bezeichnet diesen Sachverhalt auch als *„Paradoxon der Kooperation“*. Dieses Paradoxon tritt um so deutlicher auf, je größer die Bindungsintensität der Kooperation ist.

Abb. 1: Strategisches Netzwerk CentrO.

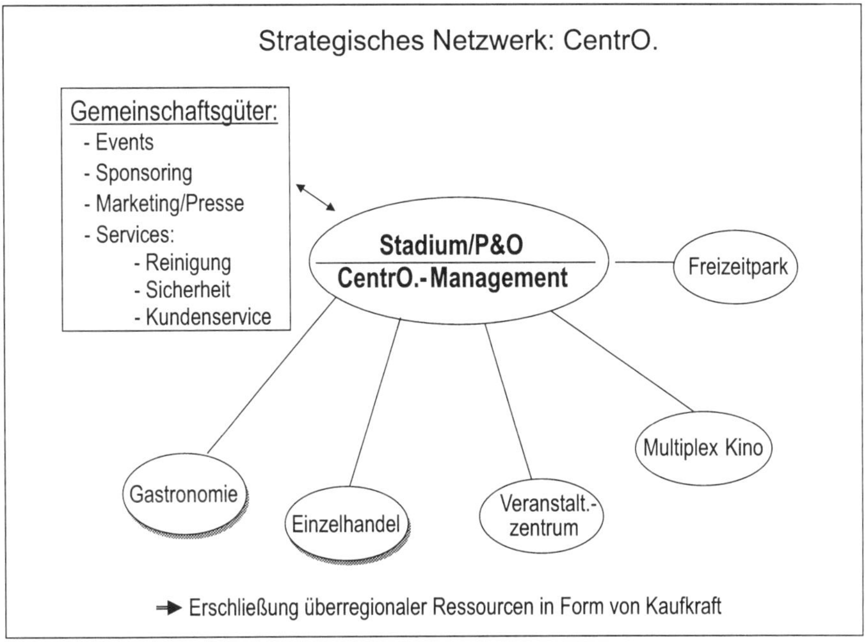

Quelle: eigene Erhebung

Im Untersuchungsfall gibt das Center-Management die Ladenöffnungszeiten für alle Mieter vor, überprüft die Außenwirkung der einzelnen Unternehmen (Schaufenstergestaltung) und nimmt massiven Einfluß auf die Marketingaktivitäten der Einzelhandelsunternehmen. Darüber hinaus sind die Mieter bei zusätzlicher Nutzung von Lager- und Verkaufsfläche von der Preisgestaltung des Center-Managements abhängig. Die Hygienebedingungen der Gastronomiebetriebe werden in unangekündigten Kontrollen überprüft. Diese Eingriffe in die Betriebsfunktionen der Mieter stellen eine neue Entwicklung dar, die in ähnlich strukturierten Einkaufscentern Deutschlands in dieser Konsequenz und in diesem Ausmaß bisher kaum vorzufinden ist.

Für die Erbringung von zusätzlichen Dienstleistungen für die Mieter verfügt das CentrO.-Management über einen Personalstamm von ca. 200 Mitarbeitern, die in den Abteilungen Marketing/Presse, Events/Sponsoring, Sicherheit, Reinigung und Haustechnik arbeiten. Dem CentrO.-Management als fokalem Unternehmen obliegt die Verantwortung und im wesentlichen auch die Entscheidungshoheit über die Erbringung von „zusätzlichen Dienstleistungen", die das folgende Leistungsspektrum umfassen:

- das Marketingengagement für das gesamte CentrO. und die Organisation der damit verbundenen „Events“ auf dem Areal des Urban Entertainment Centers;
- die Erbringung von zusätzlichen Serviceleistungen für die Besucher des CentrO. (z.B. Informationstische, Kinderbetreuungsmöglichkeiten, Betreuung von ausländischen Kunden, Rollstuhlservice für behinderte Kunden);
- die Erbringung von Sicherheits- und Reinigungsdiensten für alle allgemeinen Flächen;
- Information (z.B. durch die Hauszeitung) und Abstimmung von einheitlichen Vorgehensweisen mit den Mietern;
- die Anwerbung von Sponsoren für das CentrO. und die Abstimmung der Aktivitäten dieser Sponsoren innerhalb des Urban Entertainment Centers sowie
- die zentrale Außendarstellung des CentrO. als Einheit und die Pflege sämtlicher Außenkontakte.

Was ist aber das Besondere an dieser Kooperationskonstellation? Der Kommunikations-Philosoph Norbert Bolz definiert den neuen urbanen Trend in der Rheinischen Post vom 17.09. 1999 folgendermaßen:

> „‘Center‘ ist die Konsumkathedrale als Bündelung von Konsum- und Ereignischancen, als Architektur der 'Mehrwerterlebnisse‘, in die man vor der häuslichen Langeweile flieht. Und ‘urban‘ ist es als kulturell angereicherte Shopping-Landschaft. Die neuen Entertainment Center wollen nämlich mehr bieten als die klassische Mall – sie sind auf eine Wirtschaft des Unsichtbaren hin konzipiert“.

„Die Wirtschaft des Unsichtbaren“ kann etwas „handfester“ in sozialwissenschaftliche Termini übersetzt werden: Bei den neuen, vom fokalen Unternehmen CentrO.-Management erbrachten Angeboten für die Mieter und deren Kunden handelt es sich um die Bereitstellung von „zusätzlichen Dienstleistungen“, die der einzelne Unternehmer seinen Kunden nicht in eigener Regie anbietet kann, da diese Dienstleistungen nicht marktfähig sind. Die marktliche Koordination scheitert an den Spezifika des Transaktionsgegenstandes *„zusätzliche Dienstleistung für die Verbraucher“*, der zum einen sehr komplex und nur begrenzt stükkelbar[2] ist, und zum anderen am möglichen opportunistischen Verhalten der Unternehmen (Trittbrettfahrerverhalten) bei der Bereitstellung der Dienstleistungen durch einzelne Unternehmen.

Diese Zusatzleistungen werden aber, wenn man den Trends glauben darf, von den Verbrauchern zunehmend eingefordert, da der bloße Tausch – Ware gegen Geld – nicht mehr die alleinige Intention für einen Einkaufsgang darstellt.

---

2 Diese „zusätzlichen Dienstleistungen“ entfalten den Erlebniseffekt für den Verbraucher nur dann, wenn sie im „Paket“ erbracht werden. Zum Beispiel interessante Dekoration und saubere Einkaufsumgebung und wechselnde Veranstaltungen innerhalb der Mall.

Die vom CentrO.-Management zusätzlich erbrachten Dienstleistungen haben die Eigenschaften von *„kollektiven Gütern"*, die das Wohlbefinden der Kunden erhöhen und die Attraktivität des Einkaufsumfeldes steigern (z.B. ein erhöhtes Maß an Service, Sicherheit und Sauberkeit, kostenlose Parkplätze, Lifemusik usw.).

> „Das definierende Merkmal kollektiver Güter – daß sie jedem in einer Gruppe oder Kategorie zur Verfügung stehen, wenn sie überhaupt bereitgestellt werden – [schließt ein], daß jeder in der Gruppe wie alle anderen mehr oder weniger von dem kollektiven Gut erhält, und daß es alle hinnehmen müssen, in welcher Menge und in welcher Art das Gut bereitgestellt wird." (Olson 1985, S. 27)

Die von Olson beschriebene Kollektivgüterproblematik stellt sich für alle großen Gruppen und wird ursprünglich im politischen Kontext entfaltet. Die Lösung des Kollektivgüterproblems erfolgt generell abhängig vom sozialen Ordnungsmuster, welches der jeweiligen Gruppe als Basis zugrunde liegt. Die kollektive Bedarfslage, die für unseren Forschungszusammenhang relevant ist, fußt auf dem Marktmodell, das rational handelnde Akteure (Einzelhändler) unterstellt, die ihren Nutzen im Austausch von privaten Gütern und Dienstleistungen mehren wollen. Die atomistische Konkurrenz ist das leitende Prinzip der Handlungskoordination (vgl. Voelzkow 1997, S. 16). Der Marktmechanismus versagt jedoch bei der Produktion von kollektiven Gütern (hier: zusätzliche Dienstleistungen für Verbraucher). Das Versagen des Marktmechanismus ergibt sich zwar nicht zwangsläufig, ist jedoch wahrscheinlich, wenn nicht von einem individuell-rationalen Akteur die Kosten für ein kollektives Gut übernommen werden, obwohl sich andere Akteure als „Trittbrettfahrer" verhalten.

Diese Problematik kann z.B. an den Standortgemeinschaften des Einzelhandels in der Innenstadt beobachtet werden. Dort gelingt es in der Regel nicht oder nur mit Hilfe der „öffentlichen Hand", innenstadtübergreifende Gemeinschaftsgüter (z.B. saubere Innenstadt, gemeinsame Freizeitangebote) für den Verbraucher zu erbringen, da die einzelnen Händler auch hier unter dem Zwang der Kollektivgüterproblematik handeln.

Die Innovation in der Kooperationsbeziehung der einzelnen Unternehmer mit dem CentrO.-Management liegt also in der Überwindung des Kollektivgüterproblems durch vertragliche Regelung. Die dafür gewählte Organisationsform ist die eines Netzwerkarrangements zwischen Markt und Hierarchie. Die Geschäftsbeziehungen zwischen den Unternehmen gehen über ein „spot contracting" hinaus und breiten sich, durch die Langfristigkeit der Verträge und die Ansiedlung der Unternehmen in der Mall, in Raum und Zeit aus. Die einzelnen Unternehmen – vor allem die „Ankerunternehmen" – sind in den Entscheidungsprozeß des CentrO.-Managements durch institutionalisierte Formen der Zusammenarbeit eingebunden. Die Zusammenarbeit führt allerdings nicht so weit, daß von hierarchischen Organisationsbeziehungen gesprochen werden kann. Bei den einzelnen Netzwerkteilnehmern handelt es sich weiterhin um selbständige Unternehmen, die lediglich einen Teil ihrer Betriebsfunktionen an das fokale Unternehmen auslagern (Externalisierung) und in die Kooperation einbringen.

Betrachtet man die Unternehmen, aus denen sich ein UEC zusammensetzt, unter einem theoretischen Blickwinkel, zeichnet sich ein Unternehmensnetzwerk ab, dessen Knoten durch die Einzelhandels-, Gastronomie- und Dienstleistungsbetriebe gebildet werden und deren Beziehungen aus Geschäftsbeziehungen bestehen, die vertraglich untermauert sind (vgl. Abb. 1). Das CentrO.-Management hat für die einzelnen Unternehmensgruppen verschiedene Kommunikationsforen eingerichtet („Promenaden-Meeting" für alle Gastronomen, „Frühstückstreffen" mit den Einzelhändlern der verschiedenen Einkaufszonen sowie eine Interessengemeinschaft der Mieter), die in regelmäßigen zeitlichen Abständen die Möglichkeit zum Austausch mit Vertretern des CentrO.-Managements sowie den anderen Wettbewerbern geben.

Darüber hinaus verständigen sich die Mieter untereinander in informellen Treffen über gemeinsames Vorgehen (z.B. gemeinsamer Internet-Auftritt der Betreiber der Veranstaltungshalle mit verschiedenen großen Gastronomiebetrieben oder Abstimmung der „Ankerunternehmen" des Einzelhandels über gemeinsame Strategien). Es ist zu beobachten, daß – branchenunabhängig – vor allem die Mieter, die die größten Flächen angemietet bzw. gekauft haben, die informellen Kontakte zu anderen „Groß-Mietern" und dem CentrO.-Management pflegen. Die Mieter kleinerer Flächen, und somit die Mehrzahl der Einzelhandels- und Gastronomieunternehmen im CentrO., stimmen sich untereinander nicht ab und vermeiden informelle Kommunikation mit den Mitbewerbern, die über Nachbarschaftshilfe hinausgeht (vgl. die typische Innenstadtsituation). Das CentrO.-Management ist für diese kleineren Unternehmern der zentrale Ansprech- und Vertragspartner. Ansonsten agieren sie weiter in atomistischer Konkurrenz. Für die ca. zehn „Ankermieter" der verschiedenen Branchen untereinander und im Verhältnis zum CentrO. Management zeichnen sich jedoch enge Netzwerkbeziehungen ab, die als strategische Kooperation gewertet werden können. Folgt man der kategorialen Einteilung von Netzwerkbeziehungen durch Sydow (1992), so kann diese Kooperation als strategisches Netzwerk identifiziert werden. Unter einem strategischen Netzwerk kann nach der Definition von Sydow (1992, S. 82) folgendes verstanden werden:

> „Ein strategisches Netzwerk stellt eine auf die Realisierung von Wettbewerbsvorteilen zielende, polyzentrische, gleichwohl von einer oder mehreren Unternehmungen *strategisch* geführte Organisationsform ökonomischer Aktivitäten zwischen Markt und Hierarchie dar, die sich durch komplex-reziproke, eher kooperative denn kompetitive und relativ stabile Beziehungen zwischen rechtlich

> selbständigen, wirtschaftlich jedoch zumeist abhängigen Unternehmungen auszeichnet.“ [Hervorhebung im Original]

Das *strategische Netzwerk* unterscheidet sich von anderen Unternehmungsnetzwerken vor allem dadurch, daß es von einem oder mehreren fokalen Unternehmen strategisch geführt wird. Sydow geht davon aus, daß strategische Netzwerke – ebenso wie z.B. Kartelle – ein mögliches Ergebnis kollektiver Strategie sind. Den Typisierungen Sydows (1992) folgend sind die interorganisationalen Beziehungen im vorliegenden Fall technisch-organisatorisch geprägt, da das Netzwerk durch eine spezielle Organisationseinheit (Center-Management) koordiniert wird, die von den Investoren eigens für diesen Zweck geschaffen wurde (vgl. hierzu Sydow 1992, S. 87).

Das Center-Management übernimmt innerhalb des Netzes die Rolle eines fokalen Unternehmens, das sich in der Hauptsache darauf konzentriert, Gemeinschaftsgüter für die Netzteilnehmer zu erstellen. Auch der Freizeitpark dient als Frequenzbringer für die übrigen Netzwerkteilnehmer. Die Unternehmungen innerhalb des Netzwerkes erwerben vom Center-Management einen Anteil an „Gemeinschaftsgütern“, die sie alleine nur bruchstückhaft bzw. überhaupt nicht erbringen könnten, und sie haben die Möglichkeit, eigene Gestaltungsvorschläge (z.B. in den Marketingplan) einzubringen. Bei den Gemeinschaftsgütern handelt es sich im vorliegenden Fall um die Organisation und Durchführung von Events, Sponsoring, Service- und Sicherheitsmaßnahmen, die in dieser Netzwerkkonstellation erbracht werden.

Nachdem nun die empirisch beobachteten Kooperationsbeziehungen teilweise als strategisches Netzwerk verortet werden können, stellt sich die Frage: Wie gliedert sich das CentrO. in die Region ein? Die von uns durchgeführten Experteninterviews haben vor allem Kooperationsbeziehungen zur Kommune Oberhausen und einem weiteren regionalen Netzwerk aufgedeckt, die im folgenden beschrieben werden sollen. Zunächst aber sollen in einem kurzen Abriß die kommunalen und regionalen Ausgangsvoraussetzungen geschildert werden.

3. Die Einbindung des CentrO. Oberhausen in die Region

3.1 Die Stadt Oberhausen und ihre „Neue Mitte“

Die Ruhrgebietsstadt Oberhausen mit ihren rund 230.000 Einwohnern ist in ihren heutigen geographischen Grenzen eine „junge“ Stadt. Durch Beschluß des preußischen Landtags wurden 1929 die Städte (Alt-)Oberhausen, Sterkrade und Osterfeld zur neuen Großstadt Oberhausen zusammengefaßt. Aufgrund dieser bis heute relativ eigenständigen Stadtteile verfügt Oberhausen über kein gewachsenes Stadtzentrum, sondern zeichnet sich durch eine historisch bedingte Polyzentralität aus.

Der fast plötzliche Rückzug der Kohle- und Stahlindustrie in den 70er Jahren war Auslöser für erhebliche wirtschaftliche und soziale Turbulenzen. Der Abbau der Montanindustrie in den letzten 20 Jahren löste in Oberhausen – wie im gesamten Ruhrgebiet – eine tiefgreifende Strukturkrise aus, die mit einem Verlust von rund 40.000 Arbeitsplätzen und somit mit einem Beschäftigungsabbau um 30% der Arbeitsplätze einher ging. Heute liegt die Arbeitslosenquote, bezogen auf alle zivilen Erwerbspersonen, bei ca. 11% und nähert sich nun, nach einer eklatanten Steigerung in den 80er Jahren, dem Bundesdurchschnitt an.

Eine weitere Krisenfolge, nämlich 700 ha Industriebrachen, die nahezu ein Zehntel des Stadtgebietes ausmachen, ist ambivalent zu bewerten. Einerseits sind diese Brachen hochgradig mit Schadstoffen belastet, andererseits geben sie bisher blockierte Stadtbereiche frei, so daß für die Stadtentwicklung neue Flächennutzungspotentiale entstanden sind. Die Bewältigung des Strukturwandels kennzeichnet die gesamte kommunale Entwicklungspolitik in Oberhausen. Programmbestandteil der kommunalen Anstrengungen ist das professionelle Management des Strukturwandels hin zu einer *dienstleistungsbasierten Lokalökonomie*.

> „Politik und Verwaltung handeln in dem Bewußtsein, daß die Qualität von Kommunalverwaltung, Infrastruktur und Stadtmarketing zu entscheidenden Faktoren im internationalen Standortwettbewerb geworden sind“ (Drescher/Dellwig 1997a, S. 7f.).

Das Stadtentwicklungskonzept „Neue Mitte Oberhausen“, welches die konzeptionelle Basis des Strukturwandels in Oberhausen darstellt, versucht vor diesem Hintergrund zwei Maßnahmen zu integrieren: Revitalisierung einer alten, 100 ha umfassenden Industriebrache, die ein neues „geographisches Herz“ für die polyurbane Stadt werden soll, sowie die Schaffung und Erhaltung von Arbeitsplätzen in Oberhausen. Die Bezeichnung „Neue Mitte Oberhausen“ basiert auf Überlegungen, den drei Stadtteilen Oberhausens eine „Neue Mitte“ zu geben, da die Stadtteile lediglich Schwerpunkte bildeten, aber kein dominierendes Zentrum aufwiesen. Alle Stadtteile grenzen jedoch an das Gelände „Thyssen West“, das sich somit zur Zentrumsbildung anbot. Die Stillegung von Hochöfen, Stahl- und Walzwerken auf dem 100 ha großen Gelände Thyssen West im Jahre 1987 war der Ausgangspunkt für Überlegungen einer Neunutzung. 1991 erwarb das Investorengespann Stadium und P&O das Gelände, um darauf das multifunktionale Freizeit-, Einzelhandels- und Dienstleistungszentrum CentrO. zu errichten. Das CentrO. stellt das Kernstück der „Neuen Mitte“ mit dem größten Investitionsvolumen dar, das zugleich für den wirtschaftlichen Erfolg entscheidend war. Städteplanerisch betrachtet ist es allerdings nur ein Element des baulichen Rahmenkonzeptes, das die Revitalisierung ehemaliger Industriebrachen zum Inhalt hat.

Was aber macht eine krisengeschüttelte Stadt wie Oberhausen für internationale Investoren attraktiv? Oberhausen verfügt über zwei strategische Vorteile: Zum einen war Oberhausen eine der ersten Städte, in der Verwaltungsmodernisierung umgesetzt wurde. Vor allem die Schaffung von Projektmanagement innerhalb der Verwaltungsstrukturen stand im Zentrum der Modernisierungsanstrengung und erleichterte in der Folge Akteuren aus der Wirtschaft eine professionelle und zielgerichtete Arbeit mit der Kommune. Ein weiterer strategischer Vorteil liegt in der geographischen Lage der Stadt Oberhausen, die sich im dichtbevölkerten Einzugsgebiet des Ruhrgebietes ausdehnt, in dem ca. fünf Millionen Menschen leben. Darüber hinaus beträgt die Entfernung zu den Niederlanden nur rund 100 km, so daß auch das benachbarte Ausland in die Käufer-Zielgruppe einbezogen werden konnte.[3] Verstärkt wird der Standortvorteil durch zwölf Autobahnanschlüsse, die in einem Umkreis von 2,5 Kilometer um das CentrO. angeordnet sind und als infrastrukturelles Erbe der Schwerindustrie betrachtet werden können.

In einem Fahrradius von 60 Minuten können 15 Mio. Menschen das Urban Entertainment Center erreichen. Das Konzept des Urban Entertainment Centers scheint aufzugehen. Durchschnittlich besuchen täglich zwischen 30.000 und 70.000 Besucher das CentrO.. Knapp die Hälfte der Kunden kommt aus den benachbarten Niederlanden angereist.

3.2 Kooperationsbeziehungen in der Planungs- und Realisierungsphase

Inwiefern läßt sich beim strategischen Netzwerk CentrO. nun eine Verbindung mit der Region feststellen? Aus vertriebsstrategischen Gründen versucht das CentrO.-Management, ein Drittel der Geschäftsfläche für regionale Anbieter aus Einzelhandel und Gastronomie frei zu halten, außerdem erfolgt eine direkte regionale Verknüpfung über das Sponsoring des nahe gelegenen Gasometers, der im Gegenzug vom CentrO. beworben werden darf. Einige Gastronomiebetriebe auf dem Areal wurden, anknüpfend an die Bergbautradition der Region, mit „klingenden" Firmennamen versehen.

Betrachtet man zunächst die *individuelle Ebene*, dann spielt der Direktor des CentrO.-Managements eine maßgebliche Rolle als *„boundary-spanner"* zwischen den Systemen Wirtschaft und Politik. Der CentrO.-Direktor war früher als Assistent des Oberbürgermeisters in Oberhausen beschäftigt und ist deshalb als

3 Zumal hier die Preise für Textilien deutlich über dem deutschen Niveau liegen; dies ergibt sich durch den höheren Mehrwertsteuersatz für Textilien, der in den Niederlanden erhoben wird.

„integrative Instanz" (vgl. hierzu Willke 1998, S. 101) zwischen Kommune und CentrO.-Investoren zu betrachten. Die vertrauensvolle Kooperation, die sich aus dieser personellen Konstellation ergibt, ist die Grundlage für ein verstärktes Engagement der CentrO.-Betreibergesellschaft in kommunalen und regionalen Kooperationsbeziehungen.

In der Ansiedlungsphase des CentrO. wurden zwischen der Stadt Oberhausen und den Investoren des CentrO. die Grundlagen für eine Kooperationsbeziehung gelegt, die bis heute andauert. Auch wenn die Prozesse der Verwaltungsreform und der Ansiedlung des CentrO. Anfang der 90er Jahre eher zufällig zusammenfielen und somit zunächst erst einmal losgelöst voneinander zu betrachten sind, lassen sich Innovationsimpulse auf die politisch-administrative Ebene identifizieren, die unmittelbar auf die Ansiedlung des CentrO. zurückgehen. Einerseits haben sich durch die Zusammenarbeit zwischen Stadt und Investor in der Ansiedlungsphase Rückwirkungen auf die Arbeitsweisen innerhalb der Stadtverwaltung ergeben, andererseits sind durch die Existenz des CentrO. organisatorische Neugründungen auf kommunaler Ebene initiiert worden. Durch die Veränderung der Arbeitsweisen und die Dezentralisierung von Organisationseinheiten wird die Handlungsfähigkeit der Kommune positiv beeinflußt (vgl. Abb. 2).

Abb. 2: Kooperationsbeziehungen in der Planungs- und Realisierungsphase

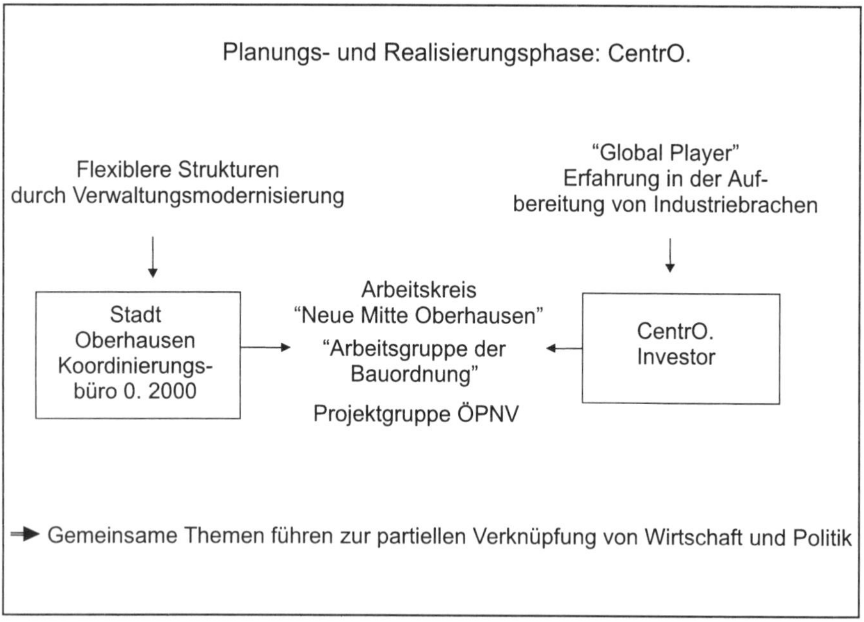

Quelle: Eigene Darstellung

Das Dienstleistungszentrum CentrO. ist seitens der Kommune durch Projektmanagement in der Verwaltung realisiert worden und zeichnet sich durch die Arbeit verschiedener Projektgruppen aus. Durch die Bildung diverser Arbeitsgruppen während der Bauphase des CentrO., in denen Mitarbeiter der Stadtverwaltung und Mitarbeiter der CentrO.-Investoren vertreten waren, konnten Verfahren beschleunigt, Sachfragen diskutiert und eine Reihe von Planungsentscheidungen getroffen werden (vgl. Abb. 2).

Die Reaktionsfähigkeit der städtischen Verwaltung hatte auch Einfluß auf die Bauzeit des CentrO. Durch die Etablierung einer straffen Organisationsstruktur, die gleichermaßen schnelle Entscheidungen als auch eine hohe Motivation der städtischen Mitarbeiter sicherstellen sollte, wurde dieser Erfolg möglich. Der Arbeitskreis „Neue Mitte" tagte im wöchentlichen jour fixe unter der Leitung des Oberbürgermeisters. Quer zu den Verwaltungshierarchien wurden Experten vom Sachbearbeiter bis zum Dezernenten in die Arbeitskreise delegiert und erarbeiteten optimale Problemlösungsstrategien. Dem Koordinierungsbüro „O.2000", das als Stabsstelle unmittelbar dem Oberstadtdirektor zugeordnet war, oblag die Geschäftsführung des Arbeitskreises. Es verfügte über direkte Durchgriffsrechte in die Fachverwaltungen. Je nach Themenrelevanz bildete der Arbeitskreis „Neue Mitte" wiederum Unterarbeitsgruppen, in denen zeitweise auch Vertreter des Investors anwesend waren. Im Bedarfsfall konnten aus den Unterarbeitsgruppen auch feste Projektgruppen hervorgehen. Dies war der Fall bei der „Projektgruppe ÖPNV". Über diese Projektgruppe wurde die gesamte Verkehrserschließung abgewickelt: sowohl die Anbindung des Individualverkehrs zum CentrO. als auch die Realisierung einer neuen zentralen Trasse für den öffentlichen Nahverkehr, die den Hauptbahnhof in der Alt-Oberhausener City mit dem CentrO. verbindet. Die Detailarbeit der Bauordnungsbehörde schloß sich an die Sanierung des Areals der Neuen Mitte und die Erarbeitung des Bebauungsplans an. 1993 bildete sich zu diesem Zweck eine Arbeitsgruppe der Bauordnung. Diese mietete sich direkt am CentrO.-Gelände ein und gewährleistete bis über den Eröffnungstermin hinaus eine intensive Betreuung aller Baugenehmigungen. Von den privaten Partnern wurde der partnerschaftliche und vor allem frühzeitige Austausch zwischen CentrO., Mietern und Bauordnungsinstanzen als vorbildlich herausgestellt (vgl. Drescher/Dellwig 1997b, S. 2). Nach einer überraschend kurzen Planungs- und Bauzeit von fünf Jahren konnte das CentrO. 1996 eröffnet werden. Im Laufe der letzten vier Jahre sind dort ca. 5.600 Arbeitsplätze entstanden.

Neben der personalen Vertrauensbeziehung auf der individuellen Ebene hat sich auch eine *institutionalisierte Kooperationsbeziehung* zwischen den Organisationen CentrO. und Kommune herausgebildet (vgl. Abb. 3). Eine Stadtmarketing GmbH, „Tourismus Marketing Oberhausen" (TMO), die von der Kommune betrieben wird, erhält durch das Center-Management organisatorische Unterstützung (z.B. durch gemeinsame Messeauftritte im In- und Ausland sowie durch gemeinsame Durchführung von organisierten Busreisen nach Oberhausen). Daneben unternehmen die Organisationen Kommune und CentrO. jeweils weitere Anstrengungen, um die Attraktivität des Standortes Oberhausen zu erhöhen und um weitere Investoren zu gewinnen. Die Aktivitäten haben die gleiche Stoßrichtung: Es besteht Konsens darüber, daß Oberhausen als Freizeit- und Dienstleistungsstandort ausgebaut werden soll.

Um den Strukturwandel weiter zu forcieren, gründete die Kommune eine Entwicklungsgesellschaft Neu Oberhausen (ENO) und gliederte diese Gesellschaft aus der Kernverwaltung aus. Neben städtischen Aufgaben der Wirtschaftsförderung wird in dieser Organisation die Suche nach weiteren (internationalen) Investoren intensiviert. Darüber hinaus betreibt die Stadt Oberhausen den Ausbau weiterer „Frequenzbringer" (z.B. die Restaurierung des Schloß Oberhausen oder die Durchführung der Landesgartenschau 1999).

Abb. 3: Kooperation der Kommune Oberhausen mit dem CentrO.

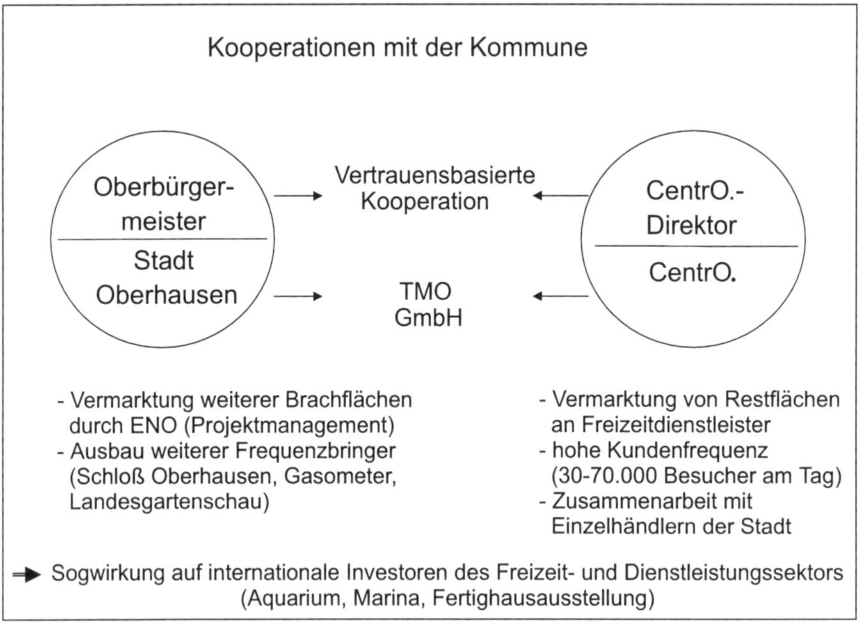

Quelle: Eigene Darstellung

Das CentrO.-Management vermarktet Restflächen auf dem eigenen Areal an weitere Freizeitanbieter (z.B. Familienmusical „Tabaluga") und nutzt die hohe

Besucherfrequenz, um gezielt weitere Investoren der Dienstleistungs- und Freizeitbranche für den Standort Oberhausen anzuwerben. Dabei wirkt die internationale Geschäftstätigkeit des Investorenteams Stadium und P&O durchaus als Katalysator. Mehrere amerikanische Investoren planen zur Zeit, weitere umfangreiche Freizeitprojekte in der „Neuen Mitte Oberhausen" anzusiedeln. Es ist beabsichtigt, ein Seewasseraquarium, eine Marina, eine exorbitante Fertighaus-Ausstellung sowie ein befahrbares Museum, den „gläsernen Menschen", in unmittelbarer Nähe des CentrO. zu bauen.

Das CentrO.-Management ist des weiteren stark daran interessiert „konzertierte Aktionen" des Einzelhandels in der Stadt Oberhausen anzustoßen. Im Arbeitskreis „oto" werden gemeinsame Aktionen (z.B. verkaufsoffener Sonntag) mit weiteren Einkaufscentern der Stadt und dem innerstädtischen Einzelhandel geplant.

3.3 Oberhausen im Vergleich zu anderen Ruhrgebietsstädten

Durch die Aktivitäten des internationalen Investorenteams und durch die Unterstützungsleistungen der Kommune wird versucht, für die Stadt Oberhausen den Strukturwandel von der Industriestadt zum Freizeit- und Dienstleistungsmagneten zu vollziehen. Dieser Vorsatz scheint sich für Oberhausen zunehmend zu realisieren. Die Nachbarstädte Oberhausens mußten aufgrund der Sogwirkung des CentrO. in einigen Segmenten Kaufkraftverluste hinnehmen und reagieren zum Teil mit Planungen für eigenständige Urban Entertainment Center (z.B. Multi Casa in Duisburg; Ufo in Dortmund).

Vergleicht man die Veränderung der Beschäftigtenzahlen in Oberhausen mit der Veränderung der Nachbarstädte und der in ganz Nordrhein-Westfalen, so ergibt sich für Oberhausen eine bemerkenswerte Konstellation.

Betrachtet wird im Folgenden jeweils eine Zeitreihe von 1987 bis 1997, auf deren Grundlage die Beschäftigtenzahlen der Stadt Oberhausen denen des Ruhrgebietes (in den Grenzen des Kommunalverbandes Ruhrgebiet), sowie denen des Landes Nordrhein-Westfalen gegenübergestellt werden.

Für diese Dekade läßt sich für die Stadt Oberhausen die Aussage treffen, daß der Beschäftigungseinbruch im Bereich „Energie- und Wasserversorgung/Bergbau" prozentual betrachtet doppelt so hoch (–4.835 Beschäftigte) ausfällt, wie dies für die Ruhrgebiets- oder die Landesebene zu verzeichnen war (vgl. Abb. 4). Ein ähnliches Bild ergibt sich für die Wirtschaftsabteilung *„Verarbeitendes Gewerbe"*: Auch hier erfolgte in der Stadt Oberhausen innerhalb von zehn Jahren ein Beschäftigungsabbau in Höhe von –40% (absolut –9.598 Beschäftigte), während das Land NRW „nur" einen Einbruch in Höhe von –18% hinnehmen mußte (vgl. Abb. 5).

Abb. 4: Prozentuale Beschäftigungsabnahme im Wirtschaftsbereich „Energie/Wasserversorgung/Bergbau“ 1987-1997

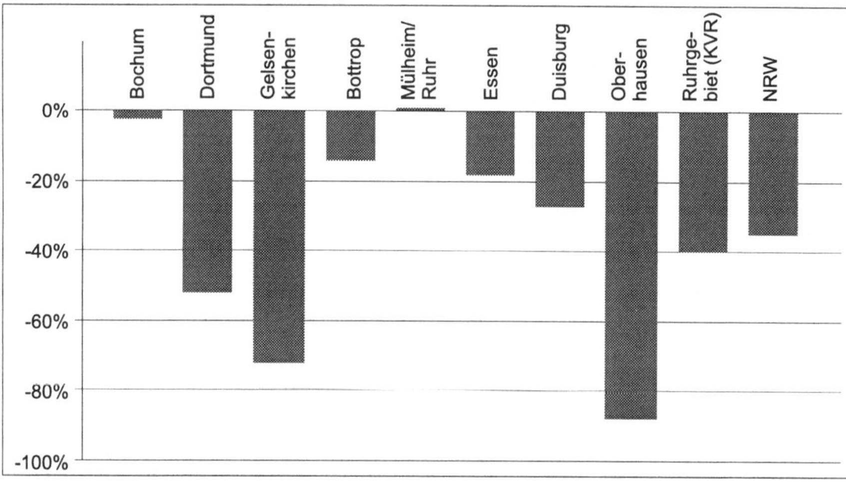

Quelle: Landesamt für Datenverarbeitung und Statistik NRW, Düsseldorf; eigene Berechnungen

Abb. 5: Prozentuale Beschäftigungsabnahme im Wirtschaftsbereich „Verarbeitendes Gewerbe“ von 1987-1997

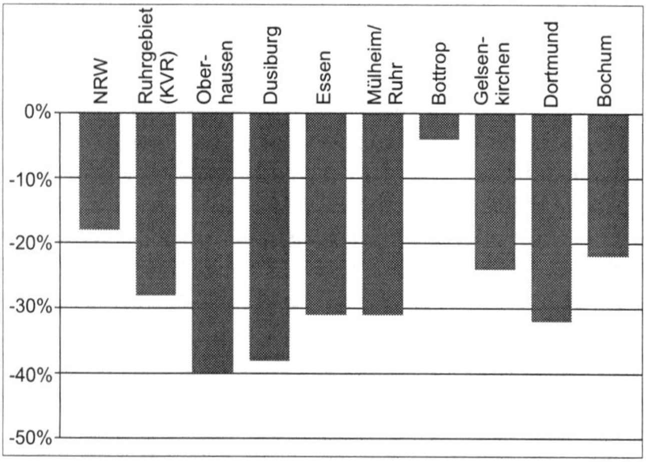

Quelle: Landesamt für Datenverarbeitung und Statistik NRW, Düsseldorf; eigene Berechnungen

Im gleichen Zeitraum gelang es in der Stadt Oberhausen jedoch, die Zahl der Beschäftigungsplätze im Handel und im übrigen Dienstleistungsbereich überproportional zum Ruhrgebiet und auch zum Land NRW auszubauen. Insbesondere für die Wirtschaftsabteilung *„Dienstleistungen, soweit von Unternehmen und freien Berufen erbracht“* läßt sich für Oberhausen eine Steigerung der Beschäftigungsverhältnisse um 90% (absolut 12.426 Beschäftigte) beobachten, während im Ruhrgebiet insgesamt und im Land NRW die Zahl der Beschäftigten um 47 bzw. 48% gestiegen ist (vgl. Abb. 6).

Abb. 6: Prozentuale Beschäftigungsveränderungen von Unternehmensdienstleistungen 1987-1997

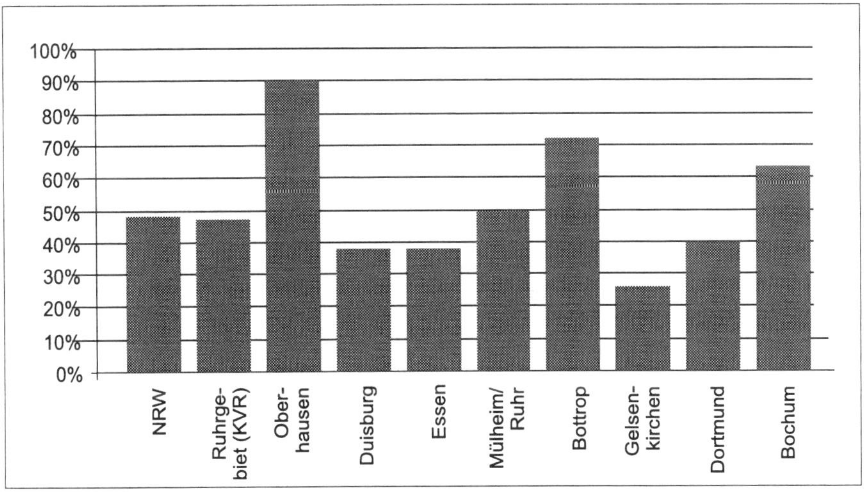

Quelle: Landesamt für Datenverarbeitung und Statistik NRW, Düsseldorf; eigene Berechnungen

Im Bereich des *Handels* ist die Beschäftigungssteigerung für Oberhausen (+ 15%) im Vergleich zum Land (+ 11%) nicht sonderlich auffällig, allerdings gelang innerhalb des Ruhrgebietes lediglich ein Anstieg der Beschäftigtenzahlen von 3% (vgl. Abb. 7).

Insgesamt konnte der Beschäftigungsabbau, der durch Zechenschließungen und durch den Abzug der Schwerindustrie verursacht wurde, durch die Beschäftigungssteigerungen im Dienstleistungsbereich nicht gänzlich kompensiert werden. Über alle Wirtschaftsabteilungen hinweg ergibt sich für Oberhausen ein Beschäftigungsabbau von 4% für die Dekade von 1987 bis 1997. Im gesamten Ruhrgebiet waren 1997 knapp 5% weniger Arbeitnehmer beschäftigt als noch

1987. Landesweit (NRW) gelang in diesem Zeitraum allerdings eine gegenläufige Entwicklung, nämlich ein Beschäftigtenanstieg von knapp 2% (vgl. Abb. 8).

Abb. 7: Prozentualer Beschäftigungszuwachs im Handel 1987-1997

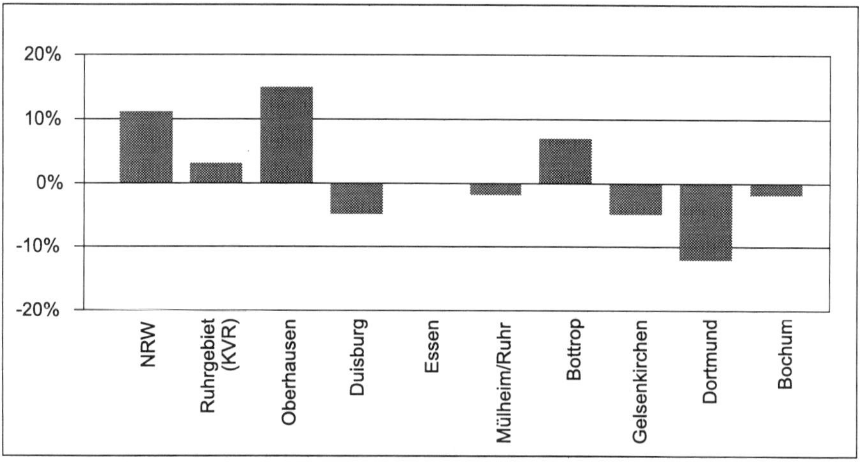

Quelle: Landesamt für Datenverarbeitung und Statistik NRW, Düsseldorf; eigene Berechnungen

Abb. 8: Veränderungen der Gesamtbeschäftigung in Prozent von 1987-1997

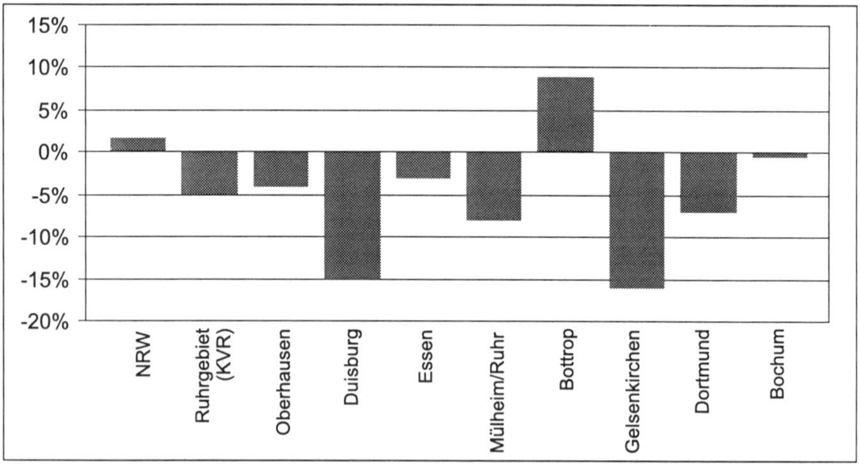

Quelle: Landesamt für Datenverarbeitung und Statistik NRW, Düsseldorf; eigene Berechnungen

Auch im Vergleich mit den Nachbarstädten des Ruhrgebietes zeichnet Oberhausen eine besondere Dynamik der Beschäftigungsentwicklung aus.

Diejenigen Städte verzeichnen den größten Beschäftigungseinbruch, die große Verluste von Arbeitsplätzen in der Energie- und Wasserversorgung und im Bergbau hinnehmen mußten und zugleich nicht in ausreichendem Maße an den Zuwächsen des Dienstleistungssektors partizipieren konnten. Oberhausen fällt dadurch aus dem Rahmen, daß es prozentual die höchsten Beschäftigungseinbußen bei den industriellen Beschäftigungsverhältnissen hinnehmen mußte, gleichzeitig diesen Einbruch mit einem ebenso spektakulären Zuwachs an Dienstleistungsarbeitsplätzen kompensieren konnte.

Neben der überdurchschnittlichen Beschäftigungssteigerung im Handel (15%) verzeichnet insbesondere die Wirtschaftsabteilung „Dienstleistungen, soweit von Unternehmen und freien Berufen erbracht" eine Rekordzunahme an Beschäftigungsplätzen (90%) in Oberhausen. Auch die Städte Bochum (+63%) und Bottrop (72%) liegen weit über dem landesweiten Zuwachs von 48 Prozent, aber doch deutlich unter Oberhausen (vgl. Abb. 6).

3.4 Regionale Einbettung – Einbettung in regionale Netzwerke

Die Eingliederung des CentrO. in ein regionales Netzwerk erfolgt, um Leistungspakete besser vermarkten zu können. Da Oberhausen – isoliert betrachtet – ein relativ mageres touristisches Potential bietet, sollen die Shopping- und Erlebnisangebote des CentrO. mit weiteren Freizeitdienstleistungen des Ruhrgebietes als Paket vermarktet werden. Freizeitdienstleistungen im gesamten Ruhrgebiet werden u.a. durch verschiedene Musical-Theater, durch die Industriekultur-Projekte der Internationalen Bauausstellung, durch den Freizeitpark der Firma Warner Brothers in Bottrop, die Skiarena in Bottrop sowie durch zahlreiche überregionale Messeaktivitäten und Sportveranstaltungen repräsentiert.

Zu diesem Zweck beteiligt sich das CentrO. als Gesellschafter an der Ruhr-Tourismus-GmbH (RTG). Die Ruhr-Tourismus-GmbH ist aufgrund einer Top-Down-Initiative des nordrhein-westfälischen Wirtschaftsministers entstanden, der eine Masterplan-Kommission für Reisen ins Revier ins Leben gerufen hatte. An die Vorschläge der Kommission zur „Organisation des Tourismus im Ruhrgebiet" knüpfen die Aufgaben der Ruhr-Tourismus-GmbH an. In der Mehrzahl handelt es sich bei den beteiligten Gesellschaften um Public-Private-Partnerships, die von der jeweiligen Kommune dominiert werden (vgl. Abb. 9).

Durch die Einbindung von Privatunternehmen soll ein Know-how-Transfer sichergestellt werden, da die Arbeit zunächst eher durch politisches und verbandsorientiertes und weniger durch unternehmerisches Denken geprägt war. Aus diesem Grund zögerten einige der privaten Unternehmen, sich in dieser

Abb. 9: Regionales Netzwerk CentrO.

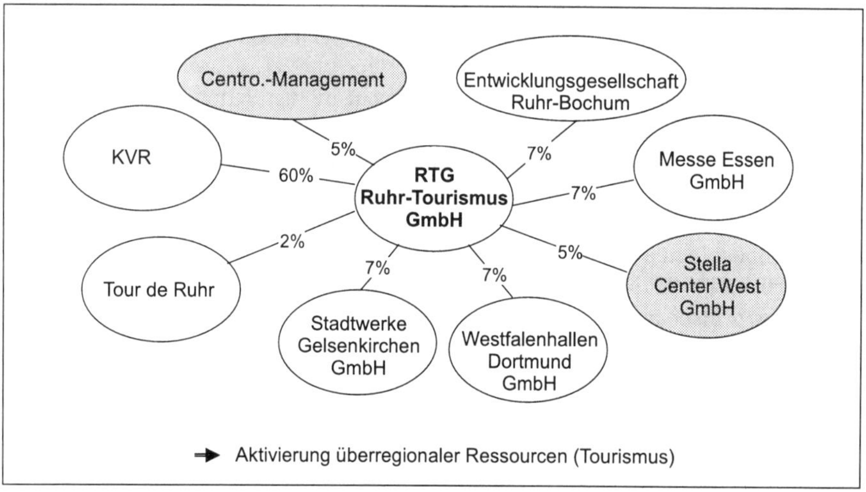

Quelle: Eigene Darstellung

GmbH als Gesellschafter zu engagieren. Hier zeigen sich ein weiteres Mal die Effekte einer *„integrativen Instanz"*, in Person des CentrO.-Direktors, der – bestens vertraut mit Verwaltungsprozessen – den langen Atem beweist, den Entwicklungsprozeß zu begleiten, den die beiden Systeme Wirtschaft und Politik zu einer Annäherung benötigen.

Die Aufgaben, die sich die RTG gestellt hat, bestehen u.a. in der Entwicklung eines Regionalprofils und der Etablierung eines überregionalen Tourismuskonzeptes für das Ruhrgebiet mit einheitlichem Buchungssystem. Hier besteht das Ziel hauptsächlich darin, regionale und überregionale Ressourcen in Form von Kaufkraft durch Tourismus zu aktivieren.

4. Fazit

Faßt man zusammen, in welcher Form überregionale Ressourcen im Fall des strategischen Netzwerkes CentrO. erschlossen werden, kommt man zu folgendem Ergebnis:

1. CentrO. als strategischem Netzwerk gelingt es durch die Quantität der Unternehmen und durch die Qualität zusätzlich bereitgestellter Gemeinschaftsgüter in Form von Dienstleistungen, überregionale Ressourcen in Form

von Kaufkraft „anzusaugen“. Hierfür sind die Bevölkerungsdichte des Ruhrgebietes und der grenznahe Standort als Voraussetzungen zu nennen.

2. Die hohe Kundenfrequenz, die im CentrO. erzielt wird, und die internationalen Kontakte der Investoren haben eine Sogwirkung auf weitere Freizeitdienstleister, die mit flexiblen Verwaltungsstrukturen in der Planungs- und Bauphase rechnen können. Aus diesem Grund wird die Aktivierung überregionaler Ressourcen in Form von Investitionen erleichtert.
3. Darüber hinaus erfolgt eine Einbindung des CentrO.-Managements in ein ruhrgebietsübergreifendes Netzwerk (Ruhr-Tourismus-GmbH); auch hier wird der Versuch unternommen, überregionale Ressourcen in Form von Kaufkraft durch Tourismus zu aktivieren.

Stellt man sich abschließend die Frage, ob die regionale Nähe eine herausgehobene Bedeutung für die Erschließung überregionaler Ressourcen hat, dann kann man konstatieren, daß für das strategische Netzwerk in diesem Fall lediglich eine räumliche Nähe der beteiligten Unternehmen auf einem Areal unabdingbar ist.

Das Netzwerk „CentrO.“ insgesamt ist regionsungebunden organisiert. Die Region ist für die Investoren eines solchen Unternehmungsnetzwerkes austauschbar, die dominierenden Variablen, die auf die Ansiedlungsentscheidung wesentlichen Einfluß nehmen, liegen in der Größe des Einzugsgebietes und damit verbunden in der Bevölkerungsdichte und der Kaufkraft der potentiellen Kunden. In dem hier geschilderten Fall erfolgt eine kommunale Kooperation und eine Einbindung in ein regionales Netzwerk durch das CentrO.-Management aus strategischen Gründen.

Vertreter der Kommune berichten, daß derartige Kooperationsprozesse zu Zeiten der Dominanz industrieller Großunternehmen in Oberhausen kaum erfolgten. Eine frühere Studie zu einer industrieller Großansiedlung im Ruhrgebiet kam zu einem ähnlich „mageren“ Ergebnis, was die Einbindung der Firmenleitung in kommunale und regionale Netzwerke betrifft (vgl. hierzu Thinnes/Wegge 1998).

Abschließend sei die Frage aufgeworfen, ob große Unternehmen des Freizeit- und Dienstleistungsbereiches sich eher als Industriebetriebe in regionale Kooperationen und Netzwerke einbringen, da dies für den Absatz der Güter und Leistungen vorteilhaft ist, oder ob es sich hier um einen Einzelfall handelt, in dem durch strategische Personalpolitik des „global player“ eine vertrauensbasierte Kooperation mit anderen Systemen (hier insbesondere der Kommunalpolitik) erleichtert wurde. Im untersuchten Fall könnte der „global player“ durchaus auch als „vaterlandsloser Geselle“ agieren, da er selbst über genügend finanzielles Potential und internationalen Einfluß verfügt, um adäquates Marketing zu betreiben und das Unternehmen „CentrO.“ als Verbrauchermagnet zu etablieren.

Möglicherweise ist für die Integration von Großorganisationen des Freizeit- und Dienstleistungsbereiches eine Kooperation mit kommunalen und regionalen Akteuren in einem höheren Maße durch die Investoren erwünscht, damit regionale „Absatzpakete“ für das Freizeitpublikum „geschnürt“ und Sogwirkungen auf weitere Anbieter durch eine gemeinsame „Ansiedlungspolitik“ ausgelöst werden können. Dies vor allem deshalb, da der Freizeitmarkt von immer neuen Impulsen lebt und der „Produktzyklus“ eines UEC durch Kooperationen und die daraus erwachsende Attraktivitätssteigerung verlängert werden kann.

Literatur

Beck, U. (1997): Was ist Globalisierung? Frankfurt/M.

Boettcher, E. (1974): Kooperation und Demokratie in der Wirtschaft. Tübingen

Bolz, N. (1999): Rückkehr der Stämme. In: Rheinische Post vom 17.9.1999 „Wissenschaft und Bildung“, Nr. 217

Drescher, B. U.; Dellwig, M. (1997a): Rathaus ohne Ämter, Verwaltungsreform, Public-Private-Partnership und das Projekt Neue Mitte Oberhausen. In: Finanzwirtschaft, 6, S. 133-136

Drescher, B. U.; Dellwig, M. (1997b): Innovative Strukturpolitik und Modernisierung der Verwaltung in Oberhausen. o.O.

Häußermann, H.; Roost, F. (1998): Globalisierung, Global City. In: Häußermann, H. (Hg.): Großstadt. Soziologische Stichworte. Opladen

Marcuse, P. (1994): Die Deurbanisierung „modernisierter“ Städte. Zur Verwertung von Freizeit und Segregation der Konsumfähigen. In: Hilpert, U. (Hg.): Zwischen Scylla und Charybdis? Zum Problem staatlicher Politik und nicht-intendierter Konsequenzen. Opladen, S. 293-307

Olson, M. (1968): Die Logik des kollektiven Handelns. Kollektivgüter und die Theorie der Gruppen. Tübingen

Olson, M. (1985): Aufstieg und Niedergang von Nationen. Ökonomisches Wachstum, Stagflation und soziale Starrheit. Tübingen

Rifkin, J. (2000): The Age of Access. The new culture of hypercapitalism, where all of life is a paid-for experience. New York

Sydow, J. (1992): Strategische Netzwerke. Evolution und Organisation. Wiesbaden

Thinnes P.; Wegge M. (1998): Regionen ohne Netz? – Von den Schwierigkeiten kooperativen Handelns zwischen politischen Akteuren am Beispiel der Opelwerke in Bochum und Eisenach. In: Heinze, R. G.; Minssen, H. (Hg.): Regionale Netzwerke – Realität oder Fiktion. Bochum: Diskussionspapier aus der Fakultät für Sozialwissenschaft an der Ruhr-Universität Bochum, Nr. 4. S. 83-89

Turchiano, F. (1990): The (un)malling of America: The great shopping mall shakeout of the 1990s is just beginning. In: American Demographics,, Band 12, April, S. 36-39

Vahs, D. (1997): Organisation. Einführung in die Organisationstheorie und -praxis. Stuttgart
Voelzkow, H. (1997): Strukturvariablen der Entwicklung von Regionen. Bedingungen des Auf- und Abstiegs. Köln (Manuskript)
Willke, H. (1998): Systemtheorie II. Steuerungstheorie (2. Aufl.). Stuttgart

Jenseits des Industriedistrikts

Globale Warenketten und ihre Institutionen

Philipp Hessinger

Inhalt

1. Das Konzept der „flexiblen Spezialisierung“

Der Titel dieses Aufsatzes zielt auf das von Autoren wie Michael Piore, Charles Sabel, Paul Hirst und Jonathan Zeitlin vertretene Konzept der „flexiblen Spezialisierung“ (Piore/Sabel 1985; Hirst/Zeitlin 1991). Ich habe diesen Zugang aus zwei Gründen gewählt: Zum einen steckt in dem Theoriekonzept der „flexiblen Spezialisierung“ implizit ein netzwerktheoretisches Konzept der industriellen Entwicklung. Zum anderen vertreten die betreffenden Theoretiker ein wirtschaftspolitisches Konzept, welches auf die Notwendigkeit der zivilgesellschaftlichen Einbettung wirtschaftlichen Handelns verweist. Kurz zusammengefaßt läuft mein Einwand gegen die Theoretiker dieser Denkschule darauf hinaus, daß diese zwar ein distinktes zivilgesellschaftliches Modell der kulturellen und sozialen Einbettung wirtschaftlichen Handelns beschreiben, dabei jedoch den wirtschaftlichen Prozeß, der zur Entstehung oder zum Niedergang dieses Modells führt, weitgehend unerklärt lassen. Ich möchte nun im folgenden diskutieren, welche institutionellen Implikationen mit der Entwicklung industrieller Netzwerke verbunden sind.

Diese Vorgehensweise läuft auf eine immanente Kritik des Ansatzes der flexiblen Spezialisierung hinaus. Denn Netze spielen in diesem Ansatz nur insofern eine Rolle, als sie Ausdruck einer *regional basierten Verflechtung* von Unternehmensaktivitäten sind. Ich möchte dem entgegenhalten, daß es neben denen von Sabel u.a. beschriebenen regionalen Vernetzungsformen auch solche *globaler, raumübergreifender Art* gibt. Im Gegensatz zu Sabel, Zeitlin oder Hirst möchte ich damit die Entwicklung regionaler Netzwerke flexibler Produktion als ein Wechselverhältnis der Entwicklung globaler Warenketten zum einen und der Entwicklung eher regionalisierter, distriktförmiger Netzwerke zum anderen verstehen. Es handelt sich in beiden Fällen meines Erachtens um teils komplementäre, teils gegenläufige Tendenzen, die sich aus dem „Doppelcharakter" industrieller Vernetzung erklären lassen. Das hat institutionelle und sozialpolitische Implikationen, die eine rein zivilgesellschaftliche Ebene überschreiten und den Staat in einer neuen Weise als unterstützende und regulierende Instanz ins Spiel bringen. Damit besteht ein gewisser Widerspruch zu dem auf Deregulierung zielenden Ansatz von Sabel, der sich gegen staatsinterventionistisches Handeln richtet (Sabel 1989).

Der Theorieansatz der „flexiblen Spezialisierung" ist sehr viel mehr als ein eng gefaßtes betriebsökonomisches Konzept, wie es das selbstgewählte Theorielabel suggeriert (Hirst/Zeitlin 1997). Im wesentlichen sind es drei Bereiche, zu denen Aussagen gemacht werden.

Die *Basishypothese (erstens)* besteht in der Annahme eines unauflösbaren Gegensatzes zweier unterschiedlicher technologischer Paradigmen – zum einen dem Paradigma der Massenproduktion, beruhend auf dem Einsatz von Spezialmaschinen und gering qualifizierter Arbeitskraft, zum anderen dem Paradigma der flexiblen Spezialisierung, beruhend auf dem Einsatz von Universalmaschinen und hochqualifizierter Handwerker-Arbeit. Diese beiden Paradigmen, so die Annahme, markieren potentielle „Wegscheiden" der ökonomischen Entwicklung. Nach dem Ende der Vorherrschaft des Paradigmas der „fordistischen" Massenproduktion Ende der 70er Jahre, so die Folgeannahme, ist die Entwicklung in allen entwickelten Industrienationen wieder in spezifischer Weise offen (Piore/Sabel 1985). Während in bestimmten Nationalökonomien – wie denen Frankreichs und der USA – der Verabschiedung des fordistischen Paradigmas sehr ernsthafte Widerstände entgegen gesetzt werden, sind weite Teile der italienischen Wirtschaft und der der skandinavischen Länder auf die entgegengesetzte Linie eingeschwenkt. Die Nationalökonomie Japans und Deutschlands nehmen in dieser Hinsicht eine Mittelstellung ein (vgl. Boyer/Hollingsworth 1997).

Zweitens wird davon ausgegangen, daß jedes dieser Paradigmen einen bestimmten Typ der Marktorganisation impliziert. Die beiden Alternativen kann man sehr verkürzt als jeweils auf Geschmacks*nivellierung* bzw. auf Geschmacks*differenzierung* hinzielende Absatzstrategien beschreiben.

Schließlich wird *drittens* davon ausgegangen, daß jedem dieser Paradigmen ein bestimmtes „setting“ von unterstützenden Institutionen entspricht. Im Falle von „flexibler“ Spezialisierung handelt es sich dabei um Institutionen, die etwa dafür sorgen, daß ein ausreichendes Qualifikationsangebot existiert, und dafür, daß Qualitätsstandards in der Produktgestaltung eingehalten werden. Beispiele für derartige Formen der institutionellen Einbettung finden sich nicht nur in den Industriedistrikten Sheffields, Lyons, Solingens und Remscheids während des 19. Jahrhunderts (vgl. Piore/Sabel 1985), sondern auch in den Industriedistrikten Bolognas, Pratos, Jenas oder Zwickaus im beginnenden 21. Jahrhundert (vgl. Cossentino et al. 1996; Hessinger et al. 2000). Typisch für die institutionelle Ausgestaltung dieser Distrikte ist ein Geflecht von Innovationsagenturen und Forschungseinrichtungen, welches durch Agenturen der beruflichen Bildung und Agenturen, die für die Moderation von Interessenkonflikten zuständig sind, ergänzt werden. Diese Institutionen sorgen dafür, daß Konkurrenz und Kooperation in der Zusammenarbeit zwischen flexibel spezialisierten Betrieben ausbalanciert werden. D.h. Trittbrettfahrerstrategien, die etwa darin bestehen könnten, von Konkurrenten qualifizierte Arbeitskräfte abzuwerben, ohne für deren Qualifikationskosten aufzukommen, müssen vermieden werden. Ebenso geht es darum, eine Konkurrenz in Richtung auf eine Qualitätsverschlechterung der Produkte, die ihrerseits den Ansatz für eine Lohnkostenkonkurrenz bieten könnte, zu verhindern. Denn Industriedistrikte, welche diese Entwicklung nicht verhindern können, verlieren schnell ihre Innovativität und geraten damit in eine Abwärtsspirale.

Mitte der 80er Jahre bis etwa Mitte der 90er Jahre fand in Industrie- und Wirtschaftssoziologie eine heftige Debatte über die Realitätstauglichkeit und die Gültigkeit dieses theoretischen Ansatzes statt (vgl. Amin 1994, S. 15f.). Im Großen und Ganzen waren es zwei Kritikpunkte, die im Verlaufe dieser Debatte wiederholt geäußert wurden. Zum einen, so der erste Einwand, entwickelten die Autoren ein dualistisches Modell des wirtschaftlichen Strukturwandels, welches eine simplifizierende Karikatur der wirklichen Verhältnisse darstelle. Zum anderen, so der zweite Einwand, handele es sich um ein voluntaristisches Konzept, welches die immanente Logik der kapitalistischen Entwicklung negiere. Im Rückblick betrachtet kann man vielleicht sagen, daß der erste Einwand sich als berechtigt erwiesen hat, während der zweite – etwa im Blick auf Giddens' Kritik an linearen Evolutionskonzepten – als substanzlos und irreführend anzusehen ist. Tatsächlich stellt die abstrakte Gegenüberstellung zweier technologischer und organisatorischer Paradigmen eine Simplifikation der wirklichen wirtschaftlichen Strukturentwicklung dar. Zu prozeßnäheren Beschreibungen zu kommen, ist allerdings erst möglich, wenn man die spezifische Form der Einbettung flexibel spezialisierter Regionalökonomien in globalen Handlungskontexten genauer untersucht (vgl. Hirst/Zeitlin 1997).

2. Das Problem der institutionellen Einbettung wirtschaftlichen Handelns

Dem Anspruch von Sabel, Hirst und Zeitlin zufolge impliziert das Konzept der „flexiblen Spezialisierung“ ein komplettes Umbauprogramm für die sozialstaatliche institutionelle Struktur entwickelter kapitalistischer Ökonomien. Damit scheinen sich die Intentionen dieser Autoren mit denen neo-liberaler Ökonomien zu treffen. Charles Sabel, aber auch Paul Hirst und Jonathan Zeitlin, haben in einer Reihe von Arbeiten viel dafür getan, diesem Eindruck entgegen zu arbeiten. Ähnlich wie im neo-liberalen Denken setzen sie gleichwohl auf ein Konzept der Selbstregulation der Marktkräfte, die allerdings grundlegend anders definiert und interpretiert werden – nämlich als Kooperationslogiken und nicht als atomistische Konkurrenzstrategien. Diese Kooperationslogiken entwickeln aus sich heraus – im Widerstand und in Widerspruch zu zentralstaatlichen Direktiven und Interventionen – das für sie passende Institutionalisierungsmodell. Das wird von neo-liberaler Seite ähnlich gesehen. Milton Friedman, als führender Vertreter der neo-liberalen Schule, spricht in dieser Hinsicht davon, daß es der Markt ermögliche, „Übereinstimmung ohne Konformität“ zu erzielen (Friedman 1984, S. 45). So gesehen sei der Markt das ideale Medium für die gesellschaftliche Interessenregulierung, da er eine „echte repräsentative Vertretung“ zuläßt. Ganz im Gegensatz dazu sei in der politischen Sphäre eine derartige Repräsentativität aufgrund des Vorherrschens von Sondergruppen sehr viel schwerer zu erreichen. Das staatliche Handeln, so Friedman, solle sich folglich auf jene „unteilbaren Bereiche“ gesellschaftlichen Handelns – wie z.B. die Landesverteidigung – beschränken, in denen eine wirksame proportionale Vertretung unmöglich sei. Demgegenüber belaste

> „jede Erweiterung des Problemkreises, die eine ausdrückliche Einigung verlangt ... die empfindlichen Fäden, durch die das Gesellschaftssystem zusammengehalten wird“ (ebd., S. 46).

Im neo-liberalen Denken wird dabei eine Unterscheidung zwischen *substitutionalen* und *komplementären* Institutionen vorgenommen. Substitutionale Institutionen übernehmen Aufgaben, die Unternehmen selber nur unter Inkaufnahme hoher Kosten wahrnehmen können. Die Entscheidung, welche Aufgaben substitutional durch öffentliche Institutionen wahrgenommen werden sollen, ist damit eine reine Kostenfrage. Demgegenüber nehmen komplementäre Institutionen Funktionen wahr, die durch privatwirtschaftliche Initiativen nicht erledigt werden können. In diesem Sinne gibt es Friedman zufolge im wesentlichen zwei staatliche Aufgabenbereiche, die einen komplementären Charakter haben. Dabei handelt es sich zum einen um die Funktion des Staates als „Spielleiter und Schiedsrichter“, welche z.B. die Rechtsprechung betrifft, und zum zweiten die Funktion des Staates als „pater familias“, welche die Versorgung ökonomisch und sozial unselbständiger Personenkreise – wie z.B. die psychisch Behinderter – betrifft. Substitutionale Staatsfunktionen zielen demgegenüber auf jene Aufgabenbereiche, die prinzipiell auch in privatwirtschaftlicher Form organisiert werden könnten, die allerdings aufgrund bestimmter technologischer Besonderheiten für Tendenzen der Monopolbildung bzw. für das Auftreten ungewünschter Nebeneffekte „neighbouring effects“ anfällig sind. Die klassischen Beispiele für das Aufkommen technologisch bedingter Monopoleffekte sind etwa das Schienenverkehrssystem und das Postsystem. Als Beispiel für ungewollte Nebeneffekte kann die Gewässerverschmutzung, als Beispiel für gewollte Nebeneffekte die staatliche Gewässerregulierung angesehen werden. In der neo-liberalen Sichtweise besteht die Crux substitutionaler Institutionen darin, daß sie in der Regel relativ leicht ihre Kosten legitimieren können. Da diese sich aber einer klaren Messung entziehen, bilden sich leicht Wasserköpfe. Die dagegen empfohlene Kur ist bekannt: strikte Sparsamkeit und eine möglichst weitgehende Reduktion der substitutionalen Bereiche durch eine Politik der Privatisierung.

Sabel geht in seinen Vorschlägen auf diese neo-liberale Perspektive ein (Sabel 1989). Auch er fordert neue „kostengünstige“ Institutionen, welche sich flexibel den Unternehmenserfordernissen anpassen. Dabei geht es ihm allerdings nicht – wie vielen Neo-Liberalen – um eine radikale Reduktion von Wohlfahrtsaktivitäten, sondern vielmehr um deren „Umbettung“ von der zentralstaatlichen auf die regionale Ebene. Sein Ziel ist die Schaffung von regionalisierten Wohlfahrtsökonomien, die weitgehend von Distriktinstitutionen getragen werden. Offen bleibt dabei allerdings, welche Eigenschaften von Märkten einen derartigen Wandel ermöglichen könnten. Der Unterschied zum neo-liberalen Ansatz liegt meines Erachtens dabei in dem, was man als „*Sozialkapital*-Perspektive“ bezeichnen könnte.

Dieser Begriff impliziert, daß es jenseits des physischen Kapitals, welches produktives Kapital *ermöglicht*, auch so etwas wie ein Beziehungskapital gibt, welches ökonomisches Handeln *erleichtert*. Die Vertreter des Konzepts der „flexiblen Spezialisierung“ benutzen den Begriff des Sozialkapitals allerdings nicht direkt, sondern eher implizit (vgl. Sabel 1993). Das ist um so bedauerlicher, als sich ausgehend von diesem Begriff zeigen ließe, daß die neo-liberale Sichtweise eine atomistische Theorie des Markthandelns unterstellt, die eine Orientierung auf Kollektivgüter weitgehend unrealistisch erscheinen läßt. Eine Verpflichtung auf Gemeinwohlinteressen erscheint demgegenüber aus der Perspektive der Anhänger der „flexiblen Spezialisierung“ dringend geboten, um ihrem Konzept zum Durchbruch zu verhelfen. So gesehen bedingt die Entwicklung industrieller Netzwerke, ganz im Gegensatz zur neo-liberalen Sichtweise,

- erstens eine Weiterung des „Problemkreises, der eine ausdrückliche Einigung verlangt“ und zudem
- zweitens einen systematischen Umgang mit „neighbouring effects“.

Denn die netzwerkspezifischen Handlungsfaktoren – wie Wissensdichte, Kontakthäufigkeit etc. – sind ihrem Charakter nach wesentlich *Neben*folgen intentionalen Handelns, deren „Kapitalisierung“ bestimmte institutionelle Rahmenbedingungen impliziert.

Ich möchte nun im folgenden zeigen, daß die Entwicklung institutioneller Arrangements in industriellen Netzwerken ein Geflecht miteinander verschränkter und komplementärer Faktoren darstellt, so daß die in der neo-liberalen Theorie praktizierte Unterscheidung von komplementären und substitutionalen Funktionen hinfällig wird. Mit anderen Worten – in industriellen Netzwerken gehen Schiedsfunktionen und Unterstützungsfunktionen, rein staatliche und zivilgesellschaftliche Funktionen deswegen ineinander über, weil die Erzielung positiver „neighbouring effects“ gerade im Wesen dieser Wirtschaftsweise liegt.

3. Die institutionelle Logik der Netzwerkentwicklung

Coleman und Bourdieu, die eigentlichen Urheber des Begriffes „Sozialkapital“, gehen davon aus, daß dieses nur indirekt meßbar ist, insofern es in ökonomisches Kapital konvertiert wird (Coleman 1991; Bourdieu 1992). Sie unterstellen aber gleichwohl, daß es sich um eine reelle ökonomische Größe handelt. Damit läßt sich die Funktion von ökonomischen Institutionen in „terms“ von Marktlogiken beschreiben, wodurch eine Anschließbarkeit an die neo-liberale Konzeption geschaffen wird, die gleichzeitig eine kritische Distanzierung erlaubt.

In der Colemanschen Konzeption des Sozialkapitals sind vier Typen von besonderer Bedeutung (Coleman 1991, S. 389ff.). Einen ersten Typ von Sozialkapital stellen *Informationskanäle* dar. Durch derartige Kontakte und Kontaktnetze ist es möglich, einerseits Informationskosten zu sparen und andererseits an Informationen heranzukommen, deren Relevanz sich erst im Nachhinein herausstellt. In dieser Hinsicht spricht man auch von Gelegenheiten. Einen zweiten Typ stellen *gegenseitige Verpflichtungen* dar. Obligationen ermöglichen einerseits das „Ansparen“ nicht kapitalisierbarer Guthaben. Andererseits können sie auch zur Mobilisierung von Startkapital benutzt werden, wie an dem von Wirtschaftsanthropologen gern aufgeführten Beispiel der sogenannten „rotierenden Kreditassoziationen“ deutlich wird.[1] Diese beiden Typen von Sozialkapital ste-

---

1 Derartige Assoziationen ermöglichen es ihren Mitgliedern, an Startkapital für Unternehmungsgründungen zu kommen. Das Prinzip ist denkbar einfach: Jeder zahlt in einem bestimmten Zeitintervall einen Beitrag in einen gemeinsamen Topf; jedes Assoziations-

hen für *offene* Vergesellschaftungsformen, d.h. ihre Mobilisierung ist mit dem individuellen Eigeninteresse der Akteure unmittelbar vereinbar und sie benötigen keine weiteren Stützinstitutionen.

Im dritten und vierten Fall ist das anders, d.h. diese Typen des Sozialkapitals sind abhängig von *sozialer Schließung* und Zugangsbeschränkungen. Ich möchte in diesem Fall von *„kompakten"* Formen des Sozialkapitals sprechen. Als einen dritten Typ könnte man dabei *„korporatisches Vertrauen"* bezeichnen, welches gleichzeitig als Grundlage wie auch Folge betrieblichen und organisatorischen Handelns erscheint. Ein besonders wichtiger Aspekt dieses Typs ist die Inkorporierung von Produktionswissen. Schließlich kann man *„sozial wirksame Normen"* als einen vierten Typ anführen. Derartige Normen – etwa im Sinne des Schutzes vor Gewaltverbrechen und Betrug – stellen wichtige Kollektivgüter – wie z.B. Sicherheit – zur Verfügung und ersparen damit Versicherungskosten und kostspielige Selbsthilfeaktivitäten.

Wirtschaftliche und industrielle Netzwerke lassen sich generell als konkrete Ausprägungen von Sozialkapital begreifen. Durch Netzwerkbildung werden die auf sozialer Schließung beruhenden Kapitalformen „verflüssigt" und an die offenen Sozialkapitalformen anschließbar gemacht. Netzwerke werden dabei oft als eine Art dritter Weg zwischen den beiden Koordinationsalternativen „Markt" und „Hierarchie" definiert. Reine Marktbeziehungen, im Sinne von Spot-Märkten, sind freilich mit der Bildung von Sozialkapital unvereinbar, denn sie beruhen auf dem Prinzip der gegenseitigen Austauschbarkeit der Akteure (vgl. Emerson 1972). Demgegenüber inkorporieren innerbetriebliche Hierarchien, wie schon erwähnt, Sozialkapital in Form von Vertrauen und Produktionswissen. Industrielle und wirtschaftliche Netzwerke lassen sich nun als *Verschränkung* marktförmiger und hierarchischer Koordinationsformen begreifen, insofern sie im Bereich marktförmiger Beziehungen dauerhafte Bindungen schaffen. Derartige Netze können als „Verkörperung" unterschiedlicher Formen von Sozialkapital angesehen werden. Sie stellen *„Inkorporierungsmuster"* dar. Den Begriff Inkorporierung als Gegenbegriff zu „Transaktion" beziehe ich von Fredrik Barth, der damit relativ dauerhafte Beziehungen zwischen Marktteilnehmern bezeichnet, während „Transaktionen" punktuelle Ereignisse darstellen (Barth 1981, S. 85ff.).

Die Entwicklung und Entstehung industrieller Netzwerke läßt sich daher ausgehend von der basalen Entscheidungsalternative zwischen Markt und Hierarchie in zwei Dimensionen verfolgen. Zum einen entstehen Netzwerke durch die Dezentralisierung großer Unternehmen und die Ausgründung einzelner Aktivitätsfelder in neue teilautonome und selbständige Betriebseinheiten, die nunmehr lose statt wie bisher eng miteinander verkoppelt sind. D.h. Netze ersetzen

mitglied hat damit das Recht, einmal den gesamten Topfinhalt für sich alleine zu bekommen (vgl. Geertz 1962).

hierarchische Koordinationsformen durch solche, welche auf der Interdependenz der Teilnehmer beruhen. So gesehen sind industrielle Netzwerke *„Interdependenzmuster“*, wobei man diese dann als „Wertschöpfungspartnerschaften“ im Rahmen von Zuliefer-Abnehmerbeziehungen, „Wertschöpfungsketten“ u.ä. näher spezifizieren kann. Der Begriff „flexible Spezialisierung“ im engeren Sinne bezeichnet dann nichts anderes als einen möglichen Typ eines Interdependenzmusters. Derartige Interdependenzmuster sind mit marktförmigen Beziehungen zwischen den Akteuren durchsetzt und sind deswegen mehr als eine Verlängerung der innerbetrieblichen Hierarchien in den zwischenbetrieblichen Bereich. Nehmen wir etwa an, daß ein Betrieb, der zu einem bestimmten Zeitpunkt überausgelastet ist, einige Aktivitäten auslagert und diese einem Subkontraktor überläßt, und nehmen wir weiter an, daß dieser Subkontraktor ein potentieller Konkurrent desselben Betriebes ist. In diesem Fall sind Kooperationsbeziehungen in der Zulieferkette mit Konkurrenzbeziehungen durchsetzt, wobei letztere im Interesse vertrauensvoller Zusammenarbeit zurückgestellt werden (vgl. Sabel 1994). Das konkrete Netzwerk, in dem ein Betrieb agiert, umfaßt folglich neben den unmittelbaren Kooperationspartnern und Zulieferern den gesamten Bereich marktvermittelter Konkurrenzbeziehungen. Dieses teils aus latenten, teils aus manifesten Bindungen und Beziehungen bestehende Kontaktnetz „inkorporiert“ damit ein beträchtliches Sozialkapital. Ein besonders wichtiger Aspekt ist der Informationsaustausch und die Erschließung von Informationskanälen. Insofern sind Interdependenzmuster in ein umfassendes Inkorporierungsmuster eingebettet. Diesen Zusammenhang veranschaulicht das folgende Schema (vgl. Abbildung 1).

Abb. 1: Der Doppelcharakter industrieller Netzwerke

	Koordinierungsform	
Handlungsdimension	Netzwerke	funktionales Äquivalent
Festigung (von Positionen)	Interdependenzmuster	Hierarchie
Alternativensuche (bezogen auf Bindungen)	Inkorporierungsmuster	Markt

Die Unterscheidung von Interdependenz- und Inkorporierungsmuster läuft auf den Vorschlag hinaus, die Entwicklung von industriellen Netzwerken als einen offenen Prozeß zu betrachten, der weit mehr umfaßt als die Stabilisierung eines modellhaft definierten Interdependenzmusters (wie z.B. „lean-production“, „flexible Spezialisierung“ etc.). Der Begriff „Inkorporierungsmuster“ verweist dabei auf ein Wechselspiel von latenten und manifesten Beziehungen. D.h. die Kontaktnetze auf den Märkten können unter Umständen in höchst reale Partnerschaften umgewandelt werden. Dabei wäre es interessant herauszubekommen, wann und unter welchen Umständen Netzwerke zu korporatistischer Schließung und wann zu eher marktorientierter Öffnung tendieren; welche Institutionen wichtige Funktionen übernehmen etc. Der eher metaphorische Begriff „Netzwerk" schafft in dieser Hinsicht eine trügerische Eindeutigkeit. Dieser Vorschlag läuft also darauf hinaus, die Entwicklung der Netzwerkbeziehungen im Hinblick auf die *Erschließung von Sozialkapital* durch die beteiligten Akteure zu untersuchen. Netzwerke interessieren daher als *Aktivierungspfade („action-sets")*. Von Interesse ist, wie gegebene Netzwerkbeziehungen durch konkrete Akteure genutzt, manipuliert und weiterentwickelt werden, so daß sich aus diesen Beziehungen neue Beziehungen entwickeln, die ihrerseits auf die Akteure zurückwirken.

Von entscheidender Bedeutung sind in diesem Zusammenhang zwei Typen von Mittlerfunktionen, die ich als *Makler-* und als *Patronagefunktionen* bezeichnen möchte (vgl. Hessinger et al. 2000, S. 39f.). Die Funktion von Maklern besteht dabei in der Erschließung und Vermittlung von Informationen und deren Orientierung auf Interessenten. Sofern Makler in einem sich dynamisch entwickelnden Beziehungsnetz handeln, sind sie bei der Vermittlung von Kontakten und Vertragsabschlüssen auf Vertrauensintermediäre angewiesen. Die Funktion von Patronen besteht in der Verflüssigung von Vertrauen in Form von Treuhänder- und Treugeberbeziehungen. Makler handeln an der Schnittstelle zwischen virtuellen und reellen Beziehungen. D.h. sie positionieren sich innerhalb eines Inkorporierungsmusters von Beziehungen mit dem Ziel, Sozialkapital in den eigenen Händen zu bündeln und es Dritten gegen Gegenleistung zur Verfügung zu stellen. Um innerhalb hierarchisch strukturierter Organisationen und über die Organisationsgrenzen hinweg handlungsfähig zu sein, bedürfen Makler gewisser „Türöffnerdienste". Die Wahrnehmung von Patronagefunktionen – die etwa in den traditional geprägten Gesellschaften des Mittelmeerraums in Türöffnerdiensten für „Klienten" besteht – bekommt so in einem posttraditionalen Kontext einen neuen Inhalt. Patronagefunktionen in industriellen Netzwerken betreffen nunmehr die Ermöglichung von Routine- und Hierarchieunterbrechungen durch Schaffung eines Vertrauenshintergrundes. Denn das Maklerhandeln muß gegenüber den hierarchischen Vorgesetzten gedeckt werden. Patronagefunktionen dieser Art werden etwa von den sogenannten „simultaneous engineering teams" der großen Automobilunternehmen übernommen (Hessinger et al. 2000, S. 131ff.). Diese Patronagefunktion zielt auf die Sicherung eines Interdependenzmusters und seine Öffnung gegenüber der Vielzahl von latenten und virtuellen Beziehungsmöglichkeiten. Das betrifft etwa betriebsübergreifende Innovationsaktivitäten oder Aktivitäten der Kontaktaufnahme zwischen unterschiedlichen Betrieben zugehörigen Arbeitsteams. Es versteht sich dabei von selbst, daß diese beiden Funktionsbezeichnungen in der Regel nicht mit der

Selbstetikettierung der Akteure im Netz identisch sind, und daß die Wahrnehmung dieser Funktionen an Mitgliedschaftsrollen in Organisationen gebunden ist. Allgemein gesprochen kann man sagen: Makler haben in Beziehungsnetzen eine Mobilisierungsfunktion und Patrone eine Flexibilisierungsfunktion, wobei sich diese beiden Funktionen ergänzen und verschränken.

4. Fallbeispiel: Die Rolle der Klassifikationsgesellschaften in der Entwicklung der norwegischen maritimen Industrie

Ich möchte im folgenden zeigen, wie sich aus den besonderen Marktbedingungen einer Branche heraus Institutionen entwickeln, die gleichermaßen Makler- und Patronagefunktionen ausüben.[2] Bei der von mir als Beispiel gewählten Branche handelt es sich um die maritime Industrie. Wichtige Institutionen dieser Branche lassen sich als Kristallisationszentren des im Netz vorhandenen Sozialkapitals begreifen. Das bedeutet, daß sich im Sinne der neo-liberalen Theorie eine klare Unterscheidung zwischen solchen Institutionen, die Schieds- und Schlichtungsfunktionen wahrnehmen (und dabei ökonomisch uninteressiert sind) und solchen, die im Bereich privatwirtschaftlichen Handelns selbst ansetzen (und diesen gestaltend unterstützen), nicht durchhalten läßt. Mit anderen Worten – diese Institutionen bilden ein Unterstützungsnetzwerk, in dem Makler- Patronage- Funktionen miteinander verknüpft werden. Dabei läßt sich ein doppelter Prozeß beobachten: Zum einen „öffnen" sich die distriktlichen Unternehmen gegenüber neuen Normen und Verpflichtungen. Zum anderen erschließen sie neue Handlungsmöglichkeiten, indem sie auf das „kompakte" Sozialkapital überregional agierender Institutionen zurückgreifen. Ich möchte im folgenden derartige Beziehungsnetzstrukturen am Beispiel der norwegischen Werftindustrie darstellen (vgl. Nordvik 1983). Die norwegische Werftindustrie ist ein Beispiel dafür, wie Netzwerke flexibel spezialisierter Unternehmen die Turbulenzen der Marktentwicklung im maritimen Bereich meistern können (Andersen 1997).

Kleinbetrieblich strukturierte, regionale Cluster flexibel spezialisierter Betriebe sind in der maritimen Industrie heute eher selten zu finden. Speziell die zur Zeit am Weltmarkt führenden koreanischen Werftunternehmen verfolgen ein Produktionskonzept, welches eine modernisierte Variante des klassisch „fordistischen" Massenproduktionsparadigmas darstellt. Im Werftenbereich haben

2 Die folgenden Ausführungen beruhen zum Teil auf eigenen empirischen Erhebungen, die im Rahmen eines DFG-Projektes in deutschen Filialen norwegischer Unternehmen durchgeführt wurden. Dieses Projekt ist mittlerweile abgeschlossen. Der Abschlußbericht trägt den Titel „Regionale Knoten in globalen Warenketten" (Eichhorn et al. 2001) Weiteres empirisches Material beziehe ich aus Literaturrecherchen.

sich erst in den 50er und 60er Jahren verstärkt Verfahren und Organisationsformen der Massenproduktion durchgesetzt. Diese gerieten allerdings schon in den 70er Jahren mit der Ölkrise und dem damit zusammenhängenden Einbruch des Öltankermarktes in die Krise (Nordvik 1983). Fordistische Verfahren in der Werftenindustrie orientieren sich dabei weniger an der Seriengröße, die notwendigerweise immer recht klein sein muß. Wichtiger ist vielmehr die Normierung/Standardisierung der Teilefertigung, die Einführung des Prinzips der Sektionsfertigung und die Verkürzung der „Küstenlinie" der Werftbetriebe. All diese Maßnahmen zielen auf die Etablierung einer Fließkette. Der eigentliche Beginn der Massenproduktion war der Tankerboom der 50er und 60er Jahre, durch den etwas größere Produktserien ermöglicht wurden. Die führenden Schiffbaunationen in dieser Phase waren Schweden und Japan. Der dramatische Einbruch der Tankernachfrage Ende der 70er Jahre führte international zu einem Werftensterben, in dessen Folge die ehemals führende schwedische Werftenindustrie vollständig von der Bildfläche verschwand. Auch in Norwegen überlebten nur einige wenige Großbetriebe. An der norwegischen Nordwest-Küste hingegen florierte ein eher kleinbetrieblich strukturierter Werftendistrikt, der sich Ende der 80er Jahre aus einer eher marginalen Position heraus zu einer führenden Region innerhalb des Landes aufrichtete.

Die flexibel spezialisierten Betriebe in diesem Industriedistrikt waren ursprünglich kleine Reparaturwerften, die sich auf das Segment der Fischereischiffe spezialisiert hatten (Andersen 1997). In den 80er Jahren erschlossen diese Betriebe neue Märkte. In das Produktprogramm wurden Schiffe für den Küstenverkehr, Transportschiffe zu den Bohrinseln der Nordsee, aber auch Spezialschiffe, wie z.B. Containerschiffe, aufgenommen. Das Erfolgsrezept dieser Betriebe bestand zunächst in einer weitgehenden Subkontrahierung von Gewerken und Diensten, die auch an Konkurrenten im Distrikt überantwortet werden können. Darüber hinaus wurde extensiv auf betriebsexterne „Engineering"-Dienste zurückgegriffen, welche von Forschungsinstituten, „Engineering"-Unternehmen und anderen Agenturen angeboten werden. Von entscheidender Bedeutung für die Entstehung und Konsolidierung dieses neuen Industriedistriktes war die Stabilisierung der Zusammenarbeit zwischen den Unternehmen, welche durch ein dichtes Geflecht von Unterstützungsinstitutionen ermöglicht wurde. Zunächst zu nennen ist die Konstituierung eines Unternehmerverbandes neuen Typs, der während der 60er Jahre zu einer Marketing- und Kreditgenossenschaft für die Betriebe umorganisiert wurde. Darüber hinaus existiert in Norwegen ein weit ausdifferenziertes Innovationsnetzwerk für die Werftenindustrie, welches aus Consulting-Unternehmen, „Engineering"-Unternehmen, Versicherungsgesellschaften, dem Osloer Schiffsmaklermilieu und verschiedensten Forschungs- und Entwicklungseinrichtungen besteht. All diese Institutionen operieren an der zentralen Schnittstelle dieser Branche, d.h. der Schnittstelle zwischen Reedern und Werften. Schiffsmakler vermitteln nicht nur Reedern Frachtaufträge, sondern sie orientieren unter Umständen Reeder auf bestimmte Schiffbauer. Eine ganz besondere Rolle spielen in diesem Zusammenhang die sogenannten „Klassifikationsgesellschaften". Jedes Schiff muß versichert werden. Um das zu versichernde Schiff einer adäquaten Risikoklasse zuzuordnen, ist eine sehr weitgehende technische Überprüfung notwendig. Das Ergebnis dieser technischen Überprüfung ist das sogenannte „Klassenzertifikat". Die Klassifikationsgesellschaften verknüpfen damit drei sehr unterschiedliche Aktivitätsfelder der maritimen Industrie miteinander, nämlich erstens die Werften mit den Reedern und zweitens die Reeder mit den Charter- sowie Versicherungsgesellschaften.

Betrachtet man dieses Inkorporierungsmuster insgesamt, so kann man sagen: das hier investierte und erschlossene Sozialkapital besteht im wesentlichen aus *marktoffenen Kapitalformen*. Das betrifft etwa die *Informationskanäle* zwischen Maklern, Reedern und Werften oder die *Verpflichtungsbeziehungen* zwischen den Reedern und den Werften oder der Werften untereinander. Hinzu kommen *geschlossene Kapitalformen* wie das in den Forschungseinrichtungen und den „Engineering"-Unternehmen kristallisierte *Produktionswissen*. Im Großen und Ganzen fällt es schwer zu unterscheiden, ob es sich bei diesen Unterstützungsinstitutionen um solche mit einem *substitutionalen* oder solche mit einem *komplementären* Charakter handelt. Besonders deutlich wird das im Falle der Klassifikationsgesellschaften, die aus ihrer ursprünglichen Rolle einer Schlichtungs- und Schiedsrichterinstitution inzwischen herausgewachsen sind.

Um diese Entwicklung zu verstehen, ist es notwendig, etwas eingehender die Entwicklung der Wissensdomänen innerhalb des maritimen Sektors zu betrachten. Indiz für diesen Wandel der Wissensanforderungen auf den Produktmärkten ist der Funktionswandel einer der zentralen Unterstützungsinstitutionen des Nordwest-Distrikts – nämlich der von „Det Norske Vertas", der norwegischen Klassifikationsgesellschaft.

Det Norske Vertas (DNV), weltweit die viertgrößte Institution dieser Art, hat einen rein privatwirtschaftlichen Charakter (Andersen/Collet 1989). Ursprünglich handelte es sich bei der DNV, wie bei allen Klassifikationsgesellschaften, um eine Institution, die zwischen Versicherern und Reedern sowie zwischen Reedern und Schiffsbauern vermittelte und dabei eine Art Spielleiterfunktion wahrnahm. Ähnlich wie andere Klassifikationsgesellschaften übernahm die DNV damit Funktionen, die in anderen Wirtschaftsbereichen in der Regel von Seiten des Staates – etwa durch die Gewerbeaufsicht – übernommen werden. Seit den 50er Jahren – und verstärkt seit den 70er Jahren – ist nun zu beobachten, daß diese Institution den Status eines passiven Normeninterpreten aufgibt und in den Status eines „Engineering"-Unternehmens hineinwächst, welches selber Normen entwickelt und damit die industrielle Entwicklung der gesamten Branche stimuliert. D.h. die Det Norske Vertas avancierte zum Subkontraktor und Berater der Branchenunternehmen. Diese Entwicklung gipfelt darin, daß die DNV, die bisher als Vertrauensintermediär zwischen Werften, Reedern und Versicherungsgesellschaften fungierte – und der damit aus der Perspektive der Schiffbauer betrachtet eine Art Patronage- und Türöffnerfunktion zukam –, nunmehr zunehmend als Makler zwischen diesen verschiedenen Interessengruppen auftritt. Ein wichtiger Bezugspunkt dieser Maklerfunktion ist die sogenannte „makers-list", d.h. eine zwischen Reedern und Werften gemeinsam ausgehandelte Liste von Zulieferunternehmen, die für jedes Zulieferteil eine begrenzte Anzahl möglicher Zulieferfirmen enthält. Die spezifische Maklerfunktion der DNV besteht in diesem Zusammenhang in der Initiierung von Gesprächsrunden zwischen Reedern, Werften und Werftzulieferern (im Rahmen des sogenannten „scandinavian technical committee"). Dabei fungieren die von der DNV angebotenen und vertriebenen unterschiedlichen Normensysteme und Qualitätssiegel zunehmend als Anreize, die Zusammenarbeit der verschiedenen Interessengruppen untereinander zu stimulieren. Weit entfernt davon nur Mindestanforderungen durchzusetzen, wurde die DNV damit zur technologischen Zentralinstanz der gesamten Branche, in der das gesamte relevante Produktwissen gebündelt und in einem wechselseitigen Austauschprozeß zwischen den Kooperationspartnern weiterentwickelt wird. Darüber hinaus nimmt die DNV noch eine wichtige Brückenfunktion in nebengelagerte Produktmärkte wahr. Das betrifft insbesondere den „Offshore"- Bereich, in dem die DNV über ihre neu gewonnene Auditierungs-Kompetenz für die Sicherheitsstandards von Bohrplattformen technologische Kernkompetenz erworben hat. Somit ergeben sich aus den Vermittlungsdiensten dieser Institutionen wichtige Orientierungsmarken für die Unternehmen der maritimen Industrie. Eine unmittelbare Folge der Ausdehnung des Aktionsradius dieser wichtigen Mittlerinstitution ist eine zunehmend engere Verknüpfung zwischen dem eigentlichen Schiffbaubereich und dem „Offshoresektor", welche auch in den Produktmarktstrategien der Unternehmen des Nordwest-Distrikts ihren Niederschlag findet. Die DNV ist damit die treibende Kraft zur Entwicklung einer die Charter- und Versicherungsgesellschaften, Reeder, Werften und Werftzulieferer gleichsam umfassenden „Warenkette". Diese Warenkette greift weit über den unmittelbar regionalen Kontext hinaus, d.h. sie hat tendenziell einen globalen Charakter. Die Struktur dieser Warenkette veranschaulicht das folgende Schema (vgl. Abbildung 2):

Formen der Verkettung zwischen Unternehmen in einer Zulieferpyramide sind in der deutschen Industriesoziologie wohlbekannt. Dieter Sauer und Volker Döhl sprechen in diesem Zusammenhang etwa von Wertschöpfungsketten. Deren Mechanismus

> „unterstellt, daß fokale Unternehmen vor- und nachgelagerte Produktionsstufen in einer Weise beeinflussen können, daß direkt oder indirekt rentabilitätssteigernder Effekte für das eigene Unternehmen erzielt werden. Der kooperativ er-

zielte Profit wird gleichsam gemeinsam produziert und dann – aufgrund der Machtasymmetrie innerhalb der Wertschöpfungskette – zugunsten des fokalen Unternehmens ungleich verteilt" (Sauer/Döhl 1994, S. 200).

Abb. 2: Die Warenkette der Schiffbau- und Schiffahrtsindustrie

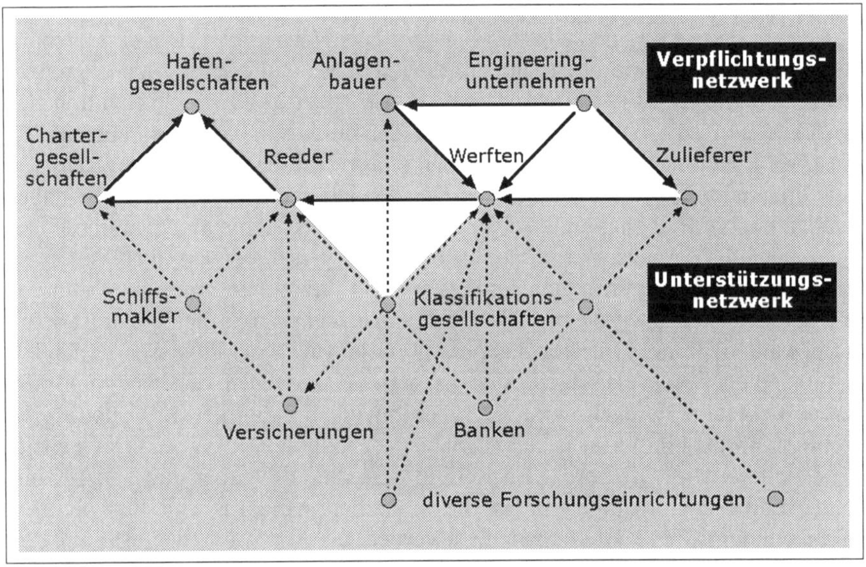

Das Fallbeispiel der maritimen Industrie macht nun deutlich, daß dieses Konzept der Wertschöpfungskette gewissermaßen nur den Ist-Zustand innerhalb eines je gegebenen Interdependenzmusters darstellt. Es blendet hingegen aus, wie und nach welchen Spielregeln die Positionen innerhalb der Kette vergeben werden und welche Mittlerfunktionen dabei eine Rolle spielen. So betrachtet stellen Warenketten Verknüpfungen zwischen Produktions- und Innovationsnetzwerken dar. Das Konzept der Wertschöpfungskette stellt damit nur eine „halbierte" Sichtweise der Dinge dar, die sich auf die Analyse der bestehenden Interdependenzmuster konzentriert. Im Konzept der Warenkette werden demgegenüber Interdependenzmuster im Rahmen ihres jeweiligen Inkorporierungsmusters untersucht (vgl. Gereffi/Korzeniewicz 1994). Die Entstehung globaler Warenketten läßt sich als Entwicklung einer Struktur hierarchisierter Produktmärkte begreifen. Diese Struktur ist in ein Netzwerk von Unterstützungsinstitutionen eingebettet, welche Mittlerfunktionen zwischen den unterschiedlichen Gliedern dieser Kette wahrnehmen. Gereffi (Gereffi/Korzeniewicz 1994, S. 96f.) definiert Warenketten

1. als „Input-Output Strukturen“, die bestimmte Formen des Umgangs mit dem relevanten Produktions- und Betriebswissen implizieren,
2. als sich daraus entwickelnde „governance structures“ und
3. als eine distinkte territoriale Struktur der Produktion.

In der Diskussion werden dabei relativ unbalancierte und dominanzbestimmte Verkettungsformen („buyer-driven-chains“) von balancierten Typen („producer-driven-chains“) unterschieden. Betrachten wir in diesem Zusammenhang die Struktur der Warenkette in der Schiffbauindustrie, so kann man sagen, daß sie aus zwei Gründen die Entwicklung distriktlicher Industriestrukturen eher zu begünstigen scheint. Denn erstens wird das strategische Wissen in dieser Warenkette nicht in einzelnen Fokalunternehmen gebündelt, sondern vielmehr von einer Institution mit Drittpartner-Status (den Klassifikationsgesellschaften) „verwaltet“ und weiterentwickelt. Zweitens hat die Warenkette der Schiffbauindustrie weitgehend den Charakter einer „producer-driven-chain“, d.h. ihre Struktur ist ohnehin nicht allzu sehr für einseitig ausgeübte Dominanzstrategien anfällig.

Dabei scheinen Mittlerinstitutionen wie die DNV gleichermaßen eine Globalisierung der Beziehungen voranzutreiben, wie sie die Herausbildung und Ausdifferenzierung regionaler Netze ermöglichen. Wichtig ist in diesem Zusammenhang, daß die von Gereffi und anderen beschriebene Logik der Warenkettenentwicklung nur dann mit der von Sabel und anderen unterstellten Logik flexibler Spezialisierung vereinbar erscheint, wenn man von einem Doppelcharakter industrieller Vernetzung ausgeht. Das impliziert – weit entfernt von Sabels Annahme einer „double convergence“ (Sabel 1989) der globalen und der regionalen Handlungsebene – teils gegenläufige, teils komplementäre Entwicklungstrends. Robert Boyer und Robert Hollingsworth sprechen in dieser Hinsicht – in Abgrenzung von einem oft eindimensional angelegten Konzept der institutionellen „embeddedness“ – von *institutioneller „nestedness“* (Boyer/Hollingsworth 1997). Dieser Begriff der „nestedness“ zielt auf Formen der lokalen Verankerung von Produktionsmilieus in einem Kontext unterschiedlicher und oft divergierender institutioneller Logiken. Im Sinne des im Vorhergehenden skizzierten Interpretationsmodells läßt sich dann diese institutionelle „Einnistung“ auf ein Zusammenspiel von Innovations- und Produktionslogiken im Rahmen globaler Warenketten beziehen.[3]

3 Eine gründliche Untersuchung dieser Zusammenhänge findet sich in meinem jüngst erschienenen Buch „Vernetzte Wirtschaft und ökonomische Entwicklung“ (Hessinger 2001).

5. Resümee

Zunächst kann man sagen, daß ein je gegebenes Interdependenzmuster flexibel spezialisierter Unternehmen nicht deswegen eine unveränderliche Größe darstellt, weil es durch ein spezifisches institutionelles Unterstützungsnetzwerk von Außeneinflüssen abgeschottet wird, so wie es die Vertreter der Denkschule der „flexiblen Spezialisierung“ proklamieren. Vielmehr besitzt dieses Einbettungsmuster eine beträchtliche Eigendynamik, die aus dem in dieser Struktur inkorporiertem Sozialkapital resultiert. Weiter muß man sagen, daß dieses Inkorporierungsmuster Institutionen und institutionelle Verknüpfungen enthält, die sowohl substitutionalen als auch komplementären Charakter haben, wobei zwischen beiden Dimensionen oft nur schwer zu unterscheiden ist. Die für das neo-liberale Denken typische Unterscheidung zwischen privaten und staatlichen bzw. öffentlichen Einrichtungen erweist sich daher als weitgehend unbrauchbar, da sie die spezifische Entwicklungsdynamik von industriellen Netzwerken nicht adäquat erfaßt. In diesem Zusammenhang entwickeln gerade normensetzende und normeninterpretierende Institutionen – wie Det Norske Vertas – beträchtliche Hebeleffekte, die die gesamte Distriktentwicklung aus den Angeln heben und in eine neue Richtung orientieren. Wie mit diesen Hebeleffekten umgegangen werden soll und welche Einflußmöglichkeiten sich daraus für eine regionale Wirtschaftspolitik bzw. für eine überregionale Industriepolitik ergeben, ist eine offene Frage.

Literatur

Amin, A. (1994): Post-Fordism. A Reader. Oxford u.a.O.

Andersen, H. (1997): Producing producers: shippers, shipyards and the cooperative infrastructure of the Norwegian maritime complex since 1850. In: Sabel, Ch.; Zeitlin, J. (eds.): World of Possibilities. Flexibility and Mass Production in Western Industrialisation. Cambridge/U.K., S. 461-500

Andersen, H.; Collet, P. (1989): Anchor and Balance. Det norske Veritas 1864-1989. Oslo

Barth, F. (1981): Process and Form in Social Life. Selected Essays of Fredrik Barth, Vol. 1. London, S. 85ff.

Bourdieu, P. (1992): Ökonomisches Kapital – Kulturelles Kapital – Soziales Kapital. In: Bourdieu, P.: Die verborgenen Mechanismen der Macht (deutsche Erstveröffentlichung 1983). Hamburg, S. 49-79

Boyer, R.; Hollingsworth, R. (1997): From National Embeddedness to Spatial and Institutional Nestedness. In: Boyer, R.; Hollingsworth, R.: Contemporary Capitalism. The embeddedness of Institutions. Cambridge/U.K., S. 433-484

Coleman, J. (1991): Grundlagen der Sozialtheorie, Band 1 (amerikanische Erstausgabe 1990). München

Cossentino, F.; Pyke, F.; Sengenberger, W. (1996): Local and regional response to global pressure: The case of Italy and its industrial districts. Geneva: ILO-Studies

Eichhorn, F.; Hessinger, Ph.; Finke, M.; Feldhoff, J.; Lieckweg, T. (2001): Regionale Knoten in globalen Warenketten. Industriedistrikte im Umbruch: die medizintechnische Industrie in Tuttlingen und die maritime Industrie in Rostock (Abschlußbericht/DFG). Bielefeld, Bad Godesberg

Emerson, R. (1972): Exchange Theory Part II. Exchange Relations and Network Structures. In: Berger, J.; Zelditch, M.; Anderson, B. (eds.): Sociological Theories in Progress. Boston, S. 58-87

Friedman, M. (1984): Kapitalismus und Freiheit (amerikanische Erstausgabe 1962). Frankfurt/M., Berlin

Geertz, C. (1962): The Rotating Credit Association: A 'Middle Rung' in Development. In: Economic Development and Cultural Change, 10 (April), S. 241-263

Gereffi. G.; Korzeniewicz, R. (eds.) (1994): Commodity Chains and Global Capitalism. Westport CT

Hessinger, Ph. (2001): Vernetzte Wirtschaft und ökonomische Entwicklung. Organisationaler Wandel, institutionelle Einbettung, zivilgesellschaftliche Perspektiven. Opladen

Hessinger, Ph.; Eichhorn, F.; Feldhoff, J.; Schmidt, G. (2000): Fokus und Balance. Aufbau und Wachstum industrieller Netzwerke. Am Beispiel von VW/Zwickau, Jenoptik/Jena und Schienfahrzeugbau/Sachsen-Anhalt. Opladen

Hirst, P.; Zeitlin, J. (1997): Flexible Specialisation: Theory and Evidence in the Analysis of Industrial Change. In: Hollingsworth, R.; Boyer, R. (eds.): Contemporary Capitalism. The Embeddedness of Institutions. Cambridge/U.K., S. 220-239

Hirst, P.; Zeitlin, J. (1991): Flexible specialisation versus post-Fordism: theory, evidence and policy implications. In: Economy and Society, Vol. 20/No. 1 (February), S. 1-56

Nordvik, H. (1983): The Norwegian Shipbuilding Industry – The Transition From Wood To Steel 1880-1980. In: Walker, F.; Slaven, A. (eds.): European Shipbuilding, One Hundred Years of Change. London, S. 194-204

Piore, M.; Sabel, Ch. (1985): Das Ende der Massenproduktion. Studie über die Requalifizierung der Arbeit und die Rückkehr der Ökonomie in die Gesellschaft (amerikanische Erstausgabe 1984). Berlin

Sabel, Ch. (1989): Flexible Specalisation and the Re-emergence of Regional Economics. In: Hirst, P.; Zeitlin, J. (eds.): Reversing Industrial Decline: Industrial Structure and Policy in Britain and Her Competitors. Oxford u.a.O., S. 17-70

Sabel, Ch. (1993): Constitutional Ordering in Historical Context. In: Scharpf, F. (cd.): Games in Hierarchies and Networks. Analytical and Empirical Approaches to the Study of Governance Institutions. Frankfurt/M., Boulder (C.), S. 65-123

Sabel, Ch. (1994): Learning by Monitoring: The Institutions of Economic Development. In: Smelser, N.; Swedberg, R. (eds.): The Handbook of Economic Sociology. Princeton, New York, S. 137-165

Sauer, D.; Döhl, V. (1994): Arbeit an der Kette. Systemische Rationalisierung und unternehmensübergreifende Produktion. In: Soziale Welt 45, Heft 2, S. 197-215

Organisatorische und räumliche Dynamik „reifer" Industriesysteme

Das Netzwerk der deutschen Schienenfahrzeugindustrie als Beispiel

Hans Joachim Kujath

Inhalt

1. Einführung

Mit Begriffen wie neue Industriedistrikte, innovative Milieus oder regionale Wirtschaftscluster werden verschiedene Konzepte und Formen der räumlichen Ballung industrieller Aktivitäten umschrieben. In der jüngeren Theoriedebatte werden dabei weniger ökonomische und organisatorische Faktoren im engeren Sinne – wie z.B. Produktspezialisierung und Arbeitsteilung – als Begründung angeführt. Vielmehr wird die Dynamik der Produktionssysteme als das Ergebnis von Lernprozessen erklärt, die sich auf regionsgebundene Wissensbestände, Regeln und Normen sowie ein ausdifferenziertes Beziehungssystem zwischen den Akteuren stützen (vgl. u.a. Maillat 1996). Innerhalb ihrer regionalen Beziehungsgeflechte entwickelten die Akteure Regeln und Routinen der wirtschaftlichen Zusammenarbeit, eine spezifische regionale Identität und regionale Verkehrsformen, von denen eine stabilisierende und unter bestimmten Bedingungen Innovationen fördernde Wirkungen ausgingen (vgl. z.B. Scott 1994; Braczyk et al. 1999). In der Literatur wird an Beispielen aus High-Tech-Regionen, aber auch aus Regionen mit „reifen" Industrien (Maschinenbau, Automobilindustrie), nachzuweisen versucht, wie aus dem Zusammenspiel von regionsspezifischen Wissensbeständen, Regeln und Normen sowie dem Beziehungssystem die Fähigkeit regionaler Ensembles von Betrieben erwächst, auf die Schocks und Turbulenzen der Weltmärkte flexibel zu reagieren und neue Ressourcen für wirtschaftliches Wachstum zu generieren (vgl. Heidenreich 1997; Läpple 1998).

Allerdings sind diese Theorieansätze nicht unumstritten. Zumindest läßt sich aus dem Globalisierungsdiskurs entnehmen, daß die regionalen sozialen Ordnungen in einem Spannungsverhältnis zu den sich ausweitenden globalen Regelsystemen stehen. Mit der Schaffung von globalen Absprachen, allgemeingültigen Handelsregelungen, Produktionsstandards usw. und nicht zuletzt durch die Nutzung von Informationstechnik und Internet werde eine effiziente globale Organisation des Informationsaustauschs und von industriellen Wertschöpfungsketten möglich. Ehemals lokal, regional und national gebundene Wissensbestände seien heute ubiquitär verfügbar. Durch Standards und Regelsysteme ließen sich die zwischenbetrieblichen Beziehungen zugleich verläßlich und kalkulierbar gestalten. Räumliche Nähe sei zwar weiterhin nicht bedeutungslos (Transaktionskosten), verliere aber an Bindungskraft und führe dadurch tendenziell zu einer Entwertung regionaler Standortvorteile. Es wird argumentiert, daß die industrielle Produktion zu einer konventionellen Fähigkeit geworden sei, die an immer mehr Orten der Welt praktiziert werden kann (Brock 1997), daß Standorte austauschbar werden und im globalen Maßstab nach den billigsten oder am besten qualifizierten Arbeitskräften, den geeignetsten Zulieferern, den fortgeschrittensten Technologien, den günstigsten Standorten, den vorteilhaftesten Absatzmöglichkeiten gesucht werde (Junne 1996, S. 516). Vor allem in den „reifen" Industrien wird eine nachlassende Raum- und Regionalbindung der Abnehmer-Zulieferbeziehungen vermutet (Iwer/Rehberg 1999).

Wenn ungeachtet der fortschreitenden Globalisierung industrieller Strukturen und Abläufe regionale Bindungen für die Unternehmen nach wie vor wichtig sind, dann stellen sich folgende Fragen:

- Welches sind die Gründe, daß ungeachtet der sich weltweit integrierenden Märkte Industrieunternehmen sich in regionale Zusammenhänge einbringen?
- Welche Rolle spielen die nationalen Rahmenbedingungen für die industrielle Entwicklung?
- Welche industriellen Aktivitäten sind regional verankert und welche global orientiert?

– Wie sind die intraregionalen Beziehungssysteme mit den globalen verbunden?

Im folgenden soll diesen Fragen nachgegangen werden. Zunächst wird im Abschnitt (2) ein Überblick über den Diskussionsstand zur regionalen Bindung des Industriesystems sowie zum Spannungsverhältnis zwischen den regionalen und globalen Beziehungen gegeben. Im Abschnitt (3) wird am Beispiel der deutschen Schienenfahrzeugindustrie aufgezeigt, wie ein bisher national gebundenes Produktionssystem sich unter dem Einfluß von Privatisierung und Deregulierung verändert und neue Formen der Bindung an Regionen und das globale System hervorbringt. Im Abschnitt (4) werden die Ergebnisse zusammengefaßt und einige strukturpolitische Schlußfolgerungen gezogen.

2. Zur Diskussion über die räumliche Bindung des Industriesystems

In der Debatte um die Sicherung der Wettbewerbsfähigkeit und die räumliche Einbindung von Industrien, die sich in einer späten Phase des Industrielebenszyklus befinden (vgl. Coriat 1992), werden drei aufeinander aufbauende Erklärungsansätze vorgestellt:

(1) Einfluß nationaler Regeln, Normen und Werte (Institutionen),
(2) Entwicklung nationaler und regionaler Innovationssysteme,
(3) Qualitäten regionaler Beziehungs- und Dienstleistungsnetzwerke.

2.1 Bindung an nationale Institutionen

Erklärungen zur nationalen Einbettung und Bindung industrieller Produktion finden sich in den neuen sozial- und politikwissenschaftlichen Institutionentheorien. Wie unter anderem Audretsch (1995), Soskice (1997) und Voelzkow (1999) nachzuweisen versuchen, ergeben sich starke nationale Bindungen von Produktionssystemen aus der Tatsache, daß im Gegensatz zur oft behaupteten Universalisierung von kulturellen Normen, Konsumbedürfnissen und Regelwerken die nationalen Institutionensysteme nach wie vor einen das Verhalten der wirtschaftlichen Akteure prägenden Einfluß ausüben. Bindungen an den nationalen Raum sind diesen Einschätzungen zu Folge in erster Linie ein Ergebnis der Persistenz der nationalen Institutionensysteme, die bis auf die regionale und lokale Ebene hinunterwirken und sich dort mit den örtlichen Institutionensystemen verbinden.[1] In den institutionentheoretischen Erörterungen werden die

1 Selbst im Europa der Europäischen Union (EU) und des gemeinsamen Marktes tragen die nationalen institutionellen Unterschiede und Traditionen zur Aufspaltung des gemeinsamen Marktes in eine Vielzahl von nationalen Teilmärkten bei.

nationalen Regeln und Normen als konstitutiv für die Stabilisierung der wechselseitig aufeinander bezogenen Erwartungen der Akteure sowie für die kollektive Gesamtorientierung und Identität innerhalb des nationalen Systems wirtschaftlicher Austauschbeziehungen angesehen. Solche an Nationen gebundene, das Verhalten der Marktakteure stabilisierende Institutionen sind:

1. Historisch gewachsene normative soziale Regeln und Verhaltenskodizes wie Sitten, Gebräuche, Konventionen, Leitbilder (Ehrlichkeit, Aufrichtigkeit, Fairness usw.);
2. interne kognitive Regeln, mit denen die Akteure ihr Zusammenspiel unter anderem auf den Märkten regeln, d.h. Situationen definieren, z.B. Positionen, Handlungsmengen, Informationsaustausch, Abgrenzungen festlegen (vgl. W. R. Scott 1994, S. 56);
3. externe Regeln, z.B. die nationalen rechtlichen Rahmenbedingungen und Vorschriften, z.B. Verfügungsrechte, Zivilrecht usw.

In zahlreichen Falluntersuchungen ist nachgewiesen worden, daß zumindest in den größeren Staaten (USA, Japan, Deutschland, Frankreich, Italien) sich bis heute nicht nur spezifische institutionelle Besonderheiten der Märkte, sondern auch bestimmte Formen von Produktions- und Geschäftsbeziehungen als Qualitätsmerkmal des jeweiligen Produktionssystems erhalten haben. Auf die Bedeutung des nationalen Institutionensystems als wirtschaftliche Ressource hat insbesondere North (1990) hingewiesen. Deutlich treten diese Funktionen, North zufolge, in solchen Staaten hervor, in denen die Institutionen des Marktes unterentwickelt sind und die wirtschaftlichen Akteure aus der Organisation von Produktionsbeziehungen mit einer langfristigen Perspektive in Aktivitäten mit kurzen Zeithorizonten ausweichen, in den Handel, auf „schwarze Märkte" und in die Untergrundwirtschaft.

Für global agierende Unternehmen bilden starke nationale Institutionensysteme jedoch auch Transaktionsbarrieren, sind sie doch gezwungen, ihre Produkte den unterschiedlichen strukturellen Besonderheiten der nationalen Märkte anzupassen und, wenn sie in diesen Ländern Produktionsstätten errichten, sich in die jeweiligen Produktionssysteme einzugliedern. Aus institutionentheoretischer Sicht hängen die Expansionschancen global agierender Unternehmen also auch davon ab, in welchem Ausmaß es ihnen gelingt, die eigenen universellen Strategien und Regeln der Organisation globaler Produktions- und Distributionsketten mit den jeweiligen nationalen Institutionen in Einklang zu bringen. Die in den letzten zehn Jahren rapide zunehmenden grenzüberschreitenden Direktinvestitionen und Fusionen, die Zusammenschlüsse und Unternehmensbeteiligungen werden unter anderem auf dieses Spannungsverhältnis zwischen globaler wirtschaftlicher Expansion und den institutionellen Bindungen der nationalen Märkte und Produktionssysteme zurückgeführt. Sie dienten nicht nur dem Ziel, Skaleneffekte zu erzielen oder durch räumliche Arbeitsteilung Kosten zu senken, sondern hätten noch häufiger die Aufgabe, in ausländische Märkte einzudringen und Wettbewerbspositionen auf diesen Märkten zu sichern. Nur durch Präsenz vor Ort und Anpassung an die nationalen institutionellen Bedingungen (z.B. an „Local-content"-Auflagen) sei es externen Unternehmen oft möglich, auf diesen Märkten Fuß zu fassen (Krätke 1997; Ohmae 1994).

2.2 Bindung an nationale und regionale Innovationssysteme

In der Innovationsforschung hat sich eine mit diesen institutionentheoretischen Argumenten verwobene Theoriedebatte entwickelt. Im Mittelpunkt dieser Debatte stehen weniger die Organisation der materiellen Produktionsketten oder das Management des Austauschs von materiellen Gütern innerhalb des nationalen Industriesystems als vielmehr der Austausch von „Informationsgütern". Industrieunternehmen seien heute weniger auf die Verwertung von Bodenschätzen, auf Stoffumwandlungsprozesse oder auf den Einsatz von Energie angewiesen, sondern seien gezwungen, den produktiven und kreativen Umgang mit Informationen in den Mittelpunkt ihrer Tätigkeit zu stellen (vgl. Windau 2000). Grundgedanke dieses Ansatzes ist, daß die Wettbewerbsfähigkeit auch der „reifen" Industrien in den hochentwickelten Ländern in besonderer Weise von der Erstellung wissensintensiver Produkte und Dienstleistungen abhängig ist. Wollen sich Unternehmen vom Industrielebenszyklus abkoppeln, sind sie auf einen ständig steigenden Strom von Wissensinputs als wichtigste Quelle ihres Wachstums angewiesen. Die Wissensintensivierung führe auch dazu, daß es den einzelnen Betrieben und Unternehmen wegen begrenzter Informationsverarbeitungskapazität immer schwerer falle, das gesamte für Innovationen benötigte Wissensspektrum intern nutzbar zu machen. Sie seien folglich zu Spezialisierungen gezwungen, sich auf ihre technischen Kernbereiche zu konzentrieren und dazu, die fehlenden Wissensbestandteile durch immer neue Kombinationen ihrer Beziehungen zu Wissensanbietern aus anderen Industriebetrieben, aus öffentlicher Forschung und Wissenschaft an sich zu ziehen.

Ein solches Beziehungssystem bedürfe zu seiner Stabilisierung eines unternehmensübergreifenden Vertrauen und Sicherheit vermittelnden Institutionensystems. Von der Innovationsforschung wird das nationale Institutionensystem (neben den obig genannten Aspekten insbesondere das Bildungssystem, die Wissenstransferformen, sowie die Art und Weise der Organisation der Grundlagenforschung) als ein solcher Sicherheit vermittelnder Anker für die Innovationsverflechtung gesehen. Informationsaustausch und Verarbeitung von Informationen seien also in spezifische nationale Institutionensysteme und „Communities" integriert. Aus diesem Grunde spricht die Innovationsforschung auch von *nationalen Innovationssystemen*, die zwar in zunehmendem Maße transnational verflochten seien, ohne jedoch ihren nationalen Boden zu verlassen (vgl. Nelson 1993; Lundvall 1995; Freeman/Soete 1997).

Daß sich in diesen nationalen Innovationssystemen starke regionale Zusammenballungen von Akteuren der Wissensproduktion, des Wissenstransfers und seiner Anwendung im Industriesystem abzeichnen, weise auf Besonderheiten des in diesem System getauschten Wissens sowie auf Besonderheiten ihres Austauschs und ihrer Verarbeitung hin. Maskell et al. (1998) führen die regionale Bindung von Innovationsprozessen vor allem darauf zurück, daß es neben der Internationalisierung und Globalisierung von Wissen („ubiquitification"), durch die der nationale Rahmen und die Ursprungsregion ihre komparativen Vorteile und wirtschaftliche Bindungskraft tendenziell verlieren, einen an Bedeutung sogar zunehmenden Wissensbestand gibt, der an Personen gebunden und nur schwer kodifizierbar ist. Solches Wissen („tacit knowledge") gilt als relativ immun gegen „ubiquitification" und ist folglich aus den regionalen Bezügen heraus kaum zu transferieren. Mit diesen Wissensbeständen werden in der Regel nicht nur technologische Kompetenzen bezeichnet, sondern auch die kommerziellen und organisatorischen Fähigkeiten, den technischen Wandel zu verarbeiten, auf Marktveränderungen zu reagieren und das Qualifikationspotential einer Region weiterzuentwickeln. Es handelt sich um Insiderwissen, um eine gemeinsam geteilte Wissensbasis, gemeinsam entwickelte Fertigkeiten, eine bestimmte technologische Exzellenz oder Marktkenntnisse, die sich innerhalb informeller Netzwerke verbreiten können.

Transnational agierende Firmen, aber auch Industriefirmen aus dem nationalen Umfeld zieht es in solche Regionen, die sich international einen Ruf als regionale Innovationssysteme erworben haben, einerseits, um an dort verfügbare Informationen z.B. über die nationalen und internationalen Marktstrukturen sowie Kundenpräferenzen zu gelangen. An Markt- und Kundennähe orientierte Strategien der Gründung von Zweigwerken und Niederlassungen sind in diesen Regionen andererseits meist auch mit der Absicht verbunden, an den technologischen Kompetenzen einer Region, an den in der Region produzierten Forschungsergebnissen frühzeitig zu partizipieren oder sich in die Innovationsnetzwerke regionaler High-Tech-Cluster „einzuklinken", bzw. die günstigen Rahmenbedingungen einer Region für den Technologietransfer zu nutzen. Dies gilt nicht nur für kleinere Firmen, sondern gerade auch für große Unternehmen, die sich vom Industriezyklus abkoppeln und nach dem „chain-linked"-Modell in einem Feed-Back-Prozess externe Quellen erschließen, neue Prototypen und Produktionsverfahren entwickeln wollen (vgl. Kline/Rosenberg 1986).

2.3 *Bindung an regionale Beziehungs- und Dienstleistungsnetzwerke*

Mit dem Begriff „lernende Region" (Morgan 1995; Asheim 1996) wird zum Ausdruck gebracht, daß die Innovationsprozesse hochgradig von zwischenbetrieblicher und interpersoneller Vernetzung auf regionaler Ebene abhängen (Cooke/Morgan 1998). Im erwähnten „chain-linked"-Modell des Innovationsprozesses handelt es sich beispielsweise um eine enge Verflechtung in horizontaler und vertikaler Richtung, die auf Zeit zwischen Grundlagenforschung, Technikentwicklung und Produktumsetzung, verbunden mit Marktforschung und anderen Dienstleistungsfunktionen aufgebaut wird. Aus der Art und Richtung der Interaktion (vertikal oder horizontal) und der Beziehungsformen („strong ties" und „weak ties") lassen sich vier interorganisationale und interpersonale Beziehungssysteme des Wissenstransfers herausarbeiten, von denen unterschiedliche Effekte auf das einzelne Unternehmen und das Industriesystem insgesamt ausgehen:

(1) Produktionsverbünde mit meist vertraglich geregeltem Wissensaustausch und hierarchischen Kontrollen entlang von „traded interdependencies" zu Zulieferern oder Kunden mit meist geringer regionaler Bindung (vertikal, „strong ties");
(2) Kontaktsystem als lose informelle Koppelung von Beziehungen, die zu punktueller und zeitweilig engerer Zusammenarbeit ebenfalls entlang von „traded interdependencies" führen können (vertikal, „weak ties");
(3) Interessenverbund als Pooling von Ressourcen verwandter Branchen, z.B. in Kartellen bzw. Allianzen („untraded interdependencies") (horizontal, „strong ties");
(4) Community der personalen horizontalen Wissensverbreitung an den konkurrierenden Unternehmen vorbei oder durch sie hindurch („untraded interdependencies") (horizontal, „weak ties") (vgl. Kujath 2000).

Die Beziehungsformen (2) und (4) sind wegen ihrer spezifischen auf persönlicher Kommunikation basierenden Vernetzung auf räumliche Nähe der Akteure angewiesen. Sie gelten vor allem für den Transfer und die Verarbeitung von neuem und hochkomplexem Wissen als unverzichtbar (vgl. Saxenian 1992; Nohria 1992). Soete (1996) und andere Innovationsforscher argumentieren, daß allein innerhalb solcher persönlicher Kommunikationsnetze Innovationsprozesse, die im wesentlichen aus dem Sammeln neuen Wissens, seiner Kodifizierung und Anwendung im Produktionsprozeß bestehen, möglich sind. Sie seien als ein spiralförmiger Lernprozeß von Individuen und Organisationen zu verstehen. Polanyi (1958) wies schon darauf hin, daß solche Lernprozesse einer sehr spezifischen Art sozialer Interaktion bedürfen, daß Märkte für den Transfer dieses Wissens völlig ungeeignet sind und der Transfer vielmehr gebunden ist an eine intelligente Kommunikation, deren Gelingen wiederum abhängt von geteilten Ansichten und Interpretationsweisen, also von der Angemessenheit der institutionellen Arrangements. Je komplexer das kommunizierte Wissen ist, um so wichtiger werden demzufolge „reiche" institutionell eingebettete Kommunikationsformen, die sich nur im persönlichen Zusammentreffen herausbilden können (Diekmann 1999).

Kommunikationsnetze in den beschriebenen Beziehungsformen gelten als Innovationsbeschleuniger, dies vor allem dann, wenn in ihnen Dienstleistungseinrichtungen als Intermediäre zwischen Forschung und Anwendung im Industriesystem aktiv sind. Derartige regional konzentrierte Kommunikationsnetze seien auch unverzichtbar, um sich Informationen über nationale Marktgegebenheiten, Konkurrenten, Konsumentenbedürfnisse, staatliche Regulierungen, kulturelle Besonderheiten zu beschaffen (vgl. Sassen 1999). In diesen Regionen finden die Industrieunternehmen die Dienstleister, die ihnen die nötigen Marktinformationen beschaffen, z.B. im Finanz- und Versicherungswesen, in der Immobilienvermittlung, der Rechts- und Wirtschaftsberatung, der Werbung usw. Regionen mit einem hohen Anteil solcher Dienstleistungen definieren sich damit auch als transnationale Informations- und Kommunikationsknoten bzw. als Mittler zwischen den nationalen/regionalen sowie den globalen Codes im Industriesystem. Für die ausländischen Industrieunternehmen sind diese Dienstleistungsnetzwerke besonders attraktiv, weil sie helfen, Zugänge zu den nationalen Märkten zu öffnen.

2.4 *Offene Fragen: Einebnung nationaler und regionaler Unterschiede?*

Mit Verweis auf die Globalisierungstendenzen könnte man behaupten, daß sich im globalen Wettbewerb mittelfristig jene institutionellen Lösungsformen und Beziehungssysteme durchsetzen werden, die im Hinblick auf wirtschaftliche Effizienz optimal sind und somit zur Nivellierung der noch vorhanden nationalen und regionalen Unterschiede führen. Damit würden viele Argumente für eine herausgehobene wirtschaftliche Rolle von Regionen entfallen. Insbesondere Regionen, die sich zu „Gatewaystandorten" zwischen den globalen und nationalen Märkten spezialisiert haben, verlören ihre Existenzberechtigung weitgehend. Wie Dobbin (1999) überzeugend an Beispielen aus Südostasien, Nordamerika und Westeuropa nachweist, steuern die Ökonomien der westlichen Welt jedoch nicht auf ein denkbares einheitliches optimales Modell zu, sondern organisieren auf ganz unterschiedliche Weise ihre Märkte und industriellen Produktionssysteme. Auf der nationalen und regionalen Ebene finden sich z.B. unterschiedliche erfolgreiche institutionelle Modelle industrieller Organisation wie

- das auf familiären Banden, Klein- und Mittelbetrieben basierende lokale System des industriellen Distrikts in Italien,

- das auf Wettbewerb, Kooperation und Venture-Capital basierende System der „neuen Ökonomie“ in Kalifornien,
- das um Schlüsselbetriebe sich gruppierende korporatistische nationale Produktionssystem in den deutschen Wirtschaftsregionen.

Auch wenn in den Konjunkturen der wissenschaftlichen Debatte immer wieder versucht wird, einzelne nationale Modelle regionaler industrieller Vernetzung als allgemeingültig und nachahmenswert zu bewerten, zeigen Ländervergleiche die begrenze Übertragbarkeit des jeweiligen Konzeptes auf andere Länder und Regionen. Dies gilt gleichermaßen für die „Vorzeigeregionen“ des „Dritten Italien“, die neue Ökonomie des Silicon Valley oder das japanische industrielle Erfolgsmodell. Da jedes dieser Modelle inzwischen mit spezifischen Anpassungs- und Entwicklungsproblemen zu kämpfen hat, ist der Vorbildcharakter aller dieser institutionellen Varianten für die Entwicklung eines allgemeingültigen Modells auch weitgehend verblaßt.

Vor dem Hintergrund dieser Argumente ist es wenig wahrscheinlich, daß durch die Universalisierung von Wissen, Normen und Regeln sich die regionalen Beziehungssysteme auflösen oder den globalen Systemen angleichen. Vielmehr ist zu vermuten, daß die regionalen und globalen Netzwerke auf besondere Art und Weise miteinander verknüpft sind und die heimische Wirtschaftsbasis durch Verbindung mit der internationalen vor der Gefahr einer nationalen und regionalen Abschottung, Verknöcherung bewahrt werden kann. In dieser Sicht sind die global eingebundenen Regionen mit entwickelten innerregionalen Beziehungssystemen Vorreiter der Globalisierung, insofern hier Produkte und Verfahren für die globalen Märkte entwickelt werden. Sie sind zugleich aber auch die Orte, an denen regionsspezifisches neues Wissen generiert, transformiert und industriell verwendet wird (vgl. hierzu Kujath 2000, S. 48; Fuchs/Wolf 1999, S. 199f.). So scheint es berechtigt, vom „double-sided local and global character of the industry“ (A. J. Scott 1998, S. 161) zu sprechen.

3. Das Cluster der deutschen Schienenfahrzeugindustrie

Die Schienenfahrzeugindustrie ist als eine „reife“ Industrie typisch für die deutsche Industriestruktur. Sie ist sowohl ein anschauliches Beispiel für die nationale und regionale Verankerung von Industrien als auch für den Wandlungsprozeß dieses Industriesystems nicht nur hinsichtlich der Produkteigenschaften und der Integration neuer Wissensdomänen, sondern auch der Umgestaltung der zwischenbetrieblichen Beziehungssysteme im Raum. Am Beispiel der deutschen Schienenfahrzeugindustrie wurde von uns der Prozeß der Veränderung des nationalen Produktionssystems beobachtet und dessen Zustand im Jahr 1998 netzwerkanalytisch untersucht (vgl. Dybe/Kujath 2000). Dabei wurde zum einen der Frage nachgegangen, welche interorganisationalen Veränderungen in der Schienenfahrzeugindustrie durch die Privatisierung der Deutschen Bahn und die Liberalisierung der Bahnverkehrsmärkte angestoßen worden sind, und zum zweiten, wie sich die räumlichen Bindungen dabei verändert haben. Überprüft wurde insbesondere, ob sich für das Industriesystem dieser Branche eine dem Konzept der industriellen Distrikte ähnliche regionale Bindung nachweisen läßt.

3.1 Umbau des nationalen institutionellen Rahmens

Die Schienenfahrzeugproduktion war in der alten Bundesrepublik durch einen weitgehend national abgeschotteten Absatz- und Nachfrageraum geprägt. Sie war damit Teil der nationalen Infrastrukturpolitik und eines nationalen Produktionssystems, was der Industrie zwar Absatzsicherheit bot, zugleich aber auch den Marktwettbewerb weitgehend ausgeschaltet und den Aufbau einer international wettbewerbsfähigen Industrie behindert hat. Sie war mit der deutschen Bahn als dem staatlichen Nachfragemonopolisten in einem Kontraktsystem so eng verbunden, daß letzterer der Industrie seine spezifischen Bedürfnisse, vom Wagenpark bis hin zu den technischen Details des Antriebs, vorschreiben konnte und selbst an der Planung der Komponenten beteiligt war. Ähnlich war die Situation in der DDR, wobei hier allerdings nicht nur der Bedarf der DDR, sondern des gesamten RGW vor allem auf dem Feld des Waggonbaus abgedeckt wurde. Eine Entwicklung moderner Produktionsstrukturen wurde dadurch ebenso behindert wie technologische Innovationsprozesse.

Dieses nationale System langfristiger vertraglicher Bindungen zwischen wenigen nationalen Anbietern und einem nationalen Kunden in Monopolstellung befindet sich als Folge der Deregulierung der europäischen Verkehrsmärkte seit Anfang der 90er Jahre in Auflösung. Seinen Ausgangspunkt nimmt der Wandel von der Nachfrageseite, die durch Entscheidungen der EU von 1991 und 1992 gezwungen wird, ihre Rolle als staatlicher Infrastrukturdienstleister aufzugeben. So hat die Deutsche Bahn bereits ihre Staatsabhängigkeit zum Teil abgebaut und begonnen, unternehmerisch zu wirtschaften, was durch die Umwandlung in eine AG vorbereitet worden ist; das Schienennetz muß für Dritte geöffnet werden, was eine rechnerische Trennung der Bewirtschaftung der Fahrwege und des Bahnbetriebs notwendig macht, wobei der Bund Mehrheitsaktionär des Bereichs Fahrweg bleiben soll; der Schienenpersonennahverkehr ist regionalisiert worden; Aufträge im Verkehrsbereich sind inzwischen EU-weit auszuschreiben.

Die Privatisierung der Bahngesellschaft und die Liberalisierung der Märkte des Bahnbetriebs haben weitreichende Rückwirkungen auf die Produzenten und Anbieter der Schienenfahrzeugtechnik, die ebenfalls verstärkt in den Marktwettbewerb gezogen werden, z.B. ihre Produkte nun in eigener Regie entwickeln und sich in Ausschreibungsverfahren um Aufträge bewerben müssen. Allerdings bleiben – unabhängig von allen Liberalisierungsbemühungen – bis auf weiteres die nationalen Bindungen erhalten. Nationale Normen, Antriebssysteme, Qualitätsansprüche und nicht zuletzt die weiterhin bestehende Nähe der Bahngesellschaft zu den politischen Entscheidungsträgern insbesondere in der Verkehrspolitik begrenzen die Marktöffnung. Die Schienenfahrzeughersteller müssen sich also auch in Zukunft trotz wachsenden Wettbewerbs auf voneinander abweichende Standards in den verschiedenen Ländern einstellen und ihre Fahrzeuge für den grenzüberschreitenden Verkehr z.B. mehrsystemfähig konstruieren. Ausschreibungen sind ferner nach wie vor mit erheblichen „Local-content"-Auflagen verbunden, die den internationalen Austausch von Schienenfahrzeugprodukten erschweren und teilweise verhindern. Sowohl der Export von Schienenfahrzeugprodukten als auch der Import von ausländischen Produkten stößt nach wie vor auf hohe Transaktionsbarrieren. Wie noch gezeigt wird, erzwingen diese nationalen Bindungen spezifische internationale Anpassungsstrategien der Global Player, mit denen sie versuchen, die nationalen Transaktionsbarrieren zu überwinden.

3.2 Reorganisation des Clusters

Vor dem Hintergrund der Auflösung der engen Kontraktbeziehungen zwischen der Bahngesellschaft und den Anbietern der Bahnprodukte hat sich der Anbieterwettbewerb auf dem deutschen Schienenfahrzeugmarkt ganz erheblich verschärft. Die Anbieter und Produzenten reagieren auf die veränderten institutionellen Rahmenbedingungen mit einem radikalen, die gesamte Wertschöpfungskette berührenden Umbau der Schienenfahrzeugproduktion. Dieser Umbau wird primär von den großen Unternehmen der Endmontage, den Finalproduzenten, vorangetrieben, die eine Strategie des Outsourcing, mit dem Ziel der Produktivitäts- und Innovationssteigerung verfolgen: Durch Verringerung ihrer Fertigungstiefe, durch Auslagerung von Leistungen auf unabhängige Spezialbetriebe, durch Komplexitätsreduktion mittels Zusammenfassung von Teile- und Materiallieferanten zu Systemlieferanten, durch Wandel der ehemaligen konglomerierten Systemproduzenten zu Systemintegratoren. Erklärtes Ziel ist es dabei, die Wertschöpfungskette nach dem Vorbild der Automobilindustrie zu reorganisieren.

Für eine Darstellung und Bewertung dieser neu entstehenden Wertschöpfungs- und Interaktionsstrukturen eignet sich die Methode der Netzwerkanalyse besonders gut. Mit ihrer Hilfe lassen sich Gruppen von Akteuren in ihren Austausch- und Kommunikationsbeziehungen beschreiben und analysieren. Die Unternehmen bilden dabei die Knoten in einem Netzwerk, dessen Beziehungsstrukturen sich in einer symmetrischen Matrix abbilden lassen.[2] Für die Analyse der Beziehungsstrukturen ist ein egozentrierter netzwerkanalytischer Ansatz gewählt worden, der nicht das Gesamtnetzwerk betrachtet, sondern die Finalproduzenten als in das Netzwerk eingebundene Akteure. Auf diese Weise lassen sich die von den Finalproduzenten geprägte Struktur des Wirtschaftsclusters und insbesondere die veränderte Position der Finalproduzenten im wirtschaftlichen Beziehungsnetzwerk charakterisieren, z.B.

- ihre Teilhabe am Netzwerk, gemessen an der Zahl ihrer primären Beziehungen (Degree),
- ihre Kontroll- und Machtposition gegenüber dem Umfeld der Zulieferer, gemessen an der Zahl von Mittlerpositionen, die sie zwischen jeweils zwei anderen Betrieben einnehmen (Betweenness),
- die Effizienz des Beziehungsnetzes aus der Sicht der Finalproduzenten, gemessen an der Zahl der indirekten Beziehungen, die über die primären direkten Beziehungen, z.B. über einen Systemzulieferer, mobilisiert werden können,
- die Nähe zwischen den Finalprozenten, gemessen nicht nur an den horizontalen Beziehungen zwischen ihnen, sondern auch am Grad der Überlappung von Zulieferbeziehungen von jeweils zwei Finalproduzenten (Ein Wert von 1 gibt an, daß die zwei Produzenten ein vollständig identisches Zulieferumfeld besitzen, ein Wert von 0, daß die Finalproduzenten sich auf voneinander unabhängige Zuliefernetze stützen).[3]

„Hub-and-Spoke" Struktur unter Führung der Finalproduzenten: Netzwerkanalytisch kristallisieren sich für das Untersuchungsjahr 1998 fünf zentrale Unternehmen mit ihren jeweiligen Zuliefernetzen heraus, von denen zwei zu den größten international tätigen westdeutschen Industrieunternehmen des Fahrzeugbaus und der Elektrotechnik gehören (Adtranz und Siemens). Beide haben sie Teile der ostdeutschen Schienenfahrzeugindustrie übernommen, wobei ein Unternehmen (Adtranz) seine größte Endmontagelinie sogar in einen ehemaligen

---

2 Es wurden 84 Unternehmenseinheiten aus dem Kern dieses Produktionsclusters mit 228 primären (direkten) Kontakten untereinander an Hand von Referenzlisten und Interviews mit Schlüsselakteuren auf der Schienenverkehrsmesse Inno Trans 98 in Berlin ermittelt. Das Netzwerk stellt nicht primär die Wertschöpfungskette dar, sondern die darin eingeschlossenen Prozesse der Interaktion und der Wahrnehmung von Kontrollfunktionen. Das Netzwerk gibt den Stand von 1998 wieder.

3 Zur Netzwerkanalyse vgl. die Darstellung bei Freeman 1976, Burt 1992 und Alba/Kadushin 1976. Eine detaillierte Darstellung der Anwendung des netzwerkanalytischen Instrumentariums auf die Schienenfahrzeugindustrie findet sich bei Dybe/Kujath 2000. Mittels der Netzwerkanalyse ist es möglich, die formale Struktur eines Beziehungssystems zu untersuchen und zu messen, nicht aber die qualitative Ausgestaltung von Austauschrelationen.

DDR-Betrieb in den Berliner Raum verlagert hat. Ein weiteres Unternehmen ist mit massiver staatlicher und politischer Unterstützung aus verschiedenen Bestandteilen des DDR Kombinats Schienenfahrzeugbau – vor allem in Sachsen – zu einem dritten führenden Unternehmen unter dem Dach eines kanadischen Global Player (Bombardier) geformt worden. Diese drei Unternehmen haben zum Untersuchungszeitpunkt nicht nur die größte Beziehungsdichte innerhalb des Produktionssystems, sondern stehen auch im Zentrum der Lieferketten und Kommunikationsprozesse. Die beiden anderen Unternehmen (Alstom aus Frankreich und Schaltbau) sind verglichen hiermit weniger zentral im Netzwerk positioniert.[4] Den Überlegungen von Storper und Harrison (1991) folgend, haben sich innerhalb dieses Beziehungssystems „Hub-and-Spoke“ Strukturen herausgebildet, in denen die Gruppe der drei führenden Unternehmen im Mittelpunkt steht, ohne allerdings das Zuliefererumfeld zu beherrschen, während die beiden anderen eher einen koordinierenden Status am Rande des Systems einnehmen (vgl. Heß 1998). In der von Markusen vorgenommenen Differenzierung nach Idealtypen

(1) „Marshallian Industrial District“,
(2) „Hub-and-Spoke District“,
(3) „Satellite Platform District“,

ähnelt das System der Schienenfahrzeugindustrie dem Typ (2), wenn auch, wie noch dargelegt wird, nicht von einem regionalen Distrikt gesprochen werden kann (vgl. Markusen 1996).

Die drei führenden Unternehmen, ergänzt um die beiden weniger bedeutenden Anbieter, sind mit einem starken mittelständisch geprägten Zulieferbereich verbunden, der schon bisher eher durch wettbewerbliche Vielfalt gekennzeichnet war. In den Lieferbeziehungen sticht eine vergleichsweise kleine Anzahl von Zulieferunternehmen hervor, die als bevorzugte Lieferanten von technisch hochwertigen Systemen und Komponenten vor allem die drei großen Finalproduzenten gemeinsam mit ähnlichen und teilweise gleichartigen Komponenten und Teilen beliefern. Weniger als einhundert Unternehmen bilden gewissermaßen den gemeinsamen Kern eines insgesamt mehrere tausend Firmen umfassenden Zulieferumfeldes. Eine solche Struktur dient allen Beteiligten offensichtlich der Komplexitätsreduzierung ihrer jeweiligen Umwelt. Sie erleichtert die Entwicklung eines gemeinsamen Verständnisses vor allem an den Schnittstellen zwischen den Komponenten und Modulen, fördert eine den gesamten Industriekomplex umfassende gemeinsame strategische Orientierung auch zwischen den Finalproduzenten und festigt das Vertrauen in die Zuverlässigkeit der Partner.

4 Adtranz ist inzwischen von Bombardier übernommen worden und einer der kleineren Produzenten (Schaltbau) hat sich aus dem Schienenfahrzeugbau zurückgezogen.

Das Beziehungsnetz ist durch wechselseitige Kooperationsstrukturen auch formell institutionalisiert und redundant organisiert, was zur Kohäsion des industriellen Verbundes beiträgt. Die starken Überlappungen des Zulieferumfeldes, d.h. die große gemeinsame Schnittmenge der Beziehungen im Zulieferumfeld, die je nach Standort und Produktlinie zum Teil mehr als 40 Prozent der Zulieferbeziehungen erreicht (vgl. Tabelle 1), belegen die Zugehörigkeit der großen Finalproduzenten zu einem gemeinsamen Produktionsverbund ausdrücklich. Aufgrund dieser Überlappungen dürfte es auch kein Zufall gewesen sein, daß zwischen diesen drei Produzenten verschiedenste Formen der Zusammenarbeit, die auch Fusionen und Übernahmen einschließen, angestrebt wurden, um Produktivitätsvorteile und Marktbereinigungseffekte zu erzielen. Die Übernahme von Adtranz durch Bombardier bildet einen vorläufigen Abschluß in diesem Prozeß.

Tab. 1: Überlappung der Zulieferumfeldes zwischen Standorten der Finalproduzenten 1998

	Adtranz-O	Adtranz-W	Siemens-W	Bombardier-O	Bombardier-W	Alstom-W	PFA
Adtranz-O							
Adtranz-W	1,00						
Siemens-W	0,39	0,43					
Bombardier-O	0,37	0,28	0,30				
Bombardier-W	0,28	0,25	0,21	1,00			
Alstom-W	0,00	0,19	0,20	0,00	0,00		
PFA	0,00	0,12	0,00	0,00	0,00	0,00	

(r = 1, n = 82, b = 228)
Quelle: Eigene Berechnungen

Zulieferer als Innovatoren in der Produktionskette: Die führenden Zulieferfirmen sind zwar mit den Montagebetrieben des Schienenfahrzeugbaus durch relationale und andere Vertragsformen *(Typ 1 Produktionsverbund)* systematisch verbunden. Jedoch haben die meisten ihre Standbeine in anderen innovativeren Produktionsclustern, vor allem der Automobilindustrie, der Elektrotechnik oder Elektronik, so daß ihre Abhängigkeit von der Schienenfahrzeugindustrie nicht allzu groß ist. Aus diesen Schnittmengen mit benachbarten Branchenschwerpunkten kann die Schienenfahrzeugindustrie Wissen und technologische Innovationen anderer Branchen über ihre Zulieferer als Mittler vergleichsweise leicht importieren. Soweit sie diese Leistungen nicht konzernintern erbringt (Siemens), partizipiert die Schienenfahrzeugindustrie insbesondere in den Bereichen Elektronik, Steuerungstechnik, Hydraulik, Antriebstechnik, Schwingungstechnik, Ausstattung, Materialien von den Innovationsleistungen anderer industrieller Schwerpunkte, während sie selbst einen vergleichsweise geringen eigenen Beitrag für das nationale Innovationssystem leistet. Die Zulieferer rükken innerhalb dieses Systems in die Rolle von „Zugpferden" für die Weiterentwicklung der Produkte und Produktionsverfahren. Die Finalproduzenten nehmen demgegenüber – ähnlich wie in der Automobilindustrie – in immer größerem Umfang die Rolle von Integratoren der verschiedenen technischen Systeme aus anderen innovativen Branchen ein. Sie akkumulieren deren Systemwissen und sichern über ihre Integrationsfähigkeit auch ihre dominante Rolle innerhalb der Hierarchie in der Wertschöpfungskette ab. Auf diese Weise gelingt es, den Reifungsprozeß in der Schienenfahrzeugindustrie zu verzögern und durch Einführung neuer technischer Charakteristika in das Produkt (z.B. Entwicklung von Triebzügen und der Neigetechnik) oder durch Differenzierung der Produkteigenschaften den Ansprüchen der Kunden zu folgen.

Horizontale Konsortienbildung und Fusionen zwischen den Finalproduzenten: Die Untersuchung des von den Finalproduzenten geschaffenen gemeinsamen Netzwerkes von Zulieferern belegt bereits eine starke Verbindung vor allem der großen drei Systemkoordinatoren untereinander. Um Entwicklungskosten zu sparen und Skaleneffekte zu erzielen, setzen die Produzenten ihre Fahrzeuge nicht nur aus ähnlichen Komponenten zusammen, sondern sind über gemeinsame Zuliefernetze indirekt auch über die Entwicklungen in den Konkurrenzunternehmen informiert und mit diesen verbunden. Es bedurfte nur des zunehmenden Qualitäts-, Zeit- und Preiswettbewerbs, um die bereits aufgebauten vielfältigen Verbindungen auch formell durch Fusionsbemühungen zu untermauern. Nachdem derartige Versuche zwischen den zwei großen deutschen Unternehmen (Siemens und Adtranz) am Kartellrecht gescheitert sind, vollzog sich die horizontale Integration zunächst in Form einer von Projekt zu Projekt gewählten flexibleren Konsortienbildung, mit dem Ziel, gemeinsam an der Entwicklung, Produktion und Vermarktung einiger hochkomplexer Produkte (ICE, ICT) zu arbeiten *(Typ 3 Interessenverbund).* Diese organisatorischen Lösungen sind ein Reflex auf die Grenzen setzenden nationalen Institutionen des Kartellrechts und Ausdruck des Bemühens, dennoch Ressourcen zum gegenseitigen Nutzen zu bündeln: komplementäre Ressourcen zusammenzuführen, Mengeneffekte zu erzielen sowie gemeinsam die Risiken einer Vermarktung der neuen Produkte auf dem nationalen und begrenzt auch internationalen Märkten zu teilen.

Nicht zuletzt wird mit der Konsortienbildung auch versucht, eine starke Gegenposition zur deutschen Bahn als Nachfragemonopolisten aufzubauen. Die Konsortien sind also auch strategisch ausgerichtete Interessengemeinschaften, die auf die nationale Verkehrspolitik Einfluß nehmen können und auch die nationale Außenpolitik gezielt für die internationale Akquisition zu gewinnen versuchen (Bürgschaften, Kredite, vorbereitende Interessenwahrnehmung). Den Firmen kommt in diesem Zusammenhang die Zugehörigkeit zu einer gemeinsamen Produktionstradition, zu daraus resultierenden gemeinsamen technologischen Standards, sowie die Zugehörigkeit zur nationalen Gemeinschaft der Schienenfahrzeugbauer mit ähnlichen Einschätzungen und Erwartungen zugute. Dieser, die Zusammenarbeit zwischen den Unternehmen strukturierende institutionelle Kontext wirkt als Stabilisator und Verstärker des Beziehungssystems.

Das durch Konsortienbildung eng geknüpfte horizontale Beziehungsnetz zwischen den drei großen Systemintegratoren hat durch die jüngst beschlossene Übernahme von Adtranz durch Bombardier die Zentralitätsposition der beiden großen verbliebenen Finalproduzenten innerhalb des Zuliefernetzes weiter gestärkt sowie deren Kontrollmöglichkeiten über ihr Zuliefernetz ausgeweitet. Dieser Effekt steht aber nicht im Mittelpunkt der Übernahmebemühungen. Hinter den unternehmerischen Konzentrationsprozessen stehen vielmehr Zwänge zur Produktivitätssteigerung und zum Abbau von Überkapazitäten. So ist der Konzentrations- und Fusionsprozeß unter den Fahrzeugbauern schon in der Vergangenheit immer auch die Vorstufe zu einer weiteren Zusammenlegung und Schließung von Werken gewesen – z.B. durch Auflösung von Bahntechnikstandorten in Berlin, Nürnberg, Dessau, Essen sowie in Österreich (Wien) und in der Schweiz. Nach der Integration von Adtranz in den Bombardierkonzern ist mit der Schließung weiterer Standorte vor allem im Berliner Raum oder in Sachsen zu rechnen und sogar eine Zusammenfassung und Verlagerung des Headquarters von Berlin nach Frankreich ist im Gespräch.

3.3 Strategien der Durchdringung ausländischer Märkte

Die jüngste Übernahme von Adtranz durch das kanadische Unternehmen Bombardier läßt sich auch als eine Variante zur Durchdringung nationaler Märkte durch ausländische Unternehmen interpretieren. Bombardier hatte mit einem kleineren Stützpunkt in Aachen in der Vergangenheit, ähnlich wie Alstom heute noch, eine vergleichsweise unbedeutende Rolle im nationalen Produktionssystem gespielt. Es nutzte die Gunst der Situation erstmals, als das ehemalige VEB Kombinat Schienenfahrzeugbau in Ostdeutschland zur Privatisierung anstand und weder Siemens noch Alstom und andere Investoren an einem dauerhaften Erwerb interessiert waren. Es nutzte die Gunst der Situation nach einem gescheiterten Fusionsversuch mit Siemens (Siemens wollte die Systemführerschaft behalten) ein weiteres Mal, als der Daimlerkonzern sich von Adtranz als verlustreicher Sparte trennen wollte. Wie bisher in keinem anderen europäischen Land konnte sich damit ein externer Global Player neben den heimischen Anbietern auf einem ihm fremden Markt etablieren, d.h. die institutionellen Zugangsbarrieren zu einem nationalen Markt durchbrechen.

Zugleich konnte sich das Unternehmen damit einen wichtigen Standort für die Eroberung des europäischen Marktes sichern. Die Frage ist, inwieweit dieser Anbieter genügend institutionelle Definitionsmacht gegenüber den nationalen Interessen und den konkurrierenden nationalen Anbietern besitzt, um innerhalb Europas die institutionellen Barrieren zwischen den verschiedenen nationalen Märkten zu sprengen und einheitliche Produkte in großer Zahl für den europäischen Markt zu produzieren. Mit den geplanten Plattformstrategien wird zumindest versucht, die auf nationale Teilmärkte spezialisierte Technologie durch ein zentrales staatenübergreifendes Technologiemanagement zu ersetzen. Iwer/Rehberg (1999) meinen, daß dieser Prozeß mikroökonomisch zwar rational sei, dadurch aber eine heute noch vorhandene Vielfalt der Einbindungen in nationale und regionale Innovationssysteme aufgegeben werde, d.h. die Schienenfahrzeugindustrie sich gegenüber den jetzt von ihr noch genutzten Innovationspotentialen zunehmend selektiv verhalte. Ob eine Plattformstrategie gegen die spezifischen Wünsche der Kunden auch kurzfristig durchsetzbar ist, darf angesichts der nach wie vor starken nationalen Prägungen der Teilmärkte allerdings auch bezweifelt werden.

Ähnliche Strategien verfolgt auch Siemens auf den ausländischen Märkten, doch sind wegen der verbreiteten nationalen Bindung dieser Industrie die Möglichkeiten begrenzt, durch Fusionen und Übernahmen, ähnlich wie in der Autoindustrie und in anderen Industriezweigen, transnational organisierte Produktionsketten aufzubauen und einheitlich große Märkte zu schaffen. Die Internationalisierung der Geschäftstätigkeit wird unter Bedingungen nach wie vor starker nationaler Abgrenzung vorwiegend über den Ausbau der Exportbasis betrieben, wobei den deutschen Anbietern ihre gewachsene Produktivität, technische Innovativität und Flexibilität im Kampf um Marktanteile zugute kommt. In den nächsten Jahren wird nach allen Voraussagen ein weltweiter Anstieg der Nachfrage nach Schienenfahrzeugen zu verzeichnen sein, wovon die deutschen Schienenfahrzeugbauer sicher profitieren werden (Hopf et al. 1997). Es ist aber fraglich, ob die Produktionsstandorte in Deutschland aus diesem internationalen Nachfrageanstieg ein großes Auftragsvolumen an sich ziehen können. Wahrscheinlich ist vielmehr, daß ein großer Teil der Nachfrage an standardisierten Fahrzeugen in Osteuropa, Asien und Nordamerika durch die dortigen Produzenten gedeckt wird und nur die höherwertigen technischen Komponenten und Dienstleistungen vor allem im Rahmen von Joint-Ventures mit den jeweiligen nationalen Partnern aus deutscher Produktion bezogen werden. Es ergeben sich also nur im Bereich der High-Tech-Produkte Möglichkeiten, die Exportbasis auszuweiten.

Für das Agieren der Schienenfahrzeugindustrie auf den internationalen Märkten ist ferner die bereits auf dem deutschen Markt zu beobachtende Konsortienbildung, in diesem Fall zwischen den drei verbliebenen Global Playern (Alstom, Bombardier, Siemens), typisch. Alstom baut zusammen mit Bombardier in den USA Hochgeschwindigkeitszüge und -strecken, Siemens arbeitet mit Alstom in Asien zusammen usw. Über die Bildung solcher monopolistischer Angebotsstrukturen wird – ähnlich wie auf dem deutschen Markt – unter anderem versucht, sich eine stärkere Stellung in den Verhandlungen mit den jeweiligen, häufig politisch abgesicherten nationalen Bahngesellschaften zu verschaffen.

3.4 Anbindung an regionale Netzwerke und Wissenspools

Der Hinweis auf die Innovationsleistungen der mittelständischen Zulieferer, aber auch der Ingenieurdienstleister für die Schienenfahrzeugproduktion läßt bereits vermuten, daß diese ihre Fähigkeiten aus regionalen Umfeldern beziehen. Mit Hilfe der Netzwerkanalyse konnte diese Hypothese zumindest nicht widerlegt werden.

Die Ergebnisse der Netzwerkanalyse belegen, daß sich die Wertschöpfungskette der Schienenfahrzeugindustrie vorwiegend national organisiert, d.h. daß diese nach wie vor in ein nationales Regelsystem eingebunden ist. Eine Auswertung der räumlichen Beziehungsdistanzen weist sogar relativ eindeutig nach, daß die räumlichen Distanzen zwischen den Zulieferern und den Finalproduzenten um so größer ist, je höher der Spezialisierungsgrad und das technologische Niveau der von den Zulieferern produzierten Subsysteme sind. Die häufigsten Beziehungen zu diesem Zulierferertyp bezogen sich auf das Entfernungsintervall von 600-700 km. Offensichtlich bedarf es zur Entwicklung der spezialisierten Systeme und zu ihrer Integration in das Finalprodukt nicht eines permanenten räumlich nahen persönlichen Informationsaustauschs zwischen dem Zulieferer und der Endmontage. Im Gegenteil: Das von den Anbietern dieser Systeme beherrschte Wissenspotential macht diese offensichtlich attraktiv für alle Finalproduzenten, gleichgültig an welchem Standort sie sich konzentrieren. Es zeigt sich ferner, daß für die Abstimmung der Subsysteme und die Sicherung ihrer Paßförmigkeit an den Schnittstellen des Produktionsvorgangs offensichtlich nicht räumliche Nähe, sondern die Fähigkeit, entlang eines Lastenheftes technische Anforderungen abarbeiten zu können, vorausgesetzt wird.

Dies war nicht immer so. In historisch frühen Phasen ihrer Entwicklung war die Schienenfahrzeugindustrie als „Marshallian Industrial District" organisiert, in dem kleine und mittlere Unternehmen miteinander kooperieren und in regionale Kontexte eingebettet sind. Industriedistrikte waren unter anderem der Berliner Raum, die Rhein-Ruhr-Region, aber auch Süddeutschland, hier insbesondere die Räume Karlsruhe und Nürnberg. Faktisch ist die Schienenfahrzeugindustrie, nicht zuletzt durch die wirtschaftlichen Konzentrations- und räumlichen Zentralisierungsprozesse, aus diesen regionalen Bezügen herausgewachsen, so daß sich auf der regionalen Ebene nur noch Bruchstücke der ehemals regional miteinander verbundenen Wertschöpfungskette befinden.

Aus den ehemaligen industriellen Distrikte haben sich jedoch Agglomerationen mit jeweils spezifischer räumlich konzentrierter technologischer Wissensbasis für Schnittmengen mehrerer Branchen entwickelt. Die Standortanalyse des Netzwerkes läßt erkennen, daß sich in den verschiedenen deutschen Regionen spezifische Kompetenzschwerpunkte bzw. Wissensschwerpunkte konzentrieren, an die auch die Schienenfahrzeugproduktion wie andere Industrien angebunden ist: Ingenieurdienste, Elektrik/Elektronik/Informatik oder Schwerpunkte der High-Tech Produktion. In den regionalen Netzwerken werden offensichtlich bestimmte Fähigkeiten geteilt und neue Kombinationen der Nutzung von Wissen angeregt. Hier findet sich ein Pool von Menschen mit spezifischen Kompetenzen. In den regionalen Kommunikationsnetzen der Experten und Fachgemeinschaften entstehen darüber hinaus positive externe Effekte durch Spillovers von Wissen bzw. durch kostenlose oder billige Verfügbarkeit von Informationen. Ihr besonderes innovationsförderndes Potential liegt in günstigen Rahmenbedingungen für den Technologietransfer, z.B. in der engen Verbindung zwischen Industrie und Universitäten, Aus- und Weiterbildungssystemen und Produktion, großen und kleinen Unternehmen bei der technologischen Zusammenarbeit.

So sind z.B. im Berliner Raum neben wissenschaftlichen Dienstleistern für die Bahnindustrie zahlreiche kleinere und mittlere Betriebe der Elektrotechnik, Elektronik und Informatik ansässig. In der Region Rhein-Ruhr dominiert hingegen Kompetenz aus dem Bereich der Mechanik, des Maschinenbaus und des Stahlbaus. In Baden-Württemberg sind zahlreiche Zulieferer ansässig, die schwerpunktmäßig die Automobilindustrie mit Elektrik/Elektronik beliefern und am Rande auch die Schienenfahrzeugindustrie versorgen.

Ein Vergleich der ost- und westdeutschen Regionen zeigt zudem, daß – von Ausnahmen abgesehen, z.B. im Berliner Raum – sich in den ostdeutschen Regionen bisher keine vergleichbaren Kompetenzschwerpunkte herausgebildet haben, um die sich ein Netz unterschiedlicher Industriebetriebe gebildet hat. Vielmehr sind die in Ostdeutschland lokalisierten Endmontagewerke hochgradig abhängig von den Zulieferungen aus den westdeutschen Regionen. Dies hat weniger mit dem Schienenfahrzeugbau zu tun, der in den östlichen Bundesländern überproportional vertreten ist, als vielmehr mit der generellen Schwierigkeit, aus den transformierten Restbeständen der DDR-Wirtschaft und den importierten Wirtschaftsressourcen in ostdeutschen Regionen wirtschaftsnahe Wissenspools und Vermittlungssysteme für eine breite Palette von Industrien zu schaffen. Die regionalwirtschaftliche Schwäche weist auf organisatorische und institutionelle Eigenarten des Produktionssystems in der DDR und deren Nachwirkungen bis heute: auf die begrenzte technologische Kompetenz vieler kleiner – zum Teil aus den Kombinaten hervorgegangener – Zulieferbetriebe, aber auch auf deren Isolierung nach der Umorientierung der ostdeutschen Finalproduzenten auf das etablierte westdeutsche Netzwerk der Schienenfahrzeugproduktion.

4. Fazit

Als Ergebnis der Untersuchung des Beziehungssystems der Schienenfahrzeugindustrie kann festgehalten werden, daß deren Wertschöpfungskette nicht in einen regionalen industriellen Distrikt eingebettet ist. Die vertikalen Interaktionssysteme entlang der Liefer- und Wertschöpfungskette („traded interdependencies") sind als relativ enge, auf Dauer angelegte Anbieter-Kunden-Beziehungen bisher im wesentlichen national organisiert, wobei die Möglichkeiten, diese Ketten über den nationalen Rahmen hinaus auszuweiten, wegen der in den meisten Staaten starken institutionellen Bindung der Bahngesellschaften und der ihnen zugeordneten Produzenten nur in einzelnen Zulieferbereichen oder in der Vorproduktion gegeben sind. Die durch die EU Beschlüsse Anfang der 90er Jahre angestoßene Bahnreform hat in das gewachsene Institutionen- und Transaktionssystem zwischen der deutschen Bahngesellschaft und den Anbietern Wettbewerbselemente eingeführt, in deren Folge das als „Hub-and-Spoke"-Struktur organisierte System der Produktions- und Geschäftsbeziehungen in der Schienenfahrzeugindustrie sich gefestigt hat. Dies geschieht einerseits in Form von projektbezogener Konsortienbildung zwischen den großen Finalproduzenten und andererseits – soweit dies kartellrechtlich möglich ist – durch Fusion oder Unternehmensübernahme mit dem Ziel der Produktivitätssteigerung und der Beherrschung des nationalen Marktes (Verdrängungswettbewerb).

Die Untersuchung liefert aber auch zahlreiche Hinweise auf regional gebundene Kompetenzfelder und schwer fassbare regionale Beziehungssysteme („untraded interdependencies"), aus denen auch die Schienenfahrzeugindustrie Kenntnisse und Fertigkeiten, vor allem durch Vermittlung ihrer in diesen Regionen ansässigen Zulieferer, schöpft. Während die Komponenten- und Systemzulieferer häufig in anderen industriellen Verflechtungszusammenhängen (Automobilindustrie, Elektronik, Informationstechnik usw.) entwickelte Kenntnisse und Produkte als Innovationsbeiträge in den Schienenfahrzeugbau einbringen, fungieren die ehemals ein breites Spektrum an Produktionsschritten unternehmensintern organisierenden Finalproduzenten – ähnlich wie die Automobilproduzenten – zunehmend als Systemintegratoren. Durch diese Verringerung der eigenen Fertigungstiefe und die Anbindung an die regionalen Wissensschwerpunkte über externe Systemlieferanten erschließt sich die Schienenfahrzeugindustrie eine Quelle für technische Innovationen und für die Anpassung der in ihrer Grundstruktur ausgereiften Produkte an die steigenden Ansprüche der Kunden und Nutzer und damit auch für die internationale Wettbewerbsfähigkeit. Obwohl die Endmontagelinien des Schienenfahrzeugbaus zu einem großen Teil in Ostdeutschland liegen, liefern die ostdeutschen Regionen nur einen sehr begrenzten Beitrag zur Wertschöpfung und zur Innovation. Die Zulieferindustrien, vor allem im High-Tech-Bereich, sind fast ausschließlich in westdeutschen Regionen verankert, was als Hinweis auf die Schwierigkeiten gedeutet werden kann, innerhalb einer relativ kurzen Zeitspanne in destruierten Regionen ein neues wirtschaftsbezogenes Innovationssystem aufzubauen, das im Sinne des „chain-linked"-Modells funktioniert. Es ist aber auch ein Hinweis auf die Integration der ostdeutschen Endmontagebetriebe in das westdeutsche Industriesystem und die gleichzeitige Vernachlässigung der ostdeutschen Zulieferpotentiale.

Eine globale Vernetzung der Schienenfahrzeugindustrie wird durch die nach wie vor äußerst starken nationalen institutionellen Bindungen – durch „Local-content"-Auflagen, durch nationale Standards, Fahrsysteme und Nutzungsansprüche sowie durch die Monopolstellung der meisten nationalen Bahngesellschaften – außerordentlich behindert. Zwei Strategien, die Zugangsbarrieren zu den nationalen Märkten zu durchbrechen, können nachgewiesen werden: Erstens eine Strategie, durch Aufkauf von nationalen Unternehmen oder Fusion mit diesen in nationale Märkte einzudringen. Diese Strategie ist erfolgreich von Bombardier in Deutschland umgesetzt worden. Zweitens eine Strategie, die sich eine Exportbasis mit High-Tech-Produkten aufzubauen versucht und sich dann als Systemführer in ausländische Projekte im Rahmen von Joint-Ventures mit Produzenten des Empfängerlandes einzubringen versucht.

Für eine innovations-, wachstums- und exportorientierte Strukturpolitik bedeuten diese Erkenntnisse, daß für die Schienenfahrzeugindustrie und ähnliche ausgereifte Industrien weniger die Verknüpfung von Unternehmen zu einer Produktionskette, der Aufbau von regionalen Produktionskomplexen im Vordergrund stehen sollte. Erfolgversprechender scheint vielmehr die Weiterentwicklung der jeweiligen regionalen Wissensbasis und das Anstoßen von Lerndynamiken. Dies kann beispielsweise geschehen durch Verbesserung des institutionellen Rahmens, innerhalb dessen sich die Kommunikation und Interaktion zwischen den Firmen entwickelt, durch neue Formen des Pooling von Wissensressourcen in einer Region (Förderung von Kompetenzfeldern), durch Ausbau unterstützender Forschungs- und Dienstleistungszentren und nicht zuletzt durch verstärkte Ausbildungsanstrengungen (vgl. Enright 1996, S. 210).

Literatur

Alba, R. D.; Kadushin, C. (1976): The Intersection of social Circles: A New Measure of Social Proximity in Networks. In: Sociological Methods and Research, Nr. 5, S. 77-102

Amin, A.; Thrift, N. (1994): Living in the Global. In: Amin, A.; Thrift, N. (eds.): Globalization, Institutions, and Regional Development in Europe. Oxford, S. 1-22

Asheim, B. (1996): Industrial Districts and „Learning Regions". A Condition of Prosperity? In: European Planning Studies, Vol. 4, S. 379-400

Audretsch, D. B. (1995): The Innovation. Unemployment and Competitiveness Challenge in Germany. Berlin: Wissenschaftszentrum Berlinffür Sozialforschung (WZB), discussion paper FS IV 95-6

Braczyk, H.-J.; Cooke, P.; Heidenreich, M. (eds.) (1998): Regional Innovation Systems. London

Brock, D. (1997): Wirtschaft und Staat im Zeitalter der Globalisierung. Von nationalen Volkswirtschaften zur globalisierten Weltwirtschaft. In: Aus Politik und Zeitgeschichte, 33/34, S. 12-19

Burt, R. S. (1992): The Social Structure of Competition. In: Nohria, N.; Eccles, R. G. (eds.): Networks and Organizations. Boston, S. 57-91

Cooke, P. (1998): Global Clustering and Regional Innovation: Systemic Integration in Wales. In: Braczyk, H.-J.; Cooke, P.; Heidenreich, M. (eds.): Regional Innovation Systems. London, S. 245-262

Cooke, P.; Morgan, K. (1998): The Associational Economy. Firms, Regions and Innovation. Oxford

Coriat, B. (1992): The Revitalization of Mass Production in the Computer Age. In: Storper, M.; Scott, A. J. (eds.): Pathways to Industrialization and Regional Development. London, New York, S. 137-156

Diekmann, D.-S. (1999): Internationale Unternehmensnetzwerke und regionale Wirtschaftspolitik. Kompetenzzentren in der Multimedia-Industrie. Wiesbaden

Dobbin, F. (1999): A Market is a Market is a Market is a Market? Institutional Conditions for the Construction of Market Mechanism. In: BISS public, 27: Transformationsanalysen. Institutionen, Lebenswelten und ökonomische Rationalität I, S. 53-72

Dybe, G.; Kujath, H. J. (2000): Hoffnungsträger Wirtschaftscluster. Unternehmensnetzwerke und regionale Innovationssysteme: Das Beispiel der Schienenfahrzeugindustrie. Berlin

Enright, M. J. (1996): Regional Clusters and Economic Development: A Research Agenda. In: Staber, U. H. et al. (eds.): Business Networks. Prospects for Regional Development. Berlin, New York. S. 190-214

Freeman, C.; Soete, L. (1997): The Economics of Industrial Innovation. London, Washington

Freeman, L. C. (1976): A Set of Measures of Centrality Based on Betweenness. In: Sociometry, Nr. 40, S. 35-41

Fuchs, G.; Wolf, H.-G. (1999): Regionale und globale Bindungen in der Entwicklung der Multimedia-Produktion. In: Fuchs, G.; Krauss, G.; Wolf, H.-G. (Hg.): Die Bindungen der Globalisierung. Interorganisationsbeziehungen im regionalen und globalen Wirtschaftsraum. Marburg, S. 192-223

Heidenreich, M. (1997): Wirtschaftsregionen im weltweiten Innovationswettbewerb. In: Kölner Zeitschrift für Soziologie und Sozialpsychologie, Jg. 49/Heft 3, S. 500-528

Heß, M. (1998): Glokalisierung, industrieller Wandel und Standortstruktur. Das Beispiel der EU-Schienenfahrzeugindustrie. München

Hopf, R. et al. (1997): Lage und Perspektiven der deutschen Schienenfahrzeugindustrie. Berlin: Deutsches Institut für Wirtschaftsforschung (DIW), Beiträge zur Strukturforschung 168

Iwer, F.; Rehberg, F. (1999): Mythos Region? Clusterstrukturen und Diffusion regionaler Politikmuster unter den Bedingungen internationaler Restrukturierung. In: Fuchs, G.; Krauss, G.; Wolf, H.-G. (Hg.): Die Bindungen der Globalisierung. Interorganisationsbeziehungen im regionalen und globalen Wirtschaftsraum. Marburg, S. 329-361

Junne, G. (1996): Integration unter den Bedingungen von Globalisierung und Lokalisierung. In: Jachtenfuchs, M.; Kohler-Koch, B. (Hg.): Europäische Integration. Opladen, S. 313-530

Kline, S. J.; Rosenberg, N. (1986): An Overview of Innovation. In: Landau, R.; Rosenberg, N. (eds.): The Positive Sum Strategy. Washington, S. 275-305

Krätke, M. (1997): Globalisierung und Standortkonkurrenz. In: Leviathan, 25, S. 30-36

Kujath, H. J. (2000): Die soziale Ordnung von Wirtschaftsregionen. In: Geographische Revue, 1, S. 31-53

Läpple, D. (1998): Globalisierung – Regionalisierung: Widerspruch oder Komplementarität. In: Kujath, H. J. (Hg.): Strategien der regionalen Stabilisierung. Wirtschaftliche und politische Antworten auf die Internationalisierung des Raumes. Berlin, S. 61-82

Lundvall, B.-A. (ed.) (1995): National Systems of Innovation. London, New York

Maillat, D. (1996): Regional Productive Systems and Innovative Milieux. In: OECD (ed.): Networks of Enterprises and Local Development. Paris, S. 67-80

Markusen, A. (1996): Sticky Places in Slippery Pace. A Typology of Industrial Districts. In: Economic Geography, Bd. 72/Nr. 3, S. 293-313

Maskell, P. et al. (1998): Competitiveness, Localised Learning and Regional Development. London, New York

Morgan, K. (1995): The Learning Region: Institutions, Innovation and Regional Renewal. Cardiff

Nelson, R. R. (ed.) (1993): National Innovation Systems. A Comparative Analysis. New York, Oxford

Nohria, N. (1992): Information and Search in the Creation of New Business Ventures: The Case of the 128 Venture Group. In: Nohria, N.; Eccles, R. G. (ed.): Networks and Organizations. Boston, S. 240-261

North, D. C. (1990): Institutions, Institutional Change and Economic Performance. Cambridge u.a.O.

Ohmae, K. (1994): Die neue Logik der Weltwirtschaft. Zukunftsstrategien der internationalen Konzerne. Frankfurt/M.

Polanyi, M. (1958): Personal Knowledge. Towards a Post-Critical Philosophy. New York

Sassen, S. (1999): Kontrollverlust? Der Staat und die neue Geographie der Macht. In: Gewerkschaftliche Monatshefte, Jg. 50./Heft 7/8, S. 447-458

Saxenian A. (1992): Divergent Patterns of Business Organization in Silicon Valley. In: Storper, M.; Scott, A. J. (eds.): Pathways to Industrialization and Regional Development, S. 316-331

Scott, A. J. (1998): From Silicon Valley to Hollywood. Growth and Development of Multimedia Industry in California. In: Brazcyk, H.-J.; Cooke, P.; Heidenreich, M. (eds.): Regional Innovation Systems. London, S. 136-162

Scott, W. R. (1994): Institutions and Organizations: Toward a Theoretical Synthesis. In: Scott, W. R.; Meyer, J. W. et. al. (eds.): Institutional Environments and Organizations. Thousand Oaks, S. 55-80

Soete, L. 1996: Globalization. Employment and the Knowledge-Based Economy. In: OECD (ed.): Employment and Growth in the Knowledge-Based Economy. Paris, S. 283-389

Soskice, D. (1997): Technologiepolitik, Innovation und nationales Institutionengefüge. In: Naschold, F. et al. (Hg.): Ökonomische Leistungsfähigkeit und institutionelle Innovationen. Das deutsche Produktions- und Politikregime im globalen Wettbewerb Berlin: Wissenschaftszentrum Berlin (WZB), WZB-Jahrbuch1997, S. 319-348

Storper, M.; Harrison, B. (1991): Flexibility, Hierarchy and Regional Development: The Changing Structure of Industrial Production Systems and their Forms of Governance in the 1990s. In: Research Policy, Vol. 20/Nr. 5, S. 407-422

Voelzkow, H. (1999): Die Governance regionaler Ökonomien im internationalen Vergleich: Deutschland und Italien. In: Fuchs, G.; Krauss, G.; Wolf, H.-G. (Hg.): Die Bindungen der Globalisierung. Interorganisationsbeziehungen im regionalen und globalen Wirtschaftsraum. Marburg, S. 48-91

Windau, Peter v. (2000): Flexible Hochleistungsteams statt tayloristische Hierarchien. In: Strategie. Unternehmensjournal der Deutschen Gesellschaft für Mittelstandsberatung, 2, S. 8-10

III.

Vernetzung und zwischenbetriebliche Kooperation im Kontext der Transformation

Political Actors, Banks and Large Corporations in the Network of Directorate Interlocks in Hungary

Balázs Vedres

Content

1. Introduction – a story and a definition

The aim of this paper[1] is on one hand to operationalize and use Max Weber's definition of power. On the other hand this paper is going to discover the main dimensions of the interorganizational relations in contemporary Hungary, and to assess a number of hypotheses concerning economic power with the aid of these relations.

A paper based on empirical data is necessarily a compromise between the amount of details lost and the generalisability gained. In this paper many details will be lost concerning the interrelatedness of the actors in the economy. Such details are the courses of action in time. So before turning to data, let us see some of the key actors in a short story.

---

1 This is a rewritten version of the paper *The Constellations of Economic Power*, published in Connections, 2000, Vol 23. A part of the original research was supported by the research grant of the Ferenc Faludi Academy, and another part of the data collection was carried out by Barnabás Gerõ and myself for our paper *Interlocking Comrades* (Gerõ/Vedres 1998). I am thankful for the help of *Júlia Király*, *Zoltán Szántó*, *István János Tóth*, and *László Szakadát*. I am also grateful for the valuable comments and remarks of *Erzsébet Szalai*, *György Lengyel*, *David Stark*, *Róbert Tardos*, *Barnabás Gerõ*, and the participants of the course titled "Social Network Analysis" of the István Széchenyi Collegium.

In 1992 a large, stagnating company in textile industry was reorganized by the State Privatization Agency to become a joint stock company, what was a usual thing in those times. The Agency invited a tender to sell the Company. The first tenders were unsuccessful, the SPA spotted one of the partners of the Company to become an owner. The Partner planned to buy the shares mostly of credit. Everything went in order, except that the Partner company haven' t received the credit, thus it was unable to pay the sum until the proposed deadline. This was the time for the Bank to come to stage: the Company to be sold became indebted so much by this time, that the Bank should have started the filing process. The Bank instead of doing so, supported the group of top managers at the Company to buy it, while it delegated two members to the board. The Bank realized, that filing has a lesser net present value in this case, so it decided to become an owner. For this operation the Bank has utilized its connections at another bank to prevent the Partner to receive the credit, and made it explicit to the SPA, that in case of any privatization other than the one planned by the Bank, filing would be immediate. A year later the Bank sold its ownership stake, possibly minimizing the loss on the credit.

The story is a minute interplay of the state, the top managers of a large company and a bank. In the following I try to map some aspects of such an interplay analyzing the directorate interlocks of political actors, banks and large companies. I will follow the definition of Weber for power:

> "Power" is the probability that one actor within a social relationship will be in a position to carry out one's own will despite resistance, regardless of the basis on which this probability rests.

Weber goes on to state, that this probability can rest on any *constellations* or *qualities*. In the English translation this distinction is blurred, constellations in the German original (Konstellationen) is translated as "all conceivable combinations of circumstances":

> The concept of "power" is sociologically formless. All conceivable qualities of a person and all conceivable combinations of circumstances may put oneself in a position to perform one's will in a given situation.

To turn constellations into circumstances is to loose half of the definition, to drop half of it into banality. In this paper we will focus on qualities and constellations, their interplay in understanding power.

What we learn from the context of the definition of power first of all is that the formlessness of the concept can be interpreted in a comparison to dominance. I think we would misunderstand Weber, if we would attribute formlessness to the sociological definition. We should rather consider power itself an amorphous social phenomenon in relation to dominance.

> "Dominance is the probability that a command with a given specific content will be obeyed by a given group of persons. The sociological concept of rulership must hence be more precise and can only mean the probability that a command will be conformed."

Dominance is best imagined as a fixed infrastructure of the command relation, where commands flow down in this "pipe-system" to well specified individuals, and obedience from them flowing up, towards the controller(s). The formlessness of power can be best attributed to the fact, that there is no such infrastructure involved, there is not a certain group of people who will obey, and a certain set of valid commands. This is why constellations are important: they represent a quasi-infrastructure of a relational system, that is the amorphous counterpart to the rock-hard infrastructure of domination.

In the broader context the most important feature is that power exists in social relationships, so it is not something one can possess without, or outside of a social relationship.

> The term "social relationship" will be used for the meaning-content by which a circle of persons relates each other and to which their behaviors are oriented. The social relationship thus consists entirely and exclusively in the existence of a probability that there will be, in some meaningfully understandable sense, a course of social action. For purposes of definition there is no attempt to specify the basis of this probability.

A social relationship is basically a probability for social action. This gives another insight into power: starting from social action it might be thought of as a product of two probabilities: the probability of social action and the probability to carry out will. The first probability might be the strength of the relationship, the second is the power-probability. (This way the content of social action is not taken into account, but this might be a good proxy for the strength of the relationship to use probability.)

In this paper I will map the constellations around the most important actors of the Hungarian economy, and to trace the qualities that are connected in such constellations. A constellation is typical to an actor, but it is not a feature of it, neither of the whole network. I define constellation as the ego-network of a given actor. There are two typical constellations I consider that might be associated with power in inter organizational relations: centrality and autonomy. In the first part an introduction is given to these concepts, then I sum up the main arguments concerning economic power in the works on the Hungarian economy. The derived hypotheses will be tested using a population of 240: 14 political actors, 24 banks and 202 companies.

2. Two constellations and the meaning of corporate board interlocks

There are several works on operationalizing power with network concepts. I cite two major concepts in the literature associated with the relations and power in the economy. The first is centrality, the second is autonomy.

Centrality: The most elaborate work built around the concept of centrality is the financial – hegemony theory of Beth Mintz and Michael Schwartz (Mintz / Schwartz 1985). The basic assumption of their 1985 book *The Power Structure of American Business* is that the interfirm relations can be conceptualized as hegemonic relations.

> "A hegemonic relationship exists when one corporation makes decisions that directly and significantly affect the business conditions of another firm. The second firm cannot take actions to nullify the effects or the benefits sought by the first group and therefore cannot achieve mutual deterrence. The second corporation is constrained to adopt strategies" (Mintz / Schwartz 1985, pp 14.).

They hypothesized, that banks will be the most central actors in the network because of their control over the sources of credit. They also concluded, that the change in bank centrality in time should reflect the changing importance of these banks in the flow of capital.

The following measure of centrality was used by Mintz and Schwartz in their cited book:

$$\lambda e_i = \sum_j R_{ij} e_j \ ,$$

where *R* is the a sociomatrix, *e* is the centrality of the given vertex. Putting it another way *e* is an eigenvector of *R* with *l* eigenvalue (Bonacich 1987). There is an advanced version of this measure that weights indirect ties (the connections of the neighbors to their neighbors), also by Philip Bonacich. There is a β parameter, that is an adjustable weight to indirect ties. The measure is calculated the following way:

$$c_i(\alpha, \beta) = \sum_j (\alpha + \beta c_j) R_{ij} \ ,$$

where *c* is the centrality of the given vertex, and α is a parameter which allows, that if the centrality of a vertex is one, that means an average centrality independent of the number of vertices. β parameter is the mentioned weight. This measure takes indirect ties into account, but we can also utilize a measure that makes it possible to assess, to what extent are actors *in the middle* of the network in the sense that they are between many others. The so-called betweenness centrality is calculated the following way:

$$c_i = \sum_{j<k} g_{jk}(n_i) / g_{jk} \ ,$$

where centrality for a given actor i is calculated to sum up the number of geodesic paths between two distinct actors, j and k that passes through i. (If there are more geodesics, these are weighted equally to give a sum of one).

Autonomy: The concept and measure of structural autonomy was developed by Ronald Burt (1992). He has utilized the concept in analyzing the cooptational relations of firms proportional to their structural constraint in buyer-supplier relations. The idea was summarized in his 1992 book *Structural Holes*. The reasoning departs from the idea, that social capital is not directly proportional to the number of relations one has. The key is the concept of *redundancy*. Two contacts are redundant to the extent that they lead to the same alters. In an efficient network there are no redundancies, that is all connections are separated by a structural hole. The lack of structural holes mean structural constraint on ego.

There are two components in measuring structural constraint: the costs or energy invested in reaching an alter, and the lack of structural holes around the alter. Burt uses the same measure for the two concepts:

$$p_{ij} + \sum_{q} p_{iq} p_{qj} \ ,$$

where p_{ij} is the direct investment of ego (i) in reaching alter (j) the summed expression is the indirect investment of i (through ties with any q) to reach j (where q is tied to i and j). This value is high, if i invested a lot of energy proportionally in reaching j, and there are few structural holes around j.

The measure of structural constraint is the above expression squared:

$$c_{ij} = \left(p_{ij} + \sum_{q} p_{iq} p_{qj} \right)^2 .$$

Centrality itself is not a cause for power, only an indication. Autonomy can be a source of power itself: there is a causal mechanism, that connects a constellation characterized by autonomy and power. A firm in an autonomous position has more chance to follow "tertius gaudens" strategies, has more opportunities to form coalitions, or discriminate prices. Centrality is an indication of an underlying asymmetry. In the case of banks this asymmetry is the disposition over capital. In the case of the state it can be political power.

Figure 1: Structural constraint

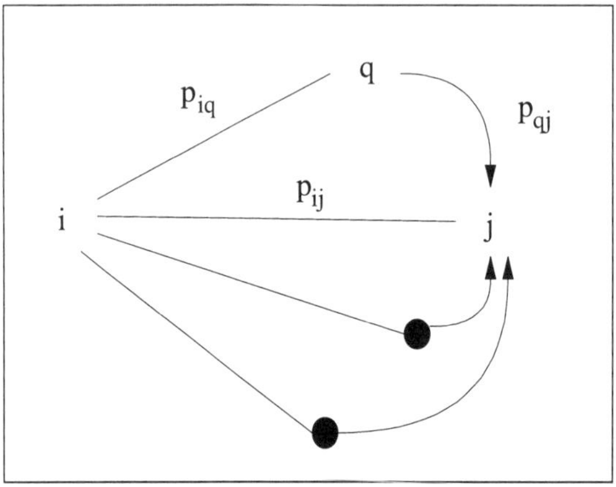

3. Hypotheses on interorganizational constellations in the Hungarian context

The question of economic power has also been put in the Hungarian context of the market transformation. There were three main paths in the social science discourse where this question appears: the first is the discourse of *privatization*, mostly participated by economists. The second one is a recently started debate over the *position and role of banks in the economy*, we find sociologists and economists here, the approaches has a wide range from information economics through macroeconomics and case studies to the study of ownership relations and interlocking directorates. The third is the debate in economic sociology known as the *market transition* debate, mostly with economic sociologists. Let us take a bit closer look at the hypotheses that can be drawn from these debates.

The debate of privatization is concerned with the process of dismantling the high ownership centrality of the state. The recent articles on privatization and ownership relations suggest, that the privatization is practically over. Some authors propose in their recent article, that the period of post-communism is over, a stable, market-like system has emerged. It would be beyond the scope of this paper to even sketch the sizeable discourse of privatization, I will only derive some hypotheses concerning the end of this process.

If privatization is nearing its end, we can expect, that the State Privatization Agency will have a control mostly over the "remaining" companies, that have the state as the most important owner, and has a poorer market performance.

This "portfolio" should be worse than the portfolio connected to other key political actors, who in turn, should have firms with a more diverse ownership palette around.

The bank power-debate has a double face: economists argue in line with the principles of information economics, that banks are victims of an information asymmetry. On the other hand sociologists argue, that banks are in power positions. According to the reasoning of economists banks use corporate governance tools to overcome this asymmetry, caused by debtors, who know more about the risks of the debt in question. Júlia Király (1995) has hypothesized four idealtypical groups of firms according to their bank relation. The first is a group of *companies remained indebted*, mostly those large state owned companies that provided most of the production in 1987. At the times of the return to the two tier banking system the credits of these companies were inherited by the new banks. Needless to say, these credits were not based on prudential bank practices. The second group consist of companies *became indebted quickly* in the beginning of the nineties, mostly smaller companies formed of state owned firms. These middle sized enterprises had no debt in 1987, actually they were mostly formed in the nineties, and they were growing rapidly of foreign capital. They were much affected by the shockwave of loosing eastern markets. In the third group we find firms that *quitted banks*. These companies managed to repay debt, and became independent of banks. These companies were mostly privatized by capital injection. The fourth group consists of the best corporations that never had significant debt, and are financed from internal sources, or bounds. These companies are mostly the most important exporters.

To sum up this line of arguments, we can hypothesize, that banks will be mostly related to two groups: large and small companies, both performing poorer, than the others. We can also expect that if banks use interlocks as a governance tool in case of poorly performing firms, than this also reflects in the data. One remark need to be made here: throughout the paper I will separate the groups of home founded banks and banks founded by foreigners. These two groups has different histories (inherited clients from socialism, state bailouts etc.), and also embedded in a very different way in the network.

In the debate of market transition the question of economic power appeared only occasionally, and mostly tied to the question of elite mobility. This discourse is dominated by the school(s) of social mobility, what implies that the question of power is not a central one. In the beginning of the discourse the notion of elite continuity and political capitalism were the heading concepts, later on the theory of managerialism appeared, as an alternative. The hypotheses included in the theory of post-socialist managerialism formulated by Iván Szelényi focuses on the constellations of the largest enterprises (Szelényi et al 1996). In the special "post-communist" conceptualization of managerialism a crucial assumption is the corporate independence of "real" owners, similarly to the classic theories of managerialism (although Szelényi' s approach and interest is different to these theories, rather oriented towards the new class theories). This independence flows from the recombinant property structure of the transformation. Managers exercise control over the large corporations not because of their ownership stakes, but because of their skills and education. The key figures are the "financial managers" in this system.

Szelényi and his colleagues' theory implies (in an implicit way) the following hypotheses on corporate interlocks: first we can assume, that the net effect of the absence of "real" owners – mostly foreign owners – allows a space for managerial interorganizational control. Second, we can also assume, that the largest enterprises will not be isolated of each other, but will rather form a cohesive group. Third, we can expect, that banks will be interlocked with large companies, and companies without "real" owners.

4. Tracing constellations: centrality and autonomy

Data: For assembling the relational database we have collected data on the board and top management compositions of the top 350 companies in Hungary according to their gross revenue in 1995, and for the full population of banks. We have also collected the lists of top and middle rank leaders of the departments of the Hungarian Government, and the lists of names for the parliament fractions of political parties.

We distinguished two types of ties: directed and non-directed. A directed tie means that a manager of a bank or company or a political leader sits on a board of another bank or company. A non-directed tie means that there is a person on two boards without any identifiable "sending" organization. Besides relational data we also had some variables from company CD ROMs.

Basic structural features: Before taking a closer look at the structure of relations, one feature is apparent. Ninety percent of the actors (that are not isolates) in the network are organized in a single bi-component of directorate ties (in other words this group needs at least two ties to be cut to fall apart). This means that there is practically one single network of companies. Something similar is reflected in the following fragment from an interview, that I conducted with the CFO of one of the top 50 companies in the spring of 1997:

> "This country is not quite big. That means it is quite difficult to find someone who is not known, especially among those, who are important in business. Business is not made because of these relations, but there are no others to make busi-

ness with. For me, personally it is difficult to go to a bank or investment fund, and not to find many people there whom I have known before."

This suggests that this network serves as a background for business. The ten percent that is not part of the network are mostly foreign owned companies, or affiliations to multinationals. In the one third of isolates, that are not part of the network population such companies are also over-represented. This suggests that a company is either a part of the network or it is an isolate – there are no totally separate components.

Modelling constellations: centrality and/or autonomy? I have used regression models to judge whether there are different constellations at all in the population. In this section I try to identify the groups of actors with high centrality and/or autonomy. There are two groups of models: one for centrality, and one for autonomy. Let us see the models of centrality first. In the first groups of models (see table 1) there are three dependent variables employed. The first is outdegree, that is a raw measure for the embeddedness of each actor. The second is the Bonacich Power measure, that is a centrality measure taking indirect ties also into account. The third dependent variable is betweenness centrality, that takes the "inevitability" of each actor into account, measuring how much each actor is in the middle of the network. In the case of the latter two, outdegree is also employed as a control variable to control for the strength of the relationship: if a firm has many ties, than the strength of one of its ties is lower, than one tie of a less embedded firm. The independent variables are the dummies of the groups: departments of the Government (including the State Privatization Agency), the parliament fractions of political parties, home funded banks, other banks, the top 50 and the "smallest" 50 in the sample. So the group of reference is the group of the "middle" 100 firms.

In the first model we can see, that the embeddedness of the government actors, the home founded banks and the top 50 companies is stronger according to their outdegree, than that of the other groups. In the second model, the model of Bonacich power measure, we find similar results, so, the constellation of centrality measured this way is a feature of the government, home founded banks and the top 50. If we control for outdegree, we can see that only the effect of outdegree is significant. In fact, in this case, the Bonacich power measure is strongly correlated to outdegree (the actors with higher outdegrees connect to others with higher outdegrees), that is reflected in the high R square. The models of betweenness reveals a split among the most embedded actors. In the fourth model we can see, that there are two groups with a high betweenness: government departments and home founded banks. The group of top 50 is not significantly more in the middle of the networks, than others. If the control for

Table 1: Models of centrality and autonomy. Group: all actors, N=240. Number of random permutations: 5000

	MODEL						
	CENTRALITY					AUTONOMY	
	1	2	3	4	5	6	7
dependent variable	OUT-DEGREE	BONACICH POWER	BONACICH POWER	BETWEEN-NESS	BETWEEN-NESS	STRUCTURAL CONSTRAINT†	STRUCTURAL CONSTRAINT†
adjusted R square	.273	.200	.736	.086	.289	.167	.369
F value	16.216***	11.130***	96.890***	4.945***	15.039***	9.157***	21.182***
independent variable							
Intercept	2.1737	10.4500	3.8347	196.6291	67.5892	0.6529	0.7320
OUTDEGREE	-	–	3.0433***	–	59.3635***	–	-0.0364***
GOVERNMENT	11.0485***	26.8061***	-6.8178	671.2678***	15.3892	-0.2920***	0.1103
PARTY	0.6262	-3.9372	-5.8432	-50.9791	-88.1572	0.0755	0.0983
HOME FOUNDED BANK	6.1861***	23.0452***	4.2190	493.0495***	125.8193	-0.4093***	-0.1840**
OTHER BANK	-0.2401	-4.0896	-3.3589	-64.5600	-50.3064	0.0620	0.0533
TOP 50	1.2425*	6.3008**	2.5193	-450734	-118.8360*	-0.1840***	-0.1387***
SMALL 50	-0.4689	-1.5480	-0.1210	-2.5631	25.2736	0.071*	0.0545

*: $p<.10$; **: $p<.05$; ***: $p<.01$; †: Smaller values mean less constraint, thus higher autonomy.

outdegree is included, the only significant variable is the one of the top 50: they have significantly less betweenness compared to their embeddedness, than others. This means that if we look at the probability of social action also, the centrality-constellation is not a feature of the top 50 companies. Government actors and home founded banks are "in the middle" of the network because of their higher embeddedness.

To sum up the experiences on the constellation of centrality, we can state, that the most embedded actors are government departments, home founded banks and the top 50. Embeddedness (the number of connections) usually doesn't take the effect of betweenness away, expect in the case of the top 50.

In the second group of models the question is autonomy. These models are constructed the same way, with structural constraint as a dependent variable.

Without a control for outdegree, we find that the most embedded three groups of actors are also less constrained. In the case of constraint, a control for outdegree is theoretically advisable. The measure of constraint decreases with an increase in outdegree. If we introduce this control we find that only home founded banks and the top 50 are significantly less constrained (more autonomous), than others, the government departments has a constraint proportional to their high outdegrees. The group of the smallest 50 companies in the sample has a significantly higher structural constraint (that is lesser autonomy), that is not only a function of their small outdegrees.

Introducing the control for outdegree has increased the fit of the model considerably. I have computed the models with omitting the three most embedded, and the least embedded actors (with an outdegree of one) also, but these models yielded the same results.

For summing up the models of constellations (see figure 2), we can state that the constellation of centrality is a feature of the government actors and home founded banks, and to some extent of the top 50. The constellation of autonomy is more probable around home founded banks and the top 50. So the government is central, but not autonomous beyond its centrality, the home founded banks are central and autonomous, the top 50 companies are central to some extent, but they are more autonomous than others, beyond the effect of embeddedness.

5. Tracing linked qualities: birds of a feather?

After mapping the constellations in the field of the most important actors in the economy, let us turn to mapping the qualities of these actors. The qualities – if power is in question – are not isolated, but qualities of a dyad. In the preceding

Figure 2: The profiles of constellations: group averages. The variables are normalized to have equal maximums (100%)

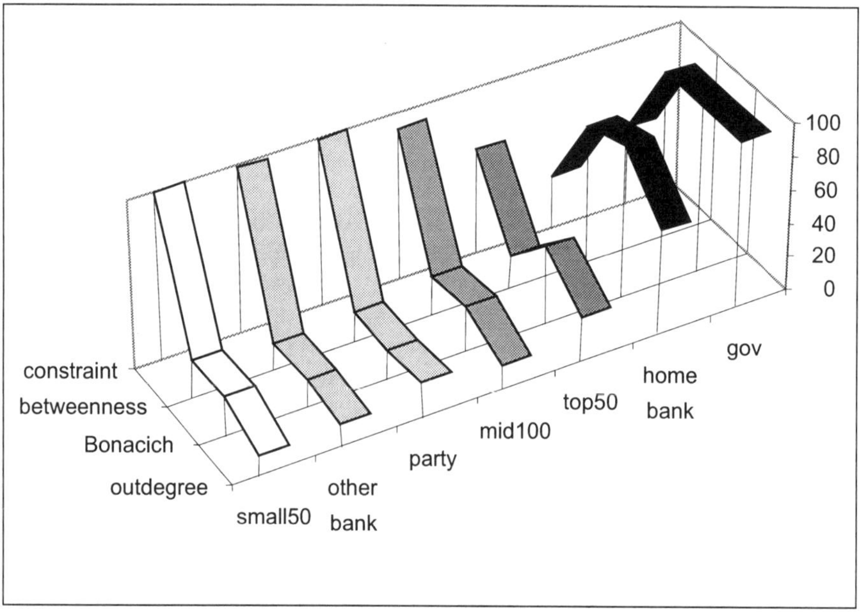

paragraphs we were asking *how* the actors in the field are connected, tracing two constellations. Now the question is *to whom* the groups mentioned before are tied to.

The next diagram (figure 3) shows how the groups are tied to each other. This is a primitive way to show how one quality of the actors is linked. The elevations in the relational map are proportional to the densities in the ten blocks of interlock relations. The ten blocks are formed to contain a comparable number of actors: the first block consists of the fifteen political actors-government departments and political party fractions. The second is a block of banks: the total number of home founded and other banks sum up to twenty-four. The 203 population of companies are divided into groups of 25 or 26, sorted in descending order according to their gross revenue.

The most explicit feature is the high centrality of the political actors, banks and large corporations. Political actors are most densely tied to large corporations and banks. These two groups seem to be rather cohesive also. Smaller companies are hanging on the most central groups. The "smallest" seem to be connected to banks, while the middle category to all central actors to some extent.

Figure 3: Block densities (average ties) between key actor groups

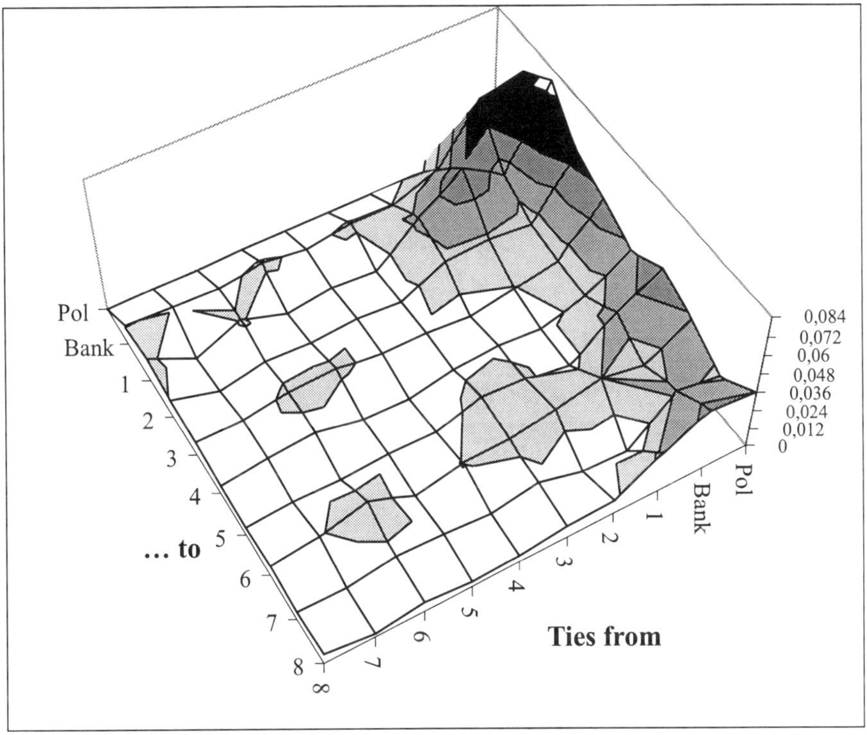

The density table in the previous case refers to the presence of centrality. Constraint can be mapped in a similar way to elevations of highly constrained blocks. This could be a display how certain qualities of the actors are linked by the constellation of autonomy. In the next diagram (figure 4), contact specific constraints are mapped the same way, as densities, calculating the average constraint from each group to each other.

The map of constraints reveal, that the most central groups place constraint on the less central ones. Banks also constrain other banks that can be said in the case of large corporations also to some extent.

Modelling linked qualities: To assess the hypotheses and to reveal the structure of linked qualities, I have constructed linear regression models for the qualities linked to the most important groups of actors. The dependent variables in these models are the number of incoming ties at each actor from the specified group. This means that I have used quite simplified models where the quality of

Figure 4: Block constraints (average contact specific constraints) between key actor groups

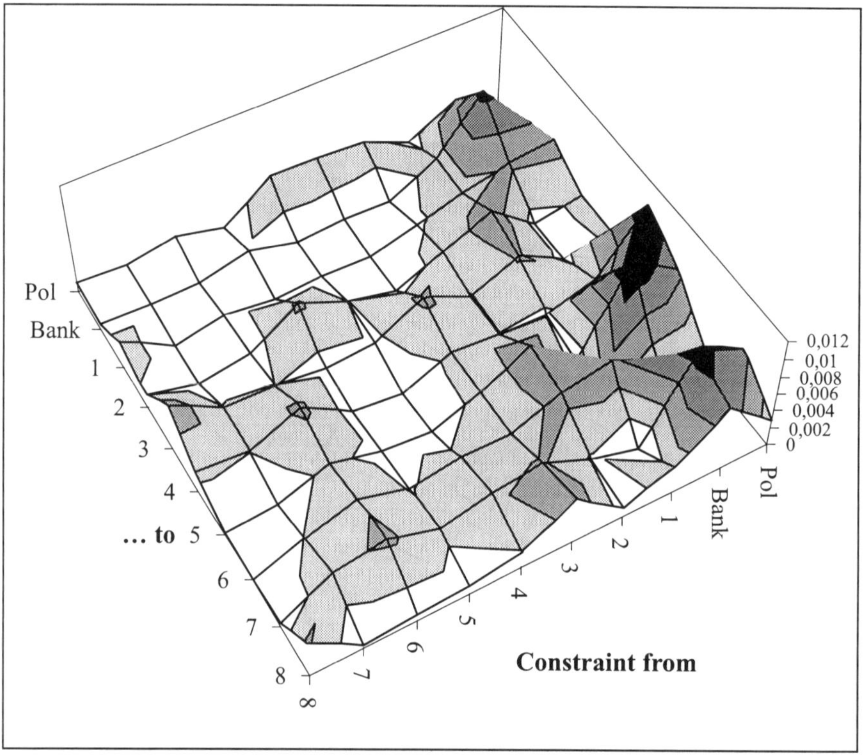

one party (the sender) is only measured by its category. However, these models are considered an improvement from the density maps presented above: in these models multiple qualities of one party can be introduced. I am still thinking on a model to include multiple qualities for both parties in a relationship.

There are four such variables: the first is the number of ties from the SPA (State Privatisation Agency), the second is the number of ties from other government departments, the third is the number of ties from home founded banks, and the fourth is the number of ties from the top 50 companies. The independent variables are the following: INDEGREE, for controlling size effects, FOUNDED AFTER 1990: equals one, if the company or bank was founded after 1990, zero otherwise, HUNGARIAN PRIVATE PROPERTY: equals one, if the unit is in a Hungarian non-state majority ownership, STATE PROPERTY: the same for state ownership, HOME FOUNDED BANK: equals one in case a bank were not founded by foreigners, OTHER BANK: equals one, if the bank was founded by multinational, or foreign banks, it is off-shore or other, TOP 50: equals one, if it is a top 50 non-bank company, SMALL 50: the same for the smallest 50, GROWTH: equals one, if the company or bank had a growing market stake in real terms both in 94 and 95. These models only contain the non-political actors, since political actors do not have boards, thus they don't have an indegree.

In these models the control for the strength of a social relationship is included by adding indegree to the independent variables. The fact that company A receives more ties from a certain type of actor than company B can be attributed to the fact that A has more incoming ties than B.

In the first model in table 2 we can see that the top 50 companies and home founded banks have significantly more ties from the State Privatization Agency, than the reference group. Companies with a stable growth are not likely to have a director from SPA, an SPA link usually means poorer performance. The second model shows the effects with a control for indegree – that is taking the strength of a social relation into account. In this model, besides indegree, the only significant effect is the one of the top 50 companies. This means that SPA directors are only over-represented on top 50 boards, state owned and not growing companies or banks have SPA directors only proportional to their larger indegrees. For assessing the hypotheses derived from the discourse of privatization, let us see the models of the other government departments.

In the model of government actors we find a similar setting to the SPA models. In the third model, without a control for indegree, we find that the departments are even more tied to state owned companies, they are also tied to the top 50 and to home founded banks, but poor market performance is not a feature of their network surroundings. In the fourth model only state ownership and top 50 firms seem to be tied to departments beyond their embeddedness (indegrees). The hypothesis, that the SPA have companies with poorer performance around (the "rest" that have remained) seems to be reinforcable: the SPA is tied to companies with significantly worse growth than others, while this is not true to other key political actors. The other hypothesis, namely that government departments should have ties to companies not only state ownership is not true. The affiliation of government departments to companies owned mostly by the state is stronger, compared to the SPA.

In the first model of the number of directors from home founded banks we find that first of all these banks are tied to other such banks. There are two other significant effects, namely that these banks are tied to the smallest 50 firms in the sample, and they are also tied to firms with domestic owners, rather firms with other kind of owners. The companies founded after 1990 also seem to have more bank directors, but this effect is just not significant (p=0.133). Anyway,

Table 2: Models for linked qualities. Group: business organizations, N=225. Number of random permutations: 5000

	MODEL							
	1	2	3	4	5	6	7	8
	TIES FROM ...							
dependent variable	SPA	SPA	OTHER GOVERNMENT	OTHER GOVERNMENT	HOME FOUNDED BANKS	HOME FOUNDED BANKS	TOP50	TOP 50
adjusted R square	.042	.138	.104	.196	.036	.313	.079	.285
F value	2.364**	5.109***	4.368***	7.193***	2.164*	12.518***	3.517***	11.063***
independent variable								
Intercept	0.1263	-0.0196	0.1746	-0.0460	0.2391	-0.2757	0.5754	0.0069
INDEGREE	–	0.0544***	–	0.0823***	–	0.1922***	-	0.2136***
FOUNDED AFTER 1990	0.0092	0.0097	-0.04832	-0.0475	0.1519‡	0.1536	-0.1829	-0.1910
HUNGARIAN PRIVATE PROPERTY	0.0605	0.0097	0.0247	-0.0532	0.2409*	0.0590	0.3694**	0.1647
STATE PROPERTY	0.1402*	0.0949	0.4982***	0.4289***	0.0565	-0.1051	0.3465*	0.1640
HOME FOUNDED BANK	0.2357**	0.0367	0.5152***	0.2142	0.7693***	0.0671	0.5973*	-0.1808
OTHER BANK	-0.0672	-0.0392	0.1037	0.1460	-0.1252	-0.0264	0.0969	0.2086
TOP 50	0.1742**	0.1151*	0.2919**	0.2025*	0.1362	-0.0723	0.7705***	0.5391***
SMALL 50	-0.0857	-0.0559	-0.0158	0.0293	0.3197**	0.4250***	-0.1800	-0.1387***
GROWTH	-01132**	-0.0774	-0.0349	0.0191	0.0579	0.1843*	-0.2891**	-0.1609

*: p<.10; **: p<.05; ***: p<.01; ‡p=.13

banks don't seem to be tied to older companies. If we control for indegree, we see that banks have directors from other banks only to the extent, that they have many external directors on their boards. Small companies (or we should rather say, not so large companies) have bank directors on their boards in spite of their small indegrees. The companies, that have proportionally more bank directors on their boards, seem to be more profitable also. The map of constraint also suggests, that these smaller firms are also an important source of autonomy for banks.

The bank clientele hypotheses can not be supported according to these models: banks are not tied to large corporations more, than to others. They are tied to small ones, but the companies closely tied to banks seems to be successful also. It suggests that banks overcame the difficulties of the beginning of the nineties in respect of their clientele. The hypothesis of interlocking of banks and large companies implicitly suggested by Iván Szelényi does not seem to be true. Banks do not form a cohesive subgroup (they are densely tied to each other, but not more densely than to others).

The top 50 companies' first model, without controlling for indegree first of all indicates a cohesion of this group, the effect of the top 50 variable is significantly positive. These companies are also tied to others with state or domestic majority ownership, and home founded banks. After introducing the indegree variable, as a control for embeddedness, we can fortify the assumption of cohesion: this is the only variable that remained significant (apart from the indegree).

This provides a support for the (again implicit) hypothesis of post communist managerialism: we find a cohesion in the group of the 50 largest companies. The companies with state and domestic majority ownership – the most likely to be free from a real owner – also have significantly more ties from the top 50, though such companies do not have more directors from the top 50, if we compare them to others with a same indegree.

6. Conclusions

In the network of the most important actors of the Hungarian economy there are two major positions, that can be characterized by two ideal types of constellations. One of the poles is for political power. The government departments are the most characteristic players here together with the State Privatization Agency. The other pole is for economic dominance with the largest enterprises and the major, home founded banks. The political pole is highly central, but not autonomous proportionally to this high embeddedness. The economic pole is also central – expect for the lack of betweenness of the top 50 – but it can be characterized by autonomy also. Autonomy seems to be associated with the most important market actors, while the group of the major banks are autonomous and central by all measures.

Centrality is probably associated with underlying asymmetries: the political dominance of the state (an underlying dominance infrastructure to amorphous power-constellations), and the source of credit for banks. Autonomy can be a source of power itself. In the case of banks it may take the form of having diversified connections to the moderate size companies (here the smallest 50), in the case of the top 50 companies it might be a well built network of ties to other top 50 and middle size companies. Maybe the finding that the state is central seems trivial. The aim of this paper was not to show that the state has power, but to put it in a context of relations with other actors. Political power might not be a question as much as bank power. The high centrality of banks in all models suggests the importance of banks in capital flows. Beyond this centrality we find that banks are also autonomous. Though not all banks, only the ones founded by Hungarians (mostly the state or other state-founded banks).

There are combinations of constellations and qualities that suggest higher or lower probability for power. In the case of the state, the high centrality is combined with the poor performance of the alters, that can reduce the probability for power if we think of financial resources as an object to exercise power over. However, the assessment of the probability for power is not that easy in this case. The power of the state might even be increased by the weakness of the alters in economic terms: it can provide an opportunity for the state to return to a socialist-type of power execution over these companies. The case of banks suggests a combination of constellations and qualities, where the two have a multiplying effect on power. Banks have high autonomy as a constellation, and their alters are smaller and well performing companies. This can increase the power of banks over clients. In the case of the top 50, the constellation of autonomy is paired with the quality of big size in the alter, that can reduce the power-probability inherently increased by autonomy.

Literature

Bonacich, Phillip (1987): Power and Centrality: A Family of Measures. In: American Journal of Sociology, 92, S. 1170-1182

Burt, Ronald (1992): Structural Holes. The Social Structure of Competition. Cambridge/ Mass.: Harvard University Press.

Gerõ Barnabás; Balázs Vedres (1998): Interlocking Comrades. Paper presented at the 11th International Conference of Europeanists, March 2., 1998. Baltimore

Király Júlia (1995): Válságspirál, avagy a magyar bankok tőkevesztésének egy lehetséges értelmezése. (Spiral of Crisis, or a Possible Interpretation of the Capital Loss of Hungarian Banks) Közgazdasági Szemle 95/9

Mintz, Beth; Schwartz, Michael (1985): The Power Structure of American Business. Chicago: Chicago University Press

Szelényi Iván; Eyal, Gil; Townsley, Elanor (1996): Posztkommunista menedzserializmus: a gazdasági intézményrendszer és a társadalmi szerkezet változásai (Post-communist Managerialism: the Change of Economic Institutions and Social Structure). Politikatudományi Szemle 1996/2

Kleinbetriebliche Kooperationspraxis – zwischen Gewohnheit und Kalkül

Hinweise aus den neuen Bundesländern

Klaus Semlinger, Marek Krause

Inhalt

1. Einleitung

„Kooperation“ hat Konjunktur und „Vernetzung“ ist gleichsam zur Pflicht moderner Unternehmensführung geworden. Dennoch ist ein klarer empirischer Nachweis für einen engen Zusammenhang zwischen einzelbetrieblichem Erfolg und zwischenbetrieblicher Zusammenarbeit nur schwer zu finden. Überhaupt besteht ein bemerkenswerter Kontrast zwischen der allgemeinen Aufmerksamkeit, die das Thema seit einiger Zeit wieder erfährt, und dem empirischen Wissen um die tatsächliche Kooperationspraxis. Auch viele betriebliche Praktiker – gerade aus dem kleinbetrieblichen Umfeld – können oder wollen hier gar keinen Unterschied zum üblichen Geschäftsgebaren sehen („jede gute Geschäftsbeziehung trägt kooperative Züge“). Faßt man zwischenbetriebliche Kooperation also zunächst einmal nur als eine besondere Form der betrieblichen Außenbeziehungen, so ist nicht nur zu fragen, ob Betriebe kooperieren, sondern auch, wie sie das tun und wie sich ihr Kooperationsverhalten in ihre sonstigen Außenkontakte einfügt.

Die folgende Darstellung faßt die einschlägigen Ergebnisse aus einer Untersuchung ostdeutscher Kleinbetriebe zusammen, die 1995/96 nach ihrer Entwicklungsgeschichte, ihrem Investitions- und Marktverhalten sowie nach ihrem personalpolitischen Verhaltensprofil befragt worden waren. Im Mittelpunkt des Untersuchungsinteresses des Projekts, das von der Kommission für die Erforschung des sozialen und politischen Wandels in den neuen Bundesländern e.V. (KSPW) in Auftrag gegeben worden war, standen zum einen die Erkundung der allgemeinen Entwicklungsbedingungen von Kleinbetrieben im Transformationsprozeß und zum anderen die Frage nach den qualitativen Beschäftigungsbedingungen im Bereich der sich neu herausbildenden mittelständischen Wirtschaft.[1] Obgleich der Kooperationsfrage damit nicht das Hauptaugenmerk der Untersuchung galt, und obwohl dabei sicherlich eine spezifische Sondersituation erfaßt worden ist, können die Befunde dennoch zu einem besseren Verständnis kleinbetrieblicher Kooperationspraxis beitragen. Den Eingangsbemerkungen entsprechend sollen dabei im folgenden auch die sonstigen Außenbeziehungen der Betriebe berücksichtigt werden.

2. Begriffsklärung und Datenbasis

War die ostdeutsche Wirtschaft zu DDR-Zeiten geprägt durch volkseigene Großunternehmen und Genossenschaften, so stellt sie sich heute als ausgeprägte „Mittelstandsökonomie" dar. Ursächlich für diesen Wandel ist zum einen der beeindruckende Gründungsboom, zum anderen der wettbewerbsbedingte Zusammenbruch und die politisch gewollte Entflechtung der alten Kombinatsstrukturen, in deren Folge es auch zur Auflösung der hergebrachten – vielleicht zwar ineffizienten, so aber doch effektiven – zwischenbetrieblichen Liefer- und Leistungsverflechtungen kam. Hiermit ist wiederum nicht nur das Zusammenbrechen der angestammten Absatz- und Beschaffungsmärkte angesprochen, sondern auch das Zerreißen der alten Informationsnetzwerke, mit anderen Worten: die Auflösung des gesamten zwischenbetrieblichen Geflechts der Leistungserstellung. Wurde einerseits in diesen „zerrissenen Netzen" eines der Hauptentwicklungsprobleme gesehen (siehe Albach 1993), so wurde andererseits – insbesondere mit Blick auf den neuen Mittelstand – folgerichtig empfohlen, sich bei deren Neuaufbau nicht allein auf die marktförmigen Austauschbeziehungen

1 Außer den Autoren waren am Projekt beteiligt: *Martin Brussig*, *Karin Lohr*, *Arndt Sorge* und *Udo Strohwald*. Eine ausführliche Dokumentation der Befunde des Gesamtprojekts findet sich in M. Brussig et al. 1997

zu konzentrieren, sondern verstärkt auf die Entwicklung kooperativer Netzwerkbeziehungen zu setzen (Grabher 1992; Semlinger 1994; DIW 1995).

Wie stark nun aber die zwischenbetrieblichen Vernetzungen in Ostdeutschland tatsächlich zerrissen worden waren und wie ihre Rekonstruktion bzw. der Neuaufbau marktförmiger und kooperativer Netzwerkbeziehungen vorankam, darüber besteht vergleichsweise wenig empirisches Wissen. Einig war man sich lange Zeit zumindest darin, daß die ostdeutsche Wirtschaft – jedenfalls was ihre Absatzseite angeht – zu wenig mit der westdeutschen Ökonomie verflochten, vor allem aber zu wenig im Export engagiert ist. Mit Blick auf das betriebliche Kooperationsverhalten ergab die empirische Evidenz dagegen ein eher widersprüchliches Bild: Wurde einerseits die unzureichende Kooperationsfähigkeit und die geringe Offenheit gegenüber betriebsübergreifender Kooperation als einer der wesentlichen Wettbewerbsnachteile ostdeutscher Kleinbetriebe identifiziert (Beyer 1994, S. 57ff.), so sahen andere in der ausgeprägten Kooperationsaufgeschlossenheit und Kooperationspraxis ostdeutscher Kleinunternehmen sogar einen latenten Wettbewerbsvorteil gegenüber dem hier immer noch eher zögerlichen westdeutschen Mittelstand (Staudt et al. 1995). Ausschlaggebend für diese gegensätzlichen Befunde dürften methodische Unterschiede in der empirischen Erfassung des Sachverhalts sein, aber auch Unterschiede im verwendeten Kooperationsbegriff. Bevor die Ergebnisse der eigenen Untersuchung präsentiert werden, sollen daher zunächst der Kooperationsbegriff genauer bestimmt und das methodische Vorgehen sowie die empirische Basis vorgestellt werden.

2.1 Lieferbeziehungen und Kooperationsnetzwerke

In der theoretischen Debatte wird „Kooperation“ den idealtypischen Austauschmustern „Markt“ und „Hierarchie“ gegenübergestellt, wobei – vereinfacht formuliert – „Markt“ für die normalen Geschäftsbeziehungen zwischen selbständigen Unternehmen steht, und „Hierarchie“ für die autoritätsgesteuerte Arbeitsteilung innerhalb von Unternehmen (Williamson 1985). Reale Austauschbeziehungen – sowohl zwischen Unternehmen als auch innerhalb von Unternehmen – lassen sich nun aber nur selten eindeutig einem dieser theoretischen Modelle zuordnen. Vielmehr hat man es in der Realität immer mit Mischformen zu tun, was erklären mag, warum umstritten ist, was das Spezifische an „Kooperation“ ist, und ob sie wirklich als eigenständiges Interaktionsmuster gelten kann (vgl. Krebs/Rock 1994). Diese Diskussion kann hier nicht aufbereitet und weiterentwickelt werden (siehe dazu Semlinger 1993). Da es im folgenden jedoch explizit um Kooperation als einer besonderen Form zwischenbetrieblicher Zusammenarbeit geht, muß benannt werden, worin die Unterschiede zu Markt- und Hierarchiebeziehungen zu sehen sind.

Unter Kooperation soll im weiteren ein nicht nur punktueller Verbund des Leistungsaustauschs von eigentumsrechtlich selbständigen Unternehmen mit offener wechselseitiger Leistungsvereinbarung verstanden werden,[2] wobei die beteiligten Unternehmen einerseits lockerer als im integrierten Unternehmensverbund und andererseits enger als in marktförmigen Geschäftsbeziehungen miteinander verbunden sind. Als operationale Abgrenzungskriterien für Kooperationsbeziehungen wird dabei einerseits (gegenüber hierarchisch geprägten Beziehungen) *„der Rückgriff auf Ressourcen unter fremder Entscheidungshoheit"* sowie andererseits (gegenüber marktförmig dominierten Beziehungen) *„der Austausch in Abkehr vom Äquivalenzprinzip"* herangezogen. Damit wird zum einen die unternehmensinterne zwischenbetriebliche Zusammenarbeit ausgeklammert, zum anderen werden Geschäftsbeziehungen zu Marktpreisen – auch solche mit hoher Kommunikations- und Interaktionsdichte – ausgeblendet, wobei hier vereinfachend unterstellt wird, daß – modellgemäß – Marktpreise für leistungsäquivalente Entgelte stehen.

Der unternehmensinterne Leistungsaustausch bzw. Ressourcenzugriff wird hier ausgeschlossen, weil davon auszugehen ist, daß dabei manche informatorischen und verfügungsrechtlichen Probleme der Interaktion durch spezifische Informationszugänge, Zugriffsrechte und Möglichkeiten nichtäquivalenter (Verrechnungs-)Preise leichter zu überwinden sind als bei der Zusammenarbeit (eigentums-)rechtlich unverbundener Organisationseinheiten. Zusammenarbeit innerhalb derart hierarchisch geprägter Austauschbeziehungen unterliegt zudem generell einer mehr oder minder einseitig bestimmten Koordination, d.h. zumindest im Konfliktfall dem Direktionsrecht der jeweils übergeordneten Leitungsebene.

Parallel dazu werden hier alle diejenigen marktförmigen Einkaufs- und Lieferbeziehungen ausgeklammert, die zwar ebenfalls ein auf die Zukunft gerichtetes, nicht im Detail festgelegtes Leistungsversprechen in enger wechselseitiger Abstimmung und Zusammenarbeit beinhalten, dabei aber eine mehr oder minder festgelegte Entgeltzusage vorsehen, die sich am allgemeinen Marktpreis orientiert (z.B. Aufträge an Architekten, Unternehmensberater u.a.m.). Auch hier erfolgt die Zielvorgabe zumeist einseitig durch den Auftraggeber, die Zusammenarbeit findet jedoch zwischen formal selbständigen und damit gleichberechtigten Parteien statt, und sie ist immer anfällig für lähmende Auseinandersetzungen um die Zumutbarkeit von Verhaltens- bzw. Leistungsanpassungen sowie deren angemessenen Preis oder für kurzfristige Aufkündigungen der Beziehung.

---

2 Zum offenen Charakter des (wechselseitigen) Leistungsversprechens in Kooperationsbeziehungen siehe Wurche 1994, S. 47ff. sowie Semlinger 1993, S. 330ff.

2.2 *Empirische Datenbasis*

Die empirische Basis für nachfolgende Ausführungen lieferte eine gestufte Befragungsaktion, bei der im Frühjahr 1995 zunächst 124 ostdeutsche Kleinbetriebe mit 5-99 Beschäftigten entlang eines detaillierten halbstandardisierten Fragebogens interviewt worden waren. Im Frühjahr 1996 erfolgte dann in zwölf Unternehmen eine leitfadengestützte, umfängliche Nachbefragung.

Bei den befragten Kleinbetrieben handelte es sich überwiegend um selbständige Unternehmen ohne Filialen oder Zweigbetriebe. Die Betriebsauswahl folgte drei Kriterien:

(1) Der Belegschaftsgröße,
(2) der Branchenzugehörigkeit und
(3) dem Regionaltypus.

Die vorgegebene Einstiegsgröße von fünf Beschäftigten wurde gewählt, um eine gewisse Betriebsförmigkeit zu gewährleisten; die Schnittgrenze bei 100 Beschäftigten entspricht dem üblichen Vorgehen. Die Branchenauswahl berücksichtigt neben dem Verarbeitenden Gewerbe das Baugewerbe und das Dienstleistungsgewerbe, wobei hier vornehmlich unternehmensorientierte Sparten sowie die Bereiche Handel und Verkehr erfaßt worden sind, während der haushaltsorientierte Bereich ausgeblendet blieb, um so die Stichprobe auf (potentielle) Entwicklungsträger des wirtschaftlichen Wandels zu beschränken. Bei der Regionalauswahl schließlich wurden mit dem Ostteil Berlins ein städtischer Agglomerationsraum, mit der Region Eberswalde ein ländlicher Raum und mit der Region Chemnitz/Zwickau ein altindustrieller Verdichtungsraum gewählt, um so auch eine gewisse Bandbreite unterschiedlicher regionaler Kontextbedingungen zu berücksichtigen.

Die Stichprobe ist über die Regionen annähernd gleichverteilt; der Branchenschwerpunkt liegt mit rund 50% im Verarbeitenden Gewerbe, während aus dem Bau- und dem Dienstleistungsgewerbe jeweils rund 25% der Betriebe stammen. Ein gutes Drittel der befragten Unternehmen zählt 5-19 Beschäftigte, knapp 40% der Betriebe beschäftigen 20-49 Mitarbeiter, genau ein Viertel der Stichprobe bringt es auf jeweils 50-99 Beschäftigte.

3. Marktförmige Einkaufs- und Lieferbeziehungen

Bevor näher auf das Kooperationsverhalten der untersuchten Betriebe eingegangen wird, geht es zunächst um deren marktförmige Geschäftsbeziehungen. Wie einleitend bereits erwähnt, stößt man auch hierbei bereits auf kooperative Elemente.

3.1 Der Einkauf von Vorleistungen

Die durchschnittliche Vorleistungsquote, d.h. der Anteil der Fremdleistungen am Umsatz lag im Untersuchungssample bei 39%. Wie zu erwarten, fand sich die höchste Quote im Verarbeitenden Gewerbe und der niedrigste Wert im Dienstleistungsgewerbe. Die Hälfte der fremdbezogenen Vorleistungen wurde in der näheren Umgegend (50 km-Radius) eingekauft, ein gutes Sechstel kam von weiter her, aber immer noch aus den neuen Bundesländern (NBL), rund ein Viertel der Vorleistungen wurde in den alten Bundesländern eingekauft (ABL) und durchschnittlich 6% wurden aus dem Ausland bezogen (siehe Tabelle 1). Hier zeigen sich große Unterschiede zwischen den Betrieben, wobei der kleinregionale Bezug eindeutig im Baugewerbe dominierte, während bei den Betrieben des Verarbeitenden Gewerbes die Hälfte des Fremdleistungsbezugs aus den alten Bundesländern sowie aus dem Ausland erfolgte.

Tab. 1: Vorleistungsbezug und Lieferbeziehungen ostdeutscher Kleinbetriebe nach räumlicher Entfernung (in v.H.)

	Stichprobe insgesamt (N=112)	**Verarbeitendes Gewerbe (N=62)**
durchschnittliche Vorleistungsquote	39	44
durchschnittliche Vorleistungsanteile nach regionaler Herkunft:		
– nähere Umgebung	51	30
– weiter entfernt, aber neue Bundesländer	16	20
– alte Bundesländer	26	40
– ehemalige RGW-Länder	4	4
– sonstiges Ausland	2	6
Betriebe mit überregionalem Absatz	75	95
– außerhalb der neuen Bundesländer	54	81
– im Export	30	46
durchschnittliche Umsatzanteile nach regionalem Absatz		
– nähere Umgebung (50 km-Radius)	53	35
– weiter entfernt, aber neue Bundesländer	23	26
– alte Bundesländer	17	27
– ehemalige RGW-Länder	4	6
– sonstiges Ausland	3	5

In der eigenen Befragung konnte nun nicht danach differenziert werden, welche Art von Vorleistung woher bezogen wurde. Hilfsweise kann hier auf Ergebnisse einer *DIW-Untersuchung des Verarbeitenden Gewerbes in Thüringen* zurückgegriffen werden. Danach griffen vergleichsweise viele Betriebe, wenn es um den Bezug von Hilfs- und Betriebsstoffen sowie von Dienstleistungen ging, auf Lieferanten aus dem kleinregionalen Umfeld zurück, während Investitionsgüter, Vorprodukte (und Rohstoffe) stärker von Lieferanten aus den alten Bundesländern oder sogar aus dem Ausland bezogen worden sind (DIW 1994, S. 43ff.). Unternehmen in westdeutschem oder ausländischem Besitz stützten sich dabei sogar ganz allgemein vornehmlich auf entsprechende Leistungen aus dem Unternehmensverbund bzw. auf die einschlägigen Geschäftsbeziehungen der Muttergesellschaften (DIW/IfW/IWH 1994, S. 557). Bemerkenswert ist darüber hinaus, daß zwar die Mehrzahl der Betriebe bereits wieder stabile Lieferbeziehungen pflegte, diese Lieferantentreue jedoch bei den eher regional bezogenen Güterarten, und zwar insbesondere gegenüber Dienstleistern, weniger stark ausgeprägt war. Hinzu kommt, daß nicht nur die höherwertigen Vorprodukte vergleichsweise wenig in den neuen Bundesländern nachgefragt wurden, sondern auch bei den Dienstleistungen vornehmlich nur eher „operative Leistungen" (Steuerberatung, Transport, Datenverarbeitung, Werbung) aus der näheren Umgebung bezogen worden sind, während „dispositive/strategische Leistungen" (Produkt-, Verfahrens- und Organisationsentwicklung, Marktforschung) eher in den alten Bundesländern eingekauft wurden (DIW/IfW/IWH 1994, S. 554ff.).

Zumindest bis Mitte der 1990er Jahre schien die regionale Leistungsverflechtung der ostdeutschen Wirtschaft also offenkundig noch darunter zu leiden, daß einerseits benötigte Vorprodukte im engeren Umfeld nicht verfügbar waren und sich andererseits – vor allem im Dienstleistungsbereich – noch keine stabilen regionalen Austauschbeziehungen herausgebildet hatten, was beides wiederum – insbesondere mit Blick auf das unternehmensnahe Dienstleistungsangebot – durch die begrenzte oder aber überregionale Ausrichtung der entsprechenden Nachfrage behindert wurde.

Auch die von uns befragten Kleinbetriebe griffen mehrheitlich auf *betriebsexterne Dienstleistungsangebote* zurück (95%). Nur bei jedem zweiten geschah dies jedoch regelmäßig bzw. öfter. Wie zu erwarten, dominierte dabei die Inanspruchnahme einer Steuerberatung (89% aller Betriebe), gefolgt von Rechtsberatung (57%) und Buchführungshilfen (43%); andere Dienstleistungsangebote wurden von deutlich weniger Betrieben genutzt. Rund drei von vier Kleinbetrieben kauften sich die Unterstützungsleistungen bei kommerziellen Beratungsfirmen, fast jeder dritte wendete sich (zusätzlich) an befreundete Firmen und jeweils rund jeder vierte nutzte die einschlägigen Angebote von Banken und Sparkassen sowie von Verbänden, Kammern und der öffentlichen Wirtschaftsförderung. Die insgesamt bemerkenswerte Einschaltquote nichtkommerzieller Unterstützungsanbieter deutet darauf hin, daß im kleinbetrieblichen Bereich die Versorgung mit unternehmensorientierten Dienstleistungen in nennenswertem

Umfang nicht marktförmig erfolgt,[3] wobei der verbreitete Rückgriff auf befreundete Unternehmen bereits als Hinweis auf die beachtliche Bedeutung kooperativer Austauschprozesse zu werten ist.

3.2 Lieferbeziehungen und Kundenkontakt

Durchschnittlich gut die Hälfte ihres Umsatzes machten die Untersuchungsbetriebe innerhalb ihres jeweiligen kleinregionalen Umfeldes, ein weiteres knappes Viertel entfiel auf das übrige Gebiet der neuen Bundesländer. Nur rd. 24% des Absatzes erfolgte außerhalb Ostdeutschlands (siehe Tabelle 1). Auch hier besteht eine branchenabhängige große Streuung um diese Durchschnittswerte, zumal nicht jeder Betrieb überhaupt über die Grenzen der neuen Bundesländer hinweg lieferte: Unternehmen mit Fernabsatz finden sich wiederum vor allem im Verarbeitenden Gewerbe, wo immerhin vier von fünf Betrieben auch in die alten Bundesländer lieferten und fast jeder zweite bereits im Export aktiv war; der Umsatzanteil der alten Bundesländer lag allerdings auch hier nur bei 27%, und der Exportanteil betrug lediglich 11%.[4]

Viele der befragten Kleinbetriebe arbeiteten für den Endverbrauchermarkt, andere waren hauptsächlich oder sogar ausschließlich als Zulieferer im weiteren Sinne tätig. Entsprechend der Vorselektion waren die erfaßten Dienstleistungsbetriebe vornehmlich für andere Unternehmen (68%) und die Öffentliche Hand (26%) tätig. Die Baubetriebe lieferten zu 71% direkt an den Bauherrn und machten 27% ihres Umsatzes als Unterauftragnehmer. Im Verarbeitenden Gewerbe schließlich ging ein gutes Drittel des Umsatzes an den Endverbraucher (womit aber auch andere Unternehmen gemeint sein können), ein knappes Viertel ging explizit an Weiterverarbeiter, und rund die Hälfte des Umsatzes wurde – als Standard- oder Katalogware – über den Groß- und Einzelhandel abgewickelt.

Eng mit dem jeweils dominierenden Kundenkreis verbunden ist die Art, wie *Kundenkontakte* hergestellt werden. Auch hier wurden mehrere Wege parallel zueinander eingeschlagen: An erster Stelle standen eigene Vertriebsanstrengungen (73%), bald ebenso viele Betriebe nannten hier jedoch die Empfehlung von Kunden (65%). Zwei von fünf Betrieben besuchten Messen, jeder dritte setzte

---

3 Vergleiche hierzu entsprechende Befunde für den westdeutschen Mittelstand bei Lachnit/Müller 1993.

4 Die Ergebnisse korrespondieren mit denen von DIW-Befragungen zu den Anpassungsfortschritten im ostdeutschen Verarbeitenden Gewerbe; diese sind bis zum Jahre 1998 regelmäßig durchgeführt worden und ergaben für das letzte erfaßte Jahr (1997) abgesehen von einer Umschichtung des Exports zwischen Osteuropa und dem übrigen Ausland nur eine vergleichsweise geringe Veränderung gegenüber der hier beschriebenen Situation; insgesamt scheinen die ostdeutschen industriellen Kleinbetriebe – anders als die größeren Unternehmen – sich damit aber dem westdeutschen Vergleichsmuster weitgehend angenähert zu haben (DIW/IWH/IfW 1999, S. 98f.).

auf die Vermittlungstätigkeit von Handelsvertretern. Wie zu erwarten, zeigen sich dabei branchenspezifische „Vorlieben“ bzw. „Gepflogenheiten“: Während im Bau den Ausschreibungen und Kundenempfehlungen ein großer Stellenwert zukommt, stehen im Verarbeitenden Gewerbe eigene Vertriebsanstrengungen an erster Stelle, gefolgt von Kundenempfehlungen, Messen und dem Einsatz von Handelsvertretern und anderen Absatzmittlern. Ähnlich verhält es sich im Dienstleistungsgewerbe, wobei hier allerdings Kundenempfehlungen einen geringeren Stellenwert haben, was allerdings auch auf die bereits angesprochene, zum Befragungszeitpunkt noch wenig entwickelte regionale Leistungsverflechtung zurückzuführen sein mag.

Fast 90% der Betriebe ließen erkennen, daß zumindest ein Kunde eine herausgehobene Stellung für sie hatte: Von denen, die eine Angabe zum entsprechenden Umsatzanteil machen konnten, hing gut jeder dritte mit mehr als der Hälfte seines Umsatzes an nur einem Kunden; bei knapp zwei Dritteln entfiel auf die drei wichtigsten Kunden mehr als 50% des Umsatzes. Am stärksten war eine hohe Umsatzbindung an wenige Kunden im Bau und im Bereich der erfaßten unternehmensnahen Dienstleistungen verbreitet.

Bemerkenswert ist, daß bald jeder vierte Betrieb mit wenigstens einem seiner Hauptkunden schon seit mehr als fünf Jahren zusammen arbeitete; auf der anderen Seite hatte jeder sechste Betrieb seine Hauptkunden erst in den letzten beiden Jahren gefunden. Während im Verarbeitenden Gewerbe jeder dritte Betrieb auf „alte“ Hauptkunden zurückgreifen konnte, galt dies im Bau und im Dienstleistungsbereich nur für jeden achten (13%) bzw. siebenten (14%) Betrieb. Davon unabhängig entfiel bei jedem sechsten Betrieb mehr als die Hälfte des Umsatzes auf längerfristige Lieferverträge, wobei es wiederum die Unternehmen aus dem Verarbeitenden Gewerbe waren, die vergleichsweise häufig bereits über derart „etablierte“ Absatzbeziehungen verfügten (26%), während dies unter den Dienstleistungsunternehmen (8%) und Baubetrieben (3%) nur selten anzutreffen war.

Jenseits aller Branchendifferenzierung und unbeschadet einer vertraglichen Absicherung ist festzuhalten, daß mehr als die Hälfte (56%) der befragten Betriebe (hier: N=90) mehr als die Hälfte ihres Umsatzes mit einigen wenigen Hauptkunden abwickelten, mit denen sie schon seit mehr als zwei Jahren im Geschäft waren. Viele Betriebe – auch originäre Neugründungen – haben dabei alte Geschäftsbeziehungen aus DDR-Zeiten aufrechterhalten oder an alte Kontakte anknüpfen können. Ob eine derart enge geschäftliche Bindung an Abnehmer aus alten Tagen und die hohen Umsatzanteile einiger weniger Hauptkunden langfristig eher von Vorteil oder von Nachteil sind, muß offen bleiben: Mag die Einbettung in längerfristige Lieferbeziehungen auf kurze und mittlere Sicht eine gewisse Grundauslastung sichern – was gerade bei jungen Betrieben der Stabilisierung des Markteintritts dienlich sein kann –, so birgt eine (zu) enge Bindung an einen oder wenige Großkunden auf lange Sicht erhebliche betriebliche Entwicklungsrisiken (Jungbauer-Gans/Preisendörfer 1995, S. 87). Hinter die erreichte „Marktetablierung" der betreffenden Kleinbetriebe muß jedenfalls ein Fragezeichen gesetzt werden – eine bessere Umsatzentwicklung oder eine günstigere Auftrags- und Ertragslage für entsprechende Betriebe konnte in der Befragung jedenfalls nicht festgestellt werden.

4. Kooperationsengagement ostdeutscher Kleinbetriebe

Im folgenden geht es um die Frage des Engagements in zwischenbetrieblichen Kooperationsbeziehungen. Wie zu erwarten, mußte dazu in der Befragung zunächst das alltagspraktische Begriffsverständnis aufgehoben werden. Die Frage lautete deshalb: *„Kooperieren Sie – jenseits normaler Geschäftsbeziehungen – mit anderen Unternehmen?"*, wobei auf Nachfrage die Qualifizierung „jenseits normaler Geschäftsbeziehungen" dahingehend erläutert wurde, daß damit ein Leistungsaustausch im weiteren Sinne gemeint ist, der unentgeltlich oder zumindest unter Verzicht auf den üblichen Marktpreis erfolgt.

Auf die entsprechende Frage antwortete gut jeder dritte Kleinbetrieb (36%), daß er regelmäßig mit anderen Unternehmen kooperieren würde. Hinzu kommt ein weiteres gutes Viertel (28%), das nach eigenem Bekunden zumindest ab und an kooperiert.[5] Nur 36% der Betriebe verneinten die Kooperationsfrage definitiv. Differenziert nach der Branchenzugehörigkeit erweist sich das Kooperationsengagement unter Baubetrieben als weiter verbreitet, aber weniger entwickelt – hier gaben 28% der Betriebe an, regelmäßig zu kooperieren, während 41% dies nur gelegentlich tun. Bei Betrieben des Verarbeitenden Gewerbes und bei Dienstleistungsbetrieben verhält es sich genau umgekehrt. Damit werden die Befunde anderer Studien in der Tendenz bestätigt, wonach die Kooperationsbereitschaft und das tatsächliche Kooperationsengagement unter ostdeutschen Kleinbetrieben stark entwickelt ist[6] und dabei weiter verbreitet zu sein scheint als im westdeutschen Mittelstand.[7]

---

5 Bei dieser Auszählung wurden sieben Betriebe, die offenkundig nur im eigenen Unternehmensverbund mit anderen Betrieben (z.B. der Muttergesellschaft) zusammenarbeiten, als nicht-kooperierend behandelt.

6 So ermittelten Staudt et al. 63% kooperationserfahrene Betriebe; wobei allerdings die Abfrage anders formuliert war und nur Messeaussteller – auch größere – aus dem Verarbeitenden Gewerbe befragt worden sind (siehe Staudt u.a. 1995, S. 1213). Das DIW kam bei einer schriftlichen Befragung im Verarbeitenden Gewerbe Thüringens auf eine Kooperationsquote von 70% (DIW 1994, S. 56). Eine schriftliche Befragung von 114 Kleinbetrieben in der Mansfelder Region vom Herbst 1992 ergab eine Kooperationsquote von 50% und ein Interesse an weitergehender zwischenbetrieblicher Zusammen-

Kooperation ist kein Selbstzweck, und sie ist im wettbewerblichen Marktprozess alter Art auch nicht die Austauschform erster Wahl. Dabei lassen sich eine Reihe objektiver Gründe benennen, die die Kooperationsneigung und die Kooperationsfähigkeit von Kleinbetrieben stärker einschränken als dies bei größeren Unternehmen der Fall ist (Belzer 1993a, S. 19ff.; Semlinger 1994, S. 101ff.). Hinzu kommen subjektive Vorbehalte, so etwa die nicht nur bei alten Handwerkern traditionell ausgeprägte Betonung der „Selbständigkeit", sondern auch das bei vielen Unternehmensgründern dominante Streben nach persönlicher Unabhängigkeit und Selbstbestimmung (vgl. Müller-Böling/Klandt 1993).

Die Wirtschaft in den neuen Bundesländern besteht nun zum einen – was die Betriebszahlen angeht – vornehmlich aus relativ jungen Unternehmensneugründungen, zum anderen wird der ostdeutsche Mittelstand stark vom Handwerk und handwerksähnlichen Gewerbe geprägt.[8] Dementsprechend wäre eher mit einer weniger verbreiteten Kooperationsbereitschaft unter ostdeutschen Kleinbetrieben zu rechnen gewesen. Für die nach (Re-)Privatisierung fortgeführten Altbetriebe bzw. Betriebsteile hätte gleichfalls eine eher ablehnende Kooperationseinstellung erwartet werden können, wenn man unterstellt, daß die Loslösung aus den alten Kombinatsstrukturen und der Zusammenbruch des alten Planungssystems mit seinem Zwang zur informellen Tauschwirtschaft als Befreiung von Gängelung und externer Abhängigkeit erlebt worden ist (vgl. Staudt

arbeit bei 79% der Betriebe (SÖSTRA/ISF 1993). Vergleiche auch die Befunde für ostdeutsche Existenzgründer bei Schiller (1996).

7 Unmittelbare Vergleichszahlen fehlen zwar, dennoch wird für den westdeutschen Mittelstand davon ausgegangen, daß zwischenbetriebliche Kooperation eher Seltenheitswert hat (Belzer 1993, S. 91ff.). So ergab eine Befragung aus dem Herbst 1990 im Verarbeitenden Gewerbe Nordrhein-Westfalens (N = 719), die mit einem ähnlichen Kooperationsbegriff arbeitete („Zusammenarbeit, die über eine normale, auftragsbezogene Geschäftsbeziehung hinausgeht") für den Funktionsbereich Fertigung mit 43% die mit Abstand höchste Quote regelmäßig (13%) bzw. gelegentlich (30%) kooperierender Betriebe – in den anderen Funktionsbereichen lag die Kooperationsquote deutlich niedriger (Belzer 1993a: 6). Nicht auszuschließen ist jedoch, daß unter dem zunehmenden ökonomischen Druck der vergangenen Jahre die Kooperationsbereitschaft auch unter westdeutschen mittelständischen Unternehmen zugenommen hat. So zeigte sich z.B. der mittelständische Maschinenbau zwar bis Anfang der 90er Jahre noch relativ kooperationsabgeneigt (z.B. Cooke/Morgan 1990); eine mündliche Befragung von Ende 1993 bei 107 Betrieben ergab aber schon – allerdings in weiter begrifflicher Abgrenzung – eine Kooperationsquote von 63% (vgl. Grotz/Braun 1996; nachrichtliche Auskunft Braun).

8 Vom geschätzten Bestand mittelständischer Unternehmen Ende 1994 sind 80% erst nach 1989 gegründet worden und 30% dieses Bestandes entfallen auf das Handwerk und handwerksähnliche Gewerbe (siehe May-Strobl/Paulini 1997).

u.a. 1995, S. 1213). Andererseits konnte genauso gut erwartet werden, daß die – wenn auch unter planwirtschaftlichen Bedingungen gemachte – Erfahrung der Nützlichkeit informeller Kooperation fortwirkt und eher zu einem ausgeprägten Kooperationsverhalten auch unter marktwirtschaftlichen Bedingungen führt (ebenda, S. 1210). Die vorgefundene große Verbreitung zwischenbetrieblicher Kooperation war also keineswegs eindeutig zu erwarten.

Hinzu kommt, daß faktische Kooperation nicht nur eine entsprechende Aufgeschlossenheit bei den Akteuren voraussetzt, sondern letztlich auch davon abhängt, ob sie ressourcen- oder strategiebedingt nötig oder lohnend, und schließlich inwieweit sie überhaupt möglich ist, wozu nicht zuletzt auch die Fähigkeit zu produktiven Kooperationsbeiträgen zählt. Die hohe Kooperationsquote unter ostdeutschen Kleinbetrieben ließe sich dann in einer ersten Arbeitshypothese wie folgt begründen:

(1) Ostdeutsche Kleinbetriebe stehen vor einem größeren Anpassungsdruck und daher – in Anbetracht der kleinbetrieblichen Begrenztheit im einzelbetrieblichen Ressourcenzugriff – vor größerer Kooperationsnotwendigkeit; gleichzeitig fällt ihnen das Eingehen einer Kooperation leichter, und zwar nicht zuletzt deshalb, weil sie ihre Netzwerke nicht gänzlich neu aufbauen müssen, sondern (überraschend) leicht an alte Kontakte anknüpfen können.

Da nun aber nicht jeder befragte ostdeutsche Kleinbetrieb tatsächlich kooperierte, muß es *differenzierende Bestimmungsgründe* geben. Die Suche danach wurde von folgenden *Arbeitshypothesen* geleitet:

(2) Betriebe reagieren eher auf Kooperationsdruck als auf Kooperationschancen, gleichzeitig müssen sie über ausreichende Kooperationspotentiale verfügen – es sind also eher die schwächeren, aber nicht die schwächsten Betriebe, die kooperieren;

(3) Kooperation ist eher ein Komplement denn ein Substitut für andere Formen nichtmarktförmiger Austauschbeziehungen; gleichzeitig zeichnen sich kooperierende Betriebe ganz generell durch eine größere Offenheit, d.h. auch durch weiterreichende marktförmige Außenbeziehungen aus.

Ein harter empirischer Test war mit den verfügbaren Daten aus der halbstandardisierten Befragung nicht möglich; im Folgenden können daher nur einige Indizien für die Richtigkeit bzw. Differenzierungsbedürftigkeit dieser Hypothesen vorgestellt werden. Dabei wird als „Kooperationsbetrieb" jedes Unternehmen gezählt, das die Kooperationsfrage – unabhängig von der Kooperationsintensität – bejahte.

Bei der *„Anknüpfungsfähigkeit an alte Netzwerke"* ist zu unterscheiden in personelle und institutionelle Verbindungen; personelle und institutionelle Kontinuitäten konnten allerdings nur mit einigen Unschärfen erfaßt werden. So wurde danach unterschieden, ob es sich um eine originäre Neugründung, um die Fortführung eines eigenständigen Betriebes oder um die Abspaltung bzw. Ausgründung eines Betriebsteiles handelt: Während originäre Neugründungen offenkundig an keine gewachsenen institutionellen Beziehungen anknüpfen können, dürften diese bei der Ausgründung oder Abspaltung eines Betriebsteiles tendenziell eher zerrissen worden sein als bei fortgeführten Altbetrieben, auch wenn diese vormals Teil eines größeren Unternehmensverbundes waren. Ferner wurde danach unterschieden, ob der Betrieb – soweit es sich um keine Neugründung im engeren Sinne handelt – in das Eigentum von Betriebsangehörigen (zumeist via Management-buy-out – MBO) oder von Betriebsfremden überging, oder ob es an die Alteigentümer übertragen wurde bzw. in deren Eigentum verblieb: Betriebsangehörige Eigner könnten an alte betriebliche Kontakte anknüpfen, betriebsfremde Eigner könnten neue professionelle Kontakte einbringen, bei Reprivatisierungen schließlich wären gewisse (emotional begründete) Kooperationsvorbehalte nicht überraschend (siehe oben).

Die beobachteten Unterschiede in den Kooperationsquoten der verschiedenen Teilgruppen entsprechen nun zwar den Erwartungen, sie sind jedoch nicht sehr ausgeprägt (siehe Tabelle 2): Betriebsabspaltungen und -ausgründungen zeigten eine leicht unterdurchschnittliche Kooperationsquote (60%), Betriebsfortführungen (67%), aber auch Neugründungen (65%) dagegen eine leicht überdurchschnittliche Quote. Deutlicher fallen die Unterschiede dagegen aus, wenn man nach den Eigentumsverhältnissen unterteilt: Hier ergab sich die höchste Kooperationsquote in den MBO-Betrieben (76%), gefolgt von den Betrieben, die an betriebsfremde Eigner übergegangen waren (57%) und den Betrieben im Besitz von Alteigentümern (56%); bei Betrieben mit gemischten Eigentumsverhältnissen lag die Kooperationsquote am niedrigsten.[9] Insgesamt zeigte sich die höchste Kooperationsquote bei den Betrieben, die von ehemaligen Firmenangehörigen fortgeführt wurden, die nicht Alteigentümer sind. Hierzu paßt, daß ganz allgemein Betriebe, die sich mehrheitlich in ostdeutschem Eigentum befanden, mit 71% eine deutlich höhere Kooperationsquote aufwiesen als Betriebe, die mehrheitlich westdeutschen oder ausländischen Eigentümern gehörten (52%).

Kooperationsdruck kann aus Ressourcenengpässen und/oder hohen Wettbewerbsanforderungen resultieren; am stärksten ist dieser Druck, wenn daraus erwachsende Probleme schon einmal zu finanziellen Existenzkrisen geführt haben und wenn die aktuelle Ertragslage eine Gefährdung anzeigt. Als Indikatoren für Ressourcenengpässe wurden folgende Indikatoren herangezogen: Pro-

9 Hier ist in Erinnerung zu rufen, daß bei dieser Betrachtung nur Kooperationsbeziehungen zwischen eigentumsrechtlich unverbundenen Betrieben betrachtet werden und „konzerninterne" Kooperationen ausgeklammert bleiben.

Tab. 2: Kooperationsengagement, Eigentümerstatus und Transformationsgeschichte ostdeutscher Kleinbetriebe

	Kooperationsquote (in v.H.)
Alle Betriebe (N=122)	64
institutionelle Vorgeschichte	
– originäre Neugründung (N=46)	65
– Betriebsfortführung (N=39)	67
– Abspaltung/Ausgründung (N=37)	60
Herkunft der Eigentümer	
– nur vormalige Betriebsangehörige (N=29)	76
– nur Alteigentümer (N=9)	56
– nur Betriebsfremde (N=23)	57
– Mischbesitz (N=8)	50
betriebliche und personelle Kontinuität	
– originäre Neugründung (N=46)	65
– Fortführung/nur interne Eigner (N=11)	91
– Fortführung/(auch) externe Eigner (N=24)	58
– Abspaltung/Ausgründung/nur int. Eigner (N=18)	67
– Abspaltung/Ausgründung/(auch) ext. Eigner (N=16)	50
Mehrheitsbesitz	
– in Händen ostdeutscher Eigner	71
– in Händen westdeutscher/ausländischer Eigner	52

bleme bei der Kreditbeschaffung, Lücken in der Maschinenausstattung (die allerdings – mit Blick auf eine kooperative Ergänzung – auch bewußt eingeplant sein können) und unzureichende Investitionen (siehe Tabelle 3): Betriebe, die Schwierigkeiten bei der Kreditbeschaffung hatten, kooperierten etwas häufiger als Betriebe ohne diese Probleme. Ein deutlicherer Unterschied findet sich je nach dem, ob ein Betrieb Lücken in der Maschinenausstattung aufweist (Kooperationsquote 81% gegenüber 59%). Deutlich weniger ausgeprägt fällt der Unterschied zwischen Betrieben mit unterschiedlicher Investitionszufriedenheit aus: Diejenigen, die bis dahin nach eigenem Bekunden ausreichend investieren konnten, kooperierten seltener als jene, für die dies nicht zutraf.

Bei gut jedem dritten Betrieb war es bis zum Befragungszeitpunkt mindestens einmal zu einer existentiellen Gefährdung aufgrund finanzieller Probleme gekommen. Von diesen Betrieben waren 68% in Kooperationsbeziehungen engagiert; Betriebe ohne eine solche Krisensituation kooperierten zu 61%. Auch bei Betrachtung der aktuellen Ertragslage zeigt sich mit 72% die höchste Kooperationsquote bei den Verlustbetrieben; Betriebe, die demgegenüber zumindest ihre Kosten decken, kooperierten zu 62%. Bei genauerer Betrachtung wird aber deutlich, daß es nicht nur die schwächeren Betriebe sind, bei denen Kooperationsbeziehungen überdurchschnittlich häufig anzutreffen waren, sondern auch die stärkeren: Bei den Betrieben mit auskömmlichen Gewinnen betrug die Kooperationsquote nämlich immerhin 70%, während von den Betrieben, die gerade kostendeckend arbeiten oder nur knappe Gewinne erwirtschaften, nur 60% kooperierten.

Für die Wettbewerbsintensität wurde als Indikator die Einbettung in den überregionalen Wirtschaftsaustausch herangezogen: Betriebe, die auf überregionale Märkte liefern, sind einer größeren und gemeinhin auch härteren Konkurrenz ausgesetzt. Dabei wurde die Einbettung in den überregionalen Wettbewerb daran festgemacht, ob der betreffende Betrieb überhaupt Kunden außerhalb des engeren regionalen Umfeldes bedient und ob er auch Kunden außerhalb der neuen Bundesländer beliefert. Während Lieferungen in den westdeutschen oder internationalen Markt kaum mit einem stärker ausgeprägten Kooperationsverhalten verbunden sind, zeichnen sich Betriebe, die ausschließlich den kleinregionalen Markt bedienen, durch eine deutlich geringere Kooperationsquote aus (50% zu 68%).

Möglichkeit und Notwendigkeit zu kooperieren, scheinen darüber hinaus auch von der aktuellen Absatzsituation beeinflußt zu werden: So fanden sich unter den Betrieben, die über einen zu knappen Auftragsbestand klagten, mit 60% etwas weniger kooperierende Unternehmen als in der Vergleichsgruppe (67%). Auch hier ist eine tiefergehende Differenzierung aufschlußreich, wobei sich wiederum ein nichtlinearer Zusammenhang ergibt. So zeigt sich bei denjenigen Betrieben, bei denen der ungesicherte Umsatz einen Anteil von 25% bis unter 75% ausmachte, die höchste Kooperationsquote, während Betriebe mit einer stärker gesicherten Absatzperspektive ebenso wie Betriebe mit einem höheren ungesicherten Umsatzanteil deutlich seltener kooperierten (siehe Tabelle 3). Ähnlich das Bild im Zusammenhang mit der Auftragsreichweite: Betriebe mit einem durchschnittlichen Auftragsbestand von maximal einem Monat kooperierten zu 77%. Betriebe, bei denen die Aufträge für zwei bis vier Monate reichten, kooperierten deutlich seltener. Bei einer durchschnittlichen Auftragsreichweite von fünf bis sechs Monaten steigt die Kooperationsquote sogar auf 90%, um dann bei Betrieben, die i.d.R. über einen noch größeren Auftragsbestand verfügen, wieder drastisch abzufallen.

Interpretieren ließe sich dieses Bild dahingehend, daß Betriebe mit hochgradig ungesichertem Absatz aus Not kooperieren, während Betriebe, die unter ähn-

Tab. 3: Kooperationsengagement und Ressourcenengpässe, Absatzlage sowie ökonomische Situation

	Kooperationsquote (in v.H.)
alle Betriebe (N=122)	64
Probleme bei der Kreditbeschaffung	
– ja (N=49)	69
– nein (N=73)	60
Lücken in der Maschinenausstattung	
– ja (N=26)	81
– nein (N=96)	59
unzureichend investiert	
– ja (N=61)	68
– nein (N=59)	61
bereits einmal ökonomisch existentiell bedroht	
– ja (N=47)	68
– nein (N=74)	61
aktuelle Ertragslage (Frühjahr 1995)	
– Verlust (N=18)	72
– Kostendeckung (N=32)	63
– knappe Überschüsse (N=48)	58
– auskömmliche Gewinne (N=23)	70
Absatzgebiet	
– nur kleinregionaler Absatz (N=30)	50
– auch überregionaler Absatz (N=91)	68
– mit Exportaktivitäten (N=35)	69
Auftragsbestand	
– zu knapp (N=48)	60
– ausreichend/zu groß (N=70)	67
ungesicherter Umsatzanteil	
– kleiner 25% (N=39)	51
– 25% bis 74% (N=46)	76
– 75% und mehr (N=32)	63
Geschäfte mit Hauptkunden	
– seit 2 Jahren und länger (N=98)	61
– noch keine 2 Jahre (N=21)	76
Umsatzanteil der drei Hauptkunden	
– 75% und mehr (N=27)	52
– weniger als 75% (N=63)	68

lichen Bedingungen bei entsprechenden Absatzanstrengungen eine Chance der Marktbehauptung sehen, sich eher auf eigene Absatzbemühungen konzentrieren; Betriebe mit einigermaßen kalkulierbaren Absatzperspektiven haben demgegenüber freie Kapazitäten für den Aufbau von und das Engagement in Kooperationsbeziehungen – sie nutzen diese Option als Chance. Betriebe mit hochgradig gesicherten Absatzperspektiven, schließlich, sehen weder eine Notwendigkeit zur Kooperation noch können sie darin einen Vorteil entdecken. Zu diesem Interpretationsmuster paßt, daß Betriebe, die nach verschiedenen Indikatoren in engen Lieferbeziehungen zu einigen wenigen Hauptkunden stehen, deutlich weniger kooperieren als der Durchschnitt: So kooperierten 76% der Betriebe, die mit ihren Hauptkunden noch keine zwei Jahre in Geschäftsbeziehungen stehen, während die Kooperationsquote der Betriebe mit älteren Verbindungen zu ihren jeweiligen Hauptkunden bei 61% lag. Ebenso liegt die Kooperationsquote bei Betrieben mit sehr enger Bindung an die jeweiligen Hauptkunden bzw. mit einem großen Umsatzanteil längerfristiger Lieferbeziehungen niedriger als in der jeweiligen Vergleichsgruppe (siehe Tabelle 3).[10]

Für die *These des Komplementcharakters von Kooperation* für andere nichtmarktförmige Austauschbeziehungen sowie für die unterstellte generelle größere Offenheit von Kooperationsbetrieben können folgende in der Befragung erfaßten Merkmale als Indikatoren herangezogen werden: In welcher Kammer der betreffende Betrieb Mitglied ist, und ob er darüber hinaus anderen Vereinigungen angehört, wie hoch die Vorleistungsquote ausfällt, und schließlich ob externe Dienstleistungen in Anspruch genommen werden.

Die Mitgliedschaft in einer Vereinigung kann als Hinweis auf eine entwickelte Aufgeschlossenheit gegenüber kooperativen Beziehungen interpretiert werden; andererseits können entsprechende Vereinigungen auch als Foren der Kontaktanbahnung fungieren. Bemerkenswert in diesem Kontext ist nun, daß die Mitgliedschaft in einer Kammer – die gesetzlich zwingend vorgeschrieben ist – offenbar keinen Einfluß auf das Kooperationsengagement hat (siehe Tabelle 4). Das gleiche gilt für die Zugehörigkeit zu einem Arbeitgeberverband, wo eine Mitgliedschaft zwar nicht gesetzlich geboten, in vielen Fällen aufgrund des hochgradig gesellschaftlich regulierten Problemfeldes aber angezeigt sein mag. Mitgliedsfirmen in einem Wirtschaftsverband wiesen dagegen eine überdurchschnittliche Kooperationsquote auf (75%).

Die Fragen nach der Nutzung externer Dienstleistungen und nach der Vorleistungsquote zielten auf die erforderliche oder freiwillige marktförmige Einbet-

10 Hierzu passen die Befunde des DIW für das Verarbeitende Gewerbe in Thüringen, wonach Kooperationsquote und Kooperationsinteresse bei Betrieben, die keine Maßnahmen ergriffen haben, um ihren Kundenstamm zu verändern und sich besser am Markt zu positionieren, deutlich geringer ausfallen (DIW 1994, S. 56).

Tab. 4: Kooperationsengagement und sonstige betriebliche Außenkontakte

	Kooperationsquote (in v.H.)
alle Betriebe (N=122)	64
betriebliche Mitgliedschaften	
– Industrie- und Handelskammer	63
– Handwerkskammer	66
– Arbeitgeberverband	68
– Wirtschaftsverband	75
Nutzung externer Dienstleister	
– nie/selten (N=60)	53
– regelmäßig (N=62)	74
Vorleistungsquote	
– bis zu 50% (N=81)	63
– mehr als 50% (N=30)	73

tung in zwischenbetriebliche Austauschbeziehungen. Im Kontext der Kooperationsfragestellung könnte eine derartige Einbettung einerseits im Sinne einer großen Abhängigkeit von externen Ressourcen, andererseits als Ausdruck eines gezielten Rückgriffs auf die Vorteile arbeitsteiliger Interaktion interpretiert werden, die zumindest teilweise zu mehr Kooperation zwingen. Zieht man eine Trennlinie bei 50% Vorleistungsanteil, so lag die Kooperationsquote bei Betrieben mit höherem Vorleistungsanteil bei 73%, während sie bei Betrieben mit größerer Fertigungstiefe bei 63% lag. Deutlicher fällt der Unterschied zwischen den regelmäßigen Nutzern externer Dienstleistungen und denjenigen Betrieben aus, die auf derartige Unterstützungsquellen gar nicht oder nur sporadisch zurückgreifen (74% zu 53%).[11] Kooperationsbetriebe scheinen sich somit ganz allgemein durch eine (wie auch immer begründete) größere Offenheit gegenüber betrieblichen Außenkontakten auszuzeichnen.

Pointiert *zusammengefaßt* und auf die Ausgangsthesen bezogen ist somit festzuhalten:

(1) Eine höhere Aufgeschlossenheit gegenüber zwischenbetrieblichen Kooperationsbeziehungen zeigen vor allem diejenigen Betriebe, die sich mehrheitlich in ostdeutschem Eigentum befinden bzw. nach abgeschlossener Privatisierung unter der Leitung ehemaliger Betriebsangehöriger fortgeführt werden. Viele institutionelle und personelle Kontakte haben die Entflechtung und (Teil-)Abwick-

11 Ähnliche Unterschiede markieren sich auch in Abhängigkeit davon, wie vielfältig die Quellen externer Dienstleistungen und die Anlässe ihrer Nutzung sind.

lung der Kombinatsstrukturen offenbar gut überstanden und begünstigen den Neuaufbau kooperativer Netze parallel zum Aufbau marktförmiger Lieferbeziehungen.

(2) Anders als in der Ausgangsvermutung formuliert, ist es nicht das „betriebliche Mittelfeld“, in dem zwischenbetriebliche Kooperation besonders häufig anzutreffen ist, sondern es sind vornehmlich die schwachen Betriebe, die aus Notwendigkeit kooperieren, aber auch die starken Betriebe, die hier eine Chance nutzen. Dabei scheint eine enge Bindung an einen oder wenige Großkunden häufig eine (vermeintliche) Wettbewerbssicherheit zu suggerieren, so daß entsprechende Betriebe nur vergleichsweise selten nach Kooperationspartnern außerhalb ihrer etablierten Geschäftsbeziehungen suchen; andererseits neigen auch solche Betriebe eher zu individualistischen Wettbewerbsstrategien, deren Absatzsituation zwar in starkem Maße ungesichert ist, aber noch Raum und Möglichkeit für verstärkte eigene Vertriebsanstrengungen gibt.

(3) Betriebe, die zwischenbetriebliche Kooperationsbeziehungen pflegen, sind in der Regel ganz allgemein „umweltoffener“ als nicht kooperierende Betriebe: Einerseits nutzen sie intensiver die Vorteile der marktförmigen zwischenbetrieblichen Arbeitsteilung, andererseits sind sie häufiger Mitglied in freiwilligen Wirtschaftsvereinigungen, so daß Kooperation nicht als Ersatz für andere Formen zwischenbetrieblicher Zusammenarbeit fungiert, sondern als (funktionale) Ergänzung. Dem letztgenannten Aspekt, d.h. der instrumentellen Nutzung kooperativer Austauschbeziehungen, soll im folgenden Kapitel näher nachgegangen werden.

4.2 Kooperationspraxis und unterschiedliche Kooperationsmuster

Ging es bislang um die Frage, warum ostdeutsche Kleinbetriebe kooperieren bzw. nicht kooperieren, so stehen im folgenden die Unterschiede innerhalb der Gruppe kooperierender Betriebe im Mittelpunkt. Dabei wird zunächst die Kooperationspraxis etwas genauer beschrieben, um dann nach unterscheidbaren Kooperationsmustern zu suchen, für die dann wiederum nach möglichen Bestimmungsgründen gesucht wird.

Die *Kooperationspraxis* kann anhand folgender Merkmale beschrieben werden:

(1) Intensität und Regelmäßigkeit,
(2) Kontaktanbahnung,
(3) Gegenstandsbereich und Inhalt,
(4) Gemeinsamkeiten der Kooperationspartner,
(5) Anzahl der Kooperationspartner und
(6) Organisations- bzw. Regelungsform (siehe Tabelle 5).

Tab. 5: Unterschiedliche Kooperationsmuster ostdeutscher Kleinbetriebe im Profil (in v.H. des jeweiligen Kooperationstyps)

	Durchschnitts-profil (N=78)	**konventionelle Kooperation (N=34)**	**punktuelle Kooperation (N=18)**	**ambitionierte Kooperation (N=25)**
Intensität				
– regelmäßig	56	43	67	68
– selten	44	57	33	32
Kontaktanbahnung				
– nur alte Kontakte[1)]	63	79	69	36
– alte und neue Kontakte	19	21	6	24
– nur neue Kontakte[2)]	18	0	25	40
Inhalt/Gegenstand				
– Einkauf	30	43	22	16
– Vertrieb	23	20	22	18
– Produktion/Leistungserstellung	50	60	33	48
– Produktentwicklung	19	3	9	44
– Aus-/Weiterbildung	15	23	11	8
– allgemeiner Erfahrungsaustausch	62	83	11	40
Regionale Nähe				
– engeres regionales Umfeld	63	86	56	36
– außerhalb der Region	27	14	44	67
Branchenzugehörigkeit				
– gleiche Branche	73	89	67	56
– verschiedene Branchen	27	11	33	44
Größenunterschiede				
– Partner gleicher Größenklasse	31	46	17	20
– Partner größer/kleiner	69	54	83	80
Anzahl der Kooperationspartner				
– ein bis zwei	24	0	100	8
– drei bis vier	25	40	0	20
– fünf bis sechs	23	31	0	20
– sieben und mehr	28	29	0	52
Organisationsform				
– ohne Vertrag	63	80	83	24
– mit Vertrag	37	20	17	76

1) Nur über persönliche Bekanntschaft oder frühere gemeinsame Betriebszugehörigkeit

2) Nur über Messen, Verbände, Seminare

Auf den ersten Aspekt (Intensität und Regelmäßigkeit) wurde bereits im vorherigen Abschnitt eingegangen; bezieht man die Prozentuierung jetzt auf die Kooperationsbetriebe (N=78), so gab gut die Hälfte an, regelmäßig mit seinem/seinen Partner(n) zu kooperieren – fast die Hälfte engagierte sich demnach nur sporadisch in unternehmensübergreifenden zwischenbetrieblichen Kooperationsbeziehungen.

Bei der Kontaktanbahnung rangierten persönliche Bekanntschaften mit 46% der Nennungen an erster Stelle, gefolgt von der früher gemeinsamen Zugehörigkeit zu einem größeren Unternehmensverbund (39%) – in vielen Fällen gingen derartige personelle und institutionelle Vorkontakte Hand in Hand. Vergleichsweise wenig Kooperationen basierten demgegenüber auf tendenziell eher neuen Kontakten vermittelt über Seminare, Verbände und dergleichen (21%); auffällig ist ferner, daß zwar 44% der Kooperationsbetriebe über Messebesuche den Kontakt zu Kunden suchten, aber nur 10% auf diesem Weg auch zu Kooperationspartnern gefunden haben. Insgesamt arbeiteten zwei von drei Kooperationsbetrieben nur mit Partnern zusammen, die sie von früher kannten; auf der anderen Seite arbeitete fast jeder fünfte Kooperationsbetrieb ausschließlich mit Partnerbetrieben, die er erst in jüngerer Zeit – zum Teil sogar erst mit Blick auf eine mögliche Zusammenarbeit – kennengelernt hatte.

Kooperation beinhaltete für die Mehrzahl der Betriebe (62%) zunächst einmal Erfahrungsaustausch, nur jeder zehnte Betrieb beschränkte seine Kooperationsbeziehung(en) jedoch auf diesen Aspekt.[12] An zweiter Stelle rangierte die Zusammenarbeit im Bereich der Produktion bzw. Dienstleistungserstellung. Hierbei reicht das Spektrum von der gemeinsamen Realisierung von Aufträgen, über die Weiterleitung von Aufträgen bei Kapazitätsengpässen bis hin zur gemeinsamen bzw. wechselseitigen Nutzung von Anlagen und Betriebsmitteln. Mit deutlichem Abstand folgten Kooperationen im Einkauf sowie im Vertrieb; immerhin fast jeder fünfte Kooperationsbetrieb arbeitete mit anderen betrieblichen Partnern an einer gemeinsamen Produktentwicklung, und 15% kooperierten im Bereich der Aus- und Weiterbildung.

Drei von vier Betrieben gaben an, daß ihre Kooperationspartner der gleichen Branche angehören, nahezu zwei von drei Betrieben hatten ihre Kooperationspartner im engeren regionalen Umfeld. Konkurrenzängste, die bei ähnlichem Tätigkeitsprofil (und regionaler Nähe) einer betrieblichen Kooperation entgegenstehen könnten, scheinen somit keine gravierende Rolle zu spielen. Beachtenswert ist zudem, daß insbesondere diejenigen Betriebe, die sich mehrheitlich oder völlig im Besitz von ostdeutschen Eignern befanden, innerhalb der engeren Umgebung kooperierten und nur selten auf Kooperationspartner von außerhalb der Region zurückgegriffen haben, während Betriebe in westdeutschem bzw. ausländischem (Mehrheits-)Besitz eher mit Regionsfremden kooperierten. Dies ist um so bemerkenswerter, als in dieser Untersuchung zwischenbetriebliche, aber unternehmensinterne Kooperationsbeziehungen weitestgehend ausgeklam-

12 Erfahrungsaustausch kann dabei, wie in den Interviews deutlich wurde, durchaus die Beratung in ganz spezifischen Fragen (z.B. technischer oder rechtlicher Natur) bedeuten.

mert blieben: Ostdeutsche Tochterbetriebe „auswärtiger" Unternehmen werden offenbar nicht nur mehr oder weniger eng an die westdeutschen oder ausländischen Muttergesellschaften oder Schwesterfirmen angebunden, sondern auch in deren etabliertes betriebliches Kontaktnetz einbezogen. Die betreffenden Betriebe profitieren somit von den eingespielten Netzwerkbeziehungen der neuen Eigner, andererseits bleiben sie damit innerhalb ihrer Region häufig vergleichsweise isoliert.[13]

Im Durchschnitt zählten die befragten Betriebe sieben Kooperationspartner, rund die Hälfte nannte drei bis sechs Partnerunternehmen. Auch wenn damit nichts über die Intensität der Zusammenarbeit ausgesagt ist, so zeigt diese Verteilung doch, daß die erfaßten Kooperationsnetzwerke mehrheitlich bereits eine gewisse Breite erreicht hatten. Dabei wurde die Mehrzahl der Kooperationsbeziehungen über informelle Absprachen geregelt; immerhin ein Drittel der Betriebe hatte jedoch zumindest zu einigen ihrer Kooperationsbeziehungen auch einen förmlichen Vertrag abgeschlossen. Vereins- oder Genossenschaftsgründungen fanden sich dagegen kaum, gemeinsame Unternehmensgründungen wurden überhaupt nicht angetroffen.

Insgesamt ergibt sich damit ein Bild, wonach Kooperation ostdeutscher Kleinbetriebe in der Regel mehrere Partner einbezieht, sich dabei auf den allgemeinen Erfahrungsaustausch sowie auf die Zusammenarbeit in der unmittelbaren Leistungserstellung konzentriert, auf Betriebe aus der gleichen Branche beschränkt und zumeist auf bestehende Vorkontakte aufbaut und informell geregelt ist. Von diesem vereinfachenden Durchschnittsbild gibt es jedoch auch bemerkenswerte Abweichungen sowohl in Richtung anspruchsvollerer Muster als auch in Richtung selektiverer Formen. Um diesen Differenzierungen gerecht zu werden, wurden die Betriebe – gestützt auf eine Clusteranalyse, die allerdings mehr der qualitativen Orientierung als der statistisch signifikanten Gruppenbildung diente – drei Kooperationsmustern zugeordnet, die sich bei aller verbliebenen internen Heterogenität hinreichend deutlich voneinander unterscheiden und dadurch wesentliche Unterschiede in der Kooperationspraxis hervorheben (siehe Tabelle 5).

Das erste Kooperationsmuster läßt sich als *„konventionell"* im Sinne von „herkömmlich" und „eingefahren" bezeichnen (N = 34 bzw. 44% der Kooperationsbetriebe): Diese Betriebe knüpfen mit ihren Kooperationsbeziehungen ganz überwiegend an alte Vorkontakte an, d.h. in zwei von drei Fällen kennt man seine Kooperationspartner als ehemalige Kollegen und/oder als Schwester-

13 Von den wenigen erfaßten unselbständigen Betrieben, die nur innerhalb des Unternehmensverbandes kooperieren, befinden sich die meisten in westdeutschem oder ausländischem Mehrheitsbesitz, und diese wiederum kooperieren zumeist nur mit Partnern außerhalb der Region. Dieser Befund deckt sich mit den Ergebnissen einer kleinregionalen Kooperationsbefragung in der Mansfelder Region (SÖSTRA/ISF 1993, S. 149).

betriebe aus gemeinsamer Kombinatszugehörigkeit. In dieser Gruppe gehören die Kooperationspartner zumeist der gleichen Branche an und sie stammen fast immer aus dem engeren regionalen Umfeld, nicht selten befinden sie sich auf dem gleichen Gelände oder sogar im selben Gebäude. Man arbeitet mit mehreren Partnern zusammen (durchschnittlich mit 6,3), und die Zusammenarbeit erstreckt sich auf ein breiteres Spektrum betrieblicher Aufgabenstellungen (im Durchschnitt auf 2,3), wobei allerdings der Bereich Produktentwicklung so gut wie nicht vorkommt und die Schwerpunkte beim allgemeinen Erfahrungsaustausch, bei der unmittelbaren Leistungserstellung und im Einkauf liegen. Kooperation erfolgt bei den meisten Betrieben dieser Gruppe nur gelegentlich, und sie ist nur selten förmlich geregelt.

Das *zweite Kooperationsmuster* kann als „punktuell" im Sinne von „selektiv" und „begrenzt" klassifiziert werden (N = 18 bzw. 23%): Kennzeichnend für die Betriebe dieser Gruppe ist, daß sie nur einen, allenfalls zwei Kooperationspartner zählen (Durchschnitt: 1,5), und daß sich die Zusammenarbeit zumeist auf einen einzigen Aufgabenbereich beschränkt (im Durchschnitt auf 1,1). Auch hier wird zumeist auf schriftliche Verträge verzichtet, andererseits wird hier eher regelmäßig kooperiert, und man greift nicht nur auf vertraute und naheliegende Partner zurück. Eine nennenswerte Minderheit arbeitet vielmehr mit Partnern zusammen, die man im Rahmen neuer Kontakte – womöglich sogar erst infolge einer gezielten Suche – kennen gelernt hat. Darüber hinaus handelt es sich bei den Kooperationspartnern vergleichsweise häufig um Betriebe anderer Branchenzugehörigkeit, anderer Betriebsgröße und aus dem überregionalen Umfeld. Ob hinter diesem Muster allerdings tatsächlich ein höheres Maß absichtsvoller Selektivität steht oder lediglich eine größere Kooperationszurückhaltung, muß hier offen bleiben.

Das *dritte Kooperationsmuster* schließlich läßt sich als *„ambitioniert"* im Sinne von „ehrgeizig", „innovativ" und „komplex" beschreiben (N = 25 bzw. 32%): Die Mehrzahl der entsprechenden Betriebe kooperiert mit Partnern, die sie erst durch neuere Verbands-, Seminar- oder Messekontakte kennen gelernt haben, nur vergleichsweise wenige stützen sich ausschließlich auf bestehende Vorkontakte. Dennoch zählen die Betriebe dieser Gruppe in der Regel deutlich mehr Kooperationspartner (Durchschnitt: 13,4) als die Betriebe der beiden anderen Gruppen, die vornehmlich auf alte Kontakte bauen. Auch in dieser Gruppe erstreckt sich die Kooperation häufig auf mehr als nur einen Aufgabenbereich (Durchschnitt: 1,7), wobei hier als Spezifikum hinzukommt, daß gut zwei von fünf Betrieben im Bereich der Produktentwicklung mit anderen Unternehmen zusammenarbeiten, womit diese Aufgabenstellung nahezu gleichauf mit Kooperation bei der unmittelbaren Leistungserstellung an zweiter Stelle steht, während sie in den beiden anderen Gruppen kaum Erwähnung findet. Insbesondere im Unterschied zum konventionellen Kooperationsmuster kommen hier die Partner mehrheitlich nicht aus dem engeren regionalen Umfeld, und deutlich häufiger gehören sie einer anderen Branche und einer anderen Betriebsgrößenklasse an. Kooperation in dieser Gruppe hat mehrheitlich den Charakter regelmäßiger Zusammenarbeit, und nur in dieser Gruppe ist sie mehrheitlich auch vertraglich geregelt.

In dieser Gegenüberstellung markieren sich wesentliche funktionale Zusammenhänge und strategische Unterschiede: Zum einen zeichnet sich ab, daß Kooperationsvorhaben, die auf innovative Aktivitäten zielen, tendenziell eher eine aktive Partnersuche auch außerhalb des vertrauten Kontaktnetzes erfordern bzw. darauf beruhen, und dann – d.h. wohl auch dementsprechend – eher einer verbindlicheren Regelung unterworfen werden (müssen). Zum anderen wird deutlich, daß ein Engagement in unternehmensübergreifenden Kooperationsbeziehungen keineswegs identisch ist mit einer modernen, strategisch orientierten Betriebsführung. In nicht wenigen Fällen hat Kooperation eher beiläufigen, gewohnheitsmäßigen Charakter, was zwar wiederum nicht pauschal mit einer defizitären Betriebsführungspraxis gleichgesetzt werden darf, aber durchaus geeignet ist, Zweifel an der pauschalen Wirksamkeit eines „Erfolgsfaktors Kooperation“ anzumelden.

5. Resümee

Sowohl in der Regional- als auch in der Gründungsforschung ist mittlerweile eindrucksvoll herausgearbeitet worden, daß für die Entwicklung kleiner und mittlerer Unternehmen im Allgemeinen und von Unternehmensneugründungen im Besonderen deren Einbettung in ein Netzwerk unterschiedlicher Informations- und Leistungsverflechtungen von entscheidender Bedeutung ist. In den durch den Transformationsprozeß zerrissenen Netzen der zwischenbetrieblichen Austauschbeziehungen wird denn auch zu Recht eines der zentralen Entwicklungsprobleme der ostdeutschen Wirtschaft gesehen. Auch wenn die hier vorgestellten empirischen Befunde auf einem Sample beruhen, das nicht im engeren (statistischen) Sinn als repräsentativ für ostdeutsche Kleinbetriebe gelten kann, so bieten sie doch einige Hinweise für eine weiterführende Diskussion dieser Problematik, darüber hinaus aber auch für eine differenziertere Betrachtung der kleinbetrieblichen Kooperationspraxis im Allgemeinen.

Anfang 1995 scheinen die „losen Enden“ der abgerissenen Netzwerkbeziehungen zumindest teilweise wieder zueinander gefunden zu haben oder zu neuen Netzen verknüpft worden zu sein. Einem Großteil der befragten Kleinbetriebe war es bis dahin offenbar gelungen, alte Beziehungen aufrechtzuerhalten, daran anzuknüpfen oder vergleichsweise rasch neue Kontakte aufzubauen: So machte gut jeder zweite Betrieb mehr als 50% seines Umsatzes mit einigen wenigen Hauptkunden, mit denen sie bis dahin schon wieder länger als zwei Jahre im Geschäft waren. Viele dieser Kundenbeziehungen beruhten dabei offenkundig auf Kontakten aus der Zeit vor der Wiedervereinigung, und auch manche originäre Neugründung konnte erfolgreich an alte persönliche Beziehungen aus dieser Zeit anknüpfen.

Bemerkenswert viele ostdeutsche Kleinbetriebe waren darüber hinaus auch schon in mehr oder minder entwickelte zwischenbetriebliche Kooperationsnetzwerke eingebunden: Nahezu zwei Drittel der befragten Betriebe gaben an, regelmäßig oder doch zumindest gelegentlich jenseits normaler Geschäftsbeziehungen mit anderen Unternehmen zu kooperieren. Damit werden Ergebnisse anderer Untersuchungen gestützt, wonach ostdeutsche Kleinbetriebe kooperationsoffener zu sein scheinen als Kleinbetriebe in Westdeutschland. Ursächlich dafür scheint der spezifische Handlungskontext aber auch die andere Handlungsorientierung der entscheidenden Akteure zu sein, wodurch die Betriebe einerseits stärker zur Aufnahme von Kooperationsbeziehungen gedrängt werden, wodurch ihnen andererseits aber auch die Aufnahme derartiger Beziehungen erleichtert wird: So sind es nicht ostdeutsche Kleinbetriebe schlechthin, die ein höheres Kooperationsengagement zeigen, sondern vor allem solche Betriebe, die sich mehrheitlich im Besitz ostdeutscher Eigentümer befinden. Betriebe in westdeutschem (Konzern-)Besitz kooperieren demgegenüber vornehmlich innerhalb des eigenen Unternehmensverbundes oder in den alten Netzwerken der Muttergesellschaft und kaum im engeren regionalen Umfeld.

Nicht jede Kooperationsbeziehung ist allerdings als Ausdruck einer modernen, strategisch angelegten Betriebsführung zu werten, vielmehr scheint das Kooperationsinteresse mehrheitlich eher auf Notwendigkeit zu basieren als auf der Einsicht in die damit verbundenen Chancen: Betriebe, deren Umsatz weitgehend durch enge Geschäftsbeziehungen zu einigen wenigen Hauptkunden gesichert erscheint, ebenso wie Betriebe, die sich von einer Forcierung der eigenen Anstrengungen eine Verbesserung ihrer Marktsituation versprechen (können), kooperieren jedenfalls seltener, als Betriebe, die vor aktuellen Ressourcenengpässen und akuten Auftragsunsicherheiten stehen. Nur vergleichsweise wenige ostdeutsche Kleinbetriebe nutzen Kooperation als strategisches Instrument der Unternehmens- und Marktentwicklung (rund ein Drittel der Kooperationsbetriebe oder ca. 20% aller Befragten); für die Mehrheit hat Kooperation eher beiläufigen Gelegenheitscharakter, verbleibt im Rahmen des Hergebrachten (wie z.B. die branchenübliche punktuelle Auftragskooperation zwischen Baubetrieben) oder sie wird letztlich doch mehr zögerlich auf ein enges Feld begrenzt, ohne ihre Potentiale wirklich auszuloten. Dieses Bild, so steht zu vermuten, dürfte sich durchaus auf die allgemeine kleinbetriebliche Kooperationspraxis übertragen lassen. Dementsprechend müßten sich kleine Unternehmen nicht nur mehr für den Kooperationsgedanken öffnen, sondern sie müßten dabei auch ein stärkeres Bewußtsein für Kooperation als strategisches Managementinstrument entwickeln.

Literatur

Albach, H. (1993): Zerrissene Netze. Eine Netzwerkanalyse des ostdeutschen Transformationsprozesses. Berlin: edition sigma

Belzer, V. (1993): Unternehmenskooperation. Erfolgsstrategien und Risiken im industriellen Wandel. München, Mering: Rainer Hampp Verlag

Belzer, V. (1993a): Kooperationspraxis im Verarbeitenden Gewerbe – Erfahrungen aus Nordrhein-Westfalen. Gelsenkirchen: Institut Arbeit und Technik, discussion paper IAT-DT 01

Beyer, H.-J. (1994): Mittelstandsförderung in den neuen Bundesländern. Am Beispiel des Handwerks im Land Brandenburg. Köln: Deutscher Instituts-Verlag

Brussig, M.; Lohr, K.; Semlinger, K.; Sorge, A.; Strohwald, U. unter Mitarbeit von A. Eckardt und M. Krause (Hg.) (1997): Kleinbetriebe in den neuen Bundesländern – Bestandsbedingungen und Entwicklungspotentiale. Opladen: Leske+Budrich

Cooke, Ph.; Morgan, K. (1990): Industry, training and technology transfer: The Baden-Württemberg system in perspective. Regional Industrial Research Report, University of Wales Departement of City and Regional Planning. Cardiff

DIW (1994): Standortanalyse für den Wirtschaftsraum Thüringen. Gutachten im Auftrag des Thüringer Ministeriums für Wirtschaft und Verkehr. Berlin: Deutsches Institut für Wirtschaftsforschung (DIW)

DIW (1995): Unternehmerische Netzwerke in der Ostdeutschen Industrie: Kooperation hilft überregionale Absatzmöglichkeiten erschließen. In: DIW-Wochenbericht, Nr. 31. Berlin: Deutsches Institut für Wirtschaftsforschung (DIW)

DIW; IfW; IWH (1994): Gesamtwirtschaftliche und unternehmerische Anpassungsfortschritte in Ostdeutschland, 11. Bericht. In: DIW-Wochenbericht, Nr. 31. Berlin. Deutsches Institut für Wirtschaftsforschung (DIW)

DIW; IfW; IWH (1999): Gesamtwirtschaftliche und unternehmerische Anpassungsfortschritte in Ostdeutschland, 19. Bericht. Kieler Diskussionsbeiträge, 346/347. Kiel: Institut für Weltwirtschaft an der Universität Kiel

Grabher, G. (1992): Entwicklung von Regionen. Netzwerke: Die Stärke schwacher Beziehungen. In: WZB-Mitteilungen, Nr. 58. Berlin: Wissenschaftszentrum Berlin für Sozialforschung (WZB), S. 3-7

Grotz, R.; Braun, B. (1996): Spatial aspects of technology-oriented networks: examples from German mechanical engineering industry. In: Bonner Beiträge zur Geographie, Heft 3. Bonn: Geographisches Institut der Universität Bonn

Jungbauer-Gans, M.; Preisendörfer, P. (1995: Die Überlebensfähigkeit neugegründeter Betriebe. In: Semlinger, K.; Frick, B. (Hg.): Betriebliche Modernisierung in personeller Erneuerung. Berlin: edition sigma, S. 75-91

Krebs, M.; Rock, R. (1994): Unternehmensnetzwerke – eine intermediäre oder eigenständige Organisationsform? In: Sydow, J.; Windeler, A. (Hg.): Management interorganisationaler Beziehungen, Vertrauen, Kontrolle und Informationstechnik. Opladen: Westdeutscher Verlag, S. 322-345

Lachnit, L.; Müller, St. (1993): Nutzung von Unternehmensberatung in mittelständischen Unternehmen. In: Der Betrieb, 46. Jg./Heft 28, S. 1381-1386

May-Strobl, E.; Paulini, M. (1997): Das Gründungsgeschehen in den neuen Bundesländern. Wachstumstypen und Beschäftigungsbeitrag. In: Brussig, M. et al. (Hg.): Kleinbetriebe in den neuen Bundesländern. Opladen, S. 323-356

Müller-Böling, D.; Klandt, H. (1993): Unternehmensgründung. In: Hauschildt, J.; Grün, O. (Hg.): Ergebnisse empirischer betriebswirtschaftlicher Forschung. Stuttgart: Poeschel, S. 135-178

Schiller, R. (1996): Kooperation als Erfolgsfaktor für Klein- und Mittelunternehmen. Panelbefragung von Existenzgründern in Ostdeutschland. In: Internationales Gewerbearchiv. 44. Jg./Nr. 4, S. 234-249

Semlinger, K. (1993): Effizienz und Autonomie in Zulieferungsnetzwerken. Zum strategischen Gehalt von Kooperation. In: Staehle, W. H.; Sydow, J. (Hg.): Managementforschung 3. Berlin, New York: deGruyter, S. 309-354

Semlinger, K. (1994): Kooperative Regionalentwicklung durch Mittelstandsförderung In: Fritsch, M. (Hg.): Potentiale für einen „Aufschwung Ost". Berlin: edition sigma, S. 89-113

SÖSTRA; ISF (1993): Voraussetzungen, Engpässe und Probleme bei der Entstehung neuer Arbeitsplätze in Klein- und Mittelbetrieben. Ein kooperatives Entwicklungskonzept für die Mansfelder Region. Studie im Auftrag der KSPW für das Ministerium für Arbeit und Soziales des Landes Sachsen-Anhalt. Berlin: SÖSTRA – Sozialökonomische Strukturanalysen e.V.

Staudt, E.; Kriegesmann, B.; Thielemann, F.; Behrendt (1995): Kooperation als Erfolgsfaktor ostdeutscher Unternehmen. Ergebnisse einer empirischen Untersuchung zur Kooperationslandschaft in Ostdeutschland. In: Zeitschrift für Betriebswirtschaft, 65. JG/Heft 11, S. 1209-1230

Williamson, O. E. (1985): The Economic Institutions of Capitalism. New York, London: The Free Press

Wurche, S. (1994): Strategische Kooperation. Theoretische Grundlagen und praktische Erfahrungen am Beispiel mittelständischer Pharmaunternehmen. Wiesbaden: Deutscher Universitäts Verlag

Steuerung von Netzwerken kleiner und mittlerer Unternehmen im Spannungsverhältnis individueller und kollektiver Interessen

Sechs kooperative Netzwerke in Sachsen

Ingo Winkler

Inhalt

1. Einführung

Netzwerkartige Kooperationsbeziehungen werden immer häufiger zum Thema, wenn es um die Zukunftssicherung kleiner und mittlerer Unternehmen (KMU) geht. Die Existenz solcher Beziehungen ist dabei keineswegs erst in letzter Zeit zu beobachten, die historische Evidenz läßt sich je nach Verständnis des Begriffes „Netzwerk" schon sehr früh zeigen. Sydow (1992) greift sogar so weit zurück, daß er die netzwerkartige Organisation ökonomischer Aktivitäten schon in der Zeit vor der Entstehung von Manufaktur und Fabrik ausmacht.

Als Ergebnis der Auflösung der ehemaligen Kombinate in den fünf neuen Bundesländern entstand eine spezifische Unternehmenslandschaft aus Kleinbetrieben. Diese sahen und sehen sich mit ihrer relativ geringen wirtschaftlichen Schlagkraft oftmals großen Unternehmen aus dem Altbundesgebiet gegenüber. In dieser Situation versuchen die ostdeutschen KMU, durch das Knüpfen von Beziehungen zu anderen kleinen und mittleren Unternehmen ein netzwerkartiges Geflecht aufzubauen, um ihre Nachteile gegenüber großen Unternehmen zumindest teilweise zu kompensieren. Dies kann auch ein Grund sein, warum verbreitet die Ansicht vertreten wird, daß auf dem Gebiet der fünf neuen Bundesländer mehr netzwerkartige Kooperationsansätze zu finden sind als im Altbundesgebiet.

Die Forschung zu interorganisationalen Netzwerken kann man immer noch als relativ jungen Zweig betrachten. Obwohl die Zahl der Publikationen, die sich mit Unternehmensnetzwerken befassen, weiter zunimmt, existieren immer noch eine Reihe nicht oder nicht ausreichend thematisierter Dimensionen (vgl. dazu z.B. Ebers 1997). Eine solche Dimension, nämlich die der Steuerung von Netzwerken, behandelt der vorliegende Beitrag. Aufbauend auf einer Literaturanalyse und Befragungen/Erhebungen in KMU-Netzwerken wird versucht, wesentliche steuerungsrelevante Spannungsmomente sowie Methoden und Mechanismen zu ihrer Überwindung zu identifizieren.[1] Im Zentrum der Betrachtungen steht im folgenden das sich in diesen Netzwerken abzeichnende Spannungsverhältnis zwischen einerseits individuellen Zielsetzungen und Interessenlagen der beteiligten

---

1 Gedankt werden soll an dieser Stelle der Deutschen Forschungsgemeinschaft, die im Rahmen des Teilprojektes „Humanpotentiale, Arbeitsorganisation und Kultur in lernenden Netzwerken" im Paketantrag „Regionale kooperative Produktionsnetze" an der TU Chemnitz die notwendigen Mittel für die Studie bereitgestellt hat. Das Teilprojekt stand unter der Leitung von Prof. Dr. *Rainhart Lang*, Professur für Organisation und Arbeitswissenschaft, Prof. Dr. *Roland Schöne*, Professur für Erwachsenenbildung und betriebliche Weiterbildung sowie Prof. Dr. *Hartmut Enderlein*, Professur für Arbeitswissenschaft, und wurde im Zeitraum von 08/1997-12/1999 durchgeführt. Die hier dargestellten Ergebnisse basieren wesentlich auf einer innerhalb des Teilprojektes kooperativ durchgeführten explorativen Untersuchung in sechs sächsischen Unternehmensnetzwerken.

Akteure und andererseits kollektiven Übereinkünften bezüglich der Ziele und Regelungen des Netzwerkes. Daran anschließend werden formelle wie informelle Mechanismen aufgezeigt, die in den untersuchten Netzwerken zur Lösung dieser Spannungen sowie zur Steuerung der Aktivitäten des Netzwerkes und seiner Mitglieder existieren. Den Abschluß bildet eine beispielhafte Darstellung des Zusammenwirkens, formeller und informeller Mechanismen in zwei typischen steuerungsrelevanten Netzwerksituationen: gemeinsame Entscheidungen und Konfliktlösung.

2. Steuerung in kleinen und mittleren Unternehmen (KMU) – Begriffliche Vorklärungen

2.1 KMU-Netzwerke

Betrachtet man die Forschung der letzten Jahre zu interorganisationalen Netzwerken allgemein und KMU-Netzwerken im besonderen, so begegnet man einer ganzen Reihe von Definitions- und Konzeptualisierungsansätzen. Es ist nicht Ziel dieses Beitrages, einen vollständigen Überblick hierüber zu geben; vielmehr werden im folgenden – im Anschluß an die einschlägige Literatur (vgl. u.a. Miles/Snow 1986; Sydow 1992; Powell 1993; Grandori/Soda 1995; Kilper/Latniak 1996; Ebers 1997) – zentrale Charakteristika von KMU-Netzwerken dargestellt, die das hier zugrundeliegende Verständnis dieser Organisationsform wiedergeben. Diese Hauptmerkmale sind:

- *Spezielle Form der Unternehmenskooperation:* Unternehmensnetzwerke werden als eher kooperative denn kompetitive Formen der überbetrieblichen Zusammenarbeit verstanden, in denen aber gleichzeitig Kooperation wie Wettbewerb zum Tragen kommen.
- *Mehr als zwei Akteure:* An Unternehmensnetzwerken sind mehrere Akteure mit zum Teil unterschiedlichen Interessenlagen beteiligt. Diese Akteure sind in einem dynamischen Zusammenspiel an der Formation und Organisation des Netzwerkes beteiligt. Als Akteure in den hier untersuchten KMU-Netzwerken werden einerseits die Vertreter der involvierten kleinen und mittleren Unternehmen verstanden, andererseits Externe, wie z.B. Mitarbeiter von Universitätsinstituten und Beratungseinrichtungen oder der Öffentlichen Hand, die einen maßgeblichen Einfluß auf die Formation und Organisation des Netzwerkes haben.
- *Existenz hierarchischer und marktlicher Ordnungselemente:* Innerhalb netzwerkartiger Beziehungen existieren sowohl Über- als auch Unterordnungsverhältnisse; weiterhin arbeitsteilige Kooperation sowie auf eher

marktlicher Koordination basierende Ordnungselemente (z.B. Preise, Qualitätskriterien).

- *Komplexe Beziehungen auf unterschiedlichen Ebenen:* Interorganisationale Beziehungen in Netzwerken lassen sich auf mehreren Ebenen (z.B. personell, informationell, kulturell, ökonomisch) finden. Sie sind miteinander verbunden und wechselseitiger Beeinflussung ausgesetzt.
- *Reziproke Beziehungen:* Beziehungen in Netzwerken beruhen auf Wechselseitigkeit. Wechselseitige Beziehungen lassen sich dabei auf allen der oben angeführten Ebenen finden.
- *Wirtschaftliche Interdependenz der Akteure:* Die am Netzwerk beteiligten Akteure befinden sich in wechselseitiger wirtschaftlicher Abhängigkeit. Spürbar wird diese Interdepenz insbesondere dann, wenn beim Ausscheiden eines – relevanten – Akteurs aus dem Netzwerk die Existenz des Netzwerkes als Ganzes gefährdet ist.
- *Polyzentrische und wechselnde Verteilung von Macht und Entscheidungskompetenz:* Sowohl bei Netzwerken, die um eine fokale Unternehmung gruppiert sind als auch bei eher dezentral organisierten Netzwerken liegt die Macht und Entscheidungsgewalt niemals vollständig bei einem oder mehreren Akteuren, sondern ist immer polyzentrisch verteilt. Darüber hinaus können sich Akteurskonstellationen bei wechselnden Aufgabenstellungen verändern. Entscheidungskompetenzen können sich somit verschieben.

Unter netzwerkartigen Kooperationsbeziehungen werden hier – zusammengefaßt – Organisationsformen verstanden, die durch langfristige, komplexe und wechselseitige Interaktionen zwischen den beteiligten Akteuren gekennzeichnet sind.

2.2 Steuerung von KMU-Netzwerken

Die folgenden Ausführungen geben einen knappen Überblick über den Stand der Forschung zur Steuerung von Netzwerken. Dabei wird in aller Kürze versucht, einen Interpretationsrahmen zu entwickeln, um den hier behandelten Gegenstand begrifflich zu fassen.

Wesentliches Merkmal von Unternehmensnetzwerken ist deren polyzentrische Organisation, insbesondere die dezentral verteilte Macht- und Entscheidungskompetenz. Somit existieren keine klaren hierarchischen Weisungs- und Kontrollbeziehungen zwischen den Netzwerkakteuren, was nach Sydow (1995) zu einer Politisierung des Managements führt und ein Denken in Netzwerken (Organisationsebene, Netzwerkebene, Netzwerkumfeld) erforderlich macht. Aufgrund der Vielzahl unterschiedlicher Akteure in einem Netzwerk, kommt es zu einer Verschiebung der traditionellen Rollen von Führer und Geführten (vgl.

z.B. Bresnen et al. 1985; Brymann et al. 1987; Sydow 1995), was u.a. zur Folge hat, daß die Netzwerkakteure sich mit neuen Rollenanforderungen konfrontiert sehen. Es herrscht eine hohe Rollenmehrdeutigkeit und eine geringe Vorhersagbarkeit von Konsequenzen eines bestimmten Verhaltens (vgl. Shamir 1997; 1999). Weiterhin treffen in interorganisationalen Netzwerkbeziehungen eine Reihe von zum Teil unterschiedlichen Zielvorstellungen der beteiligten Akteure aufeinander (vgl. Bellmann/Hippe 1996; Balling 1997; Kickert et al. 1997).

Die Steuerung von Unternehmensnetzwerken wird überwiegend als ein Prozeß verstanden, der auf Basis formeller wie informeller Regelungen sowie Wahrnehmungen und Interessen der Akteure über Aushandlungen und Machtspiele ausgetragen wird (vgl. z.B. Boje/Whetten 1981; Hofman et al. 1990; Scheff 1996; Ness/Gulbrandsen 1997; Hardy et al. 1997). Die Rollen der Akteure in Netzwerken werden dabei situations- und problemspezifisch immer wieder neu ausgehandelt (vgl. z.B. Wimmer 1994) und auf unterschiedlichen Ebenen der Vernetzung von unterschiedlichen Akteuren ausgefüllt (vgl. z.B. Zündorf et al. 1993; Zündorf 1994). Führungsrollen werden also von vielen, wenn nicht allen Mitgliedern des Netzwerkes gleichzeitig oder sequentiell ausgefüllt (Shamir 1997; 1999). Führung und Steuerung in Netzwerken kann in diesem Zusammenhang zu einer Art Ad-hoc-Arrangement werden, das in bezug auf seinen Umfang und die Dauer begrenzt ist. Mohrmann und Cohen (1995) sprechen in diesem Zusammenhang von einem „Quasi-Manager“, der z.B. in der einen Gruppe die Führungsrolle innehaben kann, während er in einer anderen Gruppe einfaches Mitglied ist (vgl. Shamir 1997, 1999).

In der bisherigen Netzwerkforschung werden die Aufgaben des Netzwerkmanagements innerhalb der Spannungsfelder Autonomie und Abhängigkeit (vgl. z.B. Hakansson 1989; Semlinger 2000), Vertrauen und Kontrolle sowie Differenzierung und Integration (vgl. z.B. Wurche 1994; Sydow/Windeler 1994) verortet. Der vorliegende Beitrag versteht netzwerkartige Kooperation ebenfalls als für die Beteiligten mehrdeutige und unsichere Situation mit instabiler und polyzentrisch verteilter Macht- und Entscheidungskompetenz. Entsprechend diesem Verständnis sind klassische Sichtweisen von Steuerung, die von einer formalen Unternehmenshierarchie ausgehen, zum Teil inadäquat und wenig aussagekräftig. Aus diesem Grund ist die folgende Darstellung an den oben dargestellten steuerungsrelevanten Spezifika von Unternehmensnetzwerken orientiert. Unter Netzwerksteuerung wird dabei, in Anlehnung an Sydow/Windeler (2000), sowohl die Steuerung interorganisationaler Netzwerke als auch die Steuerung einzelner Netzwerkorganisationen verstanden.

3. Untersuchungseinheiten und angewandte Methoden

Die folgenden Darstellungen basieren auf einer explorativen Studie innerhalb des Teilprojektes „Humanpotentiale, Arbeitsorganisation und Kultur in lernenden Netzwerken“, das in das fakultätsübergreifende Forschungsprojekt an der TU Chemnitz „Regionale kooperative Produktionsnetze“ eingebunden war. In der vorliegenden Untersuchung wurden zwischen Herbst 1997 und Frühjahr 1998 zwölf Interviews mit verschiedenen Akteuren in sechs Unternehmensnetzwerken in Sachsen durchgeführt. Die themenzentrierten Interviews tangierten dabei die Aspekte Führung, Lernen und Wissen sowie die Organisation der Abläufe innerhalb der Netzwerke.

3.1 Beschreibung der untersuchten Netzwerke

Netzwerk 1

Entstanden ist das Netzwerk durch die Initiative des Geschäftsführers einer ehemaligen mittelständischen Holding in einer sächsischen Großstadt. Seit Auflösung der Holding ist sein Unternehmen als Generalunternehmer am Bau tätig. Die Gründung bzw. Initiierung des Netzwerkes erfolgte im Vorsommer/Sommer 1996 gemäß der Idee dieses Geschäftsführers, sich mit anderen Bauunternehmen zu vernetzen. Leitendes Motiv war dabei, daß ein kooperativer Verbund, der am Bau u.a. auch als Generalunternehmer (GU) auftritt, eher Überlebenschancen haben würde als ein einzelnes Unternehmen.

> „Wir müssen gemeinsam am Markt unsere Leistung anbieten. Weil der Einzelne zu schwach ist und als Subunternehmer eine ganz kärgliche Rolle spielt, versuchen wir jetzt als ... (Netzwerk, I.W.), ich sag mal diesen Generalunternehmer-Ersatz.“ (Netzwerk 1/Interview 2)

In dieser Gründungszeit kam der Kontakt zur ortsansässigen Universität zustande, woraus sich im weiteren eine wissenschaftliche Begleitung des Netzwerkes durch eine Professur der Universität ergab. Sie erfolgte in Form eines Projektes, das auch initiierende und koordinierende Funktionen bezüglich des Netzes übernahm. Es wurde mit dem Ziel der Einbeziehung aller jener Gewerke, die die Wertschöpfungskette im Baugewerbe repräsentieren, konstituiert. Die beteiligten Unternehmen waren zum Untersuchungszeitpunkt dabei, sich in der Rechtsform einer Genossenschaft zu organisieren, da ihnen diese Rechtsform hinsichtlich ihrer Zielsetzung, Kooperationen zu stützen, passend erschien. Zum Zeitpunkt der Untersuchung bestand das Netzwerk aus neun Unternehmen. Die beteiligten Unternehmen arbeiteten bei der Realisierung verschiedener Bauprojekte zusammen. Die gemeinsame Bearbeitung eines Auftrages durch das gesamte Netzwerk hatte zum Zeitpunkt der Untersuchung noch nicht stattgefunden. Dies wurde von den Befragten zum einen durch die mangelnde Handlungsfähigkeit aufgrund der fehlenden Rechtsform begründet, zum anderen durch die allgemeine Konjunkturschwäche in der Baubranche.

Netzwerk 2

Die Initiative zur Gründung dieses Netzwerkes erfolgte – bezogen auf den Untersuchungszeitpunkt – vor etwa vier Jahren. Beteiligt waren eine Unternehmung, Vertreter der Stadt, in der die Initiative angesiedelt war, sowie die bereits erwähnte Universität. Ziel war die Schaffung eines netzwerkartigen Verbundes einheimischer Firmen und Gewerke zum Bau sogenannter Holzrahmenhäuser. Als Vorbild dienten die Aktivitäten eines ähnlichen Netzwerkes im Bundesland Brandenburg, wobei jedoch sehr schnell festgestellt wurde, daß das simple Kopieren der dortigen Aktivitäten nicht möglich war. Der Gedanke einer netzwerkartigen Zusammenarbeit mit der erwähnten Zielsetzung, Holzrahmenhäuser zu bauen, wurde maßgeblich von den involvierten Vertretern der Universität ins Spiel gebracht.

Die Initiative hatte zum Zeitpunkt des Interviews unter herben Rückschlägen zu leiden. Die beiden avisierten Finalproduzenten befanden sich in finanziellen Schwierigkeiten bzw. in Liquidation, so daß nicht klar war, ob sie weitergeführt werden würde.

Netzwerk 3

Dieser Ansatz zur netzwerkartigen Kooperation wurde im Jahr 1992 in einer sächsischen Großstadt von noch nicht privatisierten Unternehmen begründet, um die Überlebenschancen dieser Unternehmen zu erhöhen. Noch in der Gründungsphase kam es jedoch aufgrund der wirtschaftlichen Entwicklung der Betriebe sowie der Privatisierung einzelner Mitgliedsbetriebe zu einem Wandel der Mitgliederstruktur. Seither wird das Netzwerk im Rahmen eines staatlichen Projektes gefördert. Das Ziel des als eingetragener Verein firmierenden Netzwerkes ist die Unterstützung und Förderung des ortsansässigen Maschinenbaus, wobei die Akquisition von Fördergeldern eine große Rolle spielt.

> „... und dann ist eben das primäre Ziel gewesen, die Mitgliedsunternehmen zu unterstützen – mit Fördergeldprojekten und wissenschaftlicher Begleitung. Und eben die Dinge, die hier zerfallen sind, und die ganzen Beziehungen untereinander auch wieder zu knüpfen." (Netzwerk 3/Interview 1)

Die Zusammenarbeit der zum Zeitpunkt der Untersuchung circa 50 Mitgliedsunternehmen erfolgt sowohl in Arbeitskreisen (untergliedert nach Einkauf, Personal, Forschung und Entwicklung, Marketing, Geschäftsführung) als auch in zeitlich begrenzten Projekten. Mit seinem Ziel der Wirtschaftsförderung des ortsansässigen Maschinenbaus konkurriert der Verein mit anderen Einrichtungen der Wirtschaftsförderung.

Netzwerk 4

Das Netzwerk wurde im Mai 1996 gegründet. Es baute ursprünglich auf der Idee des Erfahrungsaustausches und der Zusammenarbeit auf dem Gebiet der Blechbearbeitung auf. Die wissenschaftliche Begleitung des Netzwerkes wird durch ein an einer Universität laufendes Projekt wahrgenommen. Der zuständige Bearbeiter nimmt dabei die Funktion eines Netzwerkinitiators und -koordinators wahr. Das Netzwerk bestand zum Zeitpunkt der Untersuchung aus sechs Firmen der Metallbranche. Die Mitglieder versprechen sich von dem Netzwerk Erfahrungsaustausch, wirtschaftliche Stärkung des einzelnen Unternehmens, Abbau von Abhängigkeiten sowie die Einführung neuer Produkte bei geteiltem Risiko.

> „... daß man gemeinsam den Wunsch oder das Ziel hatte, von der überwiegenden Lohnfertigung wegzukommen, um wieder durch Entwicklung und Fertigung von eigenen Finalerzeugnissen eine Stellung auf dem Markt zurückzugewinnen, die im Grunde genommen nach der Wende in den verschiedenen Firmen verloren wurde.“ (Netzwerk 4/Interview 1)

Zur rechtlichen Absicherung schlossen die Netzwerkunternehmen einen Kooperationsvertrag mit der Universität. Noch während der Untersuchung arbeitete das Netzwerk an der Realisierung eines ersten gemeinsamen Entwicklungsprojektes. Für dieses gemeinsame Vorhaben wurde zwischen den Unternehmen eine zusätzliche Regelung geschaffen.

Netzwerk 5

Auf dem Gelände eines ehemaligen Kombinatsbetriebes siedelten sich auf Initiative der beiden neuen, sehr engagierten Geschäftsführer der aus diesem Kombinatsbetrieb ausgegründeten GmbH eine Reihe von Firmen (circa 40) an. Diese Firmen sind zum einen Gründungen ehemaliger Kombinatsmitarbeiter, zum anderen sind sie „Fremdansiedlungen“. Sie arbeiten auf den verschiedensten Gebieten zusammen (z.B. Lehrlingsausbildung, Metallbau, Gastronomie/Pausenversorgung, Schulung, Transport, Bau, Vermietung). Kooperation findet dabei sowohl zwischen zwei Unternehmen als auch netzwerkartig zwischen mehr als zwei Unternehmen statt. Die wesentlichen Promotoren des Netzwerkes sind die ehemaligen Mitarbeiter des Kombinatsbetriebes, die auch schon vor der ‘Wende’ zusammengearbeitet haben. Zielsetzung dieses Netzwerkes ist es, dem als Verlust empfundenen Niedergang des Kombinates etwas entgegenzusetzen. Eine wesentliche Rolle spielt die Motivation, das noch zu DDR-Zeiten Geschaffene zu erhalten, aber auch etwas Neues aufzubauen und damit Arbeitsplätze (die eigenen eingeschlossen) zu erhalten bzw. neu zu schaffen. Diese netzwerkartige Kooperation ist insofern interessant, als sie aufgrund der Eigeninitiative der Firmen beziehungsweise deren Vertreter entstand und der Gedanke des Miteinander durch die Firmen selbst, ohne Mitwirkung staatlicher Institutionen (z.B. der Universität) oder privater Beratungsfirmen, entwickelt wurde.

Netzwerk 6

Die im Jahr 1919 mit dem Ziel der Brechung der Übermacht der damaligen Großhändler gegenüber den Herstellern von Holzspielzeug sowie anderer Holzartikel entstandene Genossenschaft wurde nach der 'Wende' als eingetragene Genossenschaft (e.G.) neu gegründet. Dabei hatte sie im Zuge der wirtschaftlichen und politischen Neuorientierung mit erheblichen Auflösungstendenzen zu kämpfen. Diese als Netzwerk konstituierte Genossenschaft vertritt circa 150 Mitgliedsbetriebe mit circa 700 Beschäftigten und verfolgt vorrangig das Ziel der nationalen und internationalen Vermarktung der Produkte ihrer Handwerker (Drechsler, Bildhauer, Holz- und Spielwarenhersteller) im Groß- und Einzelhandel. Innerhalb des Netzwerkes hat die Genossenschaftsleitung (die man auch als fokalen Akteur bezeichnen kann) gegenüber den Handwerkern eine gewisse Servicefunktion hinsichtlich der Förderung des gemeinsamen Einkaufs, von Schulungen, der Informationsvermittlung, etc. Im Jahr 1997 erwirtschaftete die Genossenschaft circa 10-12 Millionen Umsatz, was etwa die Hälfte des Umsatzes der beteiligten Handwerksbetriebe ausmacht. Die Genossenschaft, die durch Eigeninitiative der Firmen gegründet wurde, sieht sich selbst als wesentlichen Promotor der Produkte der Handwerker und damit der wirtschaftlichen Stärkung der Region. Zudem wird auch versucht, gewisse traditionelle Werte handwerklicher Produktion aufrechtzuerhalten.

3.2 Untersuchungsmethode

Die Studie, auf die dieser Beitrag Bezug nimmt, läßt sich als qualitative Studie mit explorativem Charakter charakterisieren (vgl. zur Darstellung der zentralen Prinzipien qualitativer Sozialforschung z.B. Lamnek 1995, S. 21ff.; Flick 1995, S. 13ff.). Der qualitative Ansatz wurde insbesondere deshalb gewählt, um dem Forschungsfeld mit der nötigen Offenheit gegenüber Untersuchungspersonen, -situationen und -methoden zu begegnen. Es sollte vermieden werden, daß durch die ex-ante-Formulierung von expliziten Hypothesen der Blick für unerwartete Informationen und Umstände versperrt wird. Das zentrale Erhebungsinstrument der Untersuchung bildeten problemzentrierte, halbstrukturierte Interviews. Diese Vorgehensweise war nahegelegt, damit zusammenhängende Argumentationsketten über sprachvermittelte Handlungs- und Sinnzusammenhänge (Strauss/Corbin

1996) zu subjektiven Sachverhalten (Meinungen, Einstellungen, Erwartungen, Ideale und andere Bewußtseinsmomente) gewonnen werden konnten. Der weitgehende Verzicht auf die Standardisierung der Interviews erlaubte daher auch eine situative Anpassung der Fragen. Vom Herbst 1997 bis zum Frühjahr 1998 wurden insgesamt zwölf Interviews mit Vertretern der sechs Netzwerke (Unternehmer, Management, Koordinatoren) durchgeführt. Die Interviewdauer lag zwischen einer halben beziehungsweise anderthalb Stunden. Alle Interviews wurden auf Tonband aufgezeichnet und vor der Auswertung vollständig transkribiert.[2] Ausgewählte Interviews wurden durch Metaprotokolle mit ergänzenden Informationen und Eindrücken (z.B. zur Mimik und Gestik des Interviewpartners) ergänzt. In diesen Protokollen wurden auch relevante Aussagen festgehalten, die vor oder nach dem eigentlichen Interview gemacht wurden.

Die Datenauswertung bzw. -interpretation wurde durch die Anwendung des Textanalysesystems WINMAX 97pro unterstützt. Dieses Programm wurde insbesondere bei der Kodierung der Interviews eingesetzt und es diente quasi als Textstellen-Pool für die weitergehende Analyse der einzelnen Kodes. – Eine ausführliche Darstellung der Datenanalyse ist in Winkler (1999; 2000) nachzulesen; auf sie an dieser Stelle vertiefend einzugehen, würde den Rahmen des vorliegenden Beitrages sprengen.

4. Steuerung von Netzwerken zwischen Einzelinteressen und gemeinsamen Zielen

Die Ergebnisse zeigen, daß die Steuerung der untersuchten KMU-Netzwerke wesentlich im Spannungsfeld zwischen geteilten Vorstellungen, Regeln und Annahmen einerseits und individuellen und daher zumindest partiell konfliktuellen Zielen und Interessen andererseits stattfindet. Es werden immer wieder große und kleine Krisen in den Netzwerken ausgelöst, die mehr oder weniger permanent der Regelung bedürfen.

4.1 Geteilte Vorstellungen, Regeln und Annahmen

Die Untersuchung ergab, daß sich in den untersuchten Netzwerkansätzen im Laufe der Zusammenarbeit geteilte Vorstellungen, Regeln und Annahmen bezüglich folgender Aspekte herausgebildet haben:

---

2 Zur besseren Lesbarkeit wurden die Interviews in diesem Beitrag sprachlich der Schriftform angepaßt.

(1) Es haben sich allgemeine Regeln des kooperativen geschäftlichen Umgangs miteinander entwickelt:

> „Und so gibt es da untereinander ein ungeschriebenes Gesetz, daß man sich natürlich auch selbst irgendwo einen gewissen Teil der Aufträge untereinander verschafft ... das ist eine moralische Frage." (Netzwerk 5/Interview 2)

(2) Es existieren gemeinsame Festlegungen bezüglich der Aufnahme von neuen Mitgliedern:

> „Die Aufnahme im Netzwerk gestaltet sich in der Regel so, daß man sagt: Du bringst Deine Aufträge aus den letzten drei Jahren und dann gucken wir uns an, ob Du vernünftig Aufträge abarbeiten kannst, ob Du vernünftige Auftraggeber hast oder was, ob Du ein windiger Kerl bist, und zwar so persönlich ein ganz netter, und ich komm' auch prima mit Dir klar, aber Deine Auftraggeber, Deine Ausführung und auch das Umsatzvolumen sind irgendwie dubios. Also damit paßt Du nicht zu uns." (Netzwerk 1/Interview 1)

(3) Schließlich sind Übereinkünfte hinsichtlich des Volumens, welches die Geschäfte innerhalb des Netzwerkes am Gesamtumsatz der beteiligten Unternehmen ausmachen sollen (vgl. dazu auch Powell 1993), zustande gekommen:

> „Ich glaube nicht, daß Herr X von uns leben kann und auch die andern Firmen nicht. Ich glaube, daß wir ein nettes Zubrot sind. Wir werden vielleicht bei fünf bis zehn Prozent bei den Firmen liegen, wenn überhaupt. – Frage: Und das ist vielleicht auch so gewollt? – Ich halte es für vernünftig. Also zumindest für die Kleinen ist es ganz vernünftig. Die wissen nicht, was mit uns passiert, wir wissen nicht, was mit den Kleinen passiert." (Netzwerk 5/Interview 1)

> „Also es gilt so als Ziel, das Netzwerk soll bloß zwanzig Prozent des Umsatzes eines Betriebes ausmachen. Das ist so ein Konsens. Also jeder Betrieb wird sich nach wie vor am Markt halten müssen und auch selber nach Aufträgen schauen müssen." (Netzwerk 1/Interview 1)

(4) Im Rahmen der überbetrieblichen Zusammenarbeit wurden innerbetriebliche hierarchische Muster fortgeschrieben. So sind für die eher strategische Ebene der netzwerkartigen Kooperation die Geschäftsführer der beteiligten kleinen und mittleren Unternehmen zuständig, während Aufgaben der operativen Ebene auch an untere Hierarchieebenen delegiert werden. Insofern bewegen sich die Mitarbeiter auf operativer Ebene in einem mehr oder weniger eng vorgegebenen Rahmen:

> „... wobei eben grundsätzliche Entscheidungen natürlich bei uns liegen, wogegen operationale Aufgaben und Funktionen von den unteren Hierarchieebenen übernommen werden." (Netzwerk 5/Interview 2)

Die hier vorgestellten Ergebnisse der Studie zeigen, daß die KMU-Netzwerke von den allgemeinen Zielen unternehmerischen Handelns durchzogen sind. So betrachten die Befragten übereinstimmend – über verschiedene Netzwerktypen hinweg – zum Beispiel Existenzsicherung, Erreichung eines Wettbewerbsvorsprungs, Ausbau von Marktanteilen und Sicherung von Arbeitsplätzen als Ziele der netzwerkartigen Zusammenarbeit. Dies erscheint nicht verwunderlich, da kooperative Unternehmensnetzwerke sowohl als spezifische Kooperationsform als auch als spezifische Form unternehmerischen Handelns anzusehen sind und sich somit ähnlich in den institutionalisierten Rahmen unternehmerischer Aktivität einordnen.

4.2 Einzelinteressen der Akteure

Die Existenz unterschiedlicher Ziel- und Interessenlagen bildet einen Spannungsbogen zu gemeinsam ausgehandelten sowie geteilten Regelungen. Es zeigt sich, daß sie das Handeln der einzelnen Netzwerkakteure zu einem nicht unwesentlichen Teil leiten und somit immer wieder gemeinsame Regelungen ausgehebelt bzw. umgangen werden. Daß dies von den Befragten erkannt und auch das darin enthaltene Konfliktpotential zumindest ansatzweise gesehen wird, dokumentieren die Äußerungen der Befragten:

> „... Gleichklang, so glaube ich, wird man sowieso nicht erreichen." (Netzwerk 4/Interview 1)

> „Da sind ja auch wieder sehr unterschiedliche Interessen in das Projekt eingebracht worden und das ... Interessenspektrum, das war auch außerordentlich diffus. Also ... einfach 'ne Diskrepanz, und man sieht, okay, da paßt man eigentlich gar nicht zusammen." (Netzwerk 1/Interview 1)

Konflikte aufgrund unterschiedlicher Ziel- und Interessenlagen können auf zwei Ursachendimensionen zurückgeführt werden. Zielkonflikte können zum einen zwischen den kollektiv geteilten Zielen und darauf basierenden gemeinsamen Regelungen und den individuellen Zielen einzelner Akteure entstehen:

> „Zum Beispiel die produzierenden Unternehmen, also die echten Maschinenbauunternehmen, haben ganz andere Erwartungshaltungen gehabt. Die haben sich eine Unterstützung bei ihren täglichen Problemen erhofft. Eine kurzfristige Problemlösung, die ... (das Netzwerk, I.W.) natürlich so nicht bringen konnte." (Netzwerk 3/Interview 1)

Zum anderen beinhalten die verschiedenen Individualziele und -interessen der beteiligten Netzwerkfirmen weiteres Konfliktpotential:

> „Also am Anfang war natürlich die Diskrepanz wesentlich höher, weil jeder andere Ziele mit dem Netzwerk verbunden hat..." Netzwerk 1/Interview 1

> „Bei einem ausführenden Unternehmen ist beispielsweise von Anfang an klar, daß es eine Menge Arbeit hineinstecken muß, bis es mal zum Auftrag kommt.

Also wenn ein bestimmter Auftrag kalkuliert wird, und man setzt da einen Kalkulator hin, und das hat jetzt z.B. mal ein Volumen von sechs bis sieben Millionen Mark, da sind einfach für das Abgeben des Angebots allein schon mal 10 bis 15 TDM an Arbeit verbraucht. Und das sind die gewöhnt. Ein Planer, der ist gewohnt, daß er einen Werkvertrag abschließt und dann keine Stunde unbezahlte Arbeit macht. Also ist natürlich die Anforderung, die jetzt von den Ausführern an die Planer gestellt wird, zu sagen, okay, wenn ihr jetzt mit uns mitspielen wollt, dann müßt ihr auch mal von diesem Roß runtersteigen und sagen, ihr geht mal mit ins Risiko. Und wenn es nicht zum Tragen kommt, kommt es eben nicht zum Tragen. Und da sagen die Planer natürlich nein, das machen wir nicht, oder schränken ihre Arbeit ein Stück weit ein.“ (Netzwerk 1/Interview 1)

Das zweite Zitat zeigt, daß individuelle Zielvorstellungen auch auf bisherigen Praktiken basieren und von den Akteuren in das Netzwerk hineingetragen werden. Bisherige Erfahrungen des unternehmerischen Handelns (nicht nur, aber auch mit netzwerkartiger Kooperation) beeinflussen also die Erwartungshaltung der Akteure an die netzwerkartige Zusammenarbeit. Da die Erfahrungshintergründe der Akteure durchaus unterschiedlich sein können, ist auch davon auszugehen, daß die mit der Beteiligung an den netzwerkartigen Kooperationen verfolgten Zielvorstellungen unterschiedlich sind.

5. Formelle und informelle Steuerungsansätze

Vor dem Hintergrund dieser Spannungen zwischen individuellen und kollektiven Zielen und Interessen sowie den darauf basierenden Handlungen der Netzwerkakteure stellt sich die Frage, wie von den Akteuren versucht wird, mit diesem Problemfeld umzugehen. Es zeigt sich, daß in den untersuchten Netzwerken einige formelle Steuerungselemente etabliert wurden, die u.a. auch durch die Übernahme übergeordneter institutionalisierter Regelungen entstanden. Darüber hinaus existieren mehr oder minder bewußt informelle Mechanismen der Steuerung in den KMU-Netzwerken. In Netzwerken haben formelle Regelungen in der Regel viel weniger Einfluß auf das tatsächliche Verhalten der Akteure. Zur Beschreibung und Erklärung dieses Verhaltens muß der Blick vielmehr auf informelle Mechanismen gelenkt werden, die jedoch erst in den Interaktionen zwischen den Netzwerkakteuren sichtbar werden.

5.1 Die Funktion des Netzwerkkoordinators als Steuerungsinstrument

Die Zielbildung im Sinne von Vorgaben oder der Abstimmung der Individualziele hinsichtlich eines kompatiblen Zielbündels wird von den Befragten in der Regel einer formellen Netzwerkführung bzw. einem Netzwerkmanagement zugeschrieben. Entweder soll diese Aufgabe von einer zentral eingerichteten Stelle, z.B. der Netzwerkadministration/-koordination, übernommen werden oder durch einen als machtvoll wahrgenommenen Akteur im Netzwerk. In vier der sechs untersuchten KMU-Netzwerke existiert eine zentrale Koordinatorenstelle. Im folgenden wird deshalb insbesondere auf die Funktion dieses Steuerungsinstruments näher eingegangen. Einerseits wird aufgezeigt, welche steuerungsrelevanten Aufgaben die Koordinatoren zu erfüllen haben und welche Probleme aufgrund der unterschiedlichen Rationalitäten von Koordinator und anderen Netzwerkakteuren erwachsen können. Andererseits wird der interessante Aspekt der Abhängigkeit von zentraler Steuerung angesprochen, der durch eine intensive zentrale Steuerung insbesondere in der Aufbauphase des Netzwerkes entstehen kann.

Die Auswertung der Interviews mit den Netzwerkkoordinatoren ergab, daß die Koordinatoren sowohl den strategischen wie auch den operativen Aufbau des Netzwerkes als ihre zentrale Aufgabe ansehen:

> „Also als Netzwerkkoordinator sehe ich vor allen Dingen die Aufgabe, das Netzwerk unter Beteiligung dieser Unternehmen zum Laufen zu bringen. Und das geht natürlich zunächst mal von der strategischen Ebene bis hin auf die operative Ebene." (Netzwerk 1/Interview 1)

So wird von den befragten Koordinatoren erstens die Sinnstiftung bei den Unternehmen im Netzwerk und damit die Vermittlung der Notwendigkeit und Vorteilhaftigkeit der überbetrieblichen Zusammenarbeit als eine ihrer Aufgaben gesehen:

> „... was eben extrem wichtig ist, daß Du die Leute zur Zusammenarbeit echt motivierst und denen die Vorteile echt begreiflich machen kannst. Das ist im Prinzip das Schwierigste." (Netzwerk 3/Interview 1)

Eng mit der Sinnvermittlung im Zusammenhang stehend wird von den Koordinatoren die Motivationsfunktion als ihre zweite, permanent zu verfolgende Aufgabe angesehen. Hierbei sehen sie sich in einer Art „Motorfunktion", in der sie die Akteure immer wieder neu zur Zusammenarbeit motivieren (müssen) – und somit auch das Netzwerk am Leben erhalten:

> „Und wir müssen die Leute ja motivieren, wir müssen sie ja auch aus dem Winterschlaf holen, wir müssen der Trägheit entgegenarbeiten usw. Und wir müssen darauf aufmerksam machen, daß die Konkurrenz nicht schläft." (Netzwerk 6/Interview 1)

> „... dann braucht man diesen Motor, was wir mit diesem Kooperationsnetzwerkmanagement meinen. Einer, der sich an die Spitze stellt und immer das koordiniert und vorantreibt." (Netzwerk 3/Interview 2)

Zusätzlich machen sie koordinierende Funktionen aus, die sie als Netzwerkkoordinator zu übernehmen haben und zwar:

(1) Die operative Koordination der Aktivitäten der Netzwerkakteure:

> „Die Aufgabe der Netzwerkkoordination besteht in der Vergangenheit und auch momentan noch sehr stark darin, die einzelnen Mitglieder im Netzwerk wirklich im Sinne der gemeinsamen Aufgabe zu koordinieren." (Netzwerk 4/Interview 1)

(2) Die Ermittlung und Vermittlung des Kooperationsbedarfes:

> „Man muß also eine permanente Einrichtung organisieren, die im Sinne von Suchen und Finden Kooperationsbedarf ermittelt und auch vermittelt, und das sehe ich als eine ganz wichtige Aufgabe dieses Kooperationsmanagements." (Netzwerk 3/Interview 2)

(3) Die Bereitstellung von Informationen sowie die Steuerung des Informationsflusses im Netzwerk:

> „... Steuerung von Information und Kommunikation zwischen den Kooperationspartnern." (Netzwerk 3/Interview 2)

> „... von unserer Seite aus habe ich also immer gesagt: Gehe mal zu dem und zu jenem, hole Dir mal die Erfahrung. Das ist teilweise genutzt worden, aber nicht in jedem Fall." Netzwerk 6/Interview 1

Betrachtet man kontrastierend zu den Aussagen der Netzwerkkoordinatoren die Aussagen der anderen Netzwerkakteure, so sehen diese in der Konstitutions- und Entwicklungsphase des Netzwerkes ebenfalls den strategischen und operationalen Netzwerkaufbau als eine primäre Aufgabe einer zentralen Koordinationsstelle an. Im Gegensatz zu den Netzwerkkoordinatoren sind die anderen am Netzwerk Beteiligten jedoch nicht der Meinung, daß sich nach erfolgter Aufbauarbeit der Netzwerkkoordinator zurückziehen und sich das Netzwerk selbst koordinieren soll. Vielmehr sollte ihrer Meinung nach der Koordinator jetzt Dienstleistungen für das Netzwerk erbringen:

> „... irgendwann ist die Aufbauarbeit erledigt und jetzt müßte der Unternehmer ran. Und dieser muß dann den Genossenschaftlern eine Dienstleistung anbieten, so daß diese bereit sind, im Netzwerk zu bleiben. Die Dienstleistung heißt: Ich besorge Arbeit, ich besorg den Auftrag, ich bringe die Dienstleistung der Kalkulation, ich bringe die Dienstleistung der Akquise, ich gehe jetzt zu den Politikern hin, wo die Handwerker nicht gerne hin gehen, ich geh zum Bürgermeister, ich tue die Werbetrommel rühren ..." (Netzwerk 1/Interview 2)

Konkret wird diese Forderung nach dem Erbringen von Dienstleistungen, wenn die Netzwerkmitglieder empfinden, daß das Netzwerk relativ stabil und die anfangs recht umfangreiche Aufbauarbeit des Netzwerkkoordinators so nun nicht mehr nötig ist.

Bezüglich des Aspektes der Abhängigkeit von zentraler Steuerung zeigt sich, daß die Netzwerkkoordinatoren in der Aufbauphase des Netzwerkes einen hohen Bedarf an Fremdsteuerung sehen, der von ihnen als Input erbracht werden muß – und auch erbracht wird. Sobald ein stabiler Zustand der Netzwerkbeziehungen erreicht ist, soll das Netzwerk quasi von allein laufen:

> „... die Methode der Kooperation strukturieren und dann sagen: Und nun kooperiert mal und macht, da braucht Ihr uns ja nicht immer dazu. Wir brauchen zwar einen Motor, der das immer wieder ein bißchen befördert und anstößt, über den man auch seine Informationen weitergeben kann, aber eigentlich sollte es auch eine selbsttragende Einrichtung werden." (Netzwerk 3/Interview 2)

Der Anspruch der Netzwerkkoordinatoren, das Netzwerk solange aufzubauen und zu koordinieren, bis es einen stabilen Zustand erreicht hat, und sich dann weitgehend auf einen Selbsterhalt des „funktionierenden Netzwerkes" zu verlassen, erscheint problematisch. Da sich wie oben dargestellt Netzwerkkoordinatoren sehr stark die Motivations- und Koordinationsfunktion selbst zuschreiben und somit auch im Sinne einer zentralen Integrationsstelle handeln, prägen sie die Erwartungshaltung der Mitglieder insofern, daß eine zentral koordinierende und immer wieder motivierende Stelle im Netzwerk als notwendig und unverzichtbar wahrgenommen wird:

> „Also wir brauchen dringend den Manager. Wenn der Manager nicht kommt, dann habe ich Sorgen, daß die XYZ (gemeint ist das Netzwerk, I.W.) auseinander bricht." (Netzwerk 1/Interview 2)

Somit wird durch das Verhalten der Koordinatoren die Möglichkeit der Netzwerkakteure beschränkt, andere Praktiken (z.B. eine selbständige Koordination der Firmen) als machbar anzusehen und auch zu realisieren. Dieses Problem tritt besonders deutlich bei denjenigen Netzwerken zutage, welche die stark fremdgesteuerte Aufbauphase schon durchlaufen haben und nunmehr selbständig und ohne fremden Input existieren sollen.

5.2 *Informelle Steuerungsmechanismen*

5.2.1 Geteilte Deutungsmuster und Integrationsmechanismen

Von den Akteuren wird erkannt, daß ein erheblicher Teil der Steuerung von informellen Mechanismen wie z.B. geteilten Deutungsmustern und Integrationsmechanismen übernommen wird:

> „Na, die Koordinierung, das war dann eigenartiger Weise so, dort, wo der Vorteil klar war, haben die Leute sich selbst koordiniert. Da haben die auch mal, ohne über den XYZ (gemeint ist das Netzwerk, I.W.) zu gehen, sich direkt miteinander abgestimmt und rumtelefoniert und gemacht. Das war dann eigentlich

nicht mehr so das Hauptproblem. Die Koordination findet vom Prinzip her im Zusammenschweißen der Leute statt, da ist der höchste Koordinationsaufwand, also daß Du die Mannschaft zusammenbringst. Spielen tut sie dann, wie beim Fußball, schon eine Zeitlang zusammen. Bloß daß beim nächsten Spiel die Truppe wieder kommt, daß Du die Mannschaft zusammenbekommst." (Netzwerk 3/ Interview 1)

Diese geteilte Sicht auf die soziale Realität existiert jedoch nicht per se, sondern entwickelt sich bei den Akteuren im Laufe der Zusammenarbeit. Die Aussagen der Befragten lassen den Schluß zu, daß in netzwerkartigen Kooperationen die Herstellung und Vermittlung der Sinnhaftigkeit der Zusammenarbeit ein Schlüsselelement für die Koordination der Beziehungen darstellt.

Auch die Schaffung gemeinsam getragener Zielbündel und insbesondere der dabei notwendig werdende Abstimmungs- und Verhandlungsprozeß zwischen den beteiligten Akteuren dient im Netzwerk als informeller Steuerungsmechanismus. In Anlehnung an Termeer/Koppenjan (1997) kann man von der Entwicklung geteilter bzw. kompatibler Ziele der Mitglieder sprechen, die sich quasi als Ordnungsmuster im Laufe ihrer Interaktion herausbilden. Solche geteilten Zielvorstellungen können zum einen integrierende Funktionen im Netzwerk übernehmen:

„Also insofern ist schon die gesamte Wertschöpfungskette als Integrationsfigur geblieben. Auch – immer wieder wird das auch in den Netzwerkberatungen erwähnt – daß man sagt, okay, das ist eigentlich unser sinnstiftendes Element, wo man sagt, okay, das wollen wir." (Netzwerk 1/Interview 1)

Andererseits fungiert jedoch der Prozeß der Zielabstimmung sowie die Existenz eines mehr oder weniger kompatiblen Zielsystems auch als Selektionsmechanismus:

„... das ist unser Ziel. Das führt dann auch dazu, daß ein Stück weit eine Netzwerkbereinigung eintritt. Also daß beispielsweise der Baustofflieferant als solcher gemerkt hat, okay, ich sitz da eigentlich irgendwo quer drin. Ich bin in der Wertschöpfungskette jetzt nicht in dem Planungsmodul und nicht in dem Ausführungsmodul, sondern ich bin Zulieferer zum Ausführungsmodul, und sich da nicht mehr so recht aufgehoben fühlte, und dadurch von sich aus ein Stück weit einen Rückzieher gemacht hat." (Netzwerk 1/Interview 1)

Die Selektion von Partnern auf der Grundlage bestimmter Charakteristika, die von den Beteiligten selbst auf der Grundlage ihrer bisherigen Erfahrungen und Wahrnehmungen festgelegt wurden, ist nach Grandori/Soda (1995) ein wirksames Mittel, koordiniertes Handeln der Unternehmen im Netzwerk zu erreichen. Kollektive Zielvorstellungen können ein solches Charakteristikum sein, insbesondere zur Bestimmung der Zugehörigkeit zum Netzwerk. Hier zeigt sich eine

Dualität von Integration und Segregation von Ordnungsmustern (vgl. z.B. Buhr 1998). Geteilte Zielvorstellungen wirken einerseits integrierend, indem sie die Mitglieder des Netzwerkes verbinden, und andererseits grenzen sie das Netzwerk nach außen ab und schließen diejenigen aus, die die gemeinsamen Vorstellungen nicht mittragen.

5.2.2 Wissen als polyzentrisch verteilte Machtressource

Auch bei überbetrieblicher Zusammenarbeit bilden sich zwischen den beteiligten Akteuren Macht- bzw. Dominanzstrukturen heraus. Jedoch sind diese in der Regel nicht formell kodifiziert, sondern existieren eher auf einer informellen Ebene. Auf überbetrieblicher Ebene fehlt – natürlich – die traditionelle Unternehmenshierarchie als formelle Machtquelle. So werden auf Netzwerkebene vor allem der Besitz von als relevant interpretierten Ressourcen, die zentrale Position eines Akteurs in der Netzwerkstruktur sowie das (machtvolle) Verhalten als Quellen gesehen, aufgrund derer Akteuren Macht zugeschrieben wird. Diese sind in ihrer Wirkung jedoch weniger bindend als eine formelle Unternehmenshierarchie.

Aus einer solchen Perspektive hat der Besitz wichtiger Ressourcen jedoch Auswirkungen auf die Machtposition im Netzwerk. Somit erscheint es sinnvoll, die für die untersuchten Netzwerkunternehmen relevanten Ressourcen zu identifizieren, um daraus Schlüsse hinsichtlich der informellen Machtstruktur und deren Steuerungspotential ziehen zu können.

Die über alle befragten Personen hinweg als zentral interpretierte Ressource ist Wissen:

> „... dieses Wissen der Hochbauer, vor allem diese ganzen Gewerke und das verzahnte Ineinander abschätzen zu können, ist ungeheuer wichtig." (Netzwerk 1/ Interview 1)

> „... da haben die gesagt: gut wenn meine Auftragslage und meine betriebswirtschaftlichen Ergebnisse das zulassen, die Maschine eben für 61.000 Mark zu kaufen, dann bin ich von niemandem abhängig. Ich brauche auch niemandem mein Know-how irgendwie weiterzugeben, was ich mir geschaffen habe in dieser Richtung ... Und da kaufe ich mir die Maschine." (Netzwerk 6/Interview 1)

Es deutet sich an, daß Wissen von den Koordinatoren zwar als Machtressource erkannt, im Netzwerk selbst jedoch nicht als solche thematisiert wird. Vielmehr wird eher vage von der Bedeutung des Wissens einzelner Unternehmen für das Netzwerk gesprochen. Wissen wird von den Akteuren eher als Ressource gesehen, welche sie über das Netzwerk beziehen können:

> „Wir sind eingebettet in ein Wissensfeld. Mit Dingen, die wir nicht selber leisten können. Und das ist für uns ganz wichtig." (Netzwerk 5/Interview 1)

Nicht expliziert wird die Möglichkeit der dominierenden Position dessen, der über bestimmtes Wissen verfügt. Weiterhin zeigt sich, daß auch diese Ressource dezentral über das Netzwerk verteilt ist. Dies trifft insbesondere für aufgabenbezogenes bzw. fachspezifisches Wissen zu. Die dezentrale Verteilung aufgabenbezogenen Wissens im Netzwerk ist ein wichtiges stabilisierendes Element:

> „... vor allen Dingen Fachwissen um die Probleme ... Service, der einfach mühelos, quasi wie firmenintern angeboten wird, ohne organisatorischen Aufwand." (Netzwerk 5/Interview 1)

Wissen darüber, wo bestimmtes fachspezifisches Wissen lokalisiert ist bzw. Informationen darüber, wo gerade bestimmte Aktivitäten im Netzwerk stattfinden, also Wissen über Wissen, scheint gegenüber der polyzentrischen Verteilung aufgabenbezogenen bzw. fachspezifischen Wissens eher an bestimmten Punkten konzentriert zu sein.

5.2.3 Persönliche Beziehungen

Ein weiterer wichtiger informeller Steuerungsmechanismus sind die existierenden bzw. sich entwickelnden persönlichen Beziehungen zwischen den Netzwerkakteuren. Nach Sydow (1992) sind für ein evolutionäres Management von Netzwerken mehr als in anderen Organisationsformen sogenannte „boundary spanning"-Rollen von zentraler Bedeutung. Netzwerkmanagement ist nach seiner Sicht mit einem „boundary spanning", also einer die Grenzen der einzelnen Netzwerkunternehmen übergreifenden funktionellen Verbindung der am Netzwerk beteiligten Firmen verbunden. Diese Verbindung der einzelnen Netzwerkunternehmen erfolgt dabei in der Hauptsache mittels der Entwicklung und Unterhaltung personaler Netzwerke. Daraus folgt, daß das Management von Netzwerken vor allem als Management personeller Beziehungen zwischen Netzwerkakteuren zu verstehen ist; das heißt, die Ebene der persönlichen Beziehungen spielt eine wesentliche Rolle für die Koordination netzwerkartiger Beziehungen:

> „Wichtig war vor allen Dingen ... die Gruppenbildung." (Netzwerk 5/Interview 1)

> „Also wenn Unternehmen miteinander kooperieren, geht es immer um konkrete Personen ..." (Netzwerk 3/Interview 2)

Gute persönliche Beziehungen werden oftmals als Voraussetzung für geschäftliche Beziehungen gesehen:

> „Wenn Sie ... 'nen netten Kerl oder 'ne nette Frau gegenüber haben, kaufen Sie dort. Das ist halt so. Also mit jemandem, mit dem Sie einen Kontakt haben, auf den Sie sich verlassen können, und wo Sie 'ne vertrauensvolle Beziehung aufbauen ..." (Netzwerk 5/Interview 1)

Ob die daraus folgende Bedeutung der Etablierung und Pflege personaler Netzwerke als notwendiger Aspekt des Netzwerkmanagements von den Akteuren erkannt wird, Netzwerkorganisation also mehr als andere Arten der Zusammenarbeit durch sozialen Austausch gekennzeichnet ist (Franke 1999), bleibt jedoch trotz aller Betonung guter persönlicher Beziehungen unklar. In den Interviews wird die Bedeutung persönlicher Beziehung häufig dem allgemeinen Rationalitätsmythos wirtschaftlichen Handelns nachgeordnet. So wird von den Befragten herausgestellt, daß rationale, insbesondere ökonomische Aspekte in der Netzwerkarbeit die dominierende Rolle spielen:

> „Ob Du ein windiger Kerl bist, und zwar so persönlich ein ganz netter, und ich komme auch prima mit dir klar, aber Deine Auftraggeber, Deine Ausführung, die ich mir angeguckt habe, und das Umsatzvolumen, das ist auch irgendwie dubios, was Du hast. Also da paßt Du nicht zu uns." (Netzwerk 1/Interview 1)

> „Na die Kriterien sind am Ende irgendwo kostenabhängig. Also wir würden nie was machen, wo wir sagen: weil wir nun befreundet sind, da kann der nun Preise machen, wie er will. Das spielt also gar keine Rolle. An der Stelle spielt die Freundschaft keine Rolle, sondern es (das Netzwerk, I.W.) muß also auch wettbewerbsfähig sein ..." (Netzwerk 5/Interview 2)

Es bleibt hier jedoch letztlich offen, ob das Herausstellen der Dominanz der ökonomischen Seite der Kooperation lediglich als Argument zur Legitimierung gegenüber den Interviewern gebraucht wurde, oder ob die am Netzwerk beteiligten Unternehmer – eben als Unternehmer – das gesellschaftlich institutionalisierte Streben nach Gewinn so stark internalisiert haben, daß ihnen eine andersartige Argumentation nicht möglich oder sinnvoll erscheint. Und in der Tat fällt es den Befragten schwer zu glauben, daß der quantifizierbare Erfolg in netzwerkartigen Kooperationen entscheidend davon abhängt, inwieweit es den Beteiligten gelingt, ein stabiles soziales Netzwerk zu etablieren und zu unterhalten. Im Gegensatz dazu, das zeigt das folgende Zitat, gelingt es den beteiligten Koordinatoren, insbesondere wenn Sie nicht selbst auch als Unternehmer in das Netzwerk involviert sind, eher den Abstand zu gewinnen („Inside-Out-Position") für eine kritische Reflexion der Netzwerkbeziehungen.

> „Ich schätze ein, daß die sozialen Beziehungen eigentlich die überragende Rolle bisher gespielt haben, daß die formalen Regelungen eher, ich will nicht sagen als Ballast, aber eher als notwendiges Übel angesehen wird, dem man sich auf bestimmtes Drängen des Initiators irgendwie zu stellen hat." (Netzwerk 4/Interview 1)

Die Etablierung eines stabilen personellen Netzwerkes durch den Aufbau von neuen oder durch das Anknüpfen an vorhandene Beziehungen hat, und dies wird von den Befragten weitestgehend bestätigt, eine erhebliche Integrationswirkung auf die netzwerkartige Kooperation:

„Und der zweite Vorteil ist, wir sind ständig beisammen. Man kennt also die Betriebe untereinander, die Menschen untereinander kennen sich, die Leitungshierarchie kennt sich, die Arbeiter kennen sich. Es gibt eine ganze Reihe Berührungsängste, die damit abgebaut sind." (Netzwerk 1/Interview 2)

Die Anknüpfung an ähnliche Einstellungen, Sichtweisen und Praktiken, die durch gemeinsame Erfahrungshintergründe existieren und/oder durch gemeinsame Interaktion in der netzwerkartigen Beziehung entstanden sind, ermöglicht den Aufbau und Erhalt stabiler personeller Beziehungen.

6. Typische Praktiken der Steuerung und Koordination im Netz

6.1 Gemeinsame Entscheidungen

Die Studie, auf die hier Bezug genommen wird, hat ergeben, daß in den untersuchten netzwerkartigen Kooperationen Entscheidungen sowohl kollektiv gefällt (z.B. in der Genossenschaftsversammlung, Mitgliederversammlung) als auch an eine zentrale Stelle delegiert werden (z.B. Genossenschaftsvorstand, Vereinsvorstand). Dabei zeigt sich das Muster, daß als „existentiell" wahrgenommene Entscheidungen für das Netzwerk (z.B. die zu wählende Rechtsform oder der Ein- oder Austritt wichtiger Mitglieder) eher gemeinsam gefällt werden:

„Im zweiten Jahr war vielleicht das Highlight dann die Entscheidung, daß man sich irgendwann aus diesem Konglomerat von Angeboten von Rechtsformen darauf einigen konnte, die Genossenschaft paßt am besten zu dem, was wir unter kooperativem Netzwerk verstehen. Und ... diese Entscheidung und dann die Diskussion, wie gießen wir das nun in eine Rechtsform hinein." (Netzwerk 1/Interview 1)

Obwohl teilweise auch formell kodifizierte Regelungen existieren, daß und welche Entscheidungen gemeinsam zu fällen sind, werden diese auf informellem Weg umgangen:

„Und da sind natürlich Sozialbeziehungen, die schon eine Rolle spielen, weil dadurch auch ein Stück weit Koalitionen natürlich geschmiedet sind, die außerhalb dieses runden Tisches auch zum Tragen kommen und dann am runden Tisch plötzlich schon eine gewisse Vorklärung immer stattfindet." (Netzwerk 1/Interview 1)

Manche Akteure, denen Entscheidungskompetenz übertragen wurde, scheinen sich auf dieser Machtgrundlage auch darüber hinausgehende Entscheidungskompetenz selbst zuzuschreiben bzw. diese Position für eigene Ziele zu nutzen. Das darauf aufbauende Handeln hat jedoch nicht notwendigerweise auch Erfolg, da Macht und Entscheidungskompetenz in der Regel dezentral im Netzwerk verteilt sind und somit die anderen Akteure unter Umständen relativ leicht in der Lage sind, solchen Versuchen zu begegnen:

> „... das heißt, die können ihre Handlungsvollmachten zwar ausschöpfen, aber eben in dem Sinne, wie die Beschlüsse (kollektiv, I.W.) gefallen sind. Da hatten wir jetzt auch so einen Fall, wo der Vorstand ... ein Gespräch mit einem anderen Planungsbüro geführt hat, um zu gucken, ob man auf die Art und Weise noch einen Planer ins Boot bringt ... So, jetzt wurde also von diesem Gespräch berichtet, auch gesagt, okay, dieses Planungsunternehmen, ein sehr großes, ist bereit, da sehr weit in Vorleistung zu gehen, so daß wir uns als Netzwerk da insgesamt besser stellen würden. Da wurde er dann natürlich ausgebremst, wo man sagt, okay, erstens hast Du kein Mandat dafür. Zweitens, wenn das passiert, wenn der reinkommt, bin ich den letzten Tag hier gewesen. Und damit war das Ding vom Tisch." (Netzwerk 1/Interview 1)

Im Rahmen der Sanktionierung regelwidrigen Verhaltens solcher Akteure berufen sich die anderen Netzwerkmitglieder einerseits auf formelle Regelungen, andererseits reagieren sie auch mit dem Einbringen ihrer formell häufig nicht kodifizierten, jedoch trotzdem als relevant interpretierten Machtgrundlagen. Damit versuchen sie ihre „Gegenmacht", gegenüber zentralen Instanzen zu verdeutlichen.

Wenn direkte Konkurrenten im Netzwerk sind, so wird das in der Regel als erschwerend hinsichtlich gemeinsamer Entscheidungen betrachtet, denn Konkurrenten machen ihr Netzwerkengagement immer auch vom Verhalten des Anderen abhängig:

> „Zum Beispiel zwischen den beiden Hochbauunternehmen. Naheliegend, weil die die einzigen sind, die innerhalb des Netzwerkes Konkurrenzbeziehungen haben, wo man schon feststellen kann, daß der eine den anderen ein Stück weit belauert und schaut, wie der sich verhält. Und die Bereitschaft, für das Netzwerk zu agieren, ist auch immer ein Stück weit davon abhängig, ob der Andere dazu auch bereit ist. Also diese Lauerfunktion, die merkt man schon, wenn die da sitzen." (Netzwerk 1/Interview 1)

Konkurrenzbeziehungen werden also nicht aufgehoben, sondern wirken auch im Netzwerk weiter. Jedoch treten diese nur selten offen zutage. Wettbewerb zwischen Konkurrenten wird im Netzwerk eher subtiler weitergeführt:

> „Daß man jemanden mal nicht informiert hat über irgendwas. Da könnte man schon irgendwo eine Absicht hinter vermuten. Das gab es schon. Also zum Beispiel bei den Unternehmen, die von der Förderung oder praktisch von dieser Unterstützungsfunktion gelebt haben, die waren natürlich irgendwo untereinander auch konkurrierend." (Netzwerk 3/Interview 1)

Es zeigt sich, daß die spezifische Gemengelage zwischen kooperativen und kompetitiven Verhalten zwischen Konkurrenten in netzwerkartigen Kooperationen auf der Basis unterschiedlicher Zielvorstellungen zustandekommt. Dabei scheint das kompetitive Verhalten von Konkurrenten in Netzwerken mit eher subtilen und weniger offenen Methoden praktiziert zu werden.

6.2 Konfliktlösung

Netzwerkartige Kooperationen beinhalten eine Reihe von Konfliktpotentialen, die sich unter die Kategorien interorganisationale Spannungsverhältnisse zwischen Differenzierung und Integration, Autonomie und Abhängigkeit sowie Vertrauen und Kontrolle subsumieren lassen. Die im Folgenden aufgezeigten Konflikte greifen dabei teilweise weiter als die oben schon angedeuteten, die aufgrund unterschiedlicher Ziel- und Interessenlagen auftraten. Es soll nun ein besonderes Augenmerk auf die Konfliktlösung bzw. den Umgang mit Konflikten gelegt werden. Es wird von der Annahme ausgegangen, daß beim Versuch der Lösung auftretender Konflikte durch die beteiligten Akteure Prozesse wechselseitiger Beeinflussung sichtbar werden, in denen unterschiedliche Interessenlagen und auch unterschiedliche Machtverhältnisse zum Tragen kommen. Da Konflikte auch Ausdruck unterschiedlicher Krisensituationen sind, treten hierbei auch latente Machtverhältnisse zutage:

> „Die wirken sich im Planungsbereich schon so aus, daß da auch eine gewisse Koalition besteht. Also als der Architekt dann gesagt hat, wenn dieses neue Unternehmen reinkommt, bin ich den letzten Tag hier, da hat sich der Versorgungstechnikplaner sofort angeschlossen. Also es war eine Solidarisierung da. Das wirkt schon." (Netzwerk 1/Interview 1)

(1) Auf bestehende Machtverhältnisse (sichtbare und latente) zurückzugreifen, ist demnach auch eine erste häufig genutzte Möglichkeit für die Akteure, mit Konflikten umzugehen:

> „Hier habe ich ganz andere Chancen. Wie zum Beispiel, daß ich sage, okay, ich mache Deine Ware kaputt. Kann ich jederzeit machen. Also wenn mir jemand blöd kommt, dann kaufe ich dem seine Ware auf und tue die dann bei mir im Laden für Niedrigpreise verkaufen. Dann kauft kein einziger Einzelhändler mehr die Ware. Und so funktioniert es. Der kurze Dienstweg, kurz und trocken." (Netzwerk 6/Interview 2)

Obwohl Machtverhältnisse in Netzwerken nur selten kodifiziert sind und sich situationsabhängig unterschiedlich darstellen, sind die Netzwerkakteure weitgehend in der Lage, sowohl die bestehenden Machtverhältnisse zwischen den Akteuren zu erkennen, als auch ihre eigene Position im Machtgefüge zu bestimmen.

> „... kommt immer darauf an, wer die bessere Position hat. Und die Leute haben das schon abgecheckt, wer wie attraktiv ist." (Netzwerk 3/Interview 1)

(2) Eine zweite Möglichkeit, Konflikten zu begegnen, ist die Schaffung einer zentralen Koordinationsstelle. Dies kann einerseits ein formell eingesetzter Koordinator sein:

> „... und es bedarf einfach dort eines Moderators, eines Koordinators, der diese Individuen bündelt und auf ein gemeinsames Ziel ausrichtet." (Netzwerk 3/Interview 2);

andererseits kann eine solche Funktion auch einem mächtigen Akteur zugeschrieben werden:

> „Also der eine Hochbauer sagt immer, es muß einen Starken geben, und der muß sagen: in die Richtung marschiert man, und den andern wenn nötig mit Gewalt das dann soweit klar machen, daß das dann endlich läuft." (Netzwerk 1/Interview 1)

Hier bleibt jedoch offen, inwieweit die Netzwerkakteure realisieren, daß Macht und Entscheidungskompetenz trotz einer zentralen Koordinationsstelle dezentral im Netzwerk verteilt bleiben und somit eine zentral koordinierende Stelle kein Garant für die Lösung auftretender Konflikte zwischen den Partnern ist.

(3) Schließlich erfolgt bei Konflikten häufig der Rückgriff auf institutionalisierte Normen und Regeln der Netzwerkumwelt, die auch das Netzwerk durchziehen. Insbesondere werden juristische Regeln bei der Lösung von Problemen im Netzwerk angewandt:

> „Sagen wir mal ganz konkret, 0,2 Prozent Überziehung bei einer Million und das zehn Tage lang, das kann schon ins Geld gehen. Das heißt, ich muß im Nachgang das Verursacherprinzip fein auseinander halten. Und da gehört, ich sag mal die juristische Abhandlung und das juristische Verhandeln des Problems dazu. Da gehört eben der Krieg mit dazu. Daß die sich dann am Ende sagen: So, Verursacher der ganzen Sache war Firma X, und im Streitfall muß der Schriftverkehr, sagen wir mal der juristische Rahmen, auch reichen, um meine Position im Streitfall gegebenenfalls juristisch durchsetzen zu können. Zum Schutz der übrigen." (Netzwerk 1/Interview 2)

(4) Eine vierte Möglichkeit, mit Konflikten umzugehen, wird darin gesehen, sie im Netzwerk öffentlich zu machen:

> „Das ist natürlich eine Störung, und das wurde ja dann im Netzwerk auch angesprochen, auch thematisiert. Wobei dann natürlich sich erstmal die Wut Bahn

bricht und man sagt, dann hat das ja alles keinen Sinn, wenn man sich auf den anderen nicht verlassen kann. Also das heißt, eine Störung verursacht zunächst mal das Verhalten: Haut den Schuldigen!, nicht: Wie behebe ich den Schaden?" (Netzwerk 1/Interview 1)

„Wir haben gemeinsame Veranstaltungen durchgeführt, wo wir uns untereinander gestritten haben." (Netzwerk 5/Interview 3)

Dies ist jedoch noch keine Form der Lösung des Konfliktes, sondern eher eine Vorstufe dazu. Die meisten der Befragten empfanden, daß sich Konflikte in Netzwerken einfacher lösen lassen als in sogenannten Marktbeziehungen außerhalb des Netzwerkes. Zum einen wird das mit dem eher geringen räumlichen Abstand zwischen den Netzwerkpartnern begründet, zum anderen kennt man durch die Zusammenarbeit natürlich auch die Schwachstellen der anderen besser:

„Und hier im kleinem Rahmen, mit der Genossenschaft, sind die Lösungswege oft einfacher. [Interviewter lacht], (Netzwerk 6/Interview 2)

„Und dort kann man aber auch ganz anders angreifen, als wenn irgendwo ... in Westdeutschland einer etwas kopieren würde. Dort habe ich nicht so viele Möglichkeiten. Hier habe ich ganz andere Chancen." (Netzwerk 6/Interview 2)

Allerdings werden – selbstverständlich – die intraorganisationalen Verhältnisse der Netzwerkfirmen nicht aufgehoben. So wird, wenn auch Mitarbeiter auf Netzwerkebene mitarbeiten, zur Lösung von Konflikten auf innerbetriebliche Hierarchiestrukturen des Betriebes zurückgegriffen:

„Also im Handling der Baubesprechung, da ist ein Vertreter des Betriebes, meistens in der Ebene Bauleiter. Dieser ist Ansprechpartner. Und wenn ich mit dem nicht klar komme, muß ich, logischer Weise, ein Stück höher gehen. Das ist in der mittelständigen Struktur meistens der Geschäftsführer. Zu dem sage ich dann: Ich komm mit Deinem Mitarbeiter nicht klar. Der ist nicht bereit, morgen die Rohre reinzulegen oder zwei Stunden länger zu arbeiten. Du mußt das jetzt mal regeln." (Netzwerk 1/Interview 2)

Ein direkter Zugriff von der Netzwerkebene vorbei am Geschäftsführer des einzelnen Netzwerkunternehmens auf die Mitarbeiter erfolgt nicht. Hier wird also bewußt die Grenze Unternehmung – Netzwerk aufrechterhalten, unter anderem auch, um wahrgenommene Autonomieverluste für die einzelnen Netzwerkunternehmen zu begrenzen.

7. Zusammenfassung

Die hier vorgestellte explorative Studie zur Steuerung von KMU-Netzwerken hatte zum Ziel, wesentliche steuerungsrelevante Spannungsmomente sowie Methoden und Mechanismen zur ihrer Überwindung zu identifizieren. Im Zentrum der Betrachtungen stand hier das Spannungsfeld zwischen einerseits individuellen Ziel- und Interessenlagen der beteiligten Akteure und andererseits kollektiven Übereinkünften bezüglich der Ziele und Regelungen des Netzwerkes. Zur Lösung dieses Spannungsbogens sowie zur Steuerung der Aktivitäten des Netzwerkes und seiner Mitglieder wurden eine Reihe von formellen wie informellen Mechanismen aufgezeigt, wobei die informellen Steuerungsmomente in ihrer Wirkung überwiegen.

Noch einmal zusammengefaßt zeigen sich die folgenden Besonderheiten der Steuerung von Netzwerken. Die Ziele der netzwerkartigen Kooperation werden nicht, wie zum Beispiel bei innerbetrieblichen Arbeitsgruppen, von einer hierarchisch übergeordneten Stelle vorgegeben. Vielmehr treffen hier teilweise sehr unterschiedliche Ziel- und Interessenlagen aufeinander. Dies macht einen Abstimmungsprozeß notwendig, der jedoch nicht notwendigerweise zu einer Angleichung der Ziele der Akteure führen muß. Das heißt, daß das aufgezeigte Spannungsverhältnis zwischen gemeinsamen und individuellen Ziel- und Interessenlagen zumindest latent immer im Netzwerk existiert. Der Abstimmungsprozeß selbst scheint jedoch ein notwendiges Integrationsmoment für die beteiligten Akteure zu sein.

Innerhalb netzwerkartiger Kooperationen existiert in aller Regel keine formelle hierarchische Ordnung zwischen den Akteuren. Dies heißt nicht, daß es keine Macht- und Ordnungsstruktur gibt, diese ist jedoch in der Regel nicht formell festgelegt und explizit kodifiziert, sondern wird erst in den Interaktionen zwischen den Netzwerkakteuren sichtbar. Macht und Entscheidungskompetenz sind dezentral zwischen den Akteuren des Netzwerkes verteilt. Auch wenn sich ein Akteur oder mehrere mächtige Akteure in der Interaktion herauskristallisieren, so ist deren Macht, andere Akteure zu beeinflussen, nie vollständig. Vielmehr finden in den untersuchten Netzwerkansätzen eine Reihe von politischen Spielen statt, wobei sich die Akteure unter anderem auf relevante Ressourcen berufen und es eben nicht von vornherein klar ist, daß die als mächtig interpretierten Akteure ihre Interessen auch durchsetzen können. Es ist also eine Berücksichtigung und zumindest eine partielle Beteiligung der anderen Akteure notwendig, um die verfolgten Ziele zu erreichen. Dies zeigt sich besonders deutlich bei der kollektiven Entscheidungsfindung. Steuerung in Netzwerken findet also eher kollektiv statt, was u.a. impliziert, daß durch diese Kollektivität eine Reihe bekannter Gruppenphänomene zum Tragen kommt.

Auch die Existenz einer zentralen Koordinationsstelle hebt die polyzentrische Machtverteilung nicht auf. Durch die Schaffung einer solchen Stelle wird versucht, Spannungsfelder innerhalb der netzwerkartigen Zusammenarbeit zu lösen. Dabei scheint sich jedoch ein Problem aufzutun, nämlich das der unterschiedlichen Rollenverständnisse von Koordinatoren und anderen Akteuren.

Bei der Untersuchung der Steuerung von Netzwerken muß zwischen inner- und überbetrieblichen Handlungsmustern unterschieden werden. Hier scheint jedoch eine Entkopplung der beiden Kontexte zu erfolgen. Innerbetrieblich steuerungsrelevante Handlungsmuster haben auf Netzwerkebene nicht dieselbe Bedeutung bzw. können aufgrund des anderen Kontextes nicht zum Tragen kommen. Weiterhin scheinen jedoch auch Erfahrungen mit eher kollektiver Steuerung, die von den Akteuren auf überbetrieblicher Ebene gemacht werden, nicht auf die Unternehmensebene durchzuschlagen. Ein – allerdings nicht sonderlich überraschender – Trend zeichnet sich jedoch ab: Auch bei überbetrieblicher Zusammenarbeit in Netzwerken werden strategische Entscheidungen eher von den Unternehmern bzw. den Führungskräften der oberen Leitungsebene getroffen, die operative Umsetzung wird meist auf die Mitarbeiterebene delegiert.

Die hier vorgestellten Ergebnisse basieren auf einer Untersuchung in sächsischen KMU-Netzwerken. Somit stellt sich die Frage nach der Generalisierbarkeit bzw. Übertragbarkeit der Ergebnisse. Da dies eine qualitative Studie ist, können keine statistischen Kennziffern als Legitimationsvehikel herangezogen werden. Nach der Erfahrung des Autors und der Lektüre relevanter Literatur zum Thema decken sich die hier gemachten Aussagen durchaus mit denen der Forschung zu KMU-Netzwerken. Es liegt jedoch, und das ist bei qualitativen Studien nun einmal so, letztlich in der Hand bzw. im Kopf des Lesers, ob er die hier vorgestellte Interpretation des Datenmaterials nachvollziehen kann und möchte.

Literatur

Balling, R. (1997): Kooperation. Frankfurt/M. u.a.O.

Bellmann, K.; Hippe, A. (1996): Kernthesen zur Konfiguration von Produktionsnetzwerken. In: Bellmann, K.; Hippe, A. (Hg.): Management von Unternehmensnetzwerken. Wiesbaden, S. 55-86

Boje, D. M.; Whetten, D. A. (1981): Effects of organizational strategies and contextual constraints on centrality and attributions of influence in interorganizational networks. In: Administrative Science Quarterly, Vol. 26, S. 378-395

Bresnen, M. J.; Wray, K.; Bryman, A.; Beardsworth, A. D.; Ford, J. R.; Keil, E. T. (1985): The flexibility of recruitment in the construction industry. Formalisation or recasualisation? In: Sociology, Vol. 19, S. 108-124

Brymann, A.; Bresnen, M. J.; Beardsworth, A. D.; Ford, J. R.; Keil, E. T. (1987): The concept of the temporary system: The case of the construction project. In: DiTomaso, N.; Bacharach, S. B. (eds.): Research in the sociology of organizations, Vol. 5. Greenwich. S. 260-283

Buhr, R. (1998): Unternehmen als Kulturräume – Eigensinnige betriebliche Integrationsprozesse im transnationalen Kontext. Berlin

Ebers, M. (1997): Explaining inter-organizational network formation. In: Ebers, M. (ed.): The formation of interorganizational networks. Oxford, S. 3-40

Flick, U. (1996): Qualitative Forschung. Reinbek

Franke, U. J. (1999): The virtual web as a new entrepreneurial approach to network organizations. In: Entrepreneurship and Regional Development, No. 1, S. 203-229

Grandori, A.; Soda, G. (1995): Inter-firm networks: Antecedents, mechanisms and forms. In: Organization Studies, Vol. 16, No. 2, S. 183-214

Hakansson, H. (1989): Corporate technological behaviour: Co-operation and networks. London

Hardy, C.; Phillips, N.; Lawrence, T. (1997): Swimming with sharks: Tensions in the canadian HIV/AIDS domain. Papier präsentiert auf dem 13. EGOS Kolloquium: Organizational Responses to Radical Environmental Changes, Budapest, 3.-5. Juli 1997

Hofman, A. N.; Stearns, T. M.; Shrader, C. B. (1990): Structure, context and centrality in interorganizational networks. In: Journal of business research, Vol. 4, S. 333-347

Kickert, W. J. M.; Klijn, E.-H.; Koppenjan, J. F. M. (1997): Introduction: A management perspective on policy networks. In: Kickert, W. J. M.; Klijn, E.-H.; Koppenjan, J. F. M. (eds.): Managing complex networks. London, S. 1-13

Kilper, H.; Latniak, E. (1996): Einflußfaktoren betrieblicher Innovationsprozesse – Zur Rolle des regionalen Umfeldes. In: Brödner, P.; Pekruhl, D.; Rehfeld, D.: Arbeitsteilung ohne Ende. München, S. 217-320

Lamnek, S. (1995): Qualitative Sozialforschung, Band 1 und 2. Weinheim

Miles, R. E.; Snow, C. C. (1986): Organizations: New concepts for new forms: In: California Management Review, Vol. 28/No. 3, S. 62-73

Ness, H.; Gulbrandsen, B. (1997): External change and development of interorganizational relationships in the norwegian oil industry. Papier präsentiert auf dem 13. EGOS Kolloquium: Organizational Responses to Radical Environmental Changes, Budapest, 3.-5. Juli 1997

Powell, W. W. (1993): Neither market nor hierarchy: network forms of organization. In: Thompson G. F. (ed.): Markets, Hierarchies & Networks. London, S. 265-276

Scheff, J. (1996): Teams – Hierarchiefreie Spielwiesen der Macht. In: Gutschelhofer, A.; Scheff, J. (Hg.): Paradoxes Management. Wien, S. 297-320

Semlinger, K. (2000): Kooperation und Konkurrenz in japanischen Netzwerkbeziehungen. In: Sydow, J.; Windeler, A. (Hg.): Steuerung von Netzwerken: Konzepte und Praktiken. Opladen, Wiesbaden, S. 126-155

Shamir, B. (1997): Leaders in boundaryless organizations – Agents of change or centres of gravity? Papier präsentiert auf dem 13. EGOS Kolloquium: Organizational Responses to Radical Enviromental Changes, Budapest, 3.-5. Juli 1997

Shamir, B. (1999): Leadership in boundaryless organizations: Disposable or indispensable? In: European Journal of Work and Organizational Psychology, Vol. 8, No. 1, S. 49-71

Strauss, A.; Corbin, J. (1996): Grounded Theory: Grundlagen Qualitativer Sozialforschung. Weinheim

Sydow, J. (1992): Strategische Netzwerke: Evolution und Organisation. Wiesbaden

Sydow, J. (1995): Netzwerkbildung und Kooptation als Führungsaufgabe. In: Kieser, A.; Reber, G.; Wunderer, R. (Hg.): Handwörterbuch der Führung. Stuttgart, Sp. 1622-1635

Sydow, J.; Windeler, A. (1994): Über Netzwerke, virtuelle Integration und Interorganisationsbeziehungen. In: Sydow, J.; Windeler, A. (Hg.): Management interorganisationaler Beziehungen. Opladen, S. 1-21

Sydow, J.; Windeler, A. (2000): Steuerung von und in Netzwerken – Perspektiven, Konzepte, vor allem aber offene Fragen. In: Sydow, J.; Windeler, A. (Hg.): Steuerung von Netzwerken: Konzepte und Praktiken. Opladen, Wiesbaden, S. 1–24

Termeer, C. J. A. M.; Koppenjan, J. F. M. (1997): Managing perceptions in networks. In: Kickert, W. J. M.; Klijn, E.-H.; Koppenjan, J. F. M. (eds.): Managing complex networks. London, S. 79-97

Wimmer, O. (1994): International integrierte Unternehmenskommunikation. Konstanz

Winkler, I. (1999): Führung in Netzwerken kleiner und mittlerer Unternehmen. Ergebnisse einer empirischen Untersuchung in sechs Ansätzen netzwerkartiger Kooperation. Arbeitspapier 22 der Professur für Organisation und Arbeitswissenschaft der TU Chemnitz

Winkler, I. (2000): A model of leadership in networks of small and medium sized enterprises: Results of an empirical investigation in six co-operative networks. In: Edwards, V. (ed.): Proceedings of the Sixth Annual Conference of the Centre for Research into East European Business and other Transforming Economies (CREEB) „Corporate and Organizational Restructuring". Buckinghamshire, S. 456-496

Wurche, S. (1994): Vertrauen und ökonomische Rationalität in kooperativen Interorganisationsbeziehungen. In: Sydow, J.; Windeler, A. (Hg.): Management interorganisationaler Beziehungen. Opladen, S. 142-159

Zündorf, L. (1994): Manager- und Expertennetzwerke in innovativen Problemverarbeitungsprozessen. In: Sydow, J.; Windeler, A. (Hg.): Management interorganisationaler Beziehungen. Opladen, S. 244-257

Zündorf, L.; Heitbrede, V.; Kneißle, R.-J. (1993): Betriebsübergreifende Problembewältigung in der mittelständischen Industrie. Frankfurt/M., New York

Netzwerke von Betriebsräten

Erfahrungen aus den neuen Bundesländern

Alrun Fischer

Inhalt

Das IMU-Institut forscht und berät in Fragen betrieblicher und regionaler Umstruktuierung sowie der Strategiefindung und ist nun seit zehn Jahren auch in Ostdeutschland aktiv. Schwerpunkte der Arbeit bilden u.a. die Felder

- Strukturpolitik, Regionalplanung und nachhaltige Entwicklung;
- aktive Beschäftigungs- und integrierte Standortentwicklung;
- soziale Arbeits- und Technikgestaltung;
- Umweltvorsorge und Ressourcenschutz;
- Internationalisierung von Produktion, Globalisierung von Märkten.

Im Rahmen eines anwendungsorientierten Forschungsprojekts zum Aufbau von Betriebsräte-Netzwerken in den neuen Bundesländern führte das IMU-Institut

Analysen zu neuen Ansätzen arbeitsorientierter Betriebspolitik und Betriebsratsarbeit durch und sammelte einschlägige Erfahrungen in der Praxis.

Der folgende Beitrag präsentiert einen Ausschnitt der Projektergebnisse, die als IMU-Informationsdienst 2/99[1] veröffentlicht wurden.

1. Theoretische Überlegungen – handlungsorientiert gewendet

In einer jüngeren Synopse[2] zu „Netzwerken als Instrument regionaler Strukturpolitik" macht Genosko im wesentlichen zwei Ursachen für die Bildung von Netzwerken aus (1998, S. 31ff.):

- *Risikoteilung und Unsicherheitsminimierung:* Regionale und überbetriebliche Netzwerke sollen dazu dienen, exogene Schocks abzumildern und wirtschaftliche Krisen besser zu bekämpfen, sie sollen die Kosten der Prävention für jeden einzelnen Netzwerkakteur senken.
- *Reduzierung von Transaktionskosten:* Dies betrifft insbesondere die Senkung von Informations- und Kommunikationskosten u.a. durch größere Informationsbasis und gegenseitiges Vertrauen, die Senkung von Betriebskosten u.a. durch gemeinschaftlich getragene Aktivitäten und effizientere Organisation, die Senkung von Verhandlungs-, Entscheidungs- und Durchsetzungskosten u.a. durch Kenntnis der Partner und rascheres interorganisationales Lernen.

Von regionalen und überbetrieblichen Netzwerken verspricht man sich also Vorteile insbesondere dadurch, daß durch Kooperation Risiken und Kosten reduziert werden.

Netzwerke können durch starke Bindungen („strong ties") charakterisiert und können stark formalisiert sein, wie etwa Zulieferer-Abnehmer-Beziehungen. Netzwerke können aber auch durch weiche Bindungen („weak ties") gekennzeichnet sein und sind dann stärker informell und über persönliche Austauschbeziehungen organisiert.

Wird dieser Kosten-Ertrags-Ansatz weiter verfolgt, erweisen sich Netzwerke als fragile Gebilde, da die Vorteile eines Netzwerks für die einzelnen Beteiligten die Kosten aufwiegen müssen: Ein Netzwerk muß nicht nur einen allgemeinen, sondern insbesondere auch einen individuellen Zugewinn versprechen. Werden die Kosten für die Mitarbeit in einem Netzwerk zu hoch (z.B. Koordinierungs-

---

1 Fischer, Alrun; Grundmann, Martin: Betriebsräte-Netzwerke. Erfahrungen und Analysen zu neuen Ansätzen arbeitsorientierter Betriebspolitik und Betriebsratsarbeit. IMU-Informationsdienst 2/99.

2 Für eine zusammenfassende Diskussion zu regionaler und betrieblicher Vernetzung und Kooperation vgl. auch Grundmann et al. 1998, S. 104-152.

kosten, interne Reorganisationskosten, Transaktionskosten) bzw. treten Risiken auf (etwa Qualitätsprobleme, Vertrauensmißbrauch), sind die Chancen für das Scheitern eines Netzwerks hoch. Die Wahrscheinlichkeit eines Scheiterns steigt mit abnehmender formaler Organisation, ist also bei informellen Netzwerken höher als bei vertraglich fixierten Netzwerken.

2. Betriebsräte-Netzwerke

Unsere Arbeit befaßte sich mit einer speziellen Form von Netzwerken, nämlich Netzwerken von Betriebsräten unterschiedlicher Betriebe in regionalen Branchenzusammenhängen. Es sollte der Versuch unternommen werden, mittels der organisierten, verbindlichen überbetrieblichen Kooperation von Betriebsräten Impulse zur Sicherung von Beschäftigung und industriellen Standorten in ausgewählten Regionen der neuen Bundesländer zu geben. Diese Absicht fußt auf der empirischen Beobachtung, daß in Ostdeutschland die wenigen verbliebenen industriellen Kerne großteils klein- und mittelbetrieblich strukturiert und krisenanfällig sind. Die wenigen größeren Unternehmen (regionale „Leuchttürme") können allein nicht die Dynamik entwickeln, um die regionalwirtschaftliche Entwicklung voranzutreiben.

Betriebsräte-Netzwerke haben vor diesem Hintergrund drei Funktionen:

- Erstens eine präventive Funktion, indem durch sie Beschäftigungs- und Standortsicherungsaktivitäten initiiert werden sollen, bevor eine krisenhafte Situation für einen Betrieb, eine Branche oder eine Region eintritt. Hierbei werden struktur- und betriebspolitische Aspekte in unterschiedlicher Intensität miteinander verknüpft.
- Auf Initiative der Betriebsräte-Netzwerke sollen zweitens Kooperationsbeziehungen der regionalwirtschaftlichen Akteure und der Betriebe untereinander angeregt werden, wenn durch ein kooperatives Vorgehen Vorteile für alle Beteiligten erwartet werden können. Da die Strukturen der Zusammenarbeit der Betriebe in einer Region und einer Branche häufig nur schwach ausgeprägt sind, ist dies eine wichtige Funktion.
- Drittens und nicht zuletzt soll die Arbeit in einem vernetzten Arbeits- und Kommunikationszusammenhang den beteiligten Betriebsräten ermöglichen, durch Erfahrungs- und Informationsaustausch sowie Weiterbildung ihre Funktion im Betrieb besser wahrnehmen und damit einen erweiterten Handlungsspielraum gegenüber den Geschäftsleitungen geltend machen zu können.

Betriebsräte-Netzwerke versprechen also gegenüber einzelbetrieblich orientiertem Handeln Vorteile, die für die Betriebsräte als individueller Nutzen darstellbar sind: als reduzierte Kosten (im Sinne Genoskos) und als zusätzlicher echter Nutzen:

- Risikominimierung, präventives Handeln vor Eintritt von Krisen: Sicherung von Arbeitsplätzen und industriellen Standorten, Stärkung regionalwirtschaftlicher und branchenbezogener Kompetenzen zur Verbesserung der Wettbewerbsfähigkeit auf zunehmend globalisierten Märkten;
- (Transaktions-)Kostensenkung durch die Initiierung gemeinsam getragener Aktivitäten in Branche und Region: Zusammenführung regionalökonomischer Kompetenzen im Sinne einer integrierten Standortpolitik, durch zwischenbetriebliche Kooperation, Nutzung regionaler Know-how-Potentiale etwa der Hochschulen, bessere Koordination der Fachpolitiken, Durchführung von Verbundprojekten;
- höhere Informations- und Kommunikationsdichte, mehr Handlungs- und Gestaltungsmöglichkeiten: systematischer Erfahrungsaustausch der Betriebsräte untereinander, verbesserter Informationsfluß, Kompetenzgewinn durch gezielte Bildungsbausteine zur Erhöhung der Handlungspotentiale bei betrieblichen Veränderungsprozessen, Verbesserung der Rahmenbedingungen für die Betriebsratsarbeit;
- Initiierung und Organisation kollektiver Lernprozesse: Erhöhung der Fachkompetenz, der Methodenkompetenz und der sozialen Kompetenz, Persönlichkeitsbildung, Entwicklung und Formulierung gemeinsamer Interessen, Ableitung gemeinsamer Ziele und entsprechender Handlungsmöglichkeiten zur Umsetzung der Ziele (vgl. hierzu eingehend Grundmann/Krippendorf/Pfäfflin 1998, S. 54ff.).

Auf der theoretisch-analytischen Ebene lassen sich auf Basis unserer Erfahrungen zu Betriebsräte-Netzwerken folgende grundsätzliche Aussagen machen:

a) Betriebsräte-Netzwerke sind *informelle Netzwerke*, die durch „weak ties" gekennzeichnet sind. Die Zusammenarbeit ist freiwillig und auf ein gemeinsam definiertes Ziel ausgerichtet. Betriebsräte-Netzwerke sind *projektorientiert* angelegt und arbeiten mit definierten Themen, Zielen und Methoden und auf einer festen Zeitschiene. Dies vorausgesetzt, kann davon ausgegangen werden, daß diese Netzwerke nicht von vornherein als dauerhafte, stabile Institutionen angesehen werden können, sondern eher als zeitlich begrenzte Kooperationsformen. Informelle Kooperation beinhaltet demnach zahlreiche Unwägbarkeiten, die aus der Freiwilligkeit und der lockeren Organisation rühren, sie bietet jedoch auch die Chance, gerade wegen der zwanglosen Organisation ein kontinuierlicher Arbeitszusammenhang zu werden.

Der wichtigste Meilenstein der Netzwerkarbeit ist das Erreichen des gemeinsamen Ziels, also das Ende des gemeinsamen Projekts. Ziele der Netzwerkarbeit können bspw. sein, gemeinsame Handlungsansätze zum Thema Arbeitszeitmodelle zu finden, einen regionalen Ausbildungsverbund umzusetzen, die Zusammenarbeit der Betriebsräte einer Branche zu systematisieren und auf eine vertrauensvolle Basis zu stellen, branchenbezogene Ansätze zu betrieblicher Diversifizierung zu finden. Ist das Ziel erreicht, stellt sich automatisch die Frage nach dem weiteren Vorgehen. Diese Frage kann negativ beantwortet werden, wenn etwa das gemeinsame Bildungsziel erreicht ist und die Ergebnisse einzelbetrieblich umzusetzen sind. Die Frage kann positiv beantwortet werden, wenn beim Erreichen des Ziels festgestellt wird, daß sich aus der gemeinsamen Arbeit weitere Fragestellungen ergeben haben, die einer gemeinsamen Bearbeitung zugänglich sind. Eine gemeinsame Weiterarbeit kann sich aber auch dann ergeben, wenn die Kooperation als erfolgreich und individuell zufriedenstellend bewertet wird, wenn gegenseitiges Vertrauen entstanden und das Bedürfnis gewachsen ist, auch in Zukunft gemeinsam zu arbeiten. Ziele und Interessen entwickeln sich im Laufe der Netzwerkarbeit weiter und müssen kontinuierlich reflektiert werden.

b) Betriebsräte-Netzwerke bilden sich selten selbsttätig, ein *externer Impuls* ist notwendig. Betriebsräte handeln ebenso wie die Geschäftsleitungen der Betriebe im Rahmen einzelbetrieblicher Rationalität: das Tagesgeschäft bestimmt das Handeln, das „Schauen über den Tellerrand" des Betriebs ist nicht selbstverständlich. Der externe Impuls muß auf die Lösung betrieblicher Probleme und Bedarfe bezogen und politisch-inhaltlich definiert sein. Betriebsräte-Netzwerke benötigen also eine doppelte Begründung. Die politisch-inhaltliche Begründung erfolgt durch eine von den Betriebsräten respektierte überbetriebliche Institution, in der Regel die zuständige Einzelgewerkschaft, da sie aus Sicht der Betriebsräte die Legitimation hierfür besitzt.

c) Die Begründung von Betriebsräte-Netzwerken muß ein *doppeltes Nutzenversprechen* enthalten: Die Kooperation muß die Chance beinhalten, einzelbetriebliche Vorteile zu erreichen (bspw. verbesserte Handlungsmöglichkeiten des Betriebsrats bei Verhandlungen über betriebliche Arbeitszeitmodelle, Sicherung der Beschäftigung im Betrieb) *und* einen gemeinsamen Nutzen zu erzielen, der allen beteiligten Betriebsräten Vorteile bietet (etwa die Sicherung von Arbeitsplätzen und Standorten einer Branche in einer Region). Betriebsräte-Netzwerke sind auch politisch-inhaltlich definiert, aber ohne den einzelbetrieblichen Problemlösungsbezug sind sie nicht lebensfähig, lohnt sich der zusätzliche Aufwand aus Sicht der Betriebsräte nicht und sie werden diese Kosten scheuen.

d) Betriebsräte-Netzwerke haben nur dann Bestand, wenn sie *konkrete Probleme* bearbeiten. Notwendig ist also, den „Nerv" der Betriebsratsarbeit zu treffen. Netzwerke als „l'art pour l'art" sind nicht gefragt, ein Netzwerk erfüllt keinen

Selbstzweck, sondern muß eine Summe individueller Interessen unter einem gemeinsamen Ziel vereinigen können. Die Unterscheidung zwischen Interesse und Ziel ist wichtig: Die Interessen der Beteiligten können sehr unterschiedlich sein und von der jeweiligen betrieblichen Situation oder anderen Faktoren abhängen. Die Interessen müssen nicht übereinstimmen, es ist sogar eher hilfreich, daß sie je individuell ausgeprägt sind, da sie einen intrinsischen Motivationsfaktor darstellen. Das gemeinsam definierte Ziel muß mit den individuellen Interessen kompatibel sein. Individuelles Interesse kann bspw. sein, mit anderen Betriebsräten in einen Erfahrungsaustausch zum Thema Arbeitszeitmodelle zu treten, das gemeinsame Ziel kann sein, die Kooperation zwischen Zulieferern und Abnehmern zu verbessern und hierbei eine Reihe von betriebsübergreifend relevanten Themen zu bearbeiten. Auch wenn das individuelle Interesse diffus ist, muß das Ziel klar definiert sein.

e) Externe Begleitung und Moderation hat sich als notwendig erwiesen. Die Arbeit in Betriebsräte-Netzwerken unterliegt dem Zusätzlichkeitskriterium und damit individuellen Kosten-Nutzen-Kalkülen. Betriebsräte leisten die Arbeit im Netzwerk zusätzlich zu ihren täglichen Aufgaben im Betrieb. Angesichts der geringen Freistellungsquote von Betriebsräten in Ostdeutschland und der oft in der Freizeit getragenen Netzwerkarbeit sind die individuellen Kosten sehr hoch. Externe Begleitung hat im wesentlichen „Servicefunktion", erhöht also den Nutzen für die Betriebsräte. Sie liefert inhaltlich-fachlichen Input, dient der Weiterbildung, sie übernimmt Planungs-, Organisations-, Koordinierungs- und Kontrollfunktionen, sie übernimmt als unabhängige, außenstehende Institution die Moderation des Prozesses. Dies setzt die Akzeptanz der externen Begleitung durch die Betriebsräte voraus, die sich gleichermaßen auf fachliche, methodische und soziale Kompetenz bezieht. Eine wichtige Voraussetzung hierfür ist die personelle oder institutionelle Kontinuität der externen Begleitung. Ein wichtiger Faktor bei der externen Begleitung ist das Potential, im Bedarfsfall zusätzlich einzelbetriebliche Beratungsleistungen bieten oder organisieren zu können. Dies wird von den Betriebsräten als großer einzelbetrieblicher Nutzenfaktor gewertet und stärkt das Vertrauen in die Begleitkompetenz.

f) Genosko (1998, S. 64) kommt zu dem Schluß, das stärkste Bindemittel für regionale und sektorale Netzwerke sei die gemeinsame Betroffenheit durch eine Krise. Ebenso wie andere Netzwerke auch taugen Betriebsräte-Netzwerke nicht zur akuten einzelbetrieblichen Krisenbewältigung, sie ersetzen keine Beratung. Sie können allerdings Handlungsalternativen in krisenhaften Situationen bieten. Insofern besteht hier Übereinstimmung. Die Stärke von Betriebsräte-Netzwerken liegt darin, Handlungsalternativen zu eröffnen und damit arbeiten zu können.

Wenn Betriebsräte-Netzwerke bereits länger bestehen – wie etwa das Netzwerk Armaturenindustrie Prenzlau – bieten sie Unterstützung: *sowohl im Fall einer einzelbetrieblichen wie zur fachlichen Problemlösung als auch zur solidarischen Begleitung der Betriebsratsarbeit.* In einer Krisensituation ist jedoch der einzelbetriebliche Handlungsdruck sehr groß, so daß die zusätzliche Energie, die in die Arbeit eines Betriebsräte-Netzwerks investiert werden muß, eine hohe Barriere darstellt. Selbst bei laufenden Netzwerken klinken sich Betriebsräte dann zeitweise aus, wenn betriebliche Krisensituationen gemeistert werden müssen, wie im Netzwerk Automobil-Zulieferer Zwickau geschehen.

Eines der wichtigsten Bindemittel von Betriebsräte-Netzwerken ist jedoch – neben anderen, ökonomischen Motiven oder der Krisenbetroffenheit – individuelle politische Motivation und Solidarität. Dies entspricht der politischen Begründungsnotwendigkeit von Betriebsräte-Netzwerken und auch der realen Situation von Betriebsräten: „Gemeinsam können wir – in definierten Bereichen – mehr erreichen als allein“ kann eher als Leitbild gelten denn „Wie erreiche ich den größtmöglichen individuellen Nutzen im Rahmen der Kooperation?“ Auch dies kann analytisch auf individuellen Nutzen reduziert werden, eine solche Argumentation bringt qualitativ und inhaltlich aber wenig. Insofern kann für Betriebsräte-Netzwerke geschlußfolgert werden, daß der ökonomisch begründete Kosten- und Risikoreduzierungsansatz zu kurz greift. Maßgeblich ist auch eine – nicht überhöhte – politische und aus der Funktion der Betriebsräte heraus definierte gesellschaftliche Verantwortung: für die Sicherung der Beschäftigung im eigenen Betrieb, für die Verbesserung der Arbeitsbedingungen der Beschäftigten, für die regionalwirtschaftliche Entwicklungsfähigkeit. Betriebsräte-Netzwerke bieten eine zusätzliche Chance, die Bedingungen für die Arbeit als Betriebsrat zu verbessern.

g) Branchenorientierte Betriebsräte-Netzwerke stehen zuweilen unter *einzelbetrieblichem Konkurrenzdruck.* Dieser Konkurrenzdruck spielt in der Anfangsphase eine besonders große Rolle. Nur, wenn sich eine vertrauensvolle Zusammenarbeit entwickeln kann, wird dieser Druck gemindert. Hinzu kommt die einzelbetriebliche Nutzenerwartung. Die einzelbetriebliche Konkurrenzsituation sollte zu Beginn der Netzwerkarbeit offen thematisiert werden. Anschließend müssen Themen gefunden werden, an denen trotz der Konkurrenz gemeinsam gearbeitet werden kann. Hierbei kann es sich um gemeinsame betriebliche Interessen wie die Verbesserung der Arbeitsorganisation, die Mitgestaltung eines Ausbildungsverbunds oder die Initiierung einer regionalen Unternehmensdatenbank handeln. Es kann jedoch auch darum gehen, gemeinsam daran zu arbeiten, einzelbetriebliche Diversifizierungspotentiale zu analysieren und umzusetzen. In letzterem Fall erlangt das Netzwerk eine gewisse Exklusivität (nur über das Netzwerk kann ein einzelbetrieblicher Nutzen erreicht werden, wie etwa beim Netzwerk Bahnzulieferer Bautzen), allerdings ist der Erfolgsdruck auch besonders hoch.

h) Eine der wichtigsten und nicht zu unterschätzenden Funktionen von Be triebsräte-Netzwerken ist der *Erfahrungsaustausch*. Erfahrungsaustausch bedeutet nicht „Jammern und Klappern", sondern methodisch begleitete Kommunikation und systematisierter Austausch von Informationen und Erfahrungen. Der konkrete Nutzen für die Betriebsräte ist Informationsgewinn, Partizipation an den Erfahrungen anderer und Vermeidung von Fehlern, Erhöhung der strategischen Kompetenz gegenüber der Geschäftsleitung. Erfahrungsaustausch beinhaltet die Chance zu lernen und insofern einen großen Vorteil. Aus diesem Grund ist Erfahrungsaustausch integraler Bestandteil aller von uns betreuten Betriebsräte-Netzwerke.

3. Typisierung von Netzwerken

Wenn man den Versuch unternimmt, die in der Diskussion befindlichen Betriebsratsnetzwerke zu typisieren, so kann man – ohne Anspruch auf Vollständigkeit – vier Typen unterscheiden. Diese werden im folgenden kurz skizziert, eine intensivere Analyse liegt bereits vor (vgl. Grundmann/Krippendorf/Pfäfflin 1998). Im Rahmen unserer Arbeit hat sich diese Typisierung als zutreffend herausgestellt.

Funktionsorientierte Netzwerke: Dabei handelt es sich um regional angesiedelte Betriebsrats-Netzwerke als Form zwischenbetrieblicher Vernetzung von Betriebsräten einer Branche, die kontinuierlich zu ausgewählten Fachthemen arbeiten. Beispiele sind die Netze „Gestaltung von Arbeit und Technik" in Oberbayern und Unterfranken, „Lean Production" in Mittelfranken, „Weiterbildung" im Raum Stuttgart und „Fertigungsreorganisation in der Metall- und Elektroindustrie Berlins".

Branchenbezogene Netzwerke: Sie können in Form von Branchenarbeitskreisen und -konferenzen, die in der Regel auch überregional angesiedelt sein können, Branchenstrategien erarbeiten, häufig in Form von Konferenzen tagen und zwischenbetriebliche Verflechtungen vor allem im Branchenbezug, auch in der Wertschöpfungskette, erfassen. Betriebsräte-Netzwerke dieses Typs können parallele Aktivitäten der Unternehmensseite begleiten oder anstoßen. Diesem Typ können die Netzwerke „Automobil-Zulieferindustrie Zwickau" und „Bahn-Zuliefererindustrie Bautzen" zugeordnet werden.

Strukturpolitische Netzwerke: Dies sind zwischenbetriebliche oder regionale Netzwerke von Betriebsräten unter (partieller) Beteiligung der Betriebsparteien sowie weiterer regionaler Akteure mit dem Ziel, Produktion und Arbeitsplätze durch gemeinsame Anstrengungen zur Entwicklung industrieller Kerne in einer Region zu erhalten oder zu schaffen. Diesem Typ kann das Netzwerk „Armaturenindustrie Prenzlau“ zugeordnet werden. Im Raum Prenzlau wird versucht, Prozesse der Standortsicherung an der Schnittstelle von Betrieb und Region über das Betriebsräte-Netzwerk zu initiieren.

Ergänzend sollen *Informationsnetzwerke* genannt werden: Hierbei handelt es sich um angebotsorientierte Netze (z.B. das Soli Net der Hans-Böckler-Stiftung oder das virtuelle Vernetzungsangebot der IG Metall im Internet „Trans-Netz“) mit dem Ziel, den Informations- und Materialaustausch zwischen Betriebsräten, Gewerkschaftern, Wissenschaftlern und Beratern zu fördern. Sie sind technisch basiert: Eine Steuerungsstelle stellt Hard- und Software und einen definierten Pflegeaufwand bereit. Die Kommunikation im Netz läuft meistens zwischen Spezialisten (auch aus Betriebsräten), die an einem ähnlichen Thema arbeiten, aber räumlich getrennt sind. Die Akteure sind bereits motiviert, haben einen definierten Arbeitsgegenstand und können die zu erwartenden Ergebnisse übersehen.

Diese Netzwerktypen können analytisch voneinander unterschieden werden. In der Praxis der Netzwerkgestaltung haben sich betriebs- und regionsbezogene Mischformen herausgebildet.

Es ist jedoch wichtig, die beabsichtigte Funktion eines Netzwerk zu berücksichtigen, da sie unterschiedliche Zielorientierungen verfolgen und nicht mit Themen überfrachtet werden sollten, die zu weit von der jeweiligen Zielorientierung entfernt sind. So ist es bspw. ein Wechsel in der Zielorientierung, aus einem branchenbezogenen Netzwerk heraus strukturpolitische Initiativen zu entfalten. Dieser Wechsel muß sorgfältig vorbereitet und als Wechsel oder Erweiterung des Netzwerkziels und seiner Funktion diskutiert werden. In diesem Fall wäre zu überlegen, nicht das Netzwerk um strukturpolitische Aktivitäten zu erweitern, sondern es in Aktivitäten von dritter Seite als Partner und Akteure einzubeziehen. Dies geschieht bei den Betriebsräte-Netzwerken Automobil-Zulieferindustrie Zwickau und Bahn-Zulieferindustrie Bautzen durch Initiativen der Stiftung Innovation und Arbeit Sachsen.

4. Verlauf und Phasen der Arbeit von Betriebsräte-Netzwerken in den neuen Bundesländern

Die theoretischen Ausführungen haben verdeutlicht, daß regionale und betriebliche Netzwerke dann entstehen und sich entwickeln, wenn sie auf Bedarf bei den realen Akteuren in den Betrieben und Regionen treffen und wenn dieser Bedarf politisch erkannt und externe Unterstützung zur Verfügung gestellt wird. Es wird davon ausgegangen, daß Kooperation die Entdeckung und Entwicklung verborgener betrieblicher und regionaler Potentiale fördert und damit zu einer Verbesserung der regionalwirtschaftlichen Entwicklungsfähigkeit führt. Zu Vernetzung wurden zunehmend politische Initiativen (etwa Stiftung Innovation und Arbeit Sachsen oder Aktionsprogramm des Landes Brandenburg) gestartet.

Aus arbeitsorientierter Sicht ist es in diesem Zusammenhang das Ziel, Beschäftigung zu sichern und auszubauen, den Bestand der industriellen Standorte abzusichern und ihre Entwicklung zu unterstützen. Hierfür ist es notwendig, die Mitbestimmungsmöglichkeiten der betrieblichen und überbetrieblichen Interessenvertretung zu verbessern, da sie wichtige, initiierende Akteure darstellen. Wenn strukturpolitische Initiativen von öffentlichen Akteuren eingeleitet werden, bleiben betriebliche und überbetriebliche Interessenvertretung als Akteure bislang jedoch meist unberücksichtigt. Dabei werden die Potentiale und Kompetenzen, die Ideen und Gestaltungskräfte der Interessenvertretung zur Initiierung arbeitsorientierter betriebs-, branchen- und strukturpolitischer Maßnahmen häufig nicht genutzt. Im Unterschied zur Kooperation von Unternehmen (etwa im Rahmen einer Wertschöpfungskette) liegt bei der betrieblichen Interessenvertretung ein Vernetzungsdefizit vor. Wenn Unternehmen bspw. in der Wertschöpfungskette Automobilbau zusammenarbeiten, gilt dies in den wenigsten Fällen für die betriebliche Interessenvertretung.

Angesichts der Massenarbeitslosigkeit in den neuen Bundesländern und der vorherrschenden KMU-Strukturen sollten diese Potentiale nicht brachliegen, sondern in die politischen und wirtschaftlichen Gestaltungsprozesse mit eingebracht werden. Im Rahmen des Projekts wurden auf der Basis vorliegender Erfahrungen (vgl. Krippendorf/Grundmann/Pfäfflin 1998) Betriebsräte-Netzwerke in ihrer Arbeit begleitet.

Betriebsräte-Netzwerke sind ein neues, ergänzendes Instrument arbeitsorientierter Politik. Sie stellen einen überbetrieblichen, projektmäßig organisierten und zielorientierten und verbindlichen Arbeitszusammenhang betrieblicher Interessenvertretung dar und grenzen sich deutlich von herkömmlichen Formen überbetrieblicher Zusammenarbeit, etwa thematischen Arbeitsgruppen, ab. Ziel ist es, über die konsequentere Wahrnemung betrieblicher und überbetrieblicher Mitbestimmung zur Entwicklung und Umsetzung arbeitsorientierter Intiativen zur Betriebs- und Standortentwicklung beizutragen. Hierbei werden betriebs-, branchen- und strukturpolitische Fragestellungen miteinander in Beziehung gesetzt. Insofern sind Betriebsräte-Netzwerke Instrumente im Rahmen einer integrierten Standortentwicklungspolitik.

Betriebsräte-Netzwerke bestehen in dieser Form erst seit kurzer Zeit. Bedingungen und Verlaufsformen ihrer Arbeit sind noch nicht hinreichend untersucht worden. Daher sollen im folgenden auf der Basis unserer Erfahrungen sowohl der Verlauf wie die Phasen der Arbeit in Betriebsräte-Netzwerken diskutiert werden.

Betriebsräte-Netzwerke sind keine Selbstläufer:

- Sie benötigen in der Anfangsphase eine kontinuierliche, fachlich und methodisch orientierte externe Begleitung,
- im Anschluß daran, wenn sich der Arbeitszusammenhang des Netzwerks stabilisiert hat, die bedarfsweise Unterstützung von externen Sachverständigen und
- über die gesamte Laufzeit hinweg die organisatorische Unterstützung durch die zuständige Einzelgewerkschaft.

Auf lange Sicht ist es notwendig, daß Betriebsräte-Netzwerke eine ihrer jeweiligen Situation angemessene Form der Selbstorganisation finden. Selbstorganisation bedeutet allerdings nicht, daß die Betriebsräte „alles selbst organisieren" müßten. Selbstorganisation ist die Fähigkeit, einen Arbeitszusammenhang aus sich selbst heraus arbeitsfähig zu halten. Daher ist essentiell, die notwendige Unterstützung für die eigenständige Weiterarbeit eines Betriebsräte-Netzwerks organisieren zu können. Selbstorganisierte überbetriebliche Aktivität von Betriebsräten ist angewiesen auf organisatorische, fachliche und methodische sowie finanzielle Unterstützung. Diese ist – nicht zuletzt aufgrund der KMU-Strukturen und der geringen Freistellungsrate der Betriebsräte – nur in wenigen Fällen aus den Reihen der betrieblichen Interessenvertretung selbst rekrutierbar.

Eine zentrale Rolle spielt hierbei die zuständige Einzelgewerkschaft als überbetriebliche Interessenvertretung. Sie bringt Themen und Strategien in den Diskussionsprozeß ein, die den betrieblichen Einzelproblemen übergeordnet sind und stellt organisatorische und fachliche Unterstützung zur Verfügung. Externe Sachverständige haben – gerade in der Anfangsphase eines Betriebsräte-Netzwerks – die Funktion, den Arbeitsprozeß zu moderieren, methodisch anzuleiten, fachlichen Input zu liefern und bei Bedarf zusätzliche externe Unterstützung zu organisieren.

In späteren Phasen sollte die externe Unterstützung verringert und Sachverstand fallweise und problembezogen einbezogen werden (etwa um aktuelle Branchenentwicklungen zu erläutern, betriebsspezifische oder überbetrieblich bedeutsame Entwicklungen – bspw. zu Arbeitszeitmodellen – zu bearbeiten, Qualifizierung zu bieten, Unterstützung bei betrieblichen Krisen bereitzustellen).

Die Dauer der „Anfangsphase" kann nicht quantitativ gemessen, sondern nur qualitativ ausgedrückt werden als die Phase, an deren Ende die Stabilisierung des Arbeitszusammenhangs eines Betriebsräte Netzwerks steht. Das Erreichen eines „stabilen" Arbeitszusammenhangs bedeutet, daß das Netzwerk inhaltlich zielorientiert arbeitet, von den teilnehmenden Betrieben her eine verbindliche, kontinuierliche und vertrauensvolle Zusammenarbeit gewährleistet ist und die Fluktuation von Personen oder Betrieben den Arbeitszusammenhang nicht gefährdet. Gleichwohl ist es möglich – und auch sinnvoll –, daß in der Netzwerk- Arbeit „Pausen" eingelegt werden: um im Rahmen der betrieblichen Interessenvertretung wieder stärker auf einzelbetriebliche Belange eingehen zu können, um die bisherige Arbeit zu reflektieren, um sich auf eine neue Zielstellung vorzubereiten.

Unsere Erfahrungen in der Arbeit mit Betriebsräte-Netzwerken zeigen, daß eine Reihe von Phasen analytisch unterschieden werden können, wenngleich diese im praktischen Prozeß nicht in jedem Fall trennscharf sind und zeitlich und inhaltlich ineinander übergehen können. Dennoch scheint uns eine Phaseneinteilung sinnvoll, um zum einen zu verdeutlichen, welche notwendigen Bedingungen für die Gründung und Arbeit von Betriebsräte-Netzwerken gelten, und zum zweiten den Verlauf der Netzwerk-Arbeit typisierend zu dokumentieren, um künftige Netzwerk-Aktivitäten zu erleichtern.

Übersicht 1: Phasen der Arbeit von Betriebsräte-Netzwerken

---

1. Projektierungs-/Konzeptionsphase

- Problemanalyse, Skizzierung von Lösungsstrategien
- arbeitsorientierte Leitgedanken entwickeln und formulieren
- Abstimmung mit zuständiger Einzelgewerkschaft als überbetrieblicher Interessenvertretung (Ziele, Verortung des Netzwerks in regionalen/örtlichen Strukturen/Besonderheiten, Organisation, etc.)
- Suche nach Partnern/Verbündeten
- Projektierung
- Akquisition finanzieller Mittel

2. Initiierungsphase

- Gespräche mit Betriebsräten
- systematische Motivation und Überzeugungsarbeit
- politische Schwerpunktsetzung auf Betriebsräte-Netzwerke, breite Bekanntgabe und Diskussion, z.B. auf Vertreterversammlung

3. Erstes Treffen: Erwartungsphase

- erster Erfahrungsaustausch
- Neugier
- Erwartungen an externe Begleitung: Lösungen liefern
- Skepsis, abwartende Grundhaltung, man weiß vor allem, was nicht geht: Zusammenhang erläutern; gewerkschaftspolitische Zielsetzung diskutieren; Unterstützungsangebote machen; Freiwilligkeit unterstreichen; Überzeugungsarbeit; Informationsinput/Branchenanalyse

4. Akzeptanzphase

- mehr Selbstbewußtsein durch Erkennen gemeinsamer Problemlagen
- Gefühl des Alleinseins und der Machtlosigkeit verringert sich
- Handlungsbedarfe werden erahnt, „Verbote“ in Frage gestellt: Erfahrungsaustausch über betriebliche Situation; mögliche Ziele gemeinsamer Arbeit; sich Kennenlernen, als Gruppe wahrnehmen; erste gemeinsame Unterstützungsangebote; Informationsinput/Arbeitgeberstrategien
- Auftreten erster Zweifel, Überlastung durch einzelbetriebliche Probleme – dies erfordert Unterstützung/Sensibilität durch Netzwerk und Begleitinstitution

5. *Orientierungsphase*

- gemeinsame intensivere Analyse der einzelbetriebliche Situation
- systematischerer Erfahrungsaustausch
- Beginn der Auseinandersetzung mit Arbeitgeberstrategien
- Stärken-Schwächen-Analyse für Betriebe und Region

6. *Konkretisierungsphase I*

- Erkennen der systematischen Gemeinsamkeiten und Unterschiede zwischen den Betrieben
- Systematisieren und Ableiten von konkreten betrieblichen und regionalen Handlungsmöglichkeiten
- Erarbeitung erster konkreter Forderungen/Handlungsvorschläge
- Auseinandersetzung mit Arbeitgebern und regionalen Akteuren über die erarbeiteten Handlungsvorschläge
- Beginn einer gemeinsamen Öffentlichkeitsarbeit

7. *Reflexionsphase I*

- Auswertung der Auseinandersetzung mit Arbeitgebern und regionalen Akteuren
- Bewertung der Handlungsvorschläge vor dem Hintergrund ihrer Durch- und Umsetzbarkeit
- Hierarchisierung der Handlungsvorschläge
- Ausloten von Unterstützungsmöglichkeiten in den Betrieben und der Region sowie darüber hinaus (Land, Bund, EU, Gewerkschaftsorganisation)

8. *Konkretisierungsphase II*

- Auswahl und Konzipierung erster konkreter betriebs- und regionsbezogener Projekte auf Basis der vorhergehenden Analyse
- Suche nach Finanzierungsmöglichkeiten
- Gespräche mit betriebliche und regionalen Akteuren zur Umsetzung

9. *Reflexionsphase II*

- Aus- und Bewertung der Gespräche
- weitere Konkretisierung und ggf. Anpassung der Projektkonzepte
- Vorbereitung der Umsetzung

10. *Umsetzungsphase*

- Verhandlungen zur Umsetzung des Projekts
- Organisation von Unterstützungsstrukturen in Betrieb und Region
- Federführung bei der Projektumsetzung behalten, fachliche Einzelverantwortung delegieren
- Begleitung und Kontrolle der Ergebnisse im Sinne der eigenen arbeitsorientierten Intention

11. *Reflexionsphase III*

- Besinnung, Pause
- Prozeßanalyse
- Freude über Erfolg, Suche nach weiterer Verbesserung, Analyse von Defiziten beim Projektverlauf
- Entscheidung über die weitere Arbeit

Die Vorbereitung von Betriebsräte-Netzwerken muß sorgfältig durchgeführt werden, da in der Vorbereitungs- und Initiierungsphase die Erfolgswahrscheinlichkeiten eines Netzwerks festgelegt werden. Die Ziele des Netzwerks müssen bereits im Vorfeld

- inhaltlich und strategisch vorbereitet,
- mit den Beteiligten priorisiert,
- gegebenenfalls aktualisiert und weiterentwickelt werden.

Die intensive Vorbereitung und Initiierung eines Betriebsräte-Netzwerks erweist sich auch deshalb als notwendig, weil projektorientierte, überbetriebliche Arbeitsformen für die betrieblichen Interessenvertreter häufig ungewohnt sind. Es gilt, die doppelte Hürde der Arbeitsform und der gemeinsam bearbeitbaren Inhalte zu überwinden. Zu Beginn wird zumeist Skepsis über die Erfolgswahrscheinlichkeit dieser neuen Arbeitsform geäußert, Ohnmachtsgefühle dominieren, die Haltung ist eher abwartend und seminaristisch orientiert. Aus dem in der vorbereitenden Diskussion erarbeiteten übergeordneten thematischen und strategischen Zusammenhang ist gemeinsam eine Zielstellung herauszuarbeiten, die einer gemeinschaftlichen Arbeit zugänglich ist. Sehr wichtig ist es, die marktbedingten betrieblichen Konkurrenzen zu beachten, die sich direkt auf die Arbeit der betrieblichen Interessenvertreter auswirkt.

Das Engagement in einem Betriebsräte-Netzwerk unterliegt dem Zusätzlichkeitsfaktor: Die Arbeit im Betriebsräte-Netzwerk erfolgt zusätzlich zur Arbeit im Betriebsrats-Gremium. Sie unterliegt daher einem besonderen Erfolgskriterium: Die Netzwerk-Arbeit *muß* einzelbetriebliche Vorteile erbringen, sonst wird sie von den jeweiligen Betriebsräten nicht weiter unterstützt. Ein Hilfsmittel ist die Gegenüberstellung von Aufwand und Nutzen, wie im folgenden Schaubild am Beispiel unseres Projekts dargestellt (vgl. Übersicht 2).

Die einzelbetrieblichen Vorteile können sehr unterschiedlich sein, bspw. Verbesserung der Arbeit der betrieblichen Interessenvertretung durch fachlichen Input etwa in Fragen der Arbeitsorganisation oder des Arbeitsrechts, Steigerung des Ansehens der betrieblichen Interessenvertretung im Betriebs, Erhöhung des Auseinandersetzungsfähigkeit der Interessenvertretung mit der Geschäftsleitung etc.

Übersicht 2: Nutzen und Aufwand von Netzwerk-Arbeit

Vorteile/Nutzen	*Aufwand/Zeit*
– zwischenbetriebliche Zusammenarbeit, Erfahrungs- und Informationsaustausch von Betriebsräten einer Branche bzw. gemeinsamer Problemlage – gemeinsame Erarbeitung von Handlungs- und Umsetzungsmöglichkeiten für die Lösung konkreter betrieblicher Probleme – Erhöhung der Handlungskompetenzen der Betriebsräte und Qualifizierung – vorbeugende Erarbeitung von Problemlösungsstrategien – Weiterentwicklung der Zusammenarbeit zwischen betrieblicher und überbetrieblicher Interessenvertretung – überregionaler Erfahrungsaustausch – Verbindung von arbeitsorientierter Betriebs-, Struktur- und Bildungspolitik – Unterstützung durch externe Begleitung (projektorientierte, praxisnahe Begleitung und Beratung, Informationstransfer, Einbezug regionaler Akteure)	– 5 Arbeitsgruppensitzungen – 1 zweitägiges Seminar – 2 Workshops überregionaler Erfahrungsaustausch

5. Erfahrungen und Schlußfolgerungen aus der Arbeit mit Betriebsräte-Netzwerken in den neuen Bundesländern

5.1 Chancen der Arbeit von Betriebsräte-Netzwerken

In den theoretischen Ausführungen wurde festgestellt, daß Betriebsräte-Netzwerke für die betriebliche und überbetriebliche Interessenvertretung vier Funktionen erfüllen:

- Risikominimierung,
- Reduzierung der Transaktionskosten,
- Verbesserung der Kommunikations- und Informationsdichte,
- Instrument im Rahmen einer integrierten Standortpolitik.

Diese vier Funktionen stellen strategische Vorteile für die Arbeit der betrieblichen und überbetrieblichen Interessenvertretung dar. Lassen sich die theoretischen Ableitungen bestätigen, lassen sich diese strategischen Vorteile auch praktisch umsetzen? Unsere Erfahrungen aus der Begleitung der Betriebsräte-Netzwerke lassen zwei Thesen zu:

- die Arbeit der betrieblichen und überbetrieblichen Interessenvertretung hat an Qualität gewonnen, die Netzwerkaktivitäten bedeuten einen echten Nutzen,
- arbeitsorientierte Positionen in betriebs-, branchen- und strukturpolitischen Zusammenhängen konnten gestärkt, die Mitbestimmung erweitert und konsequenter wahrgenommen werden.

Die Thesen sollen nun erstens hinsichtlich der Veränderungen in der Arbeit und zweitens hinsichtlich der Veränderungen des Verhältnisses von betrieblicher und überbetrieblicher Mitbestimmung überprüft werden.

5.1.1 Verbesserung der Arbeit der betrieblichen und überbetrieblichen Interessenvertretung

Generelle Erfahrungen

- Einzelbetriebliche Problembereiche werden einer gemeinsamen Bearbeitung durch das Netzwerk zugänglich gemacht. Dabei wächst die Erkenntnis, daß die Betriebsräte in vielen Bereichen vergleichbaren Problemstellungen gegenüberstehen, etwa Schichtmodelle, Arbeitszeitmodelle, Ausgliederung, Entlohnungsfragen, Fertigungsorganisation, Liquiditätsprobleme etc. Hieraus entwickelt sich ein Gefühl gemeinsamer Betroffenheit und (partiell) gemeinsamer Interessen. Die „Einsamkeit des Langstreckenläufers", also die je individuelle einzelbetriebliche Problembearbeitung, öffnet sich zugunsten der gemeinsamen Problemlösungssuche sowohl für betriebsübergreifende wie einzelbetriebliche Fragestellungen. Damit ist eine Erhöhung der Qualität der Interessenvertretungsarbeit erreicht worden.
- Die Solidarität der an den Netzwerken beteiligten Betriebsräte ist aufgrund der Erfahrung, Probleme gemeinsam diskutieren und problemlösungsorientierte Veränderungsvorschläge erarbeiten und umsetzen zu können, gestiegen („Gemeinsam sind wir stärker"). Dabei haben sich Vertrauen, Solidarität und emotionale Unterstützung in den Netzwerken entwickelt, z.B. bei Erpressung eines Betriebsrats durch die Geschäftsleitung.
- Der systematische Erfahrungs- und Informationsaustausch im Rahmen der Netzwerkarbeit vergrößert die Handlungs- und Problemlösungsfähigkeit der betrieblichen und überbetrieblichen Interessenvertretung. So können etwa im Rahmen von Verhandlungen zu einer Betriebsvereinbarung zu einem anderen Arbeitszeitsystem die Erfahrungen in anderen Betrieben genutzt und arbeitsorientierte Positionen besser durchgesetzt werden.
- Die Arbeit der betrieblichen Interessenvertretung ist zielorientierter geworden und verwendet zunehmend Elemente der Projektarbeit.
- Die Arbeit der Betriebsräte-Netzwerke eröffnet einen Zugang zu regionalen Akteuren und damit eine Erweiterung des Handlungsspektrums von

betrieblicher und überbetrieblicher Interessenvertretung hinsichtlich der Verknüpfung betriebs- und strukturpolitischer Fragestellungen. Hinzu kommt die wichtige Erfahrung, auch außerhalb des Einzelbetriebs Bedingungen verändern zu können, die sich wiederum positiv auf die Entwicklung der Betriebe auswirken.

- Nur dann, wenn die Netzwerkarbeit auch konkrete Verbesserungen für die jeweilige Betriebsratsarbeit und für den jeweiligen Betrieb bewirkt, engagieren sich Betriebsräte längerfristig im Netzwerk.

Qualifizierung

- Die Betriebsräte stellen fest, daß für die Lösung betrieblicher Probleme im Sinne der Beschäftigungs- und Standortsicherung die Aneignung von Wissen notwendig ist. Die gezielte Beteiligung der Betriebsräte an Bildungsveranstaltungen hat zugenommen, das Qualifikationsniveau steigt.
- Für viele Betriebsräte ist die zielorientierte Qualifizierung in bezug auf die Lösung konkreter betrieblicher Problemlagen, die im Rahmen der Netzwerkarbeit erfolgt, eine neue Erfahrung.
- Im Rahmen der Arbeit von Betriebsräte-Netzwerken können aktuelle betriebliche Fragestellungen und Qualifizierungsbedarfe rasch bearbeitet werden.

Formulierung und Umsetzung arbeitsorientierter Positionen der betrieblichen Interessenvertretung

- Eigene Konzepte der betrieblichen Interessenvertetung zu Verbesserungen im Betrieb und in der zwischenbetrieblichen Kooperation werden gemeinsam erarbeitet, orientiert an den Interessen der Belegschaft und auf dem Stand der wissenschaftlichen Diskussion. Kurzfristigen unternehmerischen Standortinteressen wurde eine mittelfristige strategische Orientierung auf integrierte Standortentwicklung entgegengesetzt.
- Diese Konzepte werden mit Arbeitgebern und regionalen Akteuren verhandelt. Die Chance für einen intensivierten Dialog mit Arbeitgebern und regionalen Akteuren ergibt sich vor allem dann, wenn im Netzwerk konkrete Projekte „mit Hand und Fuß“ entwickelt werden. Erfolgserlebnisse motivieren zur Weiterarbeit im Netzwerk und bestätigen, daß Betriebsräte wichtige Veränderungen durchsetzen können.
- Betriebsräte-Netzwerke können sich zu einem Machtfaktor in Bezug auf Verhandlungen mit den Geschäftsleitungen und regionalen Akteuren entwickeln. Diese nehmen die Kooperation der Betriebsräte sehr genau wahr. Die überbetriebliche Vernetzung der Betriebsräte gerade von KMU wird als ein neues Machtpotential auf Seiten der Beschäftigten wahrgenommen. Die in den Netzwerken erarbeiteten Positionen und Initiativen werden ernst

genommen und sind für die Betriebsräte von strategischem Vorteil. Diese Wirkung erhöht sich, wenn es gelingt, regionale Leitbetriebe zu integrieren.

Einfluß auf arbeitsorientierte Betriebs- und Strukturpolitik

- Unsere Erfahrungen zeigen, daß Betriebsräte-Netzwerke betrieblich und strukturpolitisch initiativ werden und eine neue Qualität als betrieblicher und regionaler Akteur erreichen können.
- Der Betriebszugang der überbetrieblichen Interessenvertretung hat sich verbessert.
- Betriebs- und strukturpolitische Kompetenz der überbetrieblichen Interessenvertretung sowie des Betriebsräte-Netzwerks werden von anderen betrieblichen und regionalen Akteuren anerkannt.
- Die Möglichkeiten des in einigen kleinen und mittleren Unternehmen real bestehenden Co-Managements durch Betriebsräte verbessern sich (qualifizierter, systematischer).
- Die Arbeit von Betriebsräten wird im Betrieb stärker anerkannt, dadurch die Demokratisierung im Betrieb gestärkt.
- Eine wichtige Anforderung ist das „Marketing" der Aktivitäten und Erfolge von Betriebsräte-Netzwerken. Dies gilt sowohl hinsichtlich der überbetrieblichen Interessenvertretung als auch im Rahmen der betrieblichen Öffentlichkeitsarbeit. Die Herausgabe der „Netz-News" ist in diesem Sinne ein wichtiges Marketinginstrument. Gleiches gilt für die Zusammenarbeit mit der örtlichen Presse.

Betriebsräte-Netzwerke: eine neue Qualität arbeitsorientierter Betriebspolitik?

Diese Frage ist kontrovers, insbesondere geht es um mögliche Unterschiede zwischen Netzwerk und Arbeitskreis. Folgende Punkte können aufgrund der bisherigen Erfahrungen als charakteristisch für Betriebsrats-Netzwerke gelten:

- Verbindung von betrieblicher Praxis, wissenschaftlicher Diskussion und neuer Arbeitstechniken;
- generelle Zielstellung: konsequentere Wahrnehmung betrieblicher und überbetrieblicher Mitbestimmung zur Umsetzung arbeitsorientierter Intiativen und zur Betriebs- und Standortentwicklung;
- verbindliche, überbetriebliche Kooperation mit projektorientierter Herangehensweise an betriebliche und betriebsübergreifende Problemlösungen, gemeinsame Erarbeitung von Zielstellung, Verfahrensweise, Meilensteinen und Zeitablauf;
- Verknüpfung betriebs-, branchen- und strukturpolitischer Fragestellungen;
- Orientierung auf die Stärkung zwischenbetrieblicher Kooperation und der Bildung von betrieblichen Verbünden entlang der Wertschöpfungskette;

- Entwicklung neuer Arbeitsformen für die Betriebsratsarbeit (z.B. überbetriebliche gemeinsame Betriebsratssitzungen) als Reaktion auf veränderte Anforderungen;
- Verwaltungsstellen der IG Metall als Infopool und Koordinator;
- bessere Verankerung arbeitsorientierter Positionen in Betriebsräten und Belegschaft.

5.1.2 Veränderung des Verhältnisses und der gegenseitigen Erwartungen von betrieblicher und überbetrieblicher Interessenvertretung

An Betriebsräte-Netzwerke wird von der zuständigen Einzelgewerkschaft als überbetrieblicher Interessenvertretung auch die Erwartung gestellt, bestimmte Aufgaben stärker selbständig übernehmen und die eigene Arbeit in gewissem Ausmaß entlasten zu können. Gleichzeitig führt der Prozeß des Netzwerkentwicklung dazu, daß die Akteure sowohl der betrieblichen wie der überbetrieblichen Mitbestimmung ihr Rollenverständnis und ihr Verhältnis zueinander überprüfen.

Erwartungen an Rolle und Funktion von Betriebsrats-Netzwerken

- Betriebsräte-Netzwerke haben eine Frühwarnfunktion: die Reaktionszeiten der betrieblichen und überbetrieblichen Interessenvertretung verlängern sich, da Probleme und Krisen rechtzeitiger erkannt und Handlungsmöglichkeiten entwickelt werden können.
- Erhöhung der Qualität, Effektivität und Breite der Arbeit der überbetrieblichen Interessenvertretung.
- Für die Gewerkschaft ist es wichtig, größere Nähe zu betrieblichen Problemen und einen besseren Informationsfluß mit Betriebsräten herzustellen.

Betreuung von Betriebsrats-Netzwerken

Die Bildung von Betriebsrats-Netzwerken führt nicht unmittelbar zu einer Entlastung der überbetrieblichen Interessenvertretung, sondern, zumindest in der ersten Phase, eher zu einem höherem Betreuungsaufwand. Auch bereits länger existierende Netzwerke benötigen externe Unterstützung, sowohl fachlich wie politisch:

- Die gewerkschaftliche Unterstützung wird von den Betriebsräten nachgefragt.
- Die Betreuung ist notwendig für die Arbeit der Betriebsräte-Netzwerke, sowohl hinsichtlich der Leitbildentwicklung als auch der Qualität der Arbeit.
- Die Betreuung eines Betriebsräte-Netzwerks ist eine deutliche Mehrbelastung für gewerkschaftliche Akteure, insbesondere in der Anfangsphase,

dies kann zu Überlastungstendenzen führen. Auch für die an Netzwerken beteiligten Betriebsräte bedeutet ihr Engagement zusätzlichen Zeit- und Arbeitsaufwand.

- Der betriebliche Betreuungsaufwand der Gewerkschaft wird durch Betriebsräte-Netzwerke nicht verringert. Es können aber erstens Schwerpunktverlagerungen stattfinden mit der Folge einer breiteren betrieblichen Betreuung, und zweitens eine stärkere Konzentration auf Betriebe mit hohem Betreuungsaufwand. Zudem kann erwartet werden, daß die höhere Nachfrage der Betriebsräte nach Qualifizierung längerfristig zu einer Entlastung der Hauptamtlichen führt.
- Externe Zuarbeit, die Begleitung und Moderation der Arbeit von Netzwerken, ist notwendig. Aufbau und Begleitung von Betriebsräte-Netzwerken kann als „Hilfe zur Selbsthilfe" bezeichnet werden. Es besteht gewerkschaftsseitig die Erwartung, daß Teile der Betriebsbetreuung stärker in Betriebsräte-Netzwerke verlagert werden können, so daß die Betriebsräte sich bei einzelbetrieblichen Problemen gegenseitig stärker unterstützen können, als dies ohne die Form des Netzwerks der Fall wäre. Betriebsräte-Netzwerke spielen also eine strategische Rolle bei der Bildung neuer Strukturen für die Problembearbeitung in den Betrieben und in überbetrieblichen Zusammenhängen.

Deutlich wird, daß mit der Etablierung von Betriebsräte-Netzwerken seitens der überbetrieblichen Interessenvertretung die Erwartung an ein gewisses Ausmaß selbsttragender Strukturen verbunden ist. Betriebsräte-Netzwerke ermöglichen auf längere Sicht eine Entlastung und veränderte Gestaltung der Schwerpunkte der Betreuungsarbeit der überbetrieblichen Interessenvertretung, betriebs- und strukturpolitische Aufgabenstellungen können zielgerichteter angegangen werden. Zudem erhöhen sich die Selbständigkeit der Betriebsräte und ihre Funktion als Multiplikatoren. Allerdings ist die Vorstellung, daß Netzwerke völlig selbständig agieren, eine Illusion und wäre auch vor dem Hintergrund arbeitsorientierter Betriebs- und Strukturpolitik nicht wünschenswert. Sinnvoll ist es daher, im Verlaufe der Netzwerkarbeit erstens das Verhältnis von betrieblicher und überbetrieblicher Interessenvertretung zu thematisieren und weiter zu stabilisieren und zweitens die Selbstorganisationsfähigkeit des Netzwerks zu erhöhen und es in die Lage zu versetzen, sich bei Bedarf externe Unterstützung zu organisieren.

Veränderungen im Rollenverständnis von betrieblicher und überbetrieblicher Interessenvertretung

Die zuständige Einzelgewerkschaft als überbetriebliche Interessenvertretung vor Ort

- ist in der Arbeit mit Betriebsräte-Netzwerken organisatorisch, inhaltlich und politisch stärker gefordert: Betriebsräte-Netzwerke erfordern zusätzliches Engagement,
- wirkt stärker koordinierend, verändert also ihre traditionelle Arbeitsweise,
- wächst in eine neue Rolle: sie steht (auch aufgrund der externen Begleitung) nicht mehr vor der hohen Anforderung, „allwissend" sein zu müssen, sondern kann stärker die Prozeßbegleitung zu ihrer Aufgabe machen; dies wirkt einerseits entlastend, ist jedoch gleichzeitig ein Qualifizierungserfordernis,
- kann die Rolle als überbetriebliche Interessenvertretung ausbauen und die Betriebsräte in Verhandlungen mit betrieblichen und regionalen Akteuren zusätzlich stärken,

Die betriebliche Interessenvertretung

- zeigt ein gestiegenes Selbstbewußtsein gegenüber der Gewerkschaft,
- Betriebsrats-Interessen werden deutlicher formuliert,
- einzelbetriebliche Frage- und Problemstellungen werden zunehmend in einen branchen- und strukturpolitischen Zusammenhang gestellt und führen oft zu einer Neubewertung der einzelbetrieblichen Sichtweise (Blick über den einzelbetrieblichen Tellerrand)
- Betriebsräte geben sich, neben dem notwendigen Erfahrungsaustausch, gegenseitige Hilfestellung bei der Lösung einzelbetrieblicher Probleme.

5.2 Hemmnisse für die Arbeit von Betriebsräte-Netzwerken

Hemmnisse und Probleme sind im theoretischen Abschnitt insbesondere in der Bereichen Qualitätsminderung, zu hohe Kosten der Netzwerkarbeit, Vertrauensmißbrauch oder zu hohe Koordinierungskosten genannt. Übertragen auf Betriebsräte-Netzwerke bedeutet dies bspw. daß die Qualität der Betriebsratsarbeit leiden kann, daß zwischenbetriebliche Konkurrenzen wirken, daß der Organisations- und Koordinationsaufwand für ein Netzwerk nicht den erwarteten Arbeitsergebnissen entspricht. Aufgrund unserer Erfahrungen können generell folgende Punkte genannt werden:

- Einige wenige Engagierte arbeiten in zahlreichen Zusammenhängen mit (tendenzielle Überforderung Einzelner),
- Schichtarbeit stellt eine hohe Belastung für nicht freigestellte Betriebsräte dar, Entlastung ist notwendig,
- betriebs-, branchen- und strukturpolitische Fragestellungen werden von der betrieblichen Interessenvertretung in der Regel nicht verknüpft, es dominieren einzelbetriebsbezogene Sichtweisen und Handlungsstrategien, so daß hier zusätzlicher Argumentationsaufwand auftritt,

- Mobilisierungsdilemma: Schere zwischen Tagesgeschäft (einzelbetriebliche Probleme) und längerfristiger Orientierung (überbetriebliche und strukturpolitische Aktivitäten zur Standort- und Beschäftigungssicherung): kurzfristige Problemwahrnehmung im Betrieb, Alltagsprobleme stehen im Vordergrund, aber auch: Erfolge des Netzwerks werden anerkannt (z.B. durch Presseberichterstattung, Akzeptanz durch Arbeitgeber)
- Konkurrenz der Betriebsräte im Netzwerk untereinander aufgrund der Konkurrenzsituation der Betriebe: hier ist Offenheit und die Erarbeitung einer gemeinsamen Strategie, d.h. das Suchen nach gemeinsamen Lösungs- und Handlungsansätzen notwendig.

Anforderungen an die Netzwerkarbeit, um Hemmnisse zu verringern

- Informationsfluß im Betriebsrat verbessern,
- tendenzielle Überforderung der Betriebsräte durch Netzwerkaktivitäten vermeiden,
- je konkreter die Aktivitäten im Netzwerk desto überzeugender ist der Ansatz, die Lösung überbetrieblicher, strukturpolitischer und betrieblicher Problemlagen zu verbinden,
- arbeitsorientierte Betriebs- und Strukturpolitik stärker miteinander verknüpfen.
- die Verknüpfung betrieblicher und regionaler Problemlösungsansätze erfordert dauerhafte Überzeugungsarbeit: echte Motivation entsteht oft erst mit dem Aufbau des Netzwerks,
- Aktivitäten und Erfolge der Betriebsrats-Netzwerke besser „vermarkten“ und politisch verorten, insbesondere hinsichtlich materieller, prozessuraler und politischer Zielstellungen
- „Netzwerkkultur“ in der betrieblichen und überbetrieblichen Interessenvertretung herstellen, insbesondere Sensibilisierung, kontinuierliche Diskussion, für welche Bereiche eine vernetzte Vorgehensweise die Umsetzungschancen verbessert, Darstellung von Beispielen

5.3 Chancen und Hemmnisse von Betriebsräte-Netzwerken

Hinsichtlich der Chancen und Hemmnisse der Arbeit von Betriebsräte-Netzwerken kann folgendes festgehalten werden:

- Betriebsrats-Netzwerke stellen ein betriebliches, regionales und branchenpolitisches Frühwarnsystem dar,
- sie führen zu einer Verbesserung der Betriebsratsarbeit,
- sie stärken die arbeitsorientierte Betriebs- und Strukturpolitik,

- sie stärken die Entwicklung und Durchsetzungsfähigkeit arbeitsorientierter Positionen der überbetrieblichen Interessenvertretung,
- Betriebsrats-Netzwerke dürfen nicht mit zu hohen Erwartungen, sowohl inhaltlich-strategisch wie die Leistungsfähigkeit der beteiligten Betriebsräte betreffend, überfrachtet werden,
- bei der Arbeit in Netzwerken muß Verbindlichkeit für die gemeinsame Arbeit hergestellt werden,
- die Arbeit der Netzwerke muß durch konkrete, realistische Schritte bestimmt sein, dabei spielt eine projektmäßige Herangehensweise mit klarer Zielorientierung und meilensteinorientiertem Ablauf eine wichtige Rolle,
- die Presse- und Öffentlichkeitsarbeit verbessert sich in der Form von Netzwerken, muß aber weiter forciert werden, Erfolge sollten aktiv vermarktet werden (z.B. Presse, Netz-News),
- die Gründung eines Betriebsräte-Netzwerk setzt die intensive Begleitung durch die überbetriebliche Interessenvertretung sowie sorgfältige Vorbereitung und Mobilisierung voraus,
- die externe Begleitung und Moderation des Arbeitsprozesses von Betriebsräte Netzwerken hat sich als notwendig erwiesen.

Literatur

Bullmann, U.; Heinze, R.-G. (Hg.) (1997): Regionale Modernisierungspolitik. Nationale und internationale Perspektiven. Opladen

Genosko, J. (1998): Eine Bestandaufnahme und theoretische Würdigunvon „Netzwerken“ als Instrument regionaler Strukturpolitik. Eichstätt: Katholische Universität Eichstätt

Grundmann, M.; Guß, B.; Matthies, M.; Potthoff, K. (1998): Konversion in Kooperation. München

Grundmann, M.; Krippendorf, W.; Pfäfflin, H. (1998): Betriebsrats-Netzwerke, München. IMU-Informationsdienst 5/98

Krumbein, W. (Hg.) (1994): Ökonomische und politische Netzwerke in der Region. Beiträge aus der internationalen Debatte. Münster

Kruse, H. (1990): Reform durch Regionalisierung. Eine politische Antwort auf die Umstrukturierung der Wirtschaft. Frankfurt/M., New York

Kühl, J. (1997): Bestandspflege und Rekonstruktion von Betriebe als aktive Beschäftigungspolitik. In: WSI Mitteilungen, 9, S. 598-608

Ministerium für Arbeit, Soziales, Gesundheit und Frauen Land Brandenburg (1998): Weiterbildungsberatungsstellen im Land Brandenburg. Akzeptanz, Inanspruchnahme, Tätigkeitsspektrum und Handlungspotentiale. Potsdam

OECD (ed.) (1996): Networks of enterprises and local development. Competing and co-operation in local productive systems. Paris

Sabel, C. F. (1997): Bootstrapping-Reform oder: Revolutionärer Reformismus und die Erneuerung von Firmen, Gewerkschaften und Wohlfahrtsstaat im regionalen Kontext. In: Bullmann/Heinze 1997, S. 15-52

Staber, U. (1996): The social embeddedness of industrial district networks. In: Staber et al. (1996), S. 148-174

Staber, U. et al. (eds.) 1996: Business Networks. Prospects for regional development. Berlin, New York

IV.

Technische Vernetzung und regionale Entwicklung

Informationstechnische Vernetzung, New Economy und nachhaltige Entwicklung peripherer Regionen

Das Beispiel der Alpenregion[1]

Hans-Jürgen Weißbach

Inhalt

1. Einige kritische Anmerkungen zur Exklusionsdebatte

Die Informationsgesellschaft sieht einerseits Wissen als ihre zentrale Ressource an, andererseits werden Wissensressourcen und Partizipation eines großen Teils der Weltbevölkerung für ihre Entwicklung nicht genutzt, ja die Bevölkerung peripherer und marginalisierter Regionen wird von der aktiven Einflußnahme auf die Wissens- und Technikproduktion weitgehend ausgeschlossen und bleibt auf den passiven Multimediakonsum verwiesen. Natürlich war die Wissensproduktion noch nie eine urdemokratische Angelegenheit. Doch heute wächst durch den „elektronischen Fordismus" (Gill 1996a, S. 15) die Gefahr der Aushöhlung vorhandener kultureller und linguistischer Diversität, die stets ein wichtiger Ausgangspunkt sozialer und ökonomischer Innovation und Evolution war. Das ist für periphere Regionen um so bedenklicher, als sie oft spezifische, auf extreme (hochalpine, polare, aride usw.) Umwelten abgestimmte ökonomische, soziale und kulturelle Anpassungs- und Krisenbewältigungsformen entwickelt haben,

1 Dieser Text entstand als Beitrag für die Arbeitsgruppe „New Economy" des Alpenforums, die sich im April 2001 in Wildhaus (Schweiz) konstituierte.

deren Variationsbreite sich unter dem Einfluß der Globalisierung häufig auf eine Option verengt hat: „Weglaufen“ – die Migration.

Das von der Europäischen Union proklamierte Modell des informationstechnisch gestützten Zugangs zu Wissen bzw. des informationstechnisch gestützten Wissentransfers stellt sich heute de facto als ein Exportmodell des Wissens der Metropolen in Richtung der Peripherie dar, auch wenn es die Anerkennung des globalen Charakters der Informationsgesellschaft als eines offenen Systems mit der Erhaltung der sozialen und regionalen Diversität und Multilingualität pro forma zu verbinden sucht (vgl. Gill 1996a, S. 27; Weißbach 1997, S. 124). Wenn aber die Aufgabe der Steigerung der „sozialen Kohäsion“ durch Verbreitung von modernstem Wissen bei gleichzeitigem Erhalt regionaler Identitäten trotz der Verfügbarkeit vernetzter Technik heute selbst in Europa kaum realisierbar erscheint – wie stellt sich dann die Entwicklung erst in Afrika oder Lateinamerika dar? 90% aller Internetanschlüsse befinden sich in den westlichen Industrieländern, 57% allein in den USA (Neue Zürcher Zeitung, 7.2.01). Die Persistenz von alten Infrastrukturvorteilen auch im Informationszeitalter ist erheblich und zeigt sich in Deutschland z.B. anhand der Verteilung der Internetknoten und -standleitungen, die sich fast mit dem ICE-Netz der Deutschen Bahn deckt (Fischer 2001). Auch heute gedeihen „High Tech“-Gründungen selbst bei weitgestecktem Absatzmarkt immer noch am besten in einem 10 km-Radius um dynamische Hochschulen herum (Scheidt 1995), wie die Beispiele Hamburg oder Berlin zeigen, wo sie sich auf ein oder zwei Stadtteile konzentrieren. Kann unter diesen Bedingungen die neue Technik für die Produzenten in marginalen Regionen zugleich globale ökonomische Räume erschließen und erfolgreich kulturelle Identität erhalten und vermitteln?

Cohendet/Lerena (1994) beschreiben auf der Basis eigener Forschungen, wie die traditionelle Ökonomie mit sozialen und kulturellen Differenzen umgeht. Diversität ist für sie ein Anstoß zu mehr Wettbewerb und Innovation sowie eine Voraussetzung für das erfolgreiche Überleben in einer stets ungewissen Zukunft, sie erscheint aber auch als Störfaktor, weil sie Transaktions- (z.B. Aushandlungs-, Übersetzungs-) und Opportunitäts- (Such- usw.) Kosten in die Höhe treibt. Gravierend sind nun die Veränderungen, die sich im Gefolge der „New Economy“[2] ergeben haben:

- Erstens ist die Frage nach der Verfügbarkeit über die beste Technologie wichtiger geworden als sie es in der „Old Economy“ war, in der technisch bedingte Produktivitätsnachteile z.T. noch durch Lohnkostenvorteile ausgeglichen werden konnten. Heute sind Zeitvorsprünge in der Verteilung

2 Die „New Economy“ können wir mit dem US-Handelsministerium als die Gesamtheit der Produzenten und die Anwendungsfelder (digital) vernetzter Hochtechnologie beschreiben.

elektronischer Güter entscheidend: Von Anfang an muß mit der besten verfügbaren Distributionstechnik gearbeitet werden, um als erster auf den Markt zu gelangen und die Kosten für die Verteilung der „e-Kopien" (z.B. durch höhere Übertragungsgeschwindigkeit) weiter senken zu können.

- Zweitens hat sich der Zusammenhang zwischen kultureller Diversität und sozialen Lern- und Anpassungsprozessen unter dem Einfluß der Informationstechnik zunehmend aufgelöst, da die Lebensdauer des Menschen die eines Techniklebenszyklus weit überschreitet; eine Akkulturation an neue technische Medien, die Kumulation lokaler Erfahrungen im Umgang mit diesen Medien sowie ein Einfließen dieser Erfahrungen in die Technikentwicklung sind erheblich erschwert; statt dessen muß das Individuum seine Energien auf die Anpassung an rasch wechselnde Technikgenerationen konzentrieren.
- So ist auch die Diffusion der Technik immer weniger abhängig vom kulturellen Kontext geworden; lokale Technologien spielen eine eher marginale Rolle (vgl. Gill 1996a, S. 20). Die lokale Anpassung der Technik führt nur – so ein zumindest in der Softwarewelt schon verallgemeinerter Glaubenssatz – zu Um- und Abwegen vom Ziel der optimalen Technik. Deren Virtualisierung ermöglicht es, nationale und kulturelle Grenzen leichter zu überschreiten als bisher (z.B. durch Softwaredistribution im Internet) und die Abhängigkeit des Technikeinsatzes von komplexen sozialen Realitäten sowie materielle und kulturelle Widerstände gegen die Technikdiffusion zu reduzieren.

Toulmin (1991) stellt dieses Ungleichgewicht zwischen einem immer virulenteren Streben nach technischer Uniformität und Konvergenz auf der einen Seite und der immer geringeren Bedeutung von lokaler Diversität für das Innovationsgeschehen auf der anderen Seite (das sich „nur" den Funktionsbesonderheiten lokaler Organisationen und Institutionen verdankt) in den historischen Zusammenhang der technischen und wissenschaftlichen Entwicklung der westlichen Zivilisation. Das Streben nach Uniformität sei in der selben Tradition verwurzelt wie auch der Traum von einer „exakten Sprache", das Ideal der „Gewißheit", das Streben nach „Reduktion von Komplexität" und die Verlockung der „economy of scale".

Der von Toulmin (1991) und Cohendet/Llerena (1994) vermutete Zusammenhang zwischen Reduzierung von Diversität und der Blockierung sozialer Lernprozesse ist also für die aktuelle Ökonomie kein Thema. Die herrschende Meinung sieht in der Informationstechnik und den neuen Medien tatsächlich eine neutrale, objektivierbare Infrastruktur, die ausschließlich über den Markt verbreitet wird. Dennoch müßten gerade aus der aktuellen Perspektive des Wissensmanagements die Alarmglocken schrillen: Da über Netze nur explizites Wissen weiter gegeben wird, schließt die informationstechnische Durchdringung existierender Wirtschafts- und Sozialstrukturen traditionelle Formen der Weitergabe und Nutzung von implizitem Wissen de facto weitgehend aus. Hinzu kommen der über die Medien vermittelte Druck der „Best-Practice"-Leuchttürme und der „Benchmarking"- Terror. Lokale Wissensbestände erscheinen im Lichte des Internet gegenüber dem in den Metropolen oder „Global Cities" angehäuften Wissen nur noch als defizitär. Folge ist die Propagierung eines „one best way", die diejenigen Wissensbasen und kulturellen Ressourcen abwertet, deren Weitergabe sich nicht in den vorgegebenen technischen Rahmen zwängen läßt. Das die Technik nutzende Individuum bzw. die Organisation „lernen", daß ihre Problemlösungsfähigkeit angeblich nur noch von der Verfügung über oder den Zugang zur Technik – etwa in Form universell verwendeter Planungs- und Entscheidungsunterstützungssysteme – abhängt. Die Tradierung erfolgreicher lokaler Anpassungsformen auf der Basis von tacit knowledge – die vor allem über nicht-technische Kanäle erfolgt – wird ignoriert bzw. gar unterbrochen. Damit unterminiert die Expansion der Informationstechnik (IT) als „neutraler" und „kostengünstiger" Infrastruktur tendenziell kulturelle Diversität und tradierte soziale Anpassungsformen und verstärkt den komparativen Vorsprung der Technologiezentren.

Selbst die EU ist in Fragen der Bewahrung ihrer pluralistischen kulturellen Identität stark verunsichert. In der hier seit etwa 1995 geführten Debatte (vgl. People First, o.J.) zur Überwindung der „sozialen Exklusion" bzw. zur Steigerung der „sozialen Kohäsion" in der Informationsgesellschaft wird das Zugangsproblem zu Wissen oder das „Inklusions"-Problem meist verkürzend als technisches Problem der Standardisierung und der Generalisierung der Netze beschrieben, allenfalls als Problem der Zugangskosten oder der „computer literacy", d.h. als Qualifizierungsproblem. Dem gegenüber betrachtet allenfalls eine Minderheit von Wissenschaftlern die erfolgreiche regionale Implementation der neuen Technik als eine spezifische soziale Konstruktion, als soziotechnische Anpassungsform an lokale soziale und kulturelle Gegebenheiten, Rationalitäten und Qualifikationen, d.h. an implizites Wissen und Bedürfnisse der Bewohner der Region und ihrer Organisationen.

Schaut man nur genau genug hin, wird man zwar auch in der Informationsgesellschaft noch Beispiele für derartige *lokale Anpassungsformen* finden, aber ihre Bedeutung erscheint doch angesichts des „Mainstreams" der globalen Diffusion „fertiger" Technologien recht gering. Der Nutzen, den neue, „grenzenlos" arbeitende, universalistisch orientierte Eliten aus dem Gebrauch der Informationstechnik ziehen können, ist immer weniger mit der lokalen Wertschöpfung, mit lokalen Ressourcen oder Kontrollpotentialen verknüpft. Biotechnologen, Juristen, Finanzmakler oder Softwareentwickler bedienen heute einen globalen virtuellen Markt – im Unterschied zu Krankenschwestern, Lehrern oder Handwerkern, die immer noch mit materiellen Realitäten und sprachlichen Differenzen umgehen müssen. Lokale Differenzen werden von den Medien nur noch ausgebeutet – so etwa durch den CNN – und in Waren für einen globalen Marktplatz verwandelt (vgl. Gill 1996a, S. 17).

Kritische Stimmen sind jedoch eher in der Minderzahl; vor allem, wenn sie über die reine Kulturkritik hinaus gehen (vgl. für diese beispielhaft: Poster 1990) und versuchen, konkrete Folgen für die ökonomische und soziale Entwicklung marginalisierter Regionen sowie Auswege aus dem Dilemma der Nutzung globaler Chancen bei gleichzeitigem Erhalt lokaler Identität aufzuzeigen. Außer Cohendet/Lerena warnt auch z.B. Petrella (1991) vor einer Homogenisierung der technologischen Welt, die die Kreierung virtueller Räume und Identitäten von der Entwicklung sozialer Identität abkoppelt. Die negativen Folgen für die Fähigkeit zum sozialen Lernen und für die Anpassungsfähigkeit gegenüber unerwarteten zukünftigen Trends seien nicht zu übersehen. Seit Mitte der 90er Jahre ebbt jedoch in der Folge des „Internet- Booms" in den USA die Kritik an der Globalisierung deutlich ab. Die sich abzeichnende Verlangsamung des Wachstums der „New Economy" seit Herbst 2000 könnte zu einer kritischen Neubewertung führen.

Ohne soziobiologische Parallelen überstrapazieren zu wollen, werden konkrete Risiken des Uniformitätsdrucks auf lokale Anpassungsformen an und Nutzungsformen von Technik immer deutlicher, die an diejenigen der Reduzierung genetischer Vielfalt erinnern. Geschäftsideen werden immer öfter kopiert, scheinbar erfolgversprechende Konzepte laufen sich tot, weil sie innerhalb kürzester Zeit zu viele Nachahmer finden und auch scheinbar sichere lokale Nischen werden von globalen Akteuren erreicht – lokale Alleinstellungskriterien gibt es in der „New Economy" nicht mehr. Hat man in der „Old Economy" die Konkurrenz möglichst gemieden, so ist mit dem Einsatz von Suchmaschinen und Portalen Konkurrenz allgegenwärtig. Der „e-Business-Boom" lebt – das erweist sich jetzt erst mit einiger Verspätung – von der massenhaften Nachahmung und Variation weniger Grundmuster. Die Chance, kulturelle bzw. regionale Identität und Diversität und damit Adaptivitätspotentiale unter den Bedingungen der globalen Vernetzung weiter entwickeln zu können, erscheint dem gegenüber deutlich reduziert, wenn man allein auf Technologiediffusion über den Markt und auf eine technikinduzierte Anpassungsqualifizierung setzt.

2. Gibt es „identitätsförderliche“ Formen der Implementierung und Nutzung der Informationstechnik in peripheren Regionen?

Eine differenzierende Analyse der Chancen und Risiken der Vernetzung für periphere oder gar marginalisierte Regionen setzt voraus, daß unterschieden wird zwischen der Möglichkeit der „Entwicklung einer peripheren Region“ mit Hilfe von IT und „e-Business“ und der Chance einer informationstechnisch unterstützten und beschleunigten „Entwicklung *in* einer peripheren Region“. Erstere kann nur funktionieren, wenn eine gewisse Autonomie und kulturelle Identität der Region fortbestehen und wenn die Region einen gewissen Einfluß auf die Technikentwicklung oder zumindest auf deren Implementation zu gewinnen vermag. Letztere kann die regionale Identität tendenziell auslöschen und die Region zum Spielball externer Kräfte machen, auch wenn die ökonomische Stagnation zunächst nicht sichtbar ist.

Einfache ökonomische und sozialstatistische Indikatoren sind allerdings zu grob, um diese Differenz abzubilden. Hier wäre auf komplexere Indikatoren wie Marktanteil lokaler IT-Firmen oder des lokalen „e-Business“, Art und Umfang der Techniknutzung, Interaktionshäufigkeiten innerhalb und außerhalb der Region, zwischen IT-Anwendern und -Herstellern usw. zurückzugreifen, wie sie z.B. von Cohendet/Llerena verwendet werden. Diese haben in ihren Studien im Elsässer Maschinenbau z.B. die Interaktionshäufigkeiten mit Servicezentren und Softwareherstellern detailliert erhoben und sind auf dieser Basis zu dem Schluß gekommen, daß sich der Elsässer Maschinenbau durch die Vernetzung immer stärker aus seinem regionalen Cluster – auch aus den grenzüberschreitenden Bezügen nach Karlsruhe und Basel – heraus löst und sich statt dessen immer stärker an Pariser IT-Firmen orientiert (mündlicher Projektbericht), was offenbar eine tendenziell desorganisierende Wirkung auf das gesamte Cluster hat und zur Abwanderung von qualifizierten Fachkräften führt.

Als Voraussetzung einer identitätsförderlichen regionalen Nutzung der IT könnte hypothetisch formuliert werden:

1. Je enger die direkte Interaktion zwischen den Bewohnern einer Region bzw. ihren Organisationen und den Herstellern bzw. Implementeuren von IT in den Zentren, desto größer sind die Chancen der Region, auf die soziale Konstruktion der Technik und auf den Verlauf ihrer Implementation einzuwirken, eigenes implizites Wissen der Anwender in diesen Prozeß einfließen zu lassen und so zur Erhaltung und Fortentwicklung der regionalen kulturellen Identität beizutragen (vgl. Lundvall 1992).
2. Je intensiver die intraregionale, über reine „facemail“ hinausgehende Kommunikation organisiert ist und je stärker sie auch mit gleichberechtigten Akteuren außerhalb der Region verzahnt ist (z.B. über Hochschul-

oder Forschungsverbünde), desto größer sind die Chancen, die Informationsströme, die von außen in die Region einströmen, angemessen bewerten und erfolgreich in die eigenen Strukturen assimilieren zu können, d.h. sich mit diesen Informationen kreativ und identitätsstiftend auseinanderzusetzen.

3. Regionale Autonomie fördert eine nachhaltige Entwicklung. In der Region gelegene, auf Autonomieerhalt bedachte politische Entscheidungszentren hemmen eine regional nachhaltige Entwicklung jedoch möglicherweise dann, wenn sie einer Tendenz zur Abschottung und Homogenisierung der Region Vorschub leisten.

Mindestens *fünf Optionen der Implementation neuer Technologien* in peripheren Regionen bzw. fünf Varianten ihres Verlaufs in Abhängigkeit von der strukturellen Entwicklung und vom Einfluß regionaler Akteure auf den Prozeß können wir unterscheiden:

a) Die passive Sanierung bzw. Entleerung der Region: Die von externen Zentralen aus gesteuerte Vernetzung fördert den Kapitalabfluß aus der Region (z.B. durch „Direct Banking", das an Stelle lokaler Banken tritt). Sie unterstützt die gezielte Schrumpfung von stagnierenden Branchen in Regionen mit dünner Besiedlung (z.B. durch gezielte Schließung von Filialen), fördert die physische oder virtuelle Abwanderung von Wissensträgern (durch überregionale Jobbörsen oder Telearbeit für weit entfernte Unternehmenszentralen), ersetzt die lokale Wertschöpfung partiell durch den Import von Produkten und Dienstleistungen (durch „e-Commerce") und endogenes Wissen durch externe Expertise. Die Folgen: eine erhöhte Verletzlichkeit der lokalen Ökonomie und der Sozialstrukturen, eine Reduzierung linguistischer und kultureller Diversität (Lytje 1996) und eine Abwertung impliziten Wissens. Die existierenden ökonomischen sozialen und kulturellen Strukturen werden zwar z.T. konserviert, aber um den Preis einer „Verkarstung" und Sklerotisierung; sie treten nicht mit modernen Sektoren der übrigen Gesellschaft in Kooperation und zeichnen sich durch unterdurchschnittliche IT-Nutzung aus.

b) Die abhängige Entwicklung und „vertikale" Integration der Region in die Gesamtökonomie: Die Vernetzung fördert die Ansiedlung von Unternehmen bzw. Betriebsstätten oder sog. „verlängerten Werkbänken" in der ländlichen Region, wobei deren lokale (z.B. Arbeitsmarkt-) Ressourcen im Rahmen von zentral entwickelten Strategien vernutzt werden. Kontrolle der Prozesse und Sammlung von Daten erfolgen außerhalb der Region, es fließt zwar externes Kapital zu, doch entwickeln sich die regionalen Qualifikationen nicht weiter; es kommt nicht zur Generierung neuen „exportfähigen" Wissens in der Region. Die regionale Wissensbildung und -akkumulation wird behindert; die neu angesiedelten

Unternehmen/Betriebsstätten kooperieren wenig miteinander und mit der einheimischen Wirtschaft, dafür um so intensiver mit den Mutterunternehmen bzw. Kommandozentralen außerhalb der Region. Sie können je nach Marktlage jederzeit wieder geschlossen werden. Die Identifikation der Mitarbeiter ist oft gering, weitergehende Qualifizierungs- und Karrierechancen bestehen für sie überwiegend nur an den zentralen Unternehmensstandorten. Motivationen für einen Identitätserhalt der Region können sich nicht herausbilden.

c) Die Nutzung der IT im Rahmen des (oft politisch induzierten, siehe dazu die Entwicklung in den neuen Bundesländern) *regionalen Transformationsmanagements:* Hier geht es um die Abmilderung der negativen Folgen des Strukturwandels und der Globalisierung, um eine Bewältigung des Wandels durch Förderung einiger Ausbauschwerpunkte und der (IT- usw.) Infrastruktur, durch Erleichterung der Abwanderung aus alten und Zuwanderung in neue Sektoren. Die Chancen dafür, daß die Kontrolle der neu aufgebauten Sektoren innerhalb der Region verbleibt, sind dabei gering. Es gibt zwar einen Mittelzufluß in die Region, aber dabei handelt es sich nur zum kleineren Teil um private Investitionen, überwiegend um Transfers (z.B. Subventionen für arbeitsintensive Branchen, Einstellungsbeihilfen). Mitnahmeeffekte dominieren, ein nachhaltiger Einfluß auf die Modernisierung der Altbranchen bleibt aus. Es besteht das Risiko, daß die IT- und sonstigen Infrastrukturen unzureichend angenommen werden. Weit reichende Qualifizierungsstrategien sind unter diesen Voraussetzungen zu teuer und unterbleiben bald zugunsten der kurzfristigen Beschäftigungsförderung.

d) Die Suburbanisierung, eine spezifische Form der vertikalen Integration in urbane oder metropolitane Nachbarräume: In diesem Fall fördert die infrastrukturelle oder IT-Vernetzung den Anschluß an benachbarte urbane Regionen, das Zusammenwachsen mit städtischen Ballungszentren und schafft so funktionale Ergänzungsräume (Schlafstädte für Pendler, Raum für flächenintensive Betriebe oder „Start-Ups“ mit wenig Kapital, Erholungsräume mit Wochenendhäusern usw. – siehe die funktionale Bedeutung von Teilen Oberbayerns für die Münchener Region). Die Zuwanderer in diese Ergänzungsräume sind jedoch kaum in die sozialen und kulturellen Strukturen der Region integriert; Altstrukturen und die konstituierenden Elemente einer regionalen Identität werden rasch zurück gedrängt. Die Qualifikationsstruktur verbessert sich zwar, die Qualifikationen werden jedoch nicht in der regionalen Wirtschaft angewandt, sondern auf den metropolitanen Markt transferiert

e) Die endogene Entwicklung: Die Region oder Gemeinde entwickelt eigene überregional absetzbare Produkte, die auf entsprechenden Wissenspotentialen basieren und behält oder erhält eine (partielle) Kontrolle über diesen Prozeß. Es kommt zum langfristigen Aufbau neuer Unternehmen und Qualifikationen sowie neuen Kapitals unter Nutzung vorhandener, den lokalen Bedingungen angepaßter Ressourcen und impliziten sowie neu in die Region einfließenden Wissens. Wissen, Dienstleistungen und Produkte ergänzen sich so gegenseitig und werden in verstärktem Umfang in andere Regionen exportiert werden. Es kommt dabei zu einer Kooperation und Vernetzung der ansässigen alten und neuen Unternehmen bzw. Organisationen, und zwar auf Basis heterogener Ziele, nicht mehr nur auf Basis homogener Ziele wie in den Altsektoren (Landwirtschaft, Tourismus). Dadurch entstehen wettbewerbsfähige Netzwerke mit spezifisch lokalem „Content".

Ob nun eine endogene Entwicklung der eigenen Potentiale oder eine Verschärfung der Abhängigkeiten einsetzt, ist nicht nur eine Frage der mobilisierbaren Kapital- und Wissensressourcen und des Wissens- und Machtgefälles von Technikentwicklern außerhalb und Technikanwendern in der Region, sondern auch eine der Zentralisierung oder Dezentralisierung der administrativen und politischen Entscheidungsebene.

Während Toffler (1980) aber noch pauschal einen allgemeinen Dezentralisierungsschub als Folge der Verbreitung von IT voraussagte, wird heute deutlich, daß Dezentralisierung ein heterogenes Konzept ist, dessen Komponenten differenziert betrachtet werden müssen. Die politischen, administrativen, medialen und wirtschaftlichen Entscheidungszentren fallen ja nicht zusammen, sondern sind kompliziert abgestuft. Wirtschaftlich und sozial homogene Regionen erhalten zwar länger ihre Identität, aber oft nur um den Preis einer entwicklungshemmenden Abschottung, und zwar um so mehr, je stärker ihre politische Autonomie ist. Heterogene Regionen modernisieren sich rascher, aber oft um den Preis eines weitgehenden sozialen Identitätsverlustes. Kleine administrative Einheiten zeichnen sich durch eine intensivere intraregionale Kommunikation aus als größere, sind aber oft zu ressourcenschwach und politisch zu ohnmächtig, um wirklich Einfluß auf die Technikimplementation nehmen zu können. Große administrative Einheiten können einen solchen Einfluß zwar ausüben, tendieren aber dahin, ihre ökonomischen und sozialen Strukturen gezielt gegen die Einbrüche neuer Strukturen zu erhalten.

Entscheidend für das Risiko (oder die Chance?) der „vertikalen" Integration scheint auch die Zersplitterung bzw. Interdependenz regionaler Märkte zu sein. Bei starker regionaler Marktzersplitterung werden die lokalen Branchen hochselektiv von außen vernetzt; es entstehen technologische „Inseln" inmitten einer technologisch stagnierenden regionalen Umwelt; eine Clusterbildung kommt nicht zustande. Leider sind diese oder ähnliche Thesen bisher noch unzureichend empirisch untersucht worden. Insbesondere betreten wir mit der Frage Neuland, wie sich die Einbindung lokaler Akteure in überregionale „horizontale" oder „vertikale" Portale der „New Economy" auswirkt. Zu vermuten ist, daß die Form der Einbindung sowohl für den Export materieller Güter aus der Region als auch für den Im- und Export von Ideen folgenreich ist. Es macht einen großen Unterschied, ob viele kleine Unternehmen mit ähnlichem Profil und tendenziell austauschbaren Produkten in „yellow pages" vernetzt sind – man denke etwa an einen regionalen Hotelführer mit standardisierten Komfortkategorien – oder ob sich ein ganzes Cluster leistungsfähiger Spezialisten in einem Portal präsentiert – z.B. Touristikspezialisten mit sich ergänzendem Programm. Im ersten Fall wird vermutlich die Preiskonkurrenz angeregt, im zweiten Fall wohl auch der Ideenwettbewerb und die Kooperation.

3. Einige ausgewählte empirische Befunde

Nur wenige Studien versuchen bislang eine empirische Antwort auf die Frage zu geben, ob vom Aufbau von IT-Insfrastrukturen eine nachhaltige Stärkung endogener Entwicklungspotentiale oder eher eine Verschärfung der Abhängigkeiten zu erwarten ist – und schon gar nicht unter welchen Bedingungen. In Nordnorwegen (Finnmark) investierte in den frühen 90er Jahren die norwegische Regierung viel Geld für den Ausbau einer IT-Infrastrutur. Eine Studie von Arild Jansen aus Norwegen (1996) zeigt, daß sich dort im Wesentlichen die oben skizzierte Variante b) durchgesetzt hat, also die Tendenz zu einer stärkeren „vertikalen" Integration der ländlichen Ökonomie in die nationale, von Oslo beherrschte Ökonomie. Das zeigt sich z.B. am steigenden Import von Dienstleistungen, der natürlich eine Verbesserung der Verfügbarkeit und Qualität der Dienstleistungen in dieser schwach besiedelten Region zur Folge hatte. Die Verbesserung der lokalen Kompetenzen und Qualifikationen – soweit überhaupt nachweisbar – geht im Wesentlichen auf das steigende Angebot von IT-gestützten Diensten in der Region zurück (z.B. Vertriebstätigkeiten für Softwarefirmen).

Meier-Dallach et al. (1993) berichten über Mißerfolge bei der Schaffung von Telecottages in den Schweizer Alpentälern – diese sind inzwischen weitgehend in Trainingszentren umgewandelt worden –, Fischer et al. (1993) über ähnliche Erfahrungen in Nordengland und Rheinland-Pfalz. Auch viele französische Forscher wie Cohendet/Llerena und Pierre Veltz gehen von einem zentralisierenden Effekt des Ausbaus der IT-Infrastrukturen aus.

Die Interdependenz zwischen politischen Intentionen, steuernden Eingriffen und strukturellen Wirkungen zeigt sich sehr deutlich am Beispiel *Nordnorwegens*: Dort wurde die IT-Infrastruktur explizit mit dem Ziel gefördert, die von Auszehrung bedrohte dezentrale Siedlungsstruktur aufrecht zu erhalten und zu stärken. Die über einen Zeitraum von fünf Jahren gewonnenen Erfahrungen zeigten jedoch, daß die relativen Abstände in der Technikausstattung und -nutzung zu den Zentren eher größer wurden, weil die regionalen Voraussetzungen für eine angemessene Nutzung der Infrastruktur durchweg schlecht waren: geringe Siedlungsdichte, kleine lokale Märkte und Arbeitsmärkte, eine im Vergleich zum Landesdurchschnitt niedrigere Qualifikation und eine geringe intraregionale Vernetzung. Jansen beschreibt u.a. folgende Tendenzen:

- Lokale Forschungszentren konnten ihre Angebote kaum über das Netz verbreiten, da sie nur unzureichend von den lokalen Behörden unterstützt wurden und es außerhalb der Region gar keine Nachfrage für ihre sehr speziellen Dienstleistungen gab.
- Video-Kommunikationsdienste in neugegründeten Telematikzentren wurden nicht angenommen, wohl weil für andere Formen als die der Primärkommunikation im engen lokalen Umfeld kein Bedarf bestand. Allenfalls die Möglichkeiten der Telemedizin wurden genutzt, „Teleteaching"-Infrastrukturen jedoch nicht.
- Ebenso wenig wurden kommunale „Telecottage"-Angebote (Telecentren), die wohnortnahe Arbeitsplätze bereit stellen sollten, angenommen. Telearbeit nutzende Unternehmen stellten kaum zusätzliche Arbeitsplätze zur Verfügung.
- Vielfältige Video- und Unterhaltungsangebote haben dazu geführt, daß das kulturelle Angebot Südnorwegens nun stärker genutzt und nach Finnmark „importiert" wird; ein „Export" von Kulturelementen aus dem Norden in den Süden unterblieb. Die norwegische Sprache wurde auch im Siedlungsgebiet der Samen stärker genutzt als das Samische. Wenn die samische Kultur und Musik Verbreitung erfährt, dann durch einzelne engagierte Mitarbeiter, denen es gelingt, in den Zentralen der Sender in Oslo oder Helsinki aufzusteigen.
- Erfolgreich waren allein die Investitionen, mit denen die IT-Infrastruktur einiger wichtiger, relativ exportintensiver Unternehmen in der Region gefördert wurde. Hier kam es zu einem Arbeitsplatzzugewinn, wenngleich es Qualifikationsprobleme bei der Nutzung der Investitionen gab.

Die politisch veranlaßten Programme zielten also auf den Infrastrukturausbau und allenfalls auf neue Dienstleistungsangebote. Die Ergebnisse wirken gemessen am politischen und finanziellen Einsatz ernüchternd. Früchte getragen hat offenbar – wenn überhaupt – nur das Investment in ohnehin schon erfolgreiche Unternehmen.

Allerdings drängen sich bei der Bewertung *drei Konsequenzen* auf:

1. Die nationalen Programme waren in keiner Weise abgestimmt auf die lokale Ökonomie, die durch Fischfang, Jagd und Herdenwirtschaft, Tourismus bestimmt ist; sie waren nicht ausreichend mit den Strategien der kommunalen Akteure verzahnt. Es kam zu keiner Vernetzung der lokalen

Akteure untereinander, ja nicht einmal zu Primärkontakten zwischen Anbietern der neuen Dienste und ihren potentiellen Kunden. Es handelte sich also um eine ausschließlich angebotsgesteuerte Technikdiffusion. Demgegenüber wurde die ausgeprägte kulturelle Spezifik der regionalen Nachfrage ignoriert. Halbnomadische Lebensweise und stationäre Telecentren sind eben nicht so gut vereinbar.

2. Die IT war außerdem zum Zeitpunkt des Feldversuchs noch sehr spezialisiert (z.B. Videoconferencing) und weitgehend unflexibel gegenüber einer Veränderung der Nutzung oder gegenüber ungeplanten und unvorhergesehenen Nutzungen. Das hat sich mit der Verbreitung des flexiblen und multifunktionalen Internet geändert und wird sich mit der Verbreitung von mobilen Technologien wie UMTS weiter verändern. Insgesamt hat die Bedeutung der lokalen IT-Infrastruktur (Festnetz) seit Mitte der 90er Jahre erheblich abgenommen, selbst das Glasfasernetz verliert an Bedeutung im Vergleich zur Mobilkommunikation.
3. Dadurch haben sich auch die individuellen Zugangschancen der Einwohner der Region über das Internet oder Mobilfunknetze ohne Zwischenschaltung von Unternehmen, kommunalen Trägern oder politischen Akteuren wesentlich verbessert. Theoretisch früher vorhandene politische und lokale Gestaltungsmöglichkeiten haben sich verringert, während sich das Diffusionstempo wesentlich beschleunigt und sich gleichzeitig größere Auswirkungen auf das Verhalten der Anwender und auf die Strukturen von kleinen und mittleren Unternehmen (KMU) im Sinne von kurzfristigen „Technikmoden“ ergeben.

Fassen wir zusammen. Folgende Formen der regionalen Diffusion neuer Technologien können unterschieden werden:

- politisch oder kommunal aus Gründen des Nachteilsausgleichs initiierte und gelenkte Technikdiffusion (z.B. IT-Infrastrukturen, Telecentren), häufig in Verbindung mit Entwicklern und Herstellern, die im Rahmen von Pilotanwendungen neue Marktchancen für ihre Produkte und Nutzungskonzepte demonstrieren wollen, welche auf dem Markt z.B. wegen ihrer mangelnden Reife noch nicht absetzbar sind;
- konsumentengesteuerte Diffusion (private PCs, Mobilfon etc.), wie wir sie derzeit bei den Mittelschichten von Drittweltländern beobachten (vgl. Neue Zürcher Zeitung, 7.2.01); allerdings sind diese Technologien meist hoch standardisiert und die lokalen Anwender haben kaum Einfluß auf die Technikentwicklung;
- Diffusion durch lokal agierende Organisationen (z.B. KMU, Gebietskörperschaften) initiiert, die mit Hilfe der neuen Technik ihre Arbeitsmethoden verändern und ihre Produktivität erhöhen wollen;

– Diffusion durch überregional wirkende Großunternehmen, die ihre lokalen Niederlassungen oder Vertragspartner mit IT ausstatten.

Während die politisch initiierte IT-Diffusion häufig zu „Lösungen“ führt, die nicht angenommen werden, und überregionale Großunternehmen mit ihren Investitionen eher einen Beitrag zur „vertikalen“ Integration der regionalen Ökonomie in die globale Ökonomie liefern, bestehen vor allem im Bereich der KMU mit Hilfe der flexibleren Technik bisher nicht ausreichend ausgeschöpfte Chancen zu einer Verknüpfung von neuen Technologien und traditionellen Strukturen; ebenso im Bereich anspruchsvoller kleingewerblicher und privater Anwendungen, weniger hingegen im Bereich der Massenkommunikation.

4. Ein Beispiel: Die Perspektiven der „New Economy“ für den Alpenraum

Als eine relativ homogene und gut isolierbare Region erscheint der Alpenraum besonders geeignet, um das Zusammenwirken der Akteure regionaler Wirtschafts- und Sozialstrukturen und globaler IT-Protagonisten zu untersuchen und neuartige Gestaltungsoptionen bei der Implementierung neuer Kommunikationstechnologien zu erproben. Auf den ersten Blick stellt die Alpenregion sich als relativ prosperierende, wenngleich periphere Region mit geringer Arbeitslosigkeit, gutem Ausbildungsstandard und intakter mittelständischer Wirtschaft dar. Niedrige Arbeitslosenzahlen in Österreich, der Schweiz, Oberbayern und am italienischen Alpenrand scheinen dies zu untermauern.

Allerdings ist die intraregionale Kommunikation durch die Zersplitterung auf mehrere Staaten sowie durch extrem kleinräumliche, kommunikationsbehindernde Strukturen geprägt. Weiterhin zeichnen sich bei genauerer Betrachtung zahlreiche Risikofaktoren für die Nachhaltigkeit der regionalen ökonomischen und Sozialstrukturen ab: die Überlastung der Alpenregion durch Wintertourismus, Dienstleistungsquoten von über 50% bei zunehmender Saisonabhängigkeit, Zersiedlung und Transitverkehr, sinkende Transportquoten der immer unzulänglicher funktionierenden Eisenbahnen (vgl. Neue Zürcher Zeitung, 7.2.01), Abwanderung jüngerer besser qualifizierter Kräfte und Zuwanderung von Saisonarbeitern und von sozial und wirtschaftlich nicht integrierten Pensionären mit Zweitwohnungen, die Krise der Landwirtschaft (verschärft durch BSE), Nachfolgeprobleme bei einheimischen Familienbetrieben und schließlich die Anfälligkeit des Naturraums für Klimaveränderungen und durch diese verursachte Katastrophen.

Betrachten wir die IT-Verbreitung im Alpenraum, so stellt sich heraus, daß die heimische Industrie und die Dienstleistungssektoren die IT noch sehr zurückhaltend nutzen und daß erhebliche Defizite im Hinblick auf die Verbreitung von Internet, Multimedia, Telearbeit und „e-Commerce“ bestehen, während diese Techniken am Rande der Region – in München, Zürich, Mailand, Wien – boomen. Die sie dort entwickelnden und anwendenden Branchen und Firmenzentralen erzeugen einen erheblichen Abwanderungssog. Beispiele für eine dezentrale Nutzung von Telearbeit durch kleine Unternehmen sind in den Alpen eher selten anzutreffen (Fischer et al. 1993, S. 49ff.), was um so erstaunlicher ist, als sich seit Jahren eine Forschergruppe der ETH Zürich unter Carlo Jaeger intensiv um die Einführung von Satellitenbüros zur Erhaltung der dezentralen Siedlungsstruktur bemüht (vgl. Jaeger/Bieri 1989). Ähnliche Aktivitäten wurden auch von der Schweizer Postverwaltung PTT unterstützt, ohne daß bisher ein nachhaltiger Erfolg zu verzeichnen war. So berichtet die Neue Zürcher Zeitung am 31.01.2001 über die Verbreitung der Telearbeit in der Schweiz und konstatiert, daß diese sich völlig auf das Umland von Zürich – vor allem auf Großbanken und Versicherungen – konzentriert. Das gleiche gilt für CallCenters und Telearbeit in Österreich, die sich deutlich auf das Wiener Umland konzentrieren.

Es stellt sich also die Frage nach den räumlichen und kulturellen Implikationen der Vernetzung und Durchdringung der Alpenregion durch die Technologien und Strukturen der „New Economy“, wenn diese Prozesse allein vom Markt und von externen Akteuren angetrieben werden und Versuche der politischen Einflußnahme lokaler Akteure unterbleiben, z.B. weil sie infolge fortgeschrittener Deregulierung chancenlos sind oder von vornherein als erfolglos erachtet werden. Ein solches Szenario ist schon deshalb nicht von der Hand zu weisen, weil die traditionell konservativ agierende regionale Wirtschaft des Alpenraums sich in die New Economy nicht rechtzeitig „eingeklinkt“ und ihre Chancen bisher kaum genutzt hat.

Gerade in dünn besiedelten Räumen – so eine Vermutung – könnte sich ein Evakuierungs- oder „Staubsaugereffekt“ der „New Economy“ umso massiver bemerkbar machen, ermöglichen die Vernetzung und das „e-Business“ doch den weitgehenden Rückzug dezentralisierter Branchen mit Filialstrukturen aus der Fläche. Abwanderung, sinkende Exportchancen der Produkte aus der Region und steigende Importe in die Region, weiter wachsende Abhängigkeit von der Tourismus-Monostruktur und zunehmende Überlastung der Täler mit Touristen- und Lieferverkehr wären mögliche zu erwartende Folgen. Freilich bestünde auch die Chance, durch Intensivierung der Telearbeit den Pendlerverkehr in den ohnehin überlasteten Alpentälern zu reduzieren, die Abwanderung sowie die Zerstörung der Natur zu stoppen oder einen Ausgleich für den stark saisonabhängigen Tourismus zu schaffen.

Auch mögliche Folgen für das bisher hohe Qualifikationspotential der Alpenregion wären zu beachten. Traditionelles implizites Wissen würde weiter entwertet und ersetzt durch global verfügbares Expertenwissen. Während sich ältere Menschen stärker an Lokalität und Region orientieren, setzen junge, dynamische Eliten auf die „New Economy“ und internalisieren rasch deren Maßstäbe. Langfristige Investitionen in die Ausbildung wären gefährdet, weil das Wissen lokal nicht mehr anwendbar ist; seine Träger müßten abwandern.

Wie kann man aber im Zeitalter der Deregulierung regionalen Einfluß auf den regionalen Einführungsprozeß der neuen Technik nehmen, wo dies doch auf nationaler Ebene kaum noch möglich erscheint? Kann man die Akteure der regionalen Wirtschaft dazu bewegen, die neuen Techniken als Kommunikationsmedien aktiv anzunehmen und sie im Sinne einer Strukturmodernisierung zu nutzen? Können sie ihr implizites, an einen regionalen Entstehungs- und Verwendungskontext gebundenes Wissen mittels der IT-Infrastruktur künftig vielleicht sogar in andere Regionen exportieren und aktiv verwerten?

Das Problem besteht einerseits darin, daß ein regionaler Identitäts- und Willensbildungsprozeß den Transfer impliziten (kulturellen) Wissens voraussetzt. Dieser kann nicht allein über technische Medien erfolgen; er setzt vielmehr einen intraregionalen Dialog und den Austausch sozialen und praktischen Wissens voraus. Nur so kann dann auch die permanente Erneuerung der Wissensbasis in Auseinandersetzung mit dem u.a. über technische Kanäle und Medien von außen einströmenden Wissen stimuliert werden (Gill 1996a). Andererseits erscheint angesichts der zersplitterten Siedlungsstruktur und geringen Bevölkerungsdichte eine Intensivierung der intraregionalen Kommunikation ohne die intensivere Nutzung einer IT-Infrastruktur kaum möglich. Doch erhebt sich die Frage, ob die erfolgreiche IT-Durchdringung der Region eine Voraussetzung für eine verbesserte intraregionale Kommunikation und für eine erhöhte Kommunikationsdichte sein kann oder ob sie die vorhandenen Elemente direkter Kommunikation und die Mechanismen regionaler Sozialisation – man denke etwa an Schweizer Kantonal- oder Gemeindeversammlungen – eher zerstört.

Die Anforderung besteht also darin, einen technikunterstützten intraregionalen Dialog zu führen, der interessant genug ist für die global orientierten Eliten, um sie zu motivieren, daran mitzuwirken. Dieser Dialog muß aber auch Akteure einbinden, die ausschließlich lokal verankert sind. Er darf nicht nur die Experten mit ihren objektivierten und formalisierten Wissensbeständen einbeziehen, d.h. nicht exklusiv und esoterisch (z.B. auf Hochschulen beschränkt) erscheinen, sondern er muß zugleich die bislang technikfernen Gruppen erreichen. Eine solche identitätsförderliche regionale Nutzung von IT wird oft als Konzept der „lernenden Region“ bezeichnet oder mit einem solchen Konzept verknüpft, jedoch wurde es bisher nur unzureichend konkretisiert.

5. Schlußfolgerungen für die Technikdiffusion im Alpenraum

Bezogen auf den Alpenraum besteht das Kernproblem in der Integration des „e-Business“ in die Strukturen der überwiegend mittelständischen alpinen Ökonomie, die allerdings durch einen „konservativen Mittelstand am Rand der Unbeweglichkeit“, durch die Gefahr der „mentalen Verkarstung“ (Meerkamp van Embden 2001) charakterisiert ist. Dieser Mittelstand müßte im Rahmen eines regionalen Dialogs dazu motiviert werden, einen Teil seiner Investitionen zu verschieben: z.B. aus dem Wintertourismus hin zu Softwareentwicklung und Softwarebeschaffung, von materiellen Investitionen hin zu wissensbasierten Investitionen. Dadurch könnte die Abhängigkeit von wenigen Branchen und von einer kurzen Saison verringert werden (z.B. Förderung des Sommer- oder Kulturtourismus im Internet).

Ein wesentliches Hindernis der IT-Nutzung in den Alpen waren bisher die extrem hohen Verkabelungskosten, insbesondere die der „letzten Meile“ bis hinauf zum letzten Bergbauernhof. Diese Schwelle dürfte insbesondere mit der Diffusion von UMTS in Zukunft niedriger liegen, entfällt doch weitgehend die Notwendigkeit einer teuren Verkabelung. Demgegenüber sind freilich viele Sendemasten zu errichten, um Funkschatten zu vermeiden. Die Verbreitung von UMTS in Verbindung mit Video dürfte den Anforderungen der dezentralen alpinen Siedlungsstruktur weitaus eher entsprechen als frühere IT-Generationen (z.B. als die großen Video-Conferencing-Centren in Finnmark). UMTS ermöglicht den Bezug qualitativ hochwertiger Dienstleistungen auch in entlegenen Gegenden (Logistiksteuerung, Telemedizin, -veterinärmedizin, technische Diagnostik), die jedoch typischerweise auch in der Großregion im weiteren Sinne erzeugt werden können, also nicht von außerhalb „importiert“ werden müssen. Es kann somit dazu dienen, die interne („horizontale“) Kommunikationsdichte innerhalb dünn besiedelter Regionen wesentlich zu erhöhen, während das Internet häufig eher der Fernkommunikation dient. Auch der Satellitenfunk in Verbindung mit dem GPS-System wird ein zunehmend wichtiges Element der lokalen Kommunikation in dünn besiedelten Alpenregionen werden.

Beispiele aus dem Spektrum von UMTS- , Satellitenfunk- und anderen High-Tech-Anwendungen mit Effekten für die Weiterentwicklung regionaler Wirtschaftsstrukturen sind z.B. die Anwendung neuer Organisations- und Kommunikationsmethoden im Bereich des Tourismus, Telemedizin bei Alpinunfällen, Möglichkeiten einer verbesserten Verkehrsregelung durch Telematik, Frühwarnsysteme zur Katastrophenprävention, Geographische Informationssysteme (u.a. bereits aufgebaut im Nationalpark Hohe Tauern), Telebanking (z. B. in Gemeinden ohne ortsnahe Bank oder Post), Systeme für die Regional- oder Direktvermarktung von landwirtschaftlichen Erzeugnissen.

Daß in der Alpenregion, die sich ja nicht einheitlich darstellt, ein Prozeß des Umdenkens in Gang gekommen ist, beweisen insbesondere Aktivitäten in der Schweiz: so die Initiative der schweizerischen Fachhochschulen zur Implementation der „New Economy“ in der Schweiz und die bereits erwähnten Aktivitäten an der ETH Zürich zur Förderung der dezentralen Siedlungsstruktur und zur Einführung von Satellitenbüros im Bank- und Versicherungsbereich, um die Abwanderung in die Großstädte und die Zunahme des Pendlerverkehrs zu stoppen. Es fehlt „nur“ noch der intraregionale, aber grenzübergreifende Dialog. Den interessanten Ansatz einer doppelten Orientierung auf neue Technologien und den einheimischen Mittelstand verfolgt das Alpenforum (www.alpenforum.de bzw. www.alpenforum.org), das sich der Schonung der natürlichen Ressourcen durch Stärkung der regionalen „New Economy“ verschrieben und eine Arbeitsgruppe zu diesem Thema gegründet hat. Diese hat erstmals im April 2001 in Wildhaus (Schweiz) getagt und bereitet Projektaktivitäten zum Internationalen Jahr der Berge 2002 vor.

Für die Begründung einer Strategie sind vorrangig drei Fragen zu beantworten:

1. In welchen Branchen kann der Integrationsprozeß von „Old“ und „New Economy“ mit Aussicht auf Erfolg beginnen? Von welchen „neuen“ Branchen ausgehend sind welche Durchdringungseffekte der „Old Economy“ zu erwarten?
2. Welche Art von Portalen, elektronischen Märkten usw. sollen zum Einsatz gelangen, wenn Evakuierungseffekte oder Preisdruck nicht noch weiter verstärkt werden sollen?
3. Über welche Medien können die für Identitätswahrung und Leitbilddiskussion notwendige politische und kommunale (Meta-)Kommunikation abgewickelt werden?

Die Frage nach den Branchen, in denen eine erfolgversprechende Integration von „Old“ und „New Economy“ mit dem Ziel der Steigerung der nachhaltigen regionalen Entwicklung am wirksamsten einsetzen kann, ist zunächst wohl nur negativ zu beantworten. Im Touristikbereich ist die Internetnutzung bereits sehr verbreitet, ohne daß der Eindruck entstanden ist, daß die Angebote des sanften Tourismus oder des Kulturtourismus dort besonders erfolgreich präsentiert würden. Die Selbstdarstellung der Reiseanbieter und Hotels in den Alpen ist qualitativ nicht besonders hochwertig und beschränkt sich auf die Herausstellung von Preisen, Komfort und eventuell auf „Events“ (siehe die Analyse unter www.bupnet.de/tourismus). Sie ist voll auf Preiskonkurrenz und Komfortbedürfnisse des Normalverbrauchers fixiert. In dieser Branche anzusetzen würde bedeuten, bereits getätigte Internet-Investitionen in großem Umfang in Frage stellen zu müssen, was auf den Widerstand der Akteure des traditionellen Mittelstands treffen dürfte.

Für den Sektor der nachwachsenden Rohstoffe bestehen vielleicht größere Chancen einer nachhaltigen und die regionale Identität fördernden Vermarktungsstrategie über das Internet als im Kerngeschäft des Tourismus. Ein alter Werkstoff könnte durch entsprechende Präsentation wesentlich aktiver vermarktet werden als dies heute geschieht: Holz spielt im Alpenraum seit jeher eine große Rolle als Exportartikel; in Österreich ist es auch ein wichtiger Primärenergieträger (z.B. in Form von Biomasse aus Holzschnitzeln, mit steigender Tendenz). Eine Vernetzung könnte die Selbstdarstellung eines mittelständischen Clusters unterstützen, das auf Holz als nachwachsenden „High-Tech"-Rohstoff setzt – einschließlich der zugeordneten Forschungs- und Entwicklungsaktivitäten (z.B. Entwicklung umweltfreundlicher Säge- oder Klebetechniken, Papiererzeugung aus Holzresten, saubere Raumluft, Substitution von Stahlbeton in der Brückenbautechnik, Biogaserzeugung und Kleinkraftwerke auf Basis von Holzabfällen), die in der Emergenzphase neuer Technologien von zentraler Bedeutung sind (Weißbach 2001).

Als Vermarktungsplattform erscheint vor allem das vertikale Portal unter maßgeblicher Mitwirkung von Forschungseinrichtungen und nicht-kommerziellen Einrichtungen geeignet. Hierbei würden nicht Hunderte von gleichartigen Kleinbetrieben zusammengebunden, die kaum einen spürbaren Nutzen von einem „Branchenverzeichnis" nach Art der Gelben Seiten hätten. Vielmehr würden einzelne lokale Wertschöpfungsketten exemplarisch herausgegriffen und in ihren nationalen und internationalen Verflechtungen mit Forschung, Dienstleistungen, Qualifizierungsangeboten usw. dargestellt – in der Hoffnung, daß sich später auch möglichst viele an nachhaltiger Produktion interessierte Primärproduzenten (Holzerzeuger und -verarbeiter der ersten Stufe wie z.B. Sägewerke) an den Standards dieser Marktplattform orientieren. Statt den Preiswettbewerb zu forcieren, könnte man durch eine derartige vertikale Vernetzung im Internet die regionale Clusterbildung und damit vielleicht ein wirksames Exportbasiskonzept erfolgreich unterstützen.

Literatur

Cohendet, P.; Llerena, P. (1994): European Diversity in Science and Technology. In: AI & Society. Vol. 8.2., S. 107-122

Fischer, R. (2001): Wissensgesellschaft – Informationstechnologie und ihre Auswirkungen auf Stadt und Region. Vortrag, Wissenschaftsstadt Frankfurt, 2.3.2001

Fischer, U.; Späker, G.; Weißbach, H.-J. (1993): Neue Entwicklungen bei der sozialen Gestaltung von Telearbeit (2. Aufl.). IUK Dortmund

Gill, K. S. (ed.) (1996): Information Society. New Media, Ethics and Post-Modernism. Berlin u.a.O.

Gill, K. S. (1996a): Knowledge and the Post-industrial Society. In: Gill 1996, S. 16-28

Jaeger, C.; Bieri, V (1989): Satellitenbüros: Eine soziotechnische Innovation. Zürich

Jansen, A. (1996): The Global Information Society and Rural Economies. In: Gill 1996, S. 169-185

Lundvall, B. A. (1992): User-Producer Relationship. In: Lundvall, B. A. (ed.): National Systems of Innovation. London

Lytje, I. (1996): Media and the Cultural Condition: Language and Education. In: Gill 1996, S. 30-37

Meerkamp van Embden, I. (2001): Die New Economy und der Alpenraum. Bad Homburg (unveröfftl. Projektskizze)

Meier-Dallach, G. et al. (1993): Der Computer in der Bergregion. Soziokulturelle Auswirkungen von Computern und der Telematik ..., IVT, ETH Zürich

People First (o. J.): A Report on the Colloquium 30.9.-1.10.1996, Irish Department of Enterprise. Dublin

Petrella, R. (1991): Three analyses of globalisation technology and economy. In: FAST Europrospectives II. Namur

Poster, M. (1990): The Mode of Information. Poststructuralism and Social Context (Polity Press). Cambridge

Scheidt, B. (1995): Die Einbindung junger Technologieunternehmen in Unternehmens- und Politiknetzwerke. Berlin

Toffler, A. (1980): The Third Wave. New York u.a.O.

Toulmin, S. (1991): The Dream of the Exact Language. In: Goranzon, B.; Florin, M. (eds.): Dialogue and Technology. Berlin u.a.O.

Weißbach, H.-J. (1997): Europäische Innovationsmuster und kulturelle Voraussetzungen des Management in der Informationsgesellschaft. In: Fricke, W. (Hg.): Jahrbuch Arbeit + Technik. Bonn, S. 122-131

Weißbach, H.-J. (2001): Die Bedeutung regionaler Netzwerke für wissensintensive Unternehmen. In: Howaldt, J.; Kopp, R.; Flocken, P. (Hg.): Kooperationsverbünde und regionale Modernisierung. Wiesbaden (im Erscheinen)

http://www.alpenforum.de

http://www.alpenforum.org

http://www.bupnet.de/tourismus

Regionale Beschäftigungseffekte der neuen Informations- und Kommunikationstechnologien in der Region Rhein-Main

Jürgen Caspar, Silvia Krömmelbein, Alfons Schmid

Inhalt

1. Einleitung

Die neuen Informations- und Kommunikationstechnologien (IuK-Technologien) beinhalten u.a. das Potential sinkender räumlicher Transaktionskosten (pro Transaktionseinheit). Vor allem für informations- und wissensintensive Produkte und Dienstleistungen verringern sich die Raumüberwindungskosten; diese Güter können schneller und billiger als bisher über weite Strecken auch in entfernte Regionen transportiert werden. Für Betriebe und Unternehmen ermöglicht die Nutzung dieser neuen Technologien eine Verringerung von Informations-, Übertragungs-, und Koordinationskosten. Markterschließung und Markterweiterung, Ressourcennutzung und Kooperationen sind im Prinzip weltweit möglich. Aus der betrieblichen Perspektive rückt damit der Raum verstärkt in den Blickpunkt von Strategien der Unternehmens- und Arbeitsorganisation. Vor allem die informations- und wissensintensiven Betriebe können weltweit agieren. Informations- und Kommunikationsaustausch zwischen räumlich weit entfernt liegenden Akteuren, anderen Unternehmen oder Betriebsteilen, erfolgt schnell und billig. Durch den IuK-gestützten Informations- und Wissenstransfer können auch Innovationen schneller und billiger entwickelt und verbreitet werden; und dieser

Transfer verstärkt zugleich die interregionale Preis- und Produktkonkurrenz. Damit stellt sich die Frage nach der *Bedeutung von lokalen Strukturen* (z.B. von Kunden- und Lieferantenbeziehungen) im *globalen Wettbewerb*.

Diese räumlichen Veränderungen werden auf der Grundlage von *Dezentralisierungsstrategien* der Betriebe und der *Nutzung von IuK-Netzen* analysiert (vgl. z.B. Picot/Reichwald 1994; Sauer/Döhl 1997). Dezentralisierungen können mit der Nutzung eines IuK-Netzes weltweit erfolgen. So kann durch eine räumliche Ausweitung der betrieblichen Wertschöpfungsketten für jeden Fertigungsschritt weltweit der optimale Standort gewählt werden (vgl. z.B. Krugman 1995, S. 334ff.), und es besteht die Möglichkeit, weltweit schnell und kostengünstig mit anderen Akteuren der Wertschöpfungskette zu kommunizieren. Diese räumliche Kommunikation kann durch Betriebe erfolgen, die ihre Unternehmensorganisation dezentralisiert haben; Betriebe können aber auch mit externen Partnern an verschiedenen Standorten IuK-gestützt kommunizieren, ohne daß sie dezentralisiert haben.

Die überbetriebliche Nutzung der neuen IuK-Technologien hat somit *raumstrukturierende Wirkung*, sie verändert die Bedeutung des Raumes. Diese räumlichen Wirkungen werden vor allem im Hinblick auf die veränderte Bedeutung von Regionen thematisiert. Zwei Thesen konkurrieren in dieser Diskussion (vgl. u.a. Freeman 1994, S. 485ff.; Goldberg 1994, S. 71ff.; ifo Institut 1996; OECD 1994, S. 6ff.; Petit 1995, S. 23ff.; Soete 1995, S. 237ff.). Die erste These geht mit Bezug auf verringerte räumliche Transaktionskosten von einer abnehmenden Bedeutung der Regionen aus – mit der Folge, daß sich die Regionen angleichen. Begründungen dafür liefern Außenwirtschafts- und Raumwirtschaftstheorien (vgl. z.B. Heinrich 2000). Die zweite These lautet, daß eine zunehmende Bedeutung von Regionen zu erwarten sei. Die Nutzung von IuK-Technologien für überbetriebliche Reorganisationen verstärkt danach regionale Wettbewerbsvorteile; so bestünde keine Substitutionalität, sondern eine Komplementarität zwischen persönlichen Beziehungen und IuK-Technologien. Der neueren Regionalökonomie und der neuen Wachstumstheorie zufolge würden durch „Spillovers“ positive Skalen- und Synergieeffekte entstehen bzw. bestehende verstärkt werden. Diese Entwicklung bewirke eine Divergenz von Regionen.

Der vorliegende Beitrag setzt an dieser Diskussion an und untersucht die Frage, wie sich die überbetriebliche Nutzung von IuK-Technologien regional auswirkt. Im Zentrum stehen die Auswirkungen räumlich dezentraler IuK-gestützter Organisationsformen und Kooperationen auf regionale Beschäftigung und Arbeitsmarkt. Bisherige Untersuchungen beziehen sich überwiegend auf die national/gesamtwirtschaftliche Ebene (vgl. als zusammenfassenden Überblick Schmid/Krömmelbein 1996). Regionale Beschäftigungs- und Arbeitsmarkteffekte sind dem gegenüber bisher kaum thematisiert worden (vgl. Schönebeck/Velsinger 1998, S. 726ff.). Diese Analyse wird am Beispiel der Region Rhein-Main vorgenommen. Das Rhein-Main-Gebiet läßt sich als metropolitane Region mit „Headquarter“-Funktionen von Großunternehmen und einer Spezialisierung im Bereich Finanzen, unternehmensnaher Dienstleistungen, Logistik und im verarbeitenden Gewerbe (Chemie) charakterisieren. Damit lassen die Untersuchungsergebnisse zumindest näherungsweise Aussagen über vergleichbare metropolitane Regionen zu. Nach einer kurzen Skizze des methodischen Vorgehens untersuchen wir zuerst die Bedeutung der neuen IuK-Technologien und ihre räumliche Nutzung durch Betriebe im Rhein-Main-Gebiet. Den Schwerpunkt des Beitrags bilden ausgewählte Untersuchungsergebnisse über quantitative und qualitative Beschäftigungs- und Arbeitsmarkteffekte.

2. Methodik

Die empirische Analyse basiert auf den Daten einer Unternehmensbefragung, die 1998 in der Region Rhein-Main durchgeführt wurde.[1] Die Region Rhein-Main umfaßt in der hier verwendeten Abgrenzung den Regierungsbezirk Darmstadt (vgl. Caspar et al. 2000). Die Untersuchung der regionalen Beschäftigungs- und Arbeitsmarkteffekte erfolgte für die Nachfrageseite des Arbeitsmarktes, d.h. bei den Betrieben und Organisationen, die mindestens einen sozialversicherungspflichtig Beschäftigten aufweisen. Es wurde eine Stichprobe von 15.000 Arbeitsstätten gezogen, die auch öffentliche und gemeinnützige Einrichtungen umfaßt. 1.855 Betriebe beantworteten den Fragebogen, damit betrug der Rücklauf 12,4%. Insgesamt wurden ca. 2% der Betriebe der Region, in denen 20% aller Beschäftigten erwerbstätig sind, erfaßt. Um Repräsentativität hinsichtlich der Aussagen über die Entwicklung der regionalen Beschäftigung sicherzustellen, wurde der Rücklauf gemäß der Verteilung in der Grundgesamtheit der sozialversicherungspflichtig Beschäftigten nach Wirtschaftssektoren und Betriebsgrößen gewichtet. Zu diesem Zweck wurde die Zahl der Beschäftigten (283.149 Erwerbstätige) konstant gehalten und die Anzahl der Betriebe rechnerisch auf 13.206 erhöht (vgl. zu detaillierten Angaben über die Erhebungs- und Gewichtungsverfahren Krömmelbein 2000a). Die im folgenden weitgehend deskriptive Analyse sowie die Berechnung quantitativer Beschäftigungsveränderungen beziehen sich auf den gewichteten Datensatz. Regressionen wurden auf der Grund-

---

1 Diese Unternehmensbefragung erfolgte im Rahmen des Projektes „Globalisierung und regionaler Arbeitsmarkt“, das an der Johann Wolfgang Goethe-Universität in Frankfurt am Main durchgeführt wurde. *Caroline Heinrich* und *Nicole Köck* möchten wir hiermit nochmals für ihre Kritik und Anregungen bei der Erstellung dieses Artikels danken. Weitere Untersuchungsergebnisse finden sich u.a. in: Caspar et al. 2000 sowie in Caspar et al. 2001.

lage der ungewichteten Daten berechnet, um aus der Gewichtung sich ergebende Signifikanzfehler auszuschalten.

Im Vordergrund des Interesses stehen strategische Dezentralisierungsformen, die eine räumliche Entkopplung der Geschäftsprozesse implizieren.[2] Erhoben wurden Ausgründungen, die Delokation von Funktionsbereichen und die Schließung von Funktionsbereichen, deren Leistungen anschließend von Fremdfirmen bezogen werden. Dabei wurde der Zeitraum von 1993 bis 1998 betrachtet.

Der Stand der technologischen Kommunikationsinfrastruktur kann als Bedingung für die Schaffung von dezentralen Strukturen angesehen werden, insofern eine überbetriebliche Vernetzung der elektronischen Datenverarbeitung es erlaubt, räumlich und zeitlich getrennte Arbeitsprozesse einfacher zu koordinieren und zusammenzuführen. Aus diesem Grund interessieren wir uns hier für die Nutzung überbetrieblicher Netze: *Intra-* und *Extranet*. Ein Intranet wird hier definiert als IuK-technologisches Netz zur elektronischen Datenübertragung, das verschiedene Betriebe oder Standorte eines Unternehmens verbindet, wohingegen das Extranet einen Betrieb oder ein Unternehmen mit anderen Unternehmen oder Organisationen vernetzt. Nicht weiter betrachtet wurde die Nutzung des Internets, da dieses zum Zeitpunkt der Untersuchung keine Rolle für die Übermittlung von betriebswichtigen Daten gespielt hat. Betriebsinterne Netze wurden nicht berücksichtigt, da bei diesen der überbetriebliche Charakter fehlt.

Um die räumliche Bedeutung der überbetrieblichen Veränderungen der Unternehmens- und Arbeitsorganisation zu erfassen, haben wir vier Betriebstypen gebildet. Strukturierungsvariablen dafür sind erstens die *Nutzung eines überbetrieblichen IuK-Netzes* und zweitens die *Dezentralisierung* mit den Ausprägungen „Ja" und „Nein". Diese vier Betriebstypen bilden die Grundlage für die Untersuchung der regionalen Beschäftigungs- und Arbeitsmarkteffekte.

3. Nutzung von Informations- und Kommunikations-Technologien und Dezentralisierung

Bislang existieren kaum Angaben über das Ausmaß überbetrieblicher technischer Vernetzung im Kontext der Dezentralisierung von Geschäftsprozessen. Um den Einfluß der Nutzung spezifischer Kommunikationsinfrastrukturen im organisatorischen Kontext betrachten zu können, wurde zunächst untersucht, welche Bedeutung diese beiden Aspekte bei den Betrieben in der Region Rhein-Main haben (vgl. Tabelle 1)

2 Zu Formen strategischer Dezentralisierung vgl. auch Hirsch-Kreinsen 1995.

Tab. 1: Betriebe und Beschäftigte nach Nutzung von überbetrieblichen IuK-Netzen und Dezentralisierung

Anteil an den Betrieben (Anteil an den Beschäftigten)		**Nutzung überbetriebliches Netz**		**Gesamt**
		Ja	Nein	
Dezentralisierung	Ja	4,0 (30,6)	8,3 (8,4)	12,3 (39,0)
	Nein	15,4 (25,0)	72,3 (36,0)	87,7 (61,0)
Gesamt		19,4 (55,6)	80,6 (44,4)	100,0 (100,0)

Quelle: Eigene Erhebung; N = 13.206 Betriebe. Die Angaben in den folgenden Tabellen beziehen sich ebenfalls auf diese Primärerhebung. Daher wird die Quelle im folgenden nicht mehr angegeben. N wird nur noch angegeben, wenn es von der hier angegebenen Zahl abweicht.

1998 wurde in 19% der Betriebe ein überbetriebliches Netz als Intranet oder Extranet genutzt, um damit wesentliche Geschäftsprozesse in einzelnen Funktionsbereichen regelmäßig abzuwickeln. In diesen Betrieben waren rund 56% aller Beschäftigten der Region tätig; somit handelt es sich hier hauptsächlich um größere Betriebe. Die Mehrheit der Betriebe und Einrichtungen (81%) nutzte während des Untersuchungszeitraums die Möglichkeiten einer überbetrieblichen Vernetzung der Computer für den elektronischen Datenaustausch noch nicht. Innerhalb des Zeitraumes von 1993 bis 1998 wurde in 12% der Betriebe eine Dezentralisierung durchgeführt; in diesen Betrieben waren 39% der Beschäftigten tätig. Nur in 4% der Betriebe wird ein Informations- und Kommunikationsnetz genutzt und parallel dazu wurde in den letzten fünf Jahren eine Dezentralisierung durchgeführt. Jedoch arbeitet in diesen Betrieben fast jeder dritte Beschäftigte (31%). Hingegen sind fast drei Viertel (72%) der Betriebe noch „traditionell“ organisiert: ohne IuK-Netz und ohne Dezentralisierung. Bei diesen handelt es sich vor allem um kleine Betriebe, denn nur 36% der Beschäftigten sind in diesen Betrieben beschäftigt. In über einem Fünftel der Betriebe wurde nur eine der beiden Maßnahmen durchgeführt: In 15% der Betriebe arbeitet man nur mit IuK-Netzen und in 8% der Betriebe wurde nur eine Dezentralisierung durchgeführt. Nutzung von IuK-Netzen und Dezentralisierungen bedingen sich nicht notwendigerweise gegenseitig.

Auch wenn nur 19,4% aller Betriebe eine überbetriebliche Vernetzung nutzen und nur 12,3% dezentralisiert haben, kann man von einer hohen Relevanz dieser Entwicklungen ausgehen, da zum einen ein wesentlich höherer Anteil der Beschäftigten davon tangiert wird (ca. 56% bzw. 39%) und zum anderen anzunehmen ist, daß diese IuK-Technologien künftig breiter genutzt werden, denn 44% der Betriebe gaben an, daß die IuK-Netze in Zukunft eine größerer Rolle für die Abwicklung ihrer geschäftlichen Transaktionen spielen werden (vgl. hierzu auch Krömmelbein 2000b).

Die bisherigen Ergebnisse deuten bereits darauf hin, daß die Nutzung von IuK-Netzen und die Dezentralisierung von Geschäftsprozessen von der *Betriebsgröße* abhängt. Tabelle 2 bestätigt diesen ersten Eindruck.

Tab. 2: Betriebstypen nach Betriebsgröße – Zeilenprozente

Beschäftigte pro Betrieb	**Betriebstypen**				**Anzahl**
Dezentralisierung	Ja	Ja	Nein	Nein	**Betriebe**
Überbetriebliches Netz	Ja	Nein	Ja	Nein	**(absolut)**
0-9 Beschäftigte	1,8	7,4	11,5	79,3	9.761
10-49 Beschäftigte	6,1	11,1	24,6	58,2	2.623
50-499 Beschäftigte	22,1	10,1	34,1	33,7	706
500 und mehr Beschäftigte	51,7	8,3	30,0	10,0	60*
Gesamt	4,0	8,3	15,4	72,3	
Anzahl der Betriebe (absolut)	528	1.088	2.025	9.509	13.150

* Wegen niedriger Fallzahl hohe Fehlertoleranz

Von den Kleinbetrieben mit bis zu neun Beschäftigten arbeiten fast vier Fünftel der Betriebe noch „traditionell"; d.h. diese Betriebe verwenden keine IuK-Netze für die Kommunikation mit Externen und haben auch keine Dezentralisierung durchgeführt. Demgegenüber arbeiten in den Großbetrieben mit mehr als 500 Beschäftigten nur noch wenige ohne diese Organisationsinstrumente. Die Hälfte der Betriebe dieser Betriebsgröße benutzt sowohl ein Informations- und Kommunikationsnetz als auch Dezentralisierung als strategische Instrumente. Generell korrelieren die beiden Betriebstypen mit überbetrieblichem Netz und Dezentralisierung sowie ohne überbetriebliches Netz und ohne Dezentralisierung mit der Anzahl der Beschäftigten: Während die erste Gruppe positiv korreliert, ist die Beziehung bei der zweiten invers. Für den Betriebstyp, der dezentralisiert hat, aber kein IuK-Netz nutzt, spielt hingegen die Betriebsgröße keine signifikante Rolle.

Neben der Betriebsgröße dürfte der *Wirtschaftszweig*, in dem ein Betrieb tätig ist, ein weiteres wichtiges Kriterium für unterschiedliche organisatorische Entwicklungen in Bezug auf die Nutzung von IuK-Technologien und die Durchführung von Dezentralisierungen im Betrieb sein. Es ist zu erwarten, daß es in Branchen, in denen Tätigkeiten „digitalisierbar" sind, eine stärkere Nutzung von Iuk-Netzen gibt.

Überbetriebliche Netze und Dezentralisierung werden in den Branchen recht unterschiedlich genutzt. Die Nutzung von Intranet und Extranet erfolgt – wie erwartet – vor allem in den Wirtschaftszweigen, in denen Informationen eine große Rolle spielen: im Kredit- und Versicherungsgewerbe sowie bei den Verwaltungen, Gebietskörperschaften und Sozialversicherungen (vgl. Tabelle 3).

Tab. 3: Betriebstypen nach Wirtschaftszweig – Zeilenprozente

Betriebe nach Wirtschaftszweigen	**Betriebstypen**				**Anzahl**
Dezentralisierung	Ja	Ja	Nein	Nein	**Betriebe**
Überbetriebliches Netz	Ja	Nein	Ja	Nein	**(absolut)**
Energiewirtschaft	21,7	4,3	26,1	47,8	23*
Verarbeitendes Gewerbe	3,4	11,5	6,8	78,2	2.148
Baugewerbe	1,1	9,8	4,2	84,9	1.186
Handel	4,8	6,9	17,1	71,1	2.841
Verkehr, Nachrichtenübermittlung	3,9	7,9	14,7	73,5	771
Banken, Versicherungen	17,5	5,5	39,0	38,0	418
Dienstleistungen	3,0	7,6	18,4	71,0	5.064
Organisationen ohne Erwerbscharakter	5,5	8,5	11,8	74,2	493
Verwaltung, Gebietskörperschaften	9,3	6,8	32,2	51,7	205
Gesamt	4,0	8,3	15,4	72,3	
Anzahl der Betriebe (absolut)	528	1.088	2.024	9.509	13.149

* Wegen niedriger Fallzahl hohe Fehlertoleranz

Bei den Banken und Versicherungen haben nur 38% der Betriebe die neuen Organisationsinstrumente nicht genutzt; 17,5% haben eine Dezentralisierung durchgeführt und nutzen ein IuK-Netz, nur ein IuK-Netz verwenden noch einmal 39%. Eine unterdurchschnittliche Bedeutung der Organisationsinstrumente kann man in den Wirtschaftzweigen des Baugewerbes und des Verarbeitenden Gewerbes feststellen. Im Baugewerbe nutzen 85% der Betriebe weder ein IuK-Netz noch haben sie eine Dezentralisierung in den letzten fünf Jahren durchgeführt. Neben diesen Unterschieden fällt wieder auf – ebenso wie bei der Differenzierung nach der Betriebsgröße –, daß der Betriebstyp der dezentralisierten, aber nicht IuK-Technologien nutzenden Betriebe in allen Wirtschaftszweigen mit einem ähnlichen Anteil vertreten ist. Die Relevanz der drei anderen Betriebstypen hängt hingegen vom Wirtschaftszweig ab.

Zusammenfassend bleibt festzuhalten, daß in jedem fünften Betrieb in der Region Rhein-Main überbetriebliche IuK-Technologien genutzt werden; davon ist die Hälfte aller Beschäftigten tangiert. Besonders stark ist die Verbreitung in den Tätigkeitsbereichen, die „digitalisiert“ werden können, wie Banken/Versicherungen und Verwaltungen. In den Jahren 1993 bis 1998 wurde in 12% der Betriebe eine Dezentralisierung durchgeführt, mit zunehmender Größe der Betriebe in steigendem Umfang. Die Kombination von IuK-Technologien und Dezentralisierung wird, wie die allgemeine IuK-Nutzung, in den „digitalisierbaren“ Branchen verstärkt genutzt.

4. Räumliche Dimension der Informations- und Kommunikations-Technologien

Unser erkenntnisleitendes Interesse richtet sich auf die Auswirkungen der räumlichen Nutzung von überbetrieblichen IuK-Netzen auf die regionale Beschäftigung. Diese räumliche Nutzung haben wir anhand der Standorte der regelmäßigen Kommunikationspartner erfaßt. Im Kontext der Globalisierungs- und Regionalisierungsdebatte interessierte uns, ob sich die Kommunikationspartner über den gesamten Globus verteilen oder ob trotz oder gerade wegen der neuen IuK-Netze weiterhin eine starke regionale Konzentration im Rhein-Main Gebiet vorherrscht. Aus diesem Grund wurden die Betriebe nach den Standorten der Kommunikationspartner befragt, mit denen sie regelmäßig mit Hilfe eines IuK-Netzes kommunizieren.

80% der Betriebe, die sowohl Extranet bzw. Intranet nutzen als auch dezentralisiert haben, haben mindestens einen Kommunikationspartner in der Region Rhein-Main (Tabelle 4). Zusätzlich kommunizieren 82% der Betriebe dieses Typs regelmäßig mit mindestens einem Partner innerhalb Deutschlands. Die anderen Standorte werden von den Betrieben wesentlich seltener genannt. In der weiteren Rangfolge kommen die Europäische Union (EU), Nordamerika, Europa ohne die EU und dann Asien. Bei den anderen Betriebstypen ist die Reihenfolge vergleichbar. Auch hier dominieren die Region Rhein-Main und Deutschland als Standorte der Kommunikationspartner deutlich. Betriebe, die dezentralisiert haben und IuK-Netze nutzen, haben durchschnittlich in fast drei Gebieten Kommunikationspartner. Bei Betrieben, die ohne „überbetriebliches Netz", mit Partnern verkehren, sind dies nur 1,4 bzw. 0,4 Gebiete. Dieser Vergleich zeigt

Tab. 4: Standort der Kommunikationspartner nach Betriebstypen (in %)

Kommunikationspartner	**Betriebstypen**			
Dezentralisierung Überbetriebliches Netz	Ja Ja	Ja Nein	Nein Ja	Nein Nein
Region Rhein-Main	80,1	39,2	65,3	15,1
BRD ohne Rhein-Main	82,0	39,0	63,4	10,0
EU ohne BRD	31,8	13,5	23,8	3,6
Europa ohne EU	18,0	9,0	11,7	1,2
Nordamerika	22,0	11,8	14,0	2,3
Asien	14,6	7,7	10,5	1,1
Andere Kontinente	31,6	16,2	22,4	4,7
Anzahl der Betriebe (absolut)	528	1.088	2.025	9.509
Anzahl der Nennungen (absolut)	1.479	1.484	4.274	3.628
Nennungen/Betrieb	2,8	1,4	2,1	0,4

die gestiegene Bedeutung von Intranet und Extranet für die betriebliche Kommunikation. Die Ergebnisse spiegeln zwar die Bedeutung der räumlichen Nähe auch im Zeitalter der Globalisierung wider; sie zeigen aber auch, daß die „Globalisierung“ – hier im Sinne überregionaler Kommunikation – bei den Betrieben ausgeprägter ist, die IuK-Netze nutzen.

In der bisherigen Forschung zur organisationstechnologischen Vernetzung werden horizontale, vertikale und diagonale Netzwerke unterschieden. Ein wichtiges Unterscheidungskriterium dafür ist die Position der Netzwerkakteure innerhalb der Wertschöpfungskette. Vertikale Vernetzungen bezeichnen Produktionsnetzwerke zwischen Unternehmen, die in einer Wertschöpfungskette einander vor- oder nachgelagert sind. Sie entstehen, wenn Funktionsbereiche entweder dezentralisiert werden oder wenn meist kleinere Unternehmen in ihrer Funktion als Zulieferer an fokale Unternehmen angebunden werden. Dagegen bezeichnen horizontale Netzwerke interorganisationale Beziehungen zwischen Unternehmen derselben Branche wie Strategische Allianzen o.ä. (vgl. Wolff/Neuburger 1995, S. 85). Diagonale Netzwerke schließlich verbinden Unternehmen aus verschiedenen Branchen oder privatwirtschaftliche Unternehmen und öffentliche Institutionen wie öffentliche Verwaltung und Bildungseinrichtungen (vgl. Blaas/Nijkamp 1994, S. 277). Empirische Aussagen über die Verbreitung von IuK-gestützten Netzwerken existieren bislang kaum. Wir haben daher auch nach der Art der Kooperationspartner im o.a. Sinn gefragt (vgl. Tabelle 5).

Tab. 5: Kommunikation mit ... nach Betriebstypen (in %)

Kommunikation mit ...	**Betriebstypen**			
Dezentralisierung	Ja	Ja	Nein	Nein
Überbetriebliches Netz	Ja	Nein	Ja	Nein
Unternehmensinternem Betrieb	65,3	17,3	38,3	5,6
Vertikale Netzwerke:				
Abnehmer/Konsument/Klient	48,3	19,2	32,4	6,9
Zulieferer	37,1	15,7	24,6	6,6
Externem Dienstleister	32,8	10,4	34,8	4,3
Horizontale Netzwerke:				
Unternehmen der gleichen Branche	17,8	11,7	19,9	3,2
Diagonale Netzwerke:				
Unternehmen aus anderen Branchen	21,6	8,0	11,0	1,9
Universität, FH, TH	8,9	4,3	2,8	0,8
Öffentlicher Verwaltung	7,2	4,0	7,6	1,4
Anzahl der Betriebe (absolut)	528	1.088	2.025	9.509
Anzahl der Nennungen (absolut)	1.262	986	3.473	2.922
Nennungen/Betrieb	2,4	0,9	1,7	0,3

Der dezentralisierte und ein IuK-Netz nutzende Betriebstyp kommuniziert am häufigsten (65%) mit unternehmensinternen Betrieben. Auf dem zweiten Platz bezüglich der Anzahl der Nennungen kommt bei diesem Betriebstyp die Kommunikation mit den Abnehmern, Konsumenten und Klienten. Diese wird – wie die nachfolgenden Ränge: Kommunikation mit den Zulieferern und den externen Dienstleistern – unter die vertikalen Produktionsketten subsumiert. Neben den horizontalen Verflechtungen (Unternehmen aus der gleichen Branche) haben auch Unternehmen aus anderen Branchen (diagonale Netzwerke) noch eine hohe Bedeutung. Bei den drei anderen Betriebstypen kann man ähnliche Strukturen, wenn auch auf signifikant niedrigerem Niveau, erkennen. Die Bedeutung der unternehmensinternen Kommunikation ist bei diesen Betriebstypen jedoch wesentlich geringer, da es sich im allgemeinen um kleinere Unternehmen handelt.

Die Kommunikation über IuK-Netze dient somit hauptsächlich der Kommunikation entlang der vertikalen Produktionskette. Zudem wird sie vor allem in großen Unternehmen zwischen den verschiedenen Betriebsteilen genutzt. Die Nutzung von IuK-Netzen erfolgt trotz einer globalen Komponente insbesondere auch regional. Die globalen Kontakte lösen also nicht die regionalen Beziehungen ab, sondern ergänzen diese.

5. Quantitative Beschäftigungseffekte

Um zunächst die quantitativen Beschäftigungseffekte in der Region Rhein-Main für die vier Betriebstypen zwischen 1993 und 1998 zu berechnen, wurde das durchschnittliche jährliche Beschäftigungswachstum der Betriebe ermittelt: Es betrug 0,5% (vgl. Tabelle 6). Betriebe, die während der letzten fünf Jahre ihre Geschäftstätigkeit aufgaben, konnten dabei nicht berücksichtigt werden. Dies ist ein Grund für die Diskrepanz zur amtlichen Statistik, die einen leichten Beschäftigungsabbau für diese Zeit in der Rhein-Main Region feststellte. Für die hier behandelte Fragestellung ist die absolute Höhe des Beschäftigungswachs-

Tab. 6: Durchschnittliche Veränderung der Beschäftigung in den Jahren 1993-1998 (normiert auf ein Jahr; in %)

Beschäftigungswachstum (normiert auf ein Jahr)		**Nutzung überbetriebliches Netz**		**Gesamt**
		Ja	Nein	
Dezentralisierung	Ja	-0,3	-0,7	-0,4
	Nein	1,5	0,9	1,1
Gesamt		0,5	0,6	0,5

tums allerdings zweitrangig, interessant sind vielmehr die unterschiedlichen Entwicklungen im Kontext der IuK-Nutzung und der Dezentralisierung.

Die Nutzung eines überbetrieblichen IuK-Netzes hat für sich allein genommen keine Auswirkungen auf die Beschäftigung im Rhein-Main-Gebiet (0,5% versus 0,6%). Die Dezentralisierung eines Betriebsteiles, Ausgründung, Verlagerung oder Wechsel von interner Herstellung auf Fremdeinkauf, führt – wie man erwarten kann – zu einem Abbau der Beschäftigung in dem Betrieb, der dies praktiziert. Bei der Kombination von IuK-Nutzung und Dezentralisierung kommt man zu einem vergleichsweise leicht positiven Effekt durch die überbetrieblichen IuK-Netze. Werden nur jene Betriebe betrachtet, die keine Dezentralisierung durchführten, so haben Betriebe, die ein IuK-Netz nutzen, eine bessere Beschäftigungsentwicklung. Genauso sieht es bei der Untergruppe der dezentralisierten Betriebe aus. Die Nutzung von IuK-Technologien hat also bisher keinen negativen Effekt auf die Beschäftigung gehabt, man kann sogar tendenziell leicht positive Wirkungen erkennen.

Eine Antwort auf die Frage nach der Globalisierung oder Regionalisierung der IuK-gestützten überbetrieblichen Unternehmensorganisation versuchen wir anhand einer Regression mit den Beschäftigungseffekten als abhängiger und dem *Standort des Kommunikationspartners* als unabhängiger Variablen zu geben. Tabelle 7 zeigt die Ergebnisse.

Tab. 7: Regionale Beschäftigung und Kommunikation

Betriebliches Beschäftigungswachstum als Funktion der Kommunikation mit Partnern in ...	**Regressionskoeffizient**	**T**	**Irrtumswahrscheinlichkeit**
Konstante	0,025	3,318	0,002
Rhein-Main	0,027	1,990	0,047
Der BRD (ohne Rhein-Main)	-0,003	-0,500	0,617
Der EU (ohne BRD)	0,011	0,891	0,373
Europa (ohne EU)	-0,040	-2,125	0,034
Nordamerika	0,059	3,139	0,002
Asien	0,009	0,408	0,683
Andere Standorte	0,015	-0,729	0,466

Quelle: N (ungewichtet) = 1.855 Betriebe; Korrigiertes R^2: 0,009; F: 3,432; Irrtumswahrscheinlichkeit: 0,001

Signifikante Zusammenhänge zwischen IuK-technologisch gestützter überbetrieblicher Kommunikation und Beschäftigung bestehen nur bei der Kommunikation mit Partnern aus der Region-Rhein-Main, Europa ohne die EU und Nordamerika. Das heißt: Diejenigen Betriebe, die regelmäßig über ein IuK-technologisches Netz mit Partnern in der Rhein-Main-Region oder in Nordamerika kommunizieren, weisen ein positives Beschäftigungswachstum auf, jene Betriebe, die mit Nicht-EU-Ländern regelmäßig über das Netz kommunizieren eine negative Beschäftigungsentwicklung. Für die Kommunikation in der Rhein-Main Region läßt sich dies als Wettbewerbsvorteil durch eine enge regionale Einbindung (Regionalisierung) interpretieren, für die Kommunikation mit Nordamerika spielt vermutlich die Erweiterung des Marktes in diese Region eine Rolle. Der negative Einfluß der Kommunikation mit Nicht-EU-Ländern auf die Beschäftigung ist eher im Kontext eines verstärkten Standortwettbewerbs und als ein Bestandteil beschäftigungskontraktiver Kostensenkungsmaßnahmen anzusehen. Für die Betriebe im Rhein-Main-Gebiet, die mit anderen Regionen regelmäßig über das überbetriebliche Netz kommunizieren, lassen sich keine signifikanten Beschäftigungswirkungen ableiten.

Im folgenden wird überprüft, ob die Beschäftigungseffekte überbetrieblicher Kommunikation von der *Art des Partners* abhängen. Diese Frage wurde ebenfalls anhand einer linearen Regression überprüft (vgl. Tabelle 8).

Tab. 8: Beschäftigungseffekte überbetrieblicher Kommunikation nach Art des Partners

Betriebliches Beschäftigungswachstum als Funktion von ...	**Regressionskoeffizient**	**T**	**Irrtumswahrscheinlichkeit**
Konstante	0,024	3,099	0,002
Kommunikation mit ...			
Unternehmensinternem Betrieb	-0,012	-0,857	0,392
Vertikale Netzwerke			
Abnehmer/Konsument/Klient	0,041	2,260	0,024
Zulieferer	0,027	1,293	0,196
Externem Dienstleister	0,036	2,032	0,042
Horizontale Netzwerke			
Unternehmen der gleichen Branche	0,022	1,028	0,304
Diagonale Netzwerke			
Unternehmen aus anderen Branchen	-0,030	-1,143	0,253
Universitäten, FHs, THs	0,163	4,692	0,000
Öffentlicher Verwaltung	-0,025	-1,188	0,235
Sonstigem Partner	0,016	-0,539	0,590

Quelle: N (ungewichtet) = 1.855 Betriebe; Korrigiertes R^2: 0,022; F: 5,573; Irrtumswahrscheinlichkeit: 0,000

Ein signifikanter Zusammenhang zwischen dem Beschäftigungswachstum und der Art des Kommunikationspartners besteht nur bei Abnehmer-, Konsumenten- und Klienten-Beziehungen, bei externen Dienstleistern und bei Universitäten, Technischen Hochschulen und Fachhochschulen. Betriebe, die regelmäßig IuK-technologisch gestützt mit Abnehmern/Klienten/Kunden oder externen Dienstleistern kommunizieren, haben ein leicht überdurchschnittliches Beschäftigungswachstum. Der positive Einfluß der Kommunikation mit Abnehmern könnte auf die Markterweiterung zurückgeführt werden, der positive Einfluß der Kommunikation mit externen Dienstleistern auf Wettbewerbsvorteile durch unternehmensübergreifende Vernetzung und Kooperation. Besonders ausgeprägt ist das zusätzliche Beschäftigungswachstum, wenn der Betrieb regelmäßig IuK-technologisch gestützt mit Hochschulen kommuniziert. Diese beträchtliche positive Wirkung der Kommunikation mit Hochschulen weist wahrscheinlich auf die Vorteile FuE-bezogener Kooperationen hin, deren Ergebnisse strategische und damit weitreichende Wettbewerbsvorteile mit sich bringen. Allerdings ist anzumerken, daß zwar ein signifikanter Zusammenhang besteht, die Stärke des Zusammenhangs aber gering ist.

6. Auswirkungen auf die Qualifikationsstruktur

Hinsichtlich der Auswirkungen der IuK-Technologien auf die Qualifikationsstruktur wird überwiegend die These vertreten, daß mit einer wachsenden Nachfrage nach hoch qualifizierten Arbeitskräften zu rechnen sei. Gering qualifizierte Arbeitskräfte in der Produktion wären im Gegensatz dazu häufiger von der durch iuk-technologische Vernetzungen ermöglichten Dezentralisierung ihrer Arbeitsplätze betroffen. Aus diesen Gründen sei der Anteil von hoch qualifizierten Arbeitskräften, die nicht in der eigentlichen Produktion beschäftigt sind, in den Firmen überproportional hoch, die IuK-Technologien intensiv anwenden (vgl. z.B. Motohashi 1997, S. 33ff.). Hierin kann eine Ursache dafür liegen, daß sich die Schere seit etwa 1980 zwischen qualifizierten und unqualifizierten Beschäftigten in bezug auf ihr Einkommen, die Nachfrage nach den jeweiligen Tätigkeiten und auch bezogen auf Arbeitslosigkeit und Beschäftigungssicherheit geöffnet hat (vgl. Wood 1998). Gerade die Kodifizierung von Informationen reduziert den Anteil an Routinetätigkeiten und erfordert nun zusätzliche Qualifikationen für die Bearbeitung des Informationsflusses: Zugang zu den Informationsströmen, die Fähigkeit auszuwählen, mit den Daten und Informationen umzugehen, sie zu benutzen und zu verarbeiten. Darüber hinaus wird angenommen, daß dezentrale Unternehmensstrukturen und eine Konzentration auf Kernkompetenzen die Nachfrage nach qualifizierten Beschäftigten ebenfalls fördern (vgl. Colecchia/Papaconstantinou 1996, S. 16; Krömmelbein 2000b; OECD 1996; OECD 1994, S. 129f.).

Wir überprüfen die 'Höherqualifizierungsthese' für das Rhein-Main-Gebiet anhand der Qualifikationsstrukturen der Beschäftigten und ihrer Entwicklung in Abhängigkeit von dezentralen und IuK-gestützten Organisationsstrukturen.

Die Angestellten mit qualifizierter Tätigkeiten bilden mit 44% aller Beschäftigten in der Region Rhein-Main die größte Qualifikationsgruppe. Facharbeiter, an- und ungelernte Arbeiter sowie Angestellte mit einfachen Tätigkeiten haben quantitativ gesehen etwa die gleiche Bedeutung; 7% der Beschäftigten sind leitende Angestellte (vgl. Tabelle 9). Bei den Betrieben, die IuK-Technologien nutzen und zwischen 1993 und 1998 eine Dezentralisierung durchführten, sind mit fast 52% die Angestellten mit qualifizierten Tätigkeiten überdurchschnittlich vertreten. In diesen Betrieben ist zugleich die Qualifikationsgruppe der an- und ungelernten Arbeiter unterrepräsentiert. Damit wird die Erwartung bestätigt, daß Betriebe, die IuK-Technologien nutzen, einen geringeren Bedarf an Beschäftigten für einfache Tätigkeiten und einen größeren Bedarf an hoch qualifizierten Beschäftigten haben. Im Vergleich hierzu werden von den Betrieben mit „traditioneller“ Organisationsstruktur, also ohne IuK-Netz und ohne Dezentralisierung, weniger Angestellte mit qualifizierter Tätigkeit beschäftigt. Facharbeiter sowie an- und ungelernte Arbeiter werden dafür von diesen Betrieben stärker nachgefragt. In Betrieben, die ein IuK-Netz nutzen, aber keine Dezentralisierung durchführten, ist der Anteil der Facharbeiter unterdurchschnittlich groß, dafür arbeiten hier mehr Angestellte.

Tab. 9: Qualifikationsstruktur der Beschäftigten nach Betriebstypen(in %)

	Betriebstypen				Gesamt
Dezentralisierung Überbetriebliches Netz	Ja Ja	Ja Nein	Nein Ja	Nein Nein	
An- und ungelernte Arbeiter	11,4	21,4	17,3	20,7	17,2
Facharbeiter	18,1	15,2	11,0	22,2	17,6
Angestellte mit einfacher Tätigkeit	13,3	12,6	17,0	11,9	13,7
Angestellte mit qualifizierter Tätigkeit	51,7	42,9	47,5	36,8	44,3
Leitende Angestellte	5,5	7,9	7,3	8,3	7,2
Anzahl der Beschäftigten (absolut)	63.657	18.229	57.371	84.019	223.276

Die obige Betrachtung der Qualifikationsstruktur ist eine Zeitpunktbetrachtung. Die unterschiedlichen Beschäftigtenstrukturen in den Betriebstypen können sich im Laufe der Zeit angleichen oder noch weiter auseinander entwickeln. Welche dieser beiden Szenarien eingetreten sind, wird im folgenden untersucht. Dazu wurden die Betrieben nach der Veränderung des Personalbestandes (Zunahme, Abnahme oder keine Veränderung) in den verschiedenen Qualifikationsgruppen im Zeitraum 1993 bis 1998 befragt (vgl. Tabelle 10).

Die größten Veränderungen beim Personalbestand, über alle Betriebstypen hinweg, gab es in den letzten fünf Jahren bei den Angestellten mit qualifizierter Tätigkeit. Hier veränderte sich bei 28,5% der Betriebe der Personalbestand (Dy-

*Tab. 10: Saldo der Veränderung des Personalbestandes nach Qualifikationsgruppen und Betriebstypen (1993-1998); in Klammern: „Dynamik-Prozentpunkte"**

Personalbestandsveränderung	**Betriebstypen**				**Gesamt**
Dezentralisierung	Ja	Ja	Nein	Nein	
Überbetriebliches Netz	Ja	Nein	Ja	Nein	
An- und ungelernte Arbeiter	-16,6 (40,5)	-0,6 (26,7)	1,2 (13,0)	-2,0 (11,9)	-1,9 (14,4)
Facharbeiter	-4,0 (23,3)	-8,7 (22,7)	6,3 (14,4)	0,4 (15,7)	0,5 (16,4)
Angestellte mit einfacher Tätigkeit	-8,2 (35,1)	0,9 (11,6)	3,2 (19,9)	2,8 (10,3)	2,3 (12,9)
Angestellte mit qualifizierter Tätigkeit	36,4 (67,4)	8,5 (36,9)	29,2 (45,6)	5,3 (21,8)	10,5 (28,5)
Leitende Angestellte	10,4 (36,2)	-1,8 (13,2)	7,3 (15,5)	1,0 (6,1)	2,1 (9,4)

* „Dynamik-Prozentpunkte": Anteil der Betriebe, die ihren Personalbestand im Betrachtungszeitraum verändert haben.

namik). Mit einem Saldo (Zunahme – Abnahme der Beschäftigtengruppe) von +10,5 Prozentpunkten überwogen dabei die Betriebe, die den Personalbestand mit qualifizierten Angestellten erhöhten. Hingegen wurden mit -1,9 Prozentpunkten in mehr Betrieben an- und ungelernte Mitarbeiter freigesetzt, als in anderen Betrieben neu eingestellt.

Führt man eine nach Betriebstypen differenzierte Betrachtung durch, werden die unterschiedlichen Entwicklungen deutlich. In den Betrieben, die ein IuK-Netz nutzen und dezentralisiert haben, fanden die größten Veränderungen in der Beschäftigtenstruktur statt. Bei über zwei Drittel dieser Betriebe (67,4%) veränderte sich der Personalbestand bei den Angestellten mit qualifizierter Tätigkeit. Mit Bezug auf die an- und ungelernten Arbeiter und die Angestellten mit einfacher Tätigkeit ist in diesen Betrieben ebenfalls eine beachtliche Dynamik zu verzeichnen (40,5% und 35,1%). Bei der Qualifikationsgruppe der Angestellten mit qualifizierter Tätigkeit überwogen dabei mit +36 Prozentpunkten die Zunahmen sehr stark. Bei den an- und ungelernten Arbeitern und den Angestellten mit einfachen Tätigkeiten sorgte die hohe Dynamik per Saldo für einen Abbau (-17 und -8 Prozentpunkte). Man kann also bei diesen Betrieben einen doppelten „up-skilling"-Prozeß erkennen: Zum einen nehmen die (hoch) qualifizierten Beschäftigten zu und zum anderen werden die niedrig Qualifizierten freigesetzt. Im Kontrast dazu zeichnen sich die „traditionellen" Betriebe durch ein hohes Beharrungsvermögen aus: Der Anteil der Betriebe, die ihren Personalbestand verändert haben ist gering, und die Veränderungen führen per

Saldo zu keinen wesentlichen Veränderungen in der Qualifikationsstruktur. Bei Betrieben, die nur ein IuK-Netz nutzen, aber keine Dezentralisierung durchführten, kommt es ebenfalls zu einem Anstieg an qualifizierten Angestellten; ein Abbau an niedrig qualifizierten Beschäftigten findet hier aber nicht statt.

Die Nutzung von IuK-Technologien führt in den Betrieben somit zu einer veränderten Nachfrage auf dem Arbeitsmarkt. Neben einer erhöhten Mobilität, d.h. Einstellungen und Entlassungen, besteht ein erhöhter Bedarf an qualifizierten Arbeitskräften. Beschäftigte mit niedrigen Qualifikationen werden hingegen in Betrieben, in denen in den letzten fünf Jahren Dezentralisierungen durchgeführt wurden, überdurchschnittlich stark abgebaut.

7. Flexibilisierung der Arbeitsverhältnisse?

Der Einsatz von neuen IuK-Technologien reduziert die Informations-, Such- und Koordinationskosten und ermöglicht eine höhere Transparenz von Angebot und Nachfrage auf dem Arbeitsmarkt, so daß sich der Arbeitsmarkt in Richtung eines vollkommenen Marktes entwickeln kann (vgl. Beck 1999, S. 71).[3] Entstandardisierte, heterogene Arbeitsverhältnisse, die flexibel an die Notwendigkeiten vernetzter und dezentral verteilter Geschäftsprozesse angepaßt werden, verringern die Notwendigkeit für eine langfristige Beschäftigung als Schutz vor opportunistischem Verhalten:

> „... the improved supply of labor and the improved information about the labor market reduce incentives and necessities to conclude long term contracts." (Beck 1999, S. 76)

Dies führt einerseits zur Abkehr von einer „lebenslangen" Bindung zwischen Arbeitgeber und Arbeitnehmer und hin zu kurzfristigen Beschäftigungsverhältnissen, bei denen flexibel die Anzahl der Beschäftigten den Schwankungen des Absatzmarktes angepaßt werden.[4] Andererseits können jedoch langfristige Be-

3 Im Gegensatz zum traditionellen neoklassischen Modell ist der reale Arbeitsmarkt durch eine unvollkommene Marktsituation geprägt, Angebot und Nachfrage nach nicht homogenen Arbeitskräften sind auf dem Markt nur begrenzt bekannt. Die Informations- und Suchkosten, um den „richtigen" Bewerber zu finden, sind hoch. Alternativ bzw. in Ergänzung zur Personalsuche hat das Unternehmen die Möglichkeit durch 'Benefits', wie höhere Löhne eine langfristige Bindung der Erwerbstätigen an das Unternehmen zu erkaufen (vgl. Sesselmeier 1999, S. 116). Mit dieser Strategie versuchen sich Betriebe auch vor opportunistischem Verhalten der Beschäftigten zu schützen (vgl. Beck, H. 1999, S. 74).

4 Hierfür werden auch veränderte gesellschaftliche Rahmenbedingungen, hohe Arbeitslosigkeit und neue Arbeitsgesetze, als Ursachen angeführt; letztere betreffen die Teilzeit-

schäftigungsverhältnisse für Unternehmen wiederum aus Gründen der Reduktion von Transaktionskosten im Kontext der Sicherung von betriebsspezifischem Humankapital und der Erhöhung der Leistungsintensität von Vorteil sein (vgl. Gerlach/Hübler 1986; Schasse 1991, S. 13).[5] Insbesondere durch Strategien funktionaler Flexibilisierung von Arbeit, die mit wachsender Selbststeuerung, Eigenverantwortung, Teamarbeit u.a. einhergehen, existiert ein Trend zu längerfristigen Bindungen zwischen Beschäftigten und Betriebsleitung. Dies betrifft vor allem Beschäftigte mit höherer Qualifikation und längerer Betriebszugehörigkeit, die in der Regel über betriebsspezifisches Wissen verfügen, das mit der Entlassung der Person für das Unternehmen verloren ginge. Um dies zu vermeiden, haben Betriebe, besonders bei Beschäftigten mit höheren Qualifikationen, ein Interesse, diese langfristig an das Unternehmen zu binden (vgl. z.B. Flecker 2000; Gerlach/Jirjahn 1999).[6]

Welche der beiden Tendenzen durch den Einsatz überbetrieblicher IuK-Netze und die Dezentralisierung von Teilbereichen der Betriebe befördert wird, ist Gegenstand der folgenden Analyse. Untersucht wurde, ob sich die durchschnittliche Betriebszugehörigkeitsdauer in den Jahren 1993 bis 1998 in der Region Rhein-Main in Abhängigkeit von deren benannten Organisationsmerkmalen verändert hat und welche Unterschiede zwischen den Qualifikationsgruppen bestehen (vgl. Tabelle 11).[7]

In der Qualifikationsgruppe der Angestellten mit qualifizierter Tätigkeit fanden im Zeitraum von 1993 bis 1998 die größten Veränderungen bei der Beschäftigungsdauer statt. 21% aller Betriebe gaben an, daß sich bei dieser Gruppe die durchschnittliche Beschäftigungsdauer verändert hat (Dynamik). Dabei betrug der Saldo 11 Prozentpunkte (Zunahme – Abnahme der durchschnittlichen Beschäftigungsdauer im Betrieb); damit überwiegen die Betriebe, in denen eine Zunahme der Dauer der Beschäftigung stattfand. Hingegen wurde mit -3 Prozentpunkten in mehr Betrieben die Beschäftigungsdauer von an- und ungelernten Mitarbeiter verkürzt als in anderen verlängert.

---

arbeit, Leiharbeit, befristete Beschäftigung und den Kündigungsschutz (vgl. Hoffmann/Walwei 1998, S. 422).

5 Gesamtwirtschaftlich stellt sich die Frage nach der notwendigen Flexibilität des Arbeitsmarktes. Bei Branchen mit längeren Beschäftigungsverhältnissen ist mit längeren Anpassungszeiten bei strukturellen Krisen zu rechnen.

6 So erklären Gerlach/Jirjahn (1999, S. 182) eine Verlängerung der betrieblichen Beschäftigungsdauer u.a. mit „sunk costs“ und beziehungsspezifischen Kosten. Sie nennen als Gründe dafür: Imageverlust des Betriebes bei der Belegschaft, der Öffentlichkeit (Medien) und bei den Kunden, wenn Arbeitsplätze in größerem Maße abgebaut werden. Damit verbunden sei ein Motivationsverlust bei den übrigen Beschäftigten.

7 Die Ergebnisse beziehen sich auf die Selbsteinschätzungen der Betriebe.

*Tab. 11: Saldo der Veränderung der Beschäftigungsdauer, 1993-1998 nach Betriebstypen, in Klammern: „Dynamik-Prozentpunkte"**

Veränderung der Beschäftigungsdauer	**Betriebstypen**				**Gesamt**
Dezentralisierung	Ja	Ja	Nein	Nein	
Überbetriebliches Netz	Ja	Nein	Ja	Nein	
An- und ungelernte Arbeiter	-17,1 (29,6)	3,2 (19,6)	0,8 (8,3)	-3,9 (9,1)	-3,0 (10,7)
Facharbeiter	-1,7 (16,1)	-2,5 (16,8)	-0,3 (9,4)	1,4 (9,7)	0,8 (10,5)
Angestellte mit einfacher Tätigkeit	-7,8 (28,2)	2,0 (9,9)	8,0 (14,8)	1,6 (6,9)	2,2 (9,4)
Angestellte mit qualifizierter Tätigkeit	31,7 (53,3)	8,6 (32,9)	26,6 (36,1)	6,7 (14,5)	11,1 (21,0)
Leitende Angestellte	11,0 (37,2)	13,0 (17,0)	7,9 (13,6)	3,3 (5,2)	5,2 (8,9)
Freie Mitarbeiter	9,1 (26,9)	0,2 (9,9)	2,4 (8,0)	0,8 (4,2)	1,3 (6,1)

* „Dynamik-Prozentpunkte": Anteil der Betriebe, in denen die durchschnittliche Beschäftigungsdauer im Betrachtungszeitraum verändert wurde.

Bei einer nach Betriebstypen differenzierten Betrachtung sieht man, daß bei den Betrieben, die IuK-Technologien nutzen und eine Dezentralisierung durchgeführt haben, die größten Veränderungen stattgefunden haben. Sehr starke Veränderungen der durchschnittlichen Beschäftigungsdauer fanden bei allen Qualifikationsgruppen dieses Betriebstyps statt: den qualifizierten Angestellten (in 53% der Betriebe), den leitenden Angestellten (37%), den an- und ungelernten Arbeitern (30%), den Angestellten mit einfacher Tätigkeit (28%) und den Freien Mitarbeitern (27%). Diese hohen Veränderungsraten führten insbesondere bei den Angestellten mit qualifizierter Tätigkeit zu einer Zunahme der durchschnittlichen Beschäftigungsdauer (32 Prozentpunkte). Bei den an- und ungelernten Arbeitern hingegen war damit eine Verkürzung verbunden (-17% Prozentpunkte).

Im Gegensatz zu diesen Betrieben waren die „traditionell" organisierten Betriebe, also die ohne IuK-Technologie und ohne Dezentralisierung, durch eine größere Kontinuität gekennzeichnet. Die Dynamik war geringer und im Saldo veränderte sich die Beschäftigungsdauer kaum. Bei der Mischform der Betriebe, die ein IuK-Netz nutzt, aber keine Dezentralisierung durchführte, wurde von 27% der Betriebe angegeben, daß sich die durchschnittliche Beschäftigungsdauer der Angestellten mit qualifizierter Tätigkeit verlängert hätte. Bei dem anderen Mischtyp – nur Dezentralisierung – verändert sich per Saldo, mit Ausnahme der leitenden Angestellten (11 Prozentpunkte), nur wenig – dies, obwohl die Dynamik zum Teil sehr hoch ist: bei 33% der qualifizierten Angestellten veränderte sich die Beschäftigungsdauer.

Bei der vergleichenden Betrachtung der Veränderung des Personalbestandes (Tabelle 10) und der Veränderung der durchschnittlichen Beschäftigungsdauer (Tabelle 11) fällt ein enger Zusammenhang zwischen diesen beiden Parametern auf: Je stärker eine Qualifikationsgruppe auf dem Arbeitsmarkt nachgefragt wird (Zunahme des Personalbestandes), desto stärker sind die Betriebe daran interessiert, diese Beschäftigtengruppe durch längerfristige Beschäftigungsverhältnisse an das Unternehmen zu binden.

Der kombinierte Einsatz von überbetrieblichen IuK-Technologien und der Dezentralisierung von Betriebsteilen führt somit zu einer verstärkten Nachfrage nach qualifizierten Angestellten, die auch längerfristig an den Betrieb gebunden werden. Gleichzeitig haben in diesen Betrieben die an- und ungelernten Arbeiter kürzere Beschäftigungsverhältnisse und ihr Anteil an der gesamten Beschäftigung wird weiter reduziert. Damit führt der Einsatz von IuK-Technologien zu einer Verstärkung der schon bestehenden Segmentation zwischen an- und ungelernten Arbeitern und qualifizierten Angestellten (vgl. Caspar/Krömmelbein/Schmid 2001; Gerlach/Jirjahn 1999; Sengenberger 1987). Der mit dem Einsatz von IuK-Technologien erwartete transparentere Arbeitsmarkt und die damit verbundene Möglichkeit, den Aufwand für das Personal zu reduzieren und die Arbeitsverhältnisse zu flexibilisieren, konnte für die Region Rhein-Main nicht ermittelt werden. Im Gegenteil: Es fand eine *Verlängerung der durchschnittlichen Beschäftigungsdauer* besonders in den Betrieben statt, in denen überbetriebliche IuK-Netze genutzt werden. Damit stehen diese Ergebnisse im Widerspruch zu der Erwartung, daß neue IuK-Technologien aufgrund der gesunkenen Transaktionskosten zu einer Verkürzung der durchschnittlichen Beschäftigungsdauer führen. Die Nutzung von überbetrieblichen IuK-Technologien verstärkt somit aus betriebswirtschaftlicher Perspektive offenbar die Notwendigkeit für längerfristige Arbeitsverhältnisse bei höher Qualifizierten.

Betrachtet man den Typus der dezentralisierten und ein überbetriebliches Netz nutzenden Betriebe als Betriebsmodell der Zukunft, so kann die Einführung von IuK-technologischen Netzen und dezentralen Betriebsstrukturen zu einer vertieften Spaltung des Arbeitsmarktes im Hinblick auf die Beschäftigungsdauer und den Personalbestand führen. Personen, die einfache und/oder stark standardisierte Tätigkeiten ausüben, werden seltener nachgefragt und müssen mit einer kürzeren Beschäftigungsdauer rechnen. Die Nachfrage nach qualifizierten Beschäftigten wird hingegen zunehmen und man versucht, diese Mitarbeiter langfristig an das Unternehmen zu binden.

Andererseits deutet bei den IuK-Technologien nutzenden dezentralisierten Betrieben die höhere Dynamik, sowohl bei der Veränderung des Personalbestandes als auch bei der Beschäftigungsdauer, auch auf ein „Mehr Markt am

Arbeitsmarkt" hin. So wurde immerhin von 11% der Betriebe angegeben, daß die Beschäftigungsdauer bei den Angestellten mit qualifizierter Tätigkeit abgenommen hat, bei den „traditionellen" Betrieben waren es nur 4%.

Trotz der (per Saldo) Verkürzung der durchschnittlichen Beschäftigungsdauer bei den an- und ungelernten Arbeitern in den IuK-Technologien nutzenden und dezentralisierten Betrieben (-17,1 Prozentpunkte) gaben 6,3%[8] der Betriebe an, die Betriebszugehörigkeitsdauer verlängert zu haben. Bei den traditionellen Betrieben lag dieser Wert bei 2,6%, bei einem Saldo von -3,9 Prozentpunkten. Eine Erklärung für diese unterschiedlichen Bewegungen ist darin zu sehen, daß die Qualifikationsgruppen keine homogenen Gruppen bilden und je nach Person oder Betrieb spezifische Lösungen gesucht werden. Ein anderer Grund könnte sein, daß IuK-Technologien nutzende dezentralisierte Betriebe Beschäftigte mit sehr spezifischen Fähigkeiten suchen, die nur begrenzt den „normalen" Qualifikationsstrukturen entsprechen. Eine dritte Erklärungshypothese läßt sich aus der Dynamik in diesem Betriebstyp ableiten, der durch einen ausgeprägten Wandel bei überdurchschnittlichem Wachstum gekennzeichnet ist.

8. Zusammenfassung

Auf der Datengrundlage einer Betriebsbefragung in der Region Rhein-Main wurden Auswirkungen der Nutzung IuK-technologisch gestützter Vernetzung und Dezentralisierung durch Betriebe auf die regionale Beschäftigung und den regionalen Arbeitsmarkt untersucht. Den Ausgangspunkt bildeten theoretische und empirische Befunde über die Veränderungen der Raum-Dimension durch den überbetrieblichen Einsatz neuer Informations- und Kommunikationstechniken, die auf unterschiedliche Art und Weise überbetriebliche Kooperationsstrukturen beeinflussen.

Zunächst wurden betriebliche Vernetzungsstrukturen in ihrem räumlichen und organisatorischen Kontext dargestellt. Im Zentrum standen dabei die strategische Dezentralisierung und die überbetriebliche IuK-technologisch gestützte Kommunikation zwischen Betrieben und anderen öffentlichen oder privaten Einrichtungen. Anschließend wurden die quantitativen und qualitativen Beschäftigungseffekte für die Rhein-Main Region untersucht.

Die größte Bedeutung haben IuK-technologisch gestützte Vernetzungen in vertikalen Unternehmensbeziehungen, in den horizontalen und vor allem diago-

8 Den Wert kann man auf folgende Weise aus Tabelle 11 ermitteln: Von der Gesamtveränderung – Dynamik-Prozentpunkten (29,6) das Saldo (-17,1) subtrahieren und den Restbetrag halbieren, genauso viele Verlängerungen wie Verkürzungen der Beschäftigungsdauer (29,6-17,1=12,5; 12,5/2=6,25).

nalen Beziehungen spielen sie eine nachgeordnete Rolle. Dieses Ergebnis verweist darauf, daß IuK-Technologien offenbar im Kontext der Dezentralisierung von Wertschöpfungsketten bislang die häufigste Verwendung finden. Hinsichtlich der räumlichen Vernetzungsdimension hat die Untersuchung ergeben, daß über die IuK-Netze sowohl mit Partnern weltweit als auch regional kommuniziert wird. Die Einbettung der Betriebe in regionale Strukturen scheint aber weiterhin ein wichtiger Wettbewerbsfaktor zu sein. Die Region Rhein-Main und die Bundesrepublik werden am häufigsten genannt, wenn nach dem Standort des Kommunikationspartners gefragt wird, und es sind insbesondere diese regional orientierten Betriebe, die auch ein Beschäftigungswachstum aufweisen.

Entgegen manchen Aussagen und Erwartungen folgt aus den Ergebnissen dieser Befragung *weder* eine Bestätigung der *„Job-Knüller“*- noch der *„Job-Killer-These“*. Die Nutzung von IuK-Technologien durch Unternehmen zeigt zum einen, daß die Stärke des Einflusses dieser Technologien auf die regionale Beschäftigungsentwicklung in den Betrieben des Rhein-Main Gebiets gering ist. Hinsichtlich der räumlichen Dimension haben wir unterschiedliche Wirkungen festgestellt. Betriebe, die iuk-technologisch mit Geschäftspartnern im Rhein-Main Gebiet oder in Nordamerika kommunizieren, dehnen ihre Beschäftigung aus. Dagegen haben die Betriebe, die mit Europa außerhalb der EU regelmäßig über IuK-Netze kommunizieren, eine negative Beschäftigungsbilanz. Dies dürfte auf Produktionsverlagerungen in osteuropäische Länder zurückzuführen sein. Überwiegend bestätigt wurde die *„Upskilling-These“*, wonach die Nutzung von überbetrieblichen IuK-Netzen den Anteil qualifizierter Arbeitskräfte an der Beschäftigung erhöht.

Die Frage, ob IuK-Technologien zu einer Angleichung oder zu einer weiteren Polarisierung der Regionen in Bezug auf die Beschäftigung führen, läßt sich auf Basis der vorliegenden Ergebnisse nur bedingt beantworten, da nur eine Region untersucht wurde; es lassen sich jedoch einige Aussagen treffen, die auch für vergleichbare Regionen Relevanz haben können. Die Rhein-Main Region gehört zu den Regionen in Europa mit einem hohen Einkommensniveau. Dies müßte der Angleichungshypothese folgend eher zu einem Abbau der Beschäftigung bei den Betrieben in der Region und zu einer Verlagerung in andere Regionen führen. Ein Beschäftigungsabbau wurde jedoch nur in Kombination mit Dezentralisierung bei den Niedrigqualifizierten festgestellt. Dem steht eine Zunahme der qualifizierten Beschäftigten gegenüber. Dieser Bedarf wird nicht nur aus der Region gedeckt, sondern es werden auch Beschäftigte aus anderen Regionen angeworben, wie Gespräche in Betrieben belegen. Die Ergebnisse deuten daher eher auf eine *Polarisierung der Regionen* hin. Untermauert wird diese These auch durch den positiven Beschäftigungseffekt, der mit der Kommunikation innerhalb der Region verbunden ist. In der Region Rhein-Main ist offensichtlich auch im Zeitalter der Informationsgesellschaft (Experten-)Wissen vorhanden, das über persönliche Kontakte und nicht über IuK-Technologien kommuniziert wird. Die *räumliche Nähe* ist für die Nutzung der „Spillover"-Effekte notwendig. IuK-Netze werden benutzt, um globale Kundenbeziehungen zu unterhalten, gleichzeitig aber auch als Instrument der Einbettung in die Region. Regionen, wie das Rhein-Main Gebiet, verbessern auf diese Weise ihre Wettbewerbsstellung gegenüber peripheren Räumen. Inwieweit es sich bei diesen regionalen Beziehungen um Netzwerke oder um marktliche Beziehungen handelt, kann an dieser Stelle nicht geklärt werden. Globalisierung und Regionalisierung sind damit zur Zeit nicht zwei gegensätzliche Strategien, sondern komplementäre Entwicklungen. Die Untersuchungsergebnisse stützten somit die *„Glokalisierungsthese"* als gleichzeitige Regionalisierung und Globalisierung.

Literatur

Beck, H. (1999): Jobs on the wire: In search of the perfect labor market. In: Netnomics, 1, S. 71-88

Blaas, E.; Nijkamp, P. (1994): New Technology and Regional Development in the Snowbelt, Towards a New Emerging Network. In: Johannson, B.; Karlsson, C.; Westin, L. (eds.): Patterns of a Network Economy. Berlin, S. 275ff.

Caspar, J.; Heinrich, C.; Köck, N.; Krömmelbein, S.; Schmid, A. (2000): Unternehmensvernetzung und regionale Beschäftigung am Beispiel der Region Rhein-Main. In: Krömmelbein, S.; Schmid, A. (Hg.): Globalisierung, Vernetzung und Erwerbsarbeit. Wiesbaden, S. 73 – 128

Caspar, J.; Heinrich, C.; Krömmelbein, S.; Schmid, A.; Schulz, A. (2001): Globalisierung und regionale Beschäftigung am Beispiel der Region Rhein-Main (Arbeitstitel des Endberichts)

Caspar, J.; Krömmelbein, S.; Schmid, A. (2001): Neue Kommunikationstechnologien und Flexibilisierung der Arbeitsverhältnisse. In: Esser, J.; Schamp, E. (Hg.): Metropolitane Region in der Vernetzung. Der Fall Frankfurt/Rhein-Main. Frankfurt/M., S. 75-102

Colecchia, A.; Papaconstantinou, G. (1996): The Evolution of Skills in the OECD Countries and the Role of Technology. STI Working Papers 1996/8. Paris

Flecker, J. (2000): „Sachzwang Flexibilisierung"? In: Minssen, H. (Hg.): Begrenzte Entgrenzungen. Wandlungen von Organisation und Arbeit. Berlin, S. 269-291

Freeman, C. (1994): The Economics of Technical Change. In: Cambridge Journal of Economics, Vol. 18, S. 463-514

Gerlach, K.; Hübler O. (1986): Antrag an die Deutsche Forschungsgemeinschaft zur Förderung des Forschungsprojektes „ Langfristige Beschäftigung". Hannover

Gerlach, K.; Jirjahn, U. (1999): Längerfristige Beschäftigung, personalpolitische Konzepte und Beschäftigungsentwicklung. In: Ökonomie und Gesellschaft (Jahrbuch). Frankfurt/M., S. 180-215

Goldberg, M. A. (1994): Trading Local Autonomy for Economic Efficiency or Faustian Bargain of Choice at the Close of Twentieth Century: The Case of Globalized Financial and Property Markets. In: Johansson, B.; Karlsson, C.; Westin, L. (eds.): Patterns of a Network Economy. Berlin u.a.O., S. 71-89

Heinrich, C. (2000): Beschäftigungseffekte der Informations- und Kommunikationstechnologien in der Region Rhein-Main. In: Konjunkturpolitik, 46. Jg./Nr. 1-2. Berlin, S. 122-163

Hirsch-Kreinsen, H. (1995): Dezentralisierung: Unternehmen zwischen Stabilität und Desintegration. In: Zeitschrift für Soziologie, 24. Jg./Heft 6, S. 422-435

Hoffmann, E.; Walwei, U. (1998): Normalarbeitsverhältnis: Auslaufmodell? Überlegungen zu einem Erklärungsmodell für den Wandel der Beschäftigungsformen. In: MittAB, 31. Jg./Heft 3, S. 409-425

ifo Institut für Wirtschaftsforschung (1996): Qualitative und quantitative Auswirkungen der Informationsgesellschaft auf die Beschäftigung: Eine Literaturauswertung. In: ifo Schnelldienst, Nr. 10, S. 12-24

Krömmelbein; S. (2000a): Bedeutung der Telearbeit für Beschäftigung und Arbeitsmarkt am Beispiel der Region Rhein-Main aus betrieblicher Sicht. In: MittAB, 33. Jg., S. 136-153

Krömmelbein, S. (2000b): Flexible Production Systems and Flexible Labour Markets. In: Holler, M. J.; Niskanen, E. (eds.): Euras Yearbook of Standardization, Vol.3. München, S. 285ff.

Krugman, P. (1995): Growing World Trade: Causes and Consequences. In: Brookings Papers on Economic Activity, No. 1, S. 327-377

Motohashi, K. (1997): ICT Diffusion and its Economic Impact in OECD Countries. In: STI Review, No. 20: Special Issue on Information Infrastructures, Paris, S. 14-45

OECD (1994): Globalisation and Local and Regional Competitiveness, OECD Working Papers, Vol. II. Paris

OECD (1996): Employment and Growth in the Knowledge-based Economy. Paris

Petit, P. (1995): Technology and Employment: Key Questions in a Context of High Unemployment. In: STI Review, Nr. 15. Paris, S. 13-47

Picot, A.; Reichwald, R. (1994): Auflösung der Unternehmung? – Vom Einfluß der IuK-Technik auf Organisationsstrukturen und Kooperationsformen. In: ZfB, Jg. 64/No. 5, S. 547-570

Sauer, D.; Döhl, V. (1997): Die Auflösung des Unternehmens? – Entwicklungstendenzen der Unternehmensreorganisation in den 90er Jahren. In: ISF et al.: Jahrbuch Sozialwissenschaftliche Technikberichterstattung 1996. Schwerpunkt: Reorganisation. Berlin, S. 19-76

Schasse, U. (1991): Betriebszugehörigkeit und Mobilität. Eine empirische Untersuchung zur Stabilität von Beschäftigungsverhältnissen. Frankfurt/M., New York

Schmid, A.; Krömmelbein, S. (1996): Globalisierung und regionaler Arbeitsmarkt. In: Antrag zur Einrichtung eines Sonderforschungsbereichs: „Vernetzung als Wettbewerbsfaktor am Beispiel der Region Rhein-Main". Frankfurt/M.

Schönebeck, C.; Velsinger, P. (1998): Globalisierung und regionale Beschäftigungsentwicklung: Empirische Befunde für die Bundesrepublik 1985-1995. In: MittAB, 31. Jg./Heft 4, S. 726-747

Sengenberger, W. (1987): Struktur und Funktionsweise vom Arbeitsmärkten. Die Bundesrepublik Deutschland im internationalen Vergleich. Frankfurt/M., New York

Sesselmeier, W. (1999): Mikroökonomische Theorien der Arbeitslosigkeit. In: Ökonomie und Gesellschaft (Jahrbuch). Frankfurt/M., S. 107-134

Soete, L. (1995): Structural Change and Employment Growth. In: STI-Review, No. 15, OECD, Paris, S. 237-271

Wolff, B.; Neuburger, R. (1995): Zur theoretischen Begründung von Netzwerken aus Sicht der Neuen Institutionsökonomik. In: Jansen, D.; Schubert, K. (Hg.): Netzwerke und Politikproduktion. Konzepte, Methoden, Perspektiven. Marburg, S. 74-94

Wood, A. (1998): Globalisation and the Rise in Labour Market Inequalities. In: The Economic Journal 108, S. 1463-1483

V.

Soziales Kapital, wirtschaftliche Entwicklung und globaler Wettbewerb

Social Capital and Economic Development in Central and Eastern Europe

Christian Haerpfer, Claire Wallace

Content

Social capital has received increasing attention as a crucial variable influencing economic performance around the world.[1] However, different and not necessarily compatible versions of social capital have emerged which are often elided in discussions of the concept (Tardos 1998). The aim of this paper is to define and describe different indicators for social capital and to consider their role in economic development in the transition countries of Central and Eastern Europe.

1. Definitions of social capital

Following Putnam (1993), social capital is defined as a cultural phenomenon, denoting the extent of civic mindedness of members of a society, the level and nature of social norms promoting collective action and the degree of trust in so-

1 We would like to acknowledge the part of Dr. *Martin Raiser* in inspiring this paper as well as sponsorship from the European Bank for Reconstruction and Development (EBRD). We are grateful to the World Values Survey for the data.

cial institutions (Putnam 1994). In the definition of Pierre Bourdieu, by contrast, social capital refers more to the investment in social networks by individuals which can be converted into either cultural capital, real wealth or "symbolic capital" in terms of social status and social cohesion (Bourdieu 1983). In a range of recent studies, this kind of social capital has been shown to be important in the privatisation of resources in Eastern and Central European countries and in the way in which capitalism has developed utilising existing or new social networks (Szelenyi/Szelenyi 1995; Dinnello 1998; Kolankiewicz 1996). This is what Sik has more precisely called "network capital" (Sik 1994). In the tradition of Coleman (1988) social capital is understood as the sum of the individual's relational capital, or in other words, the density of social networks governed by norms of reciprocity and reputational enforcement mechanisms (Coleman 1988-1989).

In both interpretations, social capital facilitates economic exchange. In Putnam's interpretation, social capital promotes the provision of collective goods, including third party contract reinforcement through the state, facilitates the exchange of information and thereby promotes an increasingly complex division of labour – we label this "formal social capital". In Coleman's/Bourdieu's interpretation, norms of reciprocity and reputational reinforcement mechanisms allow partners of an economic transaction to overcome problems of opportunism and uncertainty. Social networks reduce transaction costs even in the absence of formal contract enforcement mechanisms – what we have termed "informal social capital".

In this paper we focus upon only formal social capital. However, even with this focus, the concept remains vague and slippery. In the narrow sense, formal social capital can be taken to mean participation in civil society, especially in the organisations of civil society, such as church, charities and political parties. The topic is especially strong in the USA where a thriving civil society, existing as a layer between the state and the individual, was seen as indispensable for a democratic country and an independent citizens control on the activities of politicians and business. This concept has also been transposed to Central and Eastern Europe where it is assumed that the development of civil society is a necessary stage of the transition to a stable democracy and market economy. However, according to Ralph Dahrendorf, civil society will take longer to build than either political or economic reform and he guessed that this might take decades (Dahrendorf 1991).

The role of civil society achieved even greater prominence as institutional economics began to replace neo-liberal paradigms leading to concern about the institutional developments in Eastern and Central Europe as a basis for reform. Social capital was seen as one element of this institution building and interest began to focus upon how social capital and civil society could be developed.

However, there were also other points of view as to what is meant by civil society. Whilst the dominant explanation is that civil society was destroyed by the Communist regime or politicised and harnessed for its own ends, another point of view is that it had never been really developed in many parts of Eastern and Central Europe and the extensive forms of representation and association developed by the communist regimes were in fact destroyed by the collapse of communism (Hann/Dunn 1996). Some have even argued that civil society is something, which arose historically in certain western contexts and is not suited to the social and political climate of Eastern and Central Europe (Kutuev 2000).

Furthermore, several measures of social capital emerge in the literature. At the most formal level, this can mean participation in the institutions of civil society. At another level, it can mean the development of civic institutions such as courts, police, judiciary and so on. However, social capital is also measured in trust: trust in institutions, trust in one's surroundings. The claim is that trust is like the glue, which binds together civil society, enabling community building among citizens. It is often assumed that rising social capital will be associated with rising trust and this in itself is optimistically regarded as a positive development. However, people in mature democracies are probably well advised to not trust their politicians and institutions too much: scepticism is also democratic. In the transition countries of Central and Eastern Europe, the civic institutions are often in the process of being developed and do not invite much trust from their citizens. Organisations associated with civil society are often underdeveloped or imported from abroad and not necessarily strongly rooted in the society (this is the case, for example, with many Non-Governmental Organisations).

One outcome of this development of civil society at different levels and trust in institutions should be better citizens – that is, citizens who are more public spirited and dutiful members of society and who in turn inspire the trust of others. This outcome can be measured by the use of the idea of "civic mindedness" or how honest and public spirited the people are. If the common hypothesis is correct, we would expect those countries with high levels of civic participation and high levels of trust to also be those with the highest levels of civic mindedness and that this in turn would be associated with economic growth.

2. Why is social capital important for economic development?

Developments within institutional economics have tended to stress the role of formal and informal institutions in creating the environment in which economic activity takes place (North 1990; Raiser 1997). In particular, making contracts and expecting them to be fulfilled depends upon an atmosphere of trust, regularity and predictability which can be ensured either by well functioning rules and regulations backed up by the state and legal system or through informal norms of trust and moral behaviour backed up by social relations (Bergstein 1985). Market capitalism within the context of complex industrial societies can take place only in a situation of regulation and control by external institutions which imply some reinforcement from the state (Polanyi 1944). Where the state is unable to guarantee the environment for reliable contract compliance then participants in economic activity have to fall back upon informal social capital as a mechanism for ensuring reliability and contract compliance (Wallace/Shmulyar/Bedzir 1999).

The problem of support for transition countries of Eastern Europe was a problem of the lack of attention to institutional developments. Thus, the faith in supporting forms of transition, which allowed maximum scope for laissez faire enterprise by removing restrictions is now seen to have caused many problems in the development of market capitalism in transition societies (EBRD 1999). Just taking away market restrictions and letting the market go is not sufficient to guarantee transition to a stable form of market capitalism. Formal social capital does not necessarily develop and informal social capital can be taken over. It is now apparent that there needs to be more attention directed at reforms which can help to build well-functioning and transparent institutions to regulate and control market transactions and social behaviour. In other words, what is required is more attention to the economics of Karl Polanyi and less to those of Adam Smith.

3. The role of social capital in transitional societies

The instance of the transition from central planning to a market economy is a particularly important one in which to examine the operation of these different kinds of social capital. This transition is fundamentally a process of accelerated institutional change. Both formal and informal institutions need to adapt to the requirements of market transactions. Bureaucratic co-ordination has to make way to decentralised co-ordination. Enterprises need to seek customers for themselves, they need to trust that bilateral contracts will be respected. The state needs to provide transparent rules of the game to co-ordinate the incentives of market participants and supply basic goods. For this they need to raise revenue but can no longer siphon off resources through the direct control of state enterprises.

This wholesale institutional transformation also affects the role and nature of informal institutions during the transition. Economic uncertainty is high during the initial phase of restructuring and the abolishment of bureaucratic co-ordination temporarily increases transaction costs for market participants. Hence, there is a large scope for co-ordination of economic exchange through informal institutions, including enterprise networks or "informal social capital" (Kolankiewicz 1996; Rose/Mishler/Haerpfer 1997). However, although the relationship between informal and formal social capital is an interesting one, we have focussed only upon formal social capital in this paper.

Institutional change is path dependent by nature (North 1990). This is due to the self-enforcing properties of many institutions, and the way in which institutions shape behaviour. While laws and regulations may be changed relatively rapidly, their effectiveness depends upon behavioural adaptations that are bound to take more time. This paper looks at institutional change in transition with a particular emphasis on formal institutions and their impact on the transition trajectories followed across the region.

The key hypothesis is that in the absence of formal social capital, including trust in public institutions as well as generalised social trust and civic mindedness, capitalism will fail to be institutionalised in the transition countries. Trust is not an invariable cultural legacy, however, but amenable to policy influences, in the area of political and constitutional reforms.

4. Methods of research

The research is based upon

A. World Values Survey (WVS3) carried out in the following 17 post-Communist European countries between 1995 and 1998:

1. Azerbaijan	N = 2.002 (AZE)	10. Lithuania	N = 1.009 (LIT)
2. Belarus	N = 2.092 (BEL)	11. Moldova	N = 984 (MOL)
3. Bulgaria	N = 1.072 (BUL)	12. Poland	N = 1.153 (POL)
4. Croatia	N = 1.196 (CRO)	13. Romania	N = 1.239 (ROM)
5. Czech Republic	N = 1.147 (CZE)	14. Russian Federation	N = 2.040 (RUS)
6. Estonia	N = 1.021 (EST)	15. Slovakia	N = 1.095 (SLOVK)
7. Georgia	N = 1.979 (GEO)	17. Ukraine	N = 2.811 (UKR)
8. Hungary	N = 650 (HUN)		
9. Latvia	N = 1.200 (LAT)		

(One of the authors of this paper, Christian Haerpfer, has been Principal Investigator of the World Value Survey 1998 in Hungary.)

B. Selected statistics indicators (annual change of economic growth which is averaged between 1990 and 1998) from the European Bank for Reconstruction and Development (EBRD) data-base, which was developed by the authors on behalf of the EBRD.

However, this paper represents an attempt to look at some general issues in economic, political and social development in transition countries in comparative perspective. In spite of the problems involved, it is only by looking at these issues comparatively that we can see in what ways social capital might be relevant in the Central and Eastern European countries.

Since there is no survey designed to measure social capital, we took various indicators of the different kinds of social capital in different societies. These variables are summarised below (Table 1).

Table 1: Measures of social capital

Indicators of social capital	Content of indicators	Source of indicators
Civic participation	Membership of the following organisations: Church or religious institution, sport or recreational association, art, music or educational association, environmental organisation, professional association, charitable association, any other voluntary association	WVS
Civic mindedness	which are justified: claiming benefits to which not entitled, avoiding paying fare on public transport, cheating on taxes, buying something that was stolen, accepting a bribe in the course of duties	WVS
Political participation	in the following ways list: Very interested in politics, membership of political party	WVS
Trust in civil institutions	Trust in churches, armed forces, legal system, the press, television, the police, labour unions	WVS
Generalised trust	Trust in those around you	WVS

As indicators of formal social capital, we have taken trust, participation in civil society and civic mindedness as the main indicators. However, in the analysis we found it important to distinguish between different kinds of trust and different kinds of civic participation, something which other authors (see for example (Knack/Keefer 1997) do not do. It was important to distinguish between these kinds of institutions because different kinds of people are involved for example in civic participation and in political participation. Furthermore, civic mindedness can be used to measure the influence of social norms on economic and civic behaviour. In this way we can considerably extend the rather limited notion of public participation introduced by Putnam.

An additional indicator of social capital used by Knack and Keefer (1997) was that of generalised trust. The question wording was "Most people you meet" then a seven point scale stretching from no trust to trust. It was asked in both the NDB and WVS. However, we were unsure whether this was really an indicator of formal social capital or informal social capital or neither.

5. Results

The first results of our statistical analysis show the following relationships between formal social capital upon economic performance (Table 2).

5.1 Participation in civil society and economic performance

The factor most affecting economic performance is participation in civil society. In particular, membership of voluntary organisations is especially highly correlated followed by membership of a professional organisation and then membership of a charitable organisation. Finally, membership of a religious organisation or environmental organisation was less highly correlated but this was nevertheless a strong association. The results by country are set out in graph 1 below.

Here we see that Croatia is something of an outlier at the high civic participation end of the spectrum. This is because joining civic organisations in Croatia is in fact a political act: the organisations of civil society, including the Catholic church help to define different ethnic groups and therefore have a particular salience in some of the countries of the former Yugoslavia, which they do not have elsewhere. Slovenia is also particularly high, perhaps for the same reasons. However, in general, the Central European countries of Hungary, Czech Republic, Slovakia and Slovenia enjoy both high civic participation and relatively high growth. Romania has relatively high civic participation and also middle levels of growth (compared to other countries in the region) and follows the line of positive association. Lithuania, Estonia and Latvia also have rather high growth (compared to the other countries), but the membership of civic associations is much lower than in Central Europe, perhaps reflecting their longer domination by Soviet power. The CIS countries of Belarus, Russia, Azerbaijan, Georgia, Ukraine all have low civic association, but varying levels of growth. In Belarus growth is rather high (although this is to some extent an outcome of subsidies from the Russian Federation). Russia has modest growth and low civic associa-

Table 2: Formal Capital and Economic Performance: OLS – Multiple Regression

Beta: We included only those standardised regression coefficients, which were significant at the 0.01 level

Y = Economic Performance, measured by mean change of economic growth between 1990 and 1999:

X 1. CIVIC PARTICIPATION	**Beta=0.55**
(=1+2+3+4+5+6)	
1.1. Member in other voluntary associations	
1.2. Member in sport or recreational organisation	
1.3. Member in professional association	
1.4. Member in charitable organisation	
1.5. Member in religious organisation	
1.6. Member in environmental organisation	
X 2. CIVIC MINDEDNESS	**Beta=0.22**
(=1+2+3+4+5)	
Never justified:	
2.1. claiming benefits to which you are not entitled	
2.2. avoiding paying fare on public transport	
2.3. cheating on taxes	
2.4. buying something that was stolen	
2.5. accepting a bribe in the course of duties	
X 3. POLITICAL PARTICIPATION	**Beta=0.22**
(=1+2+3+4+5)	
3.1. High political interest	
3.2. Often discussing politics with friends	
3.3. Signing petitions	
3.4. Member in labour union	
3.5. Member in political party	
X 4. TRUST IN CIVIL INSTITUTIONS	**Beta=0.12**
(=1+2+3+4+5+6+7+8)	
4.1. Trust in legal system	
4.2. Trust in private companies	
4.3. Trust in police	
4.4. Trust in environmental movements	
4.5. Trust in church	
4.6. Trust in television	
4.7. Trust in press	
4.8. Trust in women's movements	
X 5. GENERALISED TRUST	**Beta=-0.06**

tion, whilst Georgia and Ukraine have both low civic association and low growth. Moldova in this graph is something of an outlier with apparently relatively high civic association but little growth.

In general then, the more one moves towards Central Europe, the more civic association there is, but the further East the less civic association. This may reflect longer term historical traditions as well as the politicisation of civil society in some countries rather than economic growth, however.

*Graph 1: Civic participation and economic growth**

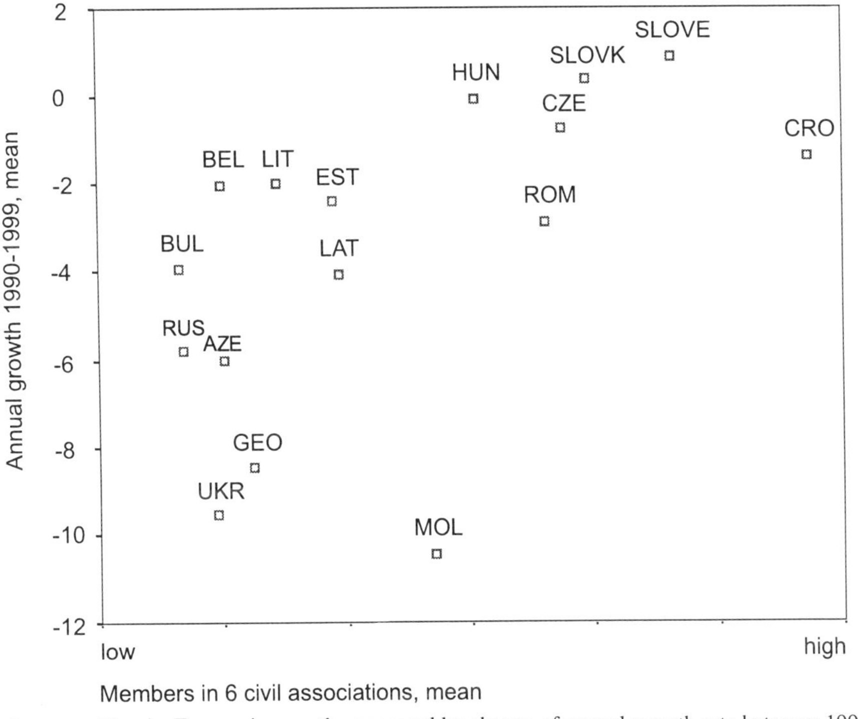

* Y-axis: Economic growth, measured by change of annual growth rate between 1990 and 1999
X-axis: Civic participation, measured by membership in 6 associations of civil society

5.2 *Civic mindedness and economic growth*

Civic mindedness measures the extent to which people are public-spirited "good citizens" by endorsing the need to pay taxes, pay public transport fares, not buy stolen goods, not claim benefits to which they are not entitled and not accept a bribe. This could therefore be taken as a more general indicator of the success of social capital.

Here, there was a much more mixed picture. In this chart, it is Poland which has the highest growth and also the highest civic mindedness. Romania, Bulgaria and Estonia have also very high levels of civic mindedness, but lesser growth. A cluster of countries represented by Slovakia, Croatia, Hungary, Latvia, Czech Republic and Belarus have much lower levels of civic mindedness, even though they have relatively high growth. Indeed, Slovakia and Croatia have some of the lowest levels of civic mindedness. In Moldova and Ukraine, both civic mindedness and economic growth are low, whilst in other former Soviet countries such as Azerbaijan and Georgia and the Russian Federation itself,

*Graph 2: Civic mindedness and economic growth**

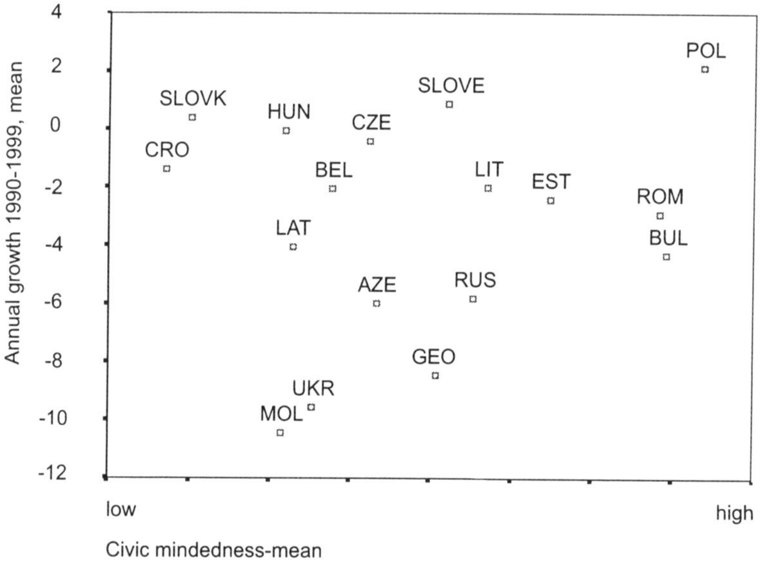

* Y-axis: Economic growth, measured by change of annual growth rate between 1990 and 1999
X-axis: Civic mindedness, measured by support for 5 civic virtues

there are middling levels of civic mindedness with sluggish growth. These results are rather surprising. Whilst there is a clear line stretching from Moldova to Poland in terms of growth and civic mindedness the way in which some Central European countries exhibit extremely low levels of civic mindedness, weakens the correlation. One possible explanation might be that in both Slovakia and Croatia, despotic leaders were in power at the time of the survey and corruption was endemic under these leaders. Perhaps the citizens therefore felt also less inclination to support the public good? Anyway, it is clear that growth in itself does nor produce honest citizens, although lack of growth does seem to be associated with less honest ones.

5.3 Political participation and economic growth

Political participation measures the extent to which people join parties, sign petitions and are interested in politics. Here we find a rather different pattern of

*Graph 3: Political participation and economic growth**

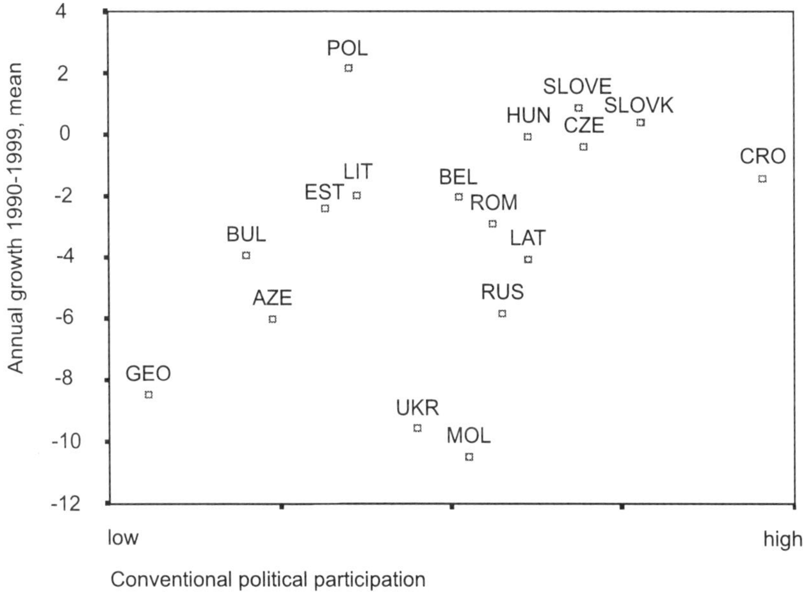

* Y-axis: Economic growth, measured by change of annual growth rate between 1990 and 1999
X-axis: Conventional political participation, measured by five forms of political action

countries. The Central European countries of Slovakia, Slovenia, Czech Republic, Hungary and especially Croatia, have very high levels of political participation. Poland on this graph has rather low levels. At the other extreme, Georgia, Azerbaijan and Bulgaria have low political participation as well as low growth. Ukraine and Moldova have low growth but middling levels of participation, whilst in the middle there are a cluster of countries which include Lithuania, Estonia, Belarus, Russia, Latvia and Romania all with middle participation and middle growth. This variable could be affected by political events, such as elections or some general protest movement which are taking place around the time that the survey is being conducted.

5.4 Trust in civil society and economic performance

Social capital is bonded together by trust. Therefore trust can also be an indicator of the strength or weakness of social capital. In the chart below we have considered economic performance against the trust in a range of civil society institutions: the legal system, private companies, police, environmental movements, the church, television, the press and the women's movement.

Graph 4: Trust in civil society and economic growth

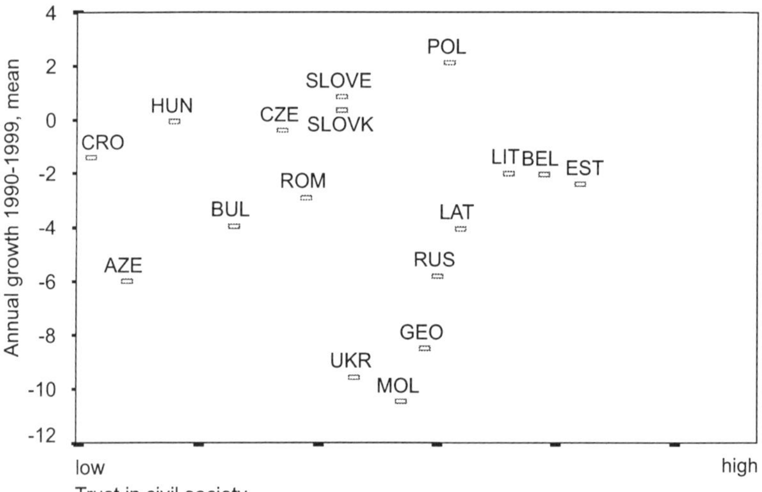

Y-axis: Economic growth, measured by change of annual growth rate between 1990 and 1999
X-axis: Trust in civil society, measured by mean trust in 8 civil associations

Here we can see that Lithuania, Belarus and Estonia had the highest levels of trust in civic institutions and also relatively high growth rates, whilst Croatia, Hungary and the Czech Republic had rather low levels of trust in civic institutions despite having relatively high growth rates. Poland had high growth and high trust, whilst Moldova, Ukraine, Russia and Georgia had quite high levels of trust even though growth was not so good. We could perhaps hypothesise therefore that trust in the institutions of civil society is more associated with other factors than with economic growth in most instances.

5.5 Generalised trust and economic performance

Generalised trust was in fact negatively correlated with economic performance. That is, the lower the trust, the higher the performance. However, as we see from Graph 5, there is not a clear picture in this respect. Poland and Ukraine are

Graph 5: Generalised Trust and economic growth

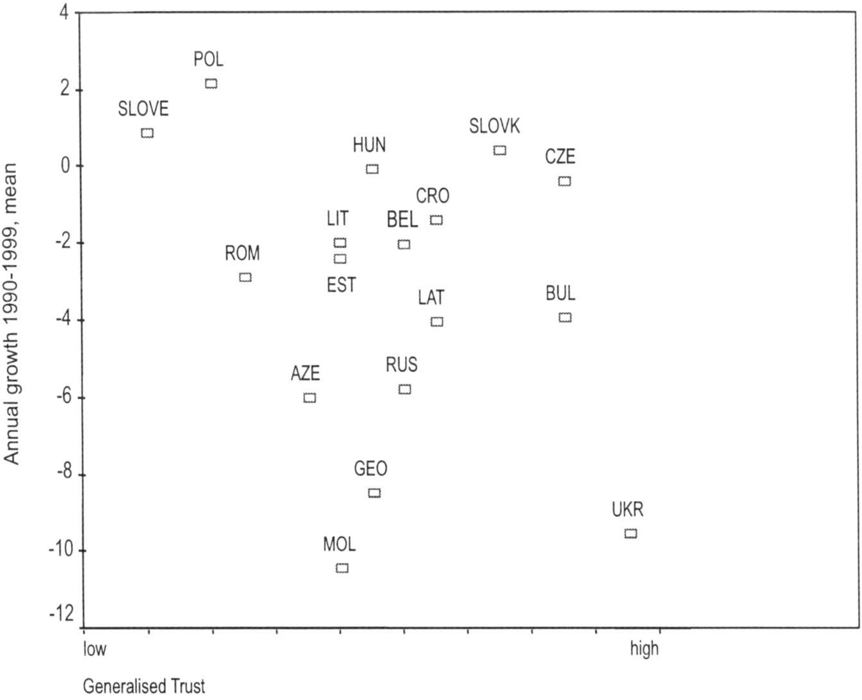

Y-axis: Economic growth, measured by change of annual growth rate between 1990 and 1999
X-axis: Generalised trust, measured by trust in other individual members of society

at the opposite extremes – as they are in most of the graphics – but this time along a negative axis of correlation. In Ukraine there is high general trust, but low economic performance, whilst in Poland and Slovenia, there is low trust despite high performance. This could mean that market penetration destroys the old kinds of solidarities fostered by the Communist experience and this is not necessarily a bad thing for the further development of capitalism. This is also a contrast to some parts of Western Europe, where trust, civic mindedness, civic participation and economic performance are all associated with one another, as in the Scandinavian countries (see Wallace 2000). This stands also in contrast to the findings of Knack and Keefer (1997) using the same variables with an earlier round of the World Values Survey, who found that generalised trust rose with economic growth around the world in general. We may be seeing here something more specific to the post-communist experience in Eastern and Central Europe which goes in a different direction to other countries.

6. Conclusions

The most important influence of social capital dimensions on economic performance was the extent of 'civic participation', which is the involvement and membership in associations of civil society. This relationship was with a regression coefficient of 0.55 by far the most decisive impact of social capital upon economic performance. We found a cluster of Central European countries like Croatia, Slovenia, Slovakia, Hungary and the Czech Republic, which showed a high level of civic participation within civil society together with good performance of the national economies.

The second most important influence of social capital on economic performance happened to be the phenomenon of 'civic mindedness', which is the acceptance of civic values such as honesty and intolerance towards corruption. The regression coefficient for that association was 0.22, which appears to be rather high. This social capital influence was found in our study particularly in Poland, Slovenia, but also in Romania and Bulgaria.

We were able to identify a further dimension of formal social capital with a significant impact on economic performance upon a national economy. The extent of 'political participation', which is encompassing conventional political behaviour such as being a member of a party or a trade union, was positively correlated with the performance of an economy. The regression coefficient for that association was 0.22. This high association between political participation and economic performance was especially visible in Croatia, Czech Republic, Slovakia, Slovenia and Hungary.

A somewhat weaker relationship was found by us regarding the relationship between 'Trust in civil institutions', which is confidence in the legal system, private companies etc., on the one hand and economic performance on the other. The regression coefficient for that relationship was only 0.12. This pattern was clearly evident in Lithuania, Poland Slovakia, and Slovenia.

The standard literature in economics is stating a positive relationship between 'generalised trust', which is a general trust in other members of a given society, and economic performance (Knack/Keefer 1997). The important outcome of our research in post-Communist economies is that we do not find a generalised trust in those societies. Moreover, the relationship between generalised trust and economic performance is negative. This represents a clear and systematic difference between mature industrial economies in the OECD space on the one hand and the transition economies of Central and Eastern Europe on the other. It will maybe take years for those economies to develop the level of generalised trust and trust in society and politics, which we can notice in developed democracies and market economies.

References

Bergstein, G. S. (1985): On the role of social norms in a market economy. In: Public Choice, 45, S. 113-137

Bourdieu, P. (1983): Forms of Capital. In: Richardson, J. (ed.): Handbook of Theory and Research in the Sociology of Education . New York: Greenwood Press.

Coleman, J. (1988-1989): Social Capital and the Creation of Human Capital. In: American Journal of Sociology, 94 (Supplement), S. 94-120

Dahrendorf, R. (1991): Reflections on the Revolutions in Europe. London: Chatto and Windus

Dinello, N. E. (1998): Forms of capital: the case of Russian bankers. In: International Sociology, 13 (3), S. 291-310

EBRD (1999): Transition Report 1999. Ten Years of Transition. London: European Bank for Reconstruction and Development

Hann, C.; Dunn, E. (1996): Civil Society. Challenging Western Models. London and New York: Routledge

Knack, S.; Keefer, P. (1997): Does social capital have an economic payoff? A cross country investigation. In: Quarterly Journal of Economics, 112, S. 1251-1288

Kolankiewicz, G. (1996): Social Capital and Social Change. In: British Journal of Sociology, 47(3), S. 427-441

Kutuev, P. (2000): Why there is no rational capitalism in Ukraine: second thoughts. In: Ukrainian Sociological Review Digest 1998-1999, Kyiv, S. 5-30

North, D. C. (1990): Institutions, Institutional Change and Economic Performance. Cambridge: Cambridge University Press

Polanyi, K. (1944): The Great Transformation. New York: Holt Rinehart

Putnam, R. D. (1994): Making Democracy Work. Civic Traditions in Modern Italy. Princeton, USA: University of Princeton Press

Raiser, M. (1997): Informal institutions, social capital and economic transtition. Reflections on a neglected dimension. London: EBRD Working Paper No. 25

Rose, R.; Mishler, W.; Haerpfer, Ch. (1997): Social Capital in Civic and Stressful Societies. In: Studies in Comparative International Development, 32, S. 3-85

Sik, E. (1994): Network capital in capitalist, communist and post-communist societies. In: International Contributions to Labour Studies, 4, S. 73-93

Szelenyi, I.; Szelenyi, S. (1995): Circulation and reproduction of elites during the post-communist transformation in Eastern Europe. In: Theory and Society, 24 (5), S. 615-638

Tardos, R. (1998): Ways of interpretation and the uses of the 'social capital' concept. Paper Presented at the INSNA Sunbelt Conference, Sitges. Section Social Capital and Its Measurement

Wallace, C.; Shmulyar, O.; Bedzir, V. (1999): Investing in social capital: the case of small scale, cross-border traders in post-communist Central Europe. In: International Journal of Urban and Regional Research, 23 (4), S. 751-770

Globaler Wettbewerb und Produktivität

Wolfgang Schoeller

Inhalt

1. Problemstellung

Im Mittelpunkt der unvermindert heftig geführten Globalisierungsdebatte steht vor allem eine These: Das Volumen und die räumliche Ausdehnung des Welthandels sowie der Grad von Verflechtung und Offenheit der Weltwirtschaft seien in den vergangenen zwei Jahrzehnten sprunghaft angestiegen; hierdurch seien der Handlungsspielraum des Staats sowie die Wirksamkeit nationalstaatlicher Wirtschaftspolitik zusehends begrenzt worden. In diesem Sinne betont auch die vorherrschende, im Prinzip neoklassisch fundierte Wirtschaftspolitik, daß die Globalisierung ein bislang ungekanntes Ausmaß, gleichsam eine neue Qualität erreicht habe. Unter Bedingungen weitgehender Freizügigkeit des Kapital- und Warenverkehrs hätten die deutlich gesunkenen Transportkosten sowie die Entwicklung der Informations- und Kommunikationstechnologien die Unternehmen in die Lage versetzt, nunmehr global zu disponieren. In diesem Kontext könne daher von einer globalen Standortkonkurrenz der Produktion sowie zunehmend auch von einem globalen Arbeitsmarkt gesprochen werden. Entsprechend könne erwartet werden, daß die fortschreitende Globalisierung nunmehr auch die neoklassische Annahme eines internationalen Ausgleichs der Faktorpreise bestätigen werde.

Das Hervortreten solcher – zusehends global bestimmter – „ökonomischer Sachzwänge“ wird ferner auch als maßgebliche Ursache des wirtschaftspolitischen Paradigmenwechsels in den Industriestaaten zum Ende der 70er Jahre gesehen. Die Globalisierung habe seitdem den Nationalstaat als Rahmen der Wirtschaftspolitik zunehmend überwunden. Entsprechend habe auch die keynesianisch begründete Konjunkturpolitik, die maßgeblich nationalstaatlich orientiert ist, weitgehend an Einfluß verloren. Dies bestätige, daß die Voraussetzungen für das nationalstaatlich angelegte sogenannte keynesianische „Fünfeck" (Wachstum der Produktion, Vollbeschäftigung, Preisstabilität, ausgewogene Einkommensverteilung sowie außenwirtschaftliches Gleichgewicht) als Folge der Globalisierung entfallen seien.

Diese angebotsorientierte, neoklassisch fundierte Sichtweise setzte sich jedoch seit Ende der 70er Jahre auch in den Schwellenländern sowie den meisten Entwicklungsländern durch. Im Rahmen der Politik „struktureller Anpassung" erfolgte die Abkehr vom Entwicklungsstaat und dessen systematischen regulierenden Eingriffen in die Wirtschaft; ebenfalls unter explizitem Hinweis auf die „ökonomischen Sachzwänge" der Globalisierung liegt auch in jenen Ländern die Betonung auf der Liberalisierung des Kapital- und Warenverkehrs, der privaten Produktion sowie der Korrektur der Faktorpreise durch den Markt. Das weltweite Vordringen dieses Paradigmenwechsels seit den späten 70er Jahren scheint jene eingangs vorgestellte Globalisierungsthese zu stützen. Auch ist die Anzahl empirischer, theoretischer und wirtschaftshistorischer Studien zur Globalisierung während des gleichen Zeitraums stetig angewachsen. Diese belegen zwar übereinstimmend, daß die weltwirtschaftliche Verflechtung im fraglichen Zeitraum deutlich zugenommen hat, ein empirischer Befund im Sinne jener schlanken Globalisierungsthese läßt sich jedoch dieser wissenschaftlichen Literatur nicht entnehmen. Weder gilt als geklärt, was exakt unter Globalisierung zu verstehen ist, noch läßt sich mit Sicherheit beurteilen, welche empirischen Tendenzen den gegenwärtigen Prozeß der Globalisierung maßgeblich prägen oder welche Tendenz dieser annehmen wird.

Durchaus unterschiedlich werden schließlich die sogenannten „harten" ökonomischen Indikatoren interpretiert: Die Anteile der Importe an der gesamtwirtschaftlichen Nachfrage sowie an den Vorleistungen der Industrie sind ebenso angewachsen wie die Exportquoten am Bruttoinlandsprodukt der OECD-Staaten. Dieser fortschreitende Offenheitsgrad der Volkswirtschaften und auch die inzwischen hohen Anteile internationaler Unternehmen am Welthandel sind jedoch nach Auffassung zahlreicher Autoren nicht als Ausdruck einer neuen Stufe von Globalisierung zu bewerten. Dieser Vorbehalt stützt sich vor allem auf empirische Annahmen über die Periode rascher Globalisierung in den Jahrzehnten vor dem Ersten Weltkrieg. Ein vergleichender Rückblick zeige, daß die gegenwärtige Globalisierung allenfalls das seinerzeit erreichte empirische Niveau wiedererlangt und nur graduell übertroffen habe. Jenes unterstellte immense Ausmaß gegenwärtiger Globalisierung sei daher deutlich zu relativieren. Insofern lasse sich auch nicht begründen, daß die Voraussetzungen einer nationalstaatlichen Konjunktur-, Beschäftigungs- und Sozialpolitik entfallen seien.

Obwohl sich derartige Auffassungen grundlegend von denjenigen des „ökonomischen mainstream" unterscheiden, berufen sich dennoch beide auf empirische Sachverhalte der Globalisierung. Offenkundig ist die Globalisierung als ein äußerst vielschichtiger Vorgang zu sehen; dieser läßt sich schwerlich auf vereinfachende generalisierende Aussagen reduzieren und erlaubt wiederum deutlich verschiedene Bewertungen auch der Wirtschaftspolitik. Ungeachtet dessen ist die Globalisierungsthematik von geradezu erdrückendem Stellenwert in der politischen Debatte: Die Vertreter des ökonomischen „mainstream" sehen sich in der „neuen" Zeit und auf der Seite des Fortschritts. Auf der anderen Seite steht eine kleine Schar von traditionellen Ökonomen; diese kämpft gegen den Mythos – das Phantom der Globalisierung – an, um den nationalstaatlichen Rahmen herkömmlicher Konjunktur- und Sozialpolitik zu verteidigen. Aus der Sicht der „Globalisierer" gleicht wiederum dieses Festhalten an nationalstaatlich eingebundener Wirtschaftspolitik dem aussichtslosen Kampf des „Ritters von der traurigen Gestalt"; wie dieser, wollten auch jene traditionellen Ökonomen die Zeichen der Zeit nicht sehen; da die Globalisierung fortschreite, führten diese gleichsam einen Kampf gegen Windmühlen. In diesem Sinne mag „Don Quijoterie" die gegenwärtige politische Debatte prägen; daran dürften auch weitere Arbeiten über „footloose global players", „systemischen" Wettbewerb oder über regionale Cluster-Bildung wenig ändern.

Angesichts der umfangreichen Literatur zur Globalisierung wäre es redundant, ein weiteres Mal die Spannbreite der einschlägigen empirischen und theoretischen Aussagen zusammenzufassen. Der folgende Beitrag wählt vielmehr einen anderen Zugang zur Globalisierungsthematik: Die vergleichende Betrachtung unterschiedlicher Produktivität in Ländern und Regionen. Die Höhe und Entwicklung der Produktivität entscheiden maßgeblich über Anteile auf offenen Märkten bzw. am Welthandel. Der Lohn als Kostenfaktor der Produktion oder der Gewinn als Differenz aus Wertschöpfung und Lohn sind ebenso eine Frage der Produktivität wie auch die Möglichkeit, vergleichsweise niedrige Lohnsätze in Kosten- und Wettbewerbsvorteile zu transformieren. In der internationalen Konkurrenz treffen noch immer sehr unterschiedliche Niveaus von Produktivität aufeinander, weshalb auch die Auswirkungen oder die Bedeutung sogenannter Globalisierung durchaus verschieden zu bewerten sind. Aus dem Blickwinkel technologisch fortgeschrittener Industriestaaten und Regionen hat auch die Globalisierung sicherlich eine andere Bedeutung als aus dem Blickwinkel von Schwellenländern, Transformationsländern oder Entwicklungsländern. Diese Länder sowie auch strukturschwache Regionen innerhalb der Industriestaaten erfahren aufgrund ihrer unterlegenen Produktivität die offene Konkurrenz und Globalisierung keineswegs als „engine of growth", sondern vor allem als Kostenkonkurrenz und ökonomische Marginalisierung. Entsprechend des jeweils eingenommenen Blickwinkels verändert sich folglich auch die Globalisierungsthematik als Gegenstand wirtschaftspolitischer theoretischer Überlegungen und entzieht sich insofern generalisierenden Aussagen. Ebenso fragwürdig dürfte es sein, die systematische Zunahme und globale Ausweitung des Welthandels seit 1960 als Anknüpfung an eine sogenannte erste Periode der Globalisierung etwa zwischen 1860/70 und 1913 zu sehen.

Diese skizzierte Problemstellung wird nachstehend wie folgt näher untersucht: In empirischen Arbeiten zu Globalisierung wird nahezu ausnahmslos hervorgehoben, daß die Exportquoten am Bruttoinlandsprodukt (BIP) der wichtigsten Industriestaaten gegenwärtig nicht oder kaum höher seien als in den letzten Jahren vor dem Ersten Weltkrieg; diesem Umstand wird demgemäß eine besondere Bedeutung beigemessen. Demgegenüber wird im folgenden Kapitel 2 aufgezeigt, daß jener Vergleich von Exportquoten infolge deutlich veränderter sektoraler Gliederung des BIP kaum sinnvoll ist und zu fehlerhaften Schlußfolgerungen verleitet. Ausgehend von vergleichenden Daten zur Produktivität in ausgewählten Ländern und Regionen wird schließlich im Kapitel 3 die These einer globalen Standortkonkurrenz infragegestellt. Die Ergebnisse der Untersuchung werden in einer Schlußbemerkung zusammengefaßt (Kapitel 4).

2. Sektorale Struktur des Bruttoinlandproduktes und Exportquoten

In den Betrachtungen von Indikatoren gegenwärtiger Globalisierung wird meist darauf hingewiesen, daß bereits zwischen 1860/70 und 1913 das Volumen des Welthandels rasch zugenommen hat, und die Exportquoten am BIP der damaligen Industrieländer in jener Periode einer sogenannten ersten Globalisierung stetig angestiegen seien. Wie aus den Angaben von Tabelle 1 zu ersehen ist, hatte

Tab. 1: Exportquoten am BIP 1890-1992

Jahr	*Westliche Industriestaaten*	*USA*	*Westeuropa*	*Japan*
1890	11,7	6,7	14,9	5,1
1913	12,9	6,4	18,3	12,6
1929	9,8	5,0	14,5	13,6
1938	6,2	3,7	7,1	13,0
1950	7,8	3,8	13,4	6,8
1970	10,2	4,0	17,4	9,7
1992	14,3	7,5	21,7	8,8

Quelle: Bairoch 1996, S. 179

die Exportquote am BIP bis zum Ersten Weltkrieg ein Niveau erlangt, das ungeachtet der Expansion des Welthandels seit 1960 bislang kaum oder nur geringfügig überschritten wurde.

Hierauf stützt sich maßgeblich die Skepsis gegenüber jener eingangs angesprochenen Globalisierungsthese; der langfristige Verlauf der Exportquoten zeige vielmehr, daß das beschleunigte Wachstum des Welthandels in den letzten Jahren vor allem als eine graduelle Fortentwicklung jener Globalisierungsperiode vor 1913 zu sehen sei. Derartige Vergleiche der Exportquoten sind jedoch aus folgendem Grund fragwürdig:

Das BIP der Industrieländer zeigt in den Jahren vor 1913 eine deutlich andere Gliederung oder sektorale Entstehung als gegenwärtig. Die Anteile der Landwirtschaft und der Industrie am BIP waren seinerzeit ungleich größer als heute; entsprechend geringer war der Beitrag des Dienstleistungssektors zum BIP. Infolge der langfristig gestiegenen Anteile der Dienstleistungen am BIP hat sich dessen sektorale Gewichtung nachhaltig verändert. Insofern ist die sektorale Struktur des BIP mittlerweile sehr verschieden von derjenigen der damaligen Industrieländer; es ist daher auch irreführend, heutige Exportquoten mit denjenigen von 1913 zu vergleichen. Dieser methodische Einwand läßt sich anhand nachstehender Tabellen 2 und 3 erläutern.

Tabelle 2 erfaßt die Entwicklung und sektorale Gliederung des BIPs in Deutschland von 1910/1913 bis 1995. Dem oberen Abschnitt dieser Tabelle ist zu entnehmen, daß der Anteil der Dienstleistungen am BIP von 32% (1910/1913) auf 66% (1995) angestiegen ist. Im gleichen Zeitraum nahm hingegen die Exportquote des BIP von 17,5% auf lediglich 21,7% zu.

Im unteren Abschnitt von Tabelle 2 wird das BIP abzüglich der Dienstleistungen ausgewiesen. Die Anteile derselben absoluten Größen der (Waren-)Exporte am BIP minus Dienstleistungen ergeben ein deutlich anderes Bild über die Höhe und den Verlauf der Exportquoten. Dennoch lag die Exportquote 1910/13 bereits bei 25,7% und erreichte 1995 ein Niveau von 49%. Diese zunehmend größeren Unterschiede zwischen den Exportquoten am BIP insgesamt und am BIP minus Dienstleistungen verdeutlichen, daß der Beitrag des Dienstleistungssektors zum BIP stetig zugenommen hat.

Den Angaben der Tabellen 2 und 3 ist zu entnehmen, daß mittlerweile in Deutschland bzw. in den Industriestaaten die Anteile des Außenhandels am BIP minus Dienstleistungen die Außenhandelsquoten am BIP insgesamt etwa um das Zweifache übertreffen. Dieser offenkundig unrealistische – rechnerische – Ausdruck ergibt sich daraus, daß die Daten zum Außenhandel Umsatzgrößen sind, während hingegen das BIP nur Wertschöpfungsgrößen umfaßt. Das BIP ist definitionsgemäß die Addition der Wertschöpfungen aller Stufen der Produktion abzüglich der jeweiligen Vorleistungen. Insofern ist die Größe des BIP weitaus

Tab. 2: Export und Außenhandel Deutschlands bezogen auf das BIP und das BIP minus Dienstleistungssektor

	*1910/13**	*1955/59**	*1979 (West)*	*1995*
BIP**	45.590	64.733	763.930	2.415.764
Dienstleistungssektor	32,00%	35,90%	49,00%	66,00%
Warenexport	7.987,3	11.651,9	171.540,0	523.743,0
Warenimport	9.209,2	10.227,8	157.747,0	464.220,0
Außenhandel	17.196,5	21.879,7	329.287,0	987.963,0
Exportquote	17,50%	18,00%	22,50%	21,70%
Außenhandelsquote	37,70%	33,80%	43,10%	40,90%
BIP minus Dienstleistung	31.001,2	41.493,9	389.604,0	1.062.936,0
Exportquote	25,76%	28,08%	44,03%	49,27%
Außenhandelsquote	55,47%	52,73%	84,52%	92,95%

Anmerkungen:

* Werte in Millionen DM in Preisen von 1913, ansonsten in Millionen US $ zu Marktpreisen

** 1910/13 und 1955/1959 Nettoinlandsprodukt, ansonsten BIP

Quelle: Weltbank 1979, 1997; Hoffmann, 1965; eigene Berechnungen

geringer als das Volumen von Umsatzgrößen bzw. Bruttoproduktionswerten, in denen die Vorleistungen und entsprechenden Mehrfachzählungen enthalten sind. Da jedoch die Daten zum Außenhandel Umsatzgrößen darstellen, enthalten diese sowohl die Vorleistungen als auch Mehrfach-Zählungen durch Re-Exporte oder durch transnationale Wertschöpfungsketten.

Wie Tabelle 3 zu entnehmen ist, hat auch in den anderen entwickelten Industriestaaten die Differenz zwischen den Exportquoten am BIP insgesamt und am BIP minus Dienstleistungen seit 1910/13 deutlich zugenommen.

Die Dienstleistungen werden jedoch nur zu einem relativ geringen Anteil international gehandelt; jene hohen Exportquoten am BIP minus Dienstleistungen weisen folglich darauf hin, daß das produzierende, verarbeitende Gewerbe in einem weit größeren Ausmaß der internationalen Konkurrenz unterliegt, als dies die Exportquoten am BIP insgesamt vermuten lassen. Entsprechend läßt sich auch die langfristige Entwicklung der Außenhandelsquoten sehen: In den vergangenen Jahrzehnten hat sich das Volumen des Welthandels insbesondere im Bereich industrieller Warengruppen sprunghaft erhöht; der grenzüberschreitende intra-industrielle Handel ist stetig angestiegen, und auf importierte Vorleistungen entfallen zunehmend größere Anteile der gesamten Vorleistungen der

Industrie (vgl. Beisheim et al. 1999, S. 279), dennoch kommen diese Entwicklungen kaum in steigenden Export- und Außenhandelsquoten zum Ausdruck, da das sektorale Gewicht der Dienstleistungen am BIP deutlich angestiegen ist.

Sicherlich sind die in den Tabellen 2 und 3 ausgewiesenen Export- und Außenhandelsquoten am BIP minus Dienstleistungen weit überzeichnet, da Umsatzgrößen auf Wertgrößen bezogen werden, dennoch zeigen diese rechnerisch sehr hohen Werte auf, daß nunmehr die industrielle verarbeitende Produktion einer ausgeprägten internationalen Konkurrenz unterliegt.

Ein derartiger Offenheitsgrad des produzierenden und verarbeitenden Gewerbes läßt sich hingegen für die Jahrzehnte vor dem Ersten Weltkrieg nicht belegen. In jener Periode sogenannter erster Globalisierung entfielen noch etwa 63% der Weltexporte auf Primärgüter und Rohstoffe (Bairoch/Kozul-Wright 1996, S. 9). Die Wachstumsraten des BIP der damaligen Industrieländer beruhten maßgeblich auf der beschleunigten Entwicklung der industriellen Produktion. Zwar hatten die Exporte industrieller Warengruppen stetig zugenommen, dennoch war die Expansion des Welthandels in jener Periode der Globalisierung vor allem durch den wachsenden Bedarf an Rohstoffen und Primärgütern bestimmt.

Wirtschaftshistorische Untersuchungen über jene Periode lassen weitere Unterschiede zur gegenwärtigen Globalisierung des Welthandels deutlich werden: Entgegen häufig geäußerter Annahmen erfolgte jene Expansion des Welthandels keineswegs unter Bedingungen eines weitgehenden Freihandels. Die Industrieländer hatten vielmehr in den drei Jahrzehnten vor dem Ersten Weltkrieg ihre Zölle kontinuierlich erhöht. Dieser allgemeine Trend betraf insbesondere die industriellen Warengruppen. So war in jener Periode – anders als gegenwärtig – die industrielle Produktion der noch am wenigsten globalisierte Sektor der damaligen Industrieländer (Bairoch/Kozul-Wright 1996, S. 13) Die Warenstruktur des Welthandels und dessen regionale Anteile, die sektorale Gliederung des BIP sowie entsprechend die Export- und Außenhandelsquoten zeigen mittlerweile ein deutlich anderes Bild als in den Jahren 1870 bis 1913. Insofern dürfte es auch fragwürdig sein, das gegenwärtige Ausmaß des Welthandels im oben angesprochenen Sinne zu relativieren oder nur als graduelle Fortentwicklung jener Periode sogenannter erster Globalisierung zu sehen.

Der erreichte Offenheitsgrad der industriellen, verarbeitenden Produktion, die weitgehende Liberalisierung des Welthandels, in dem – anders als damals – industrielle Warengruppen dominieren, sowie auch der Umstand, daß nunmehr zahlreiche vormalige Entwicklungsländer zu Standorten industrieller Exportproduktion geworden sind, scheinen jene Globalisierungsthese zu bestätigen. Die Bedeutung der Debatte über diese These liegt jedoch weniger darin, empirische Tendenzen und Formen von Globalisierung zu erfassen, weit wichtiger sind die Schlußfolgerungen, die aus der Globalisierungsthematik gezogen werden. So

Tab. 3: Export und Außenhandel ausgewählter Industrieländer – bezogen auf das BIP und das BIP minus Dienstleistungssektor (in %)

	1913	*1960*	*1970*	*1980*	*1990*	*1998*
Deutschland* – Entstehung des BIP:[1]						
– Landwirtschaft	23,0	8,0	4,5	2,5	1,6	1,1
– Industrie	45,0	50,8	50,8	45,2	39,4	31,6
– Dienstleistungen	32,0	41,2	44,7	52,3	59,0	67,3
– Außenhandelsquote	39,8	30,0	34,6	46,5	49,1	46,4
– Exportquote	19,3	15,9	18,5	23,6	26,4	25,1
– Außenhandelsquote am BIP ohne Dienstleist.	58,5	51,0	62,6	97,5	119,8	141,9
– Exportquote am BIP ohne Dienstleist.	28,3	27,0	33,5	49,5	64,4	76,8
Frankreich – Entstehung des BIP:[1]						
– Landwirtschaft	35,0	12,5	7,8	4,9	3,6	2,3
– Industrie	36,0	44,2	43,7	39,2	30,3	26,2
– Dienstleistungen	29,0	43,3	48,5	55,9	66,1	71,5
– Außenhandelsquote	30,9	21,7	25,6	36,8	36,9	40,7
– Exportquote	13,9	11,4	12,4	16,7	17,5	21,0
– Außenhandelsquote am BIP ohne Dienstleist.	43,5	38,3	49,7	83,4	108,8	142,8
– Exportquote am BIP ohne Dienstleist.	19,5	20,1	24,1	37,9	51,6	73,7
Großbritannien – Entstehung des BIP:[1]						
– Landwirtschaft	6,0	4,2	3,1	2,2	1,1	1,6
– Industrie	38,0	47,2	46,1	39,2	34,2	27,4
– Dienstleistungen	56,0	48,6	50,8	58,6	64,7	71,0
– Außenhandelsquote	47,6	32,3	33,4	43,6	41,5	40,9
– Exportquote	19,3	14,5	15,7	21,5	18,8	19,0
– Außenhandelsquote am BIP ohne Dienstleist.	108,2	62,8	67,9	105,3	117,6	141,0
– Exportquote am BIP ohne Dienstleist.	43,9	28,2	31,9	51,9	53,3	65,6
USA – Entstehung des BIP:[2]						
– Landwirtschaft	17,0	4,0	3,0	3,0	3,0	1,7
– Industrie	26,5	36,0	34,0	32,0	30,0	26,3
– Dienstleistungen	56,5	60,0	63,0	65,0	67,0	72,0
– Außenhandelsquote	11,1	6,9	8,1	17,5	15,7	18,2
– Exportquote	6,4	4,0	4,2	8,1	6,9	10,3
– Außenhandelsquote am BIP ohne Dienstleist.	25,5	17,3	21,9	50,0	47,6	64,9
– Exportquote am BIP ohne Dienstleist.	14,7	10,0	11,3	23,1	20,9	36,8
Japan[3] – Entstehung des BIP[4]						
– Landwirtschaft	30,0	12,0	6,0	3,0	2,5	1,7
– Industrie	20,0	43,0	46,0	41,0	41,2	37,2
– Dienstleistungen	50,0	45,0	48,0	56,0	56,3	61,1
– Außenhandelsquote	30,1	19,9	18,7	25,6	16,8	15,8
– Exportquote	14,3	9,4	9,5	12,2	9,5	8,8
– Außenhandelsquote am BIP ohne Dienstleist.	60,3	36,1	36,0	58,1	38,4	40,5
– Exportquote am BIP ohne Dienstleistungen	28,6	17,1	18,2	27,8	21,6	22,6

(*Legende zu Tabelle 3: Siehe S. 379*)

mag jene Globalisierungsthese durchaus für sich geltend machen, daß die internationale ökonomische Verflechtung sowie das Volumen und die Freizügigkeit des Welthandels ein bislang ungekanntes Ausmaß erreicht haben; hieraus folgt jedoch noch nicht, daß auch die Standortkonkurrenz und die Arbeitsmärkte ebenfalls globalisiert wären oder gemäß neoklassischer Annahmen ein internationaler Ausgleich der Faktorpreise eingeleitet würde. Derartige Schlußfolgerungen lassen sich weder durch den Offenheitsgrad der Produktion noch durch den zusehends globalisierten Welthandel begründen; maßgeblich für die internationale Wettbewerbsfähigkeit sind vielmehr die Höhe und die Entwicklung der Produktivität.

Legende zu Tabelle 3:

Quellen: Europäische Kommission (1999), S. 116ff.; Mitchel 1975, 1995, 1998; OECD 1998, 1999, 2000; Statistisches Amt der Europäischen Gemeinschaft (verschiedene Jahrgänge); eigene Berechnungen

* Bis zum Jahr 1959 sind die Ursprungsdaten von Deutschland, Frankreich und Großbritannien, bis zum Jahr 1980 von Japan sowie bis zum Jahr 1990 von den USA den verschiedenen Publikationen von B. R. Mitchel entnommen. Für die drei europäischen Länder wurde ab 1960 auf Eurostat-Zahlen zurückgegriffen. Für Japan und die USA wurden ab den genannten Jahrgängen die aufgeführten Publikationen der OECD ausgewertet. Ausnahmen sind verzeichnet.
Der Dienstleistungsanteil wird bei sämtlichen Ländern durch Subtrahieren der Summe der Werte für Landwirtschaft und Industrie von 100% errechnet. Auf diese Weise werden Commerce, Finance, Transport and Communication dem Dienstleistungssektor zugeschrieben. Construction ist Industry zugeordnet. Erfassungsprobleme werden hauptsächlich im Dienstleistungsbereich vermutet. In den traditionellen Sektoren wird von einem gut etablierten Erfassungssystem ausgegangen.

1 *F:* 1909 bei (1913): Averages of three-year periods centred on this Year. Percentage of net domestic product in 1938 prices up to 1949; *UK:* 1907 (1913), 1996 (1998); *D, F:* 1997 (1998); *D, F, UK:* 1959 (1960), 1968 (1970): Entstehung des BIP zu Faktorkosten, 1978 (1980), 1989 (1990), 1993: „Bruttowertschöpfung zu Marktpreisen nach Produktionsbereichen".

2 Durchschnittswerte: 1904-13, 1960-64, 1970-74, 1980-84, 1989-93, ab dann: Statistisches Amt der Europäischen Gemeinschaften

3 Die Werte für 1990 und 1998 sind OECD-Daten, nur die Entstehung des BIP dieser Jahre wurde Eurostat entnommen.

4 Im- und Export wird ab 1950 in 1000 Mio. Yen erfaßt, Im- und Export ab 1990 OECD-Daten, der 1998er Wert war nicht verfügbar: 1996

3. Globale Standortkonkurrenz und Produktivität

Die Klassiker der Ökonomie befürworteten den freien Wettbewerb – auch mit dem konkurrierenden Ausland. Sie nahmen jedoch noch an, daß dieser allein innerhalb der nationalen Grenzen verallgemeinerte Bedingungen der Produktion bzw. den Ausgleich der Faktorpreise herstelle. Sie gingen ferner davon aus, daß die güterspezifische Produktivität aufgrund natürlicher, klimatischer sowie auch durch „angeeignete“ Vorteile in den einzelnen Ländern verschieden sei. Der Außenhandel wurde daher als Möglichkeit gesehen, absolute Kostenvorteile (Adam Smith) oder komparative Vorteile (David Ricardo) zu nutzen. Insofern trug der Außenhandel dazu bei, die Arbeitsteilung und Produktivität der Arbeit zu fördern. In dem Maße, wie der Handel den güterspezifischen Produktionsunterschieden folge, würden sich die einzelnen Länder auf die Produktion derjenigen Güter konzentrieren, in denen der komparative Vorteil jeweils am ausgeprägtesten sei. So trage der freie Handel dazu bei, die Arbeit effektiver einzusetzen; mit dem verfügbaren Arbeitsvolumen könne folglich mehr produziert werden, oder mit der eingesparten Arbeitszeit könnten neue Produktionszweige eröffnet werden. Diese Argumentation, nach der der freie Warenverkehr die Arbeitsteilung, die Entwicklung der Arbeitsproduktivität und insofern auch das wirtschaftliche Wachstum befördere, gilt bis heute als maßgebliche theoretische Begründung des freien Wettbewerbs im Welthandel.

Jene Überlegungen betrafen noch allein den freien Warenaustausch, während hingegen Kapitalexport in diesem Zusammenhang noch keine Bedeutung hatte. David Ricardo nahm vielmehr an, daß Kapital ähnlich wie die Arbeitskraft innerhalb der nationalen Grenzen verbleibe. Ein internationaler Ausgleich der Faktorpreise, wie er gegenwärtig als Folge globaler Freizügigkeit des Kapital- und Warenverkehrs erwartet wird, lag zu jener Zeit noch jenseits empirisch begründeter Annahmen. So ist es jene oben erläuterte Globalisierungsthese, die erstmals von empirischen Prämissen ausgeht, die den Ausgleich der Faktorpreise nicht mehr auf den nationalen Rahmen begrenzt, sondern nunmehr international geltend macht.

Dieser empirische Vorbehalt, der im Prinzip auch noch in der neoklassischen Formulierung der Außenhandelstheorie durch Bertil Ohlin (1933) beibehalten wurde, scheint unter Bedingungen gegenwärtiger Globalisierung kaum mehr begründbar zu sein. So ist es die vorherrschende Globalisierungsthese, die erstmals von den empirischen Prämissen einer weitgehenden Freizügigkeit des Kapital- und Warenverkehrs sowie einer Zunahme der international bestimmten Lohnkostenkonkurrenz ausgeht.

Entsprechend dieser Annahmen würde der nunmehr globale Vergleich von Standortbedingungen der Produktion und deren Wettbewerbsfähigkeit maßgeblich durch internationale Lohnunterschiede bestimmt. Unter den Bedingungen eines weitgehend offenen Welthandels und einer Zunahme der globalen Standortkonkurrenz sei es nunmehr möglich, das internationale Lohngefälle in entsprechend verminderte Lohn- und damit Produktionskosten zu transformieren. In diesem Sinne trügen vergleichsweise niedrige Löhne dazu bei, den Lohn als Kostenfaktor der Produktion zu reduzieren; insofern sei es auch möglich, eine unterlegene Produktivität auf der Ebene der Kosten auszugleichen. Dieser unterstellte Zusammenhang zwischen Löhnen/Lohn- und Produktionskosten, der maßgeblich die Wettbewerbsfähigkeit von Produktionskosten beeinflusse, bleibt jedoch an eine entscheidende Voraussetzung gebunden: Unter Bedingungen einer unterlegenen Produktivität können vergleichsweise niedrige Löhne nur dann zu wettbewerbsfähigen Produktionskosten beitragen, wenn die Abstände der Arbeitsproduktivität diejenigen der Löhne nicht allzuweit übertreffen.

Dieser allgemeine Zusammenhang zwischen Abständen der Arbeitsproduktivität und Lohnunterschieden, der maßgeblich die Wettbewerbsfähigkeit im Welthandel bestimmt, läßt sich anhand nachstehender Tabelle 4 verdeutlichen.

Die Rubrik „Wertschöpfung pro Beschäftigtem“ erfaßt die betreffenden absoluten Beträge für die ausgewiesenen Länder. Den Angaben der Rubrik ist zu entnehmen, daß die Arbeitsproduktivität im produzierenden Gewerbe der Industriestaaten weitaus höher ist als in den Schwellenländern Brasilien, Südkorea, VR China usw. oder in den sogenannten Transformationsländern Polen und Tschechien; jene absoluten Werte übersteigen jedoch um ein Vielfaches diejenigen in Entwicklungsländern.

Jener benannte Zusammenhang zwischen Abständen der Arbeitsproduktivität und Lohnunterschieden kommt in der Rubrik „Wertschöpfung minus Löhne und Gehälter“ zum Ausdruck: Die in dieser Rubrik ausgewiesenen Größen bezeichnen die Überschüsse (bzw. die Gewinne), die verbleiben, nachdem die jeweilige Wertschöpfung um die Summe aus Löhnen und Gehältern vermindert wurde. Die Angaben dieser Rubrik zeigen, daß die jeweiligen absoluten Beträge – errechnet aus der Differenz der Wertschöpfung und Löhnen sowie Gehältern – wiederum in den Industriestaaten weitaus größer sind als in den übrigen aufgeführten Ländern.

In Betrachtung dieser beiden Rubriken wird schließlich ein weiterer Sachverhalt deutlich: Die absoluten Beträge aus Wertschöpfung minus Löhnen und Gehältern sind in den Industriestaaten alleine bereits größer als die Wertschöpfung insgesamt in den meisten der übrigen Länder. In dieser Konstellation, in der die gesamte Wertschöpfungsgröße, also inklusive Löhnen und Gehältern, um ein Mehr- oder Vielfaches geringer ist als der Überschuß aus Wertschöpfung minus Löhnen und Gehältern, können Lohnunterschiede keine Kosten- und Wettbewerbsvorteile mehr begründen.

Tab. 4: Arbeitsproduktivität, Löhne und Gehälter im Verarbeitenden Gewerbe ausgewählter Länder 1998

Länder	Verarbeitendes Gewerbe BIP-Anteil (%)	Löhne u. Gehälter pro Beschäftigtem in US $[2]	Wertschöpfung pro Beschäftigtem in US $[2]	Wertschöpfung minus Löhne u. Gehälter	Produktivität in % Deutschland
Afrika					
Kamerun[1]	10,4	3308	9.675	6.367	13,1
Elfenbeinküste[1]	18,8	6159	16.590	10.431	22,4
Mauritius	24,8	3762	8.390	4.628	11,3
Südafrika	17,2	8472	16.856	8.384	22,8
Senegal[1]	15,8	3135	9.652	6.517	13,1
Simbabwe	14,3	2008	7.044	5.036	9,5
Asien					
China[1]	37,1		3.077		4,2
Indien	14,6	1392	4.648	3.256	6,3
Malaysia	29,2	3790	14.306	10.516	19,4
Korea, Rep.[1]	31,8	16615	72.692	56.077	98,3
Philippinen[1]	21,8	3349	17.027	13.678	23,0
Japan	23,5	25883	93.140	67.257	126,0
USA	16,3	38582	123.668	85.086	167,3
Westeuropa					
Deutschland	21,5	37013	73.926	36.913	100,0
Österreich	18,9	39559	76.051	36.492	102,9
Schweden	20,4	31083	73.770	42.687	99,8
Dänemark	14,1	37716	67.956	30.240	91,9
Spanien	19	20698	44.318	23.620	59,9
Portugal[1]	24,3		20.535		27,8
England	18	30742	59.364	28.622	80,3
Osteuropa					
Ungarn	21,2	4624	10.572	5.948	14,3
Polen	18,9	5418	16.251	10.833	22,0
Rußland[1]	30,3	1729	4.901	3.172	6,6
Lateinamerika					
Bolivien	16,5	2839	24.447	21.608	33,1
Kolumbien	12,8	4641	28.519	23.878	38,6
Mexiko	19,5	6881	40.784	33.903	55,2
Chile	14,5	10618	57.774	47.156	78,2
Uruguay[1]	17,8	7557	32.340	24.783	43,7

Anmerkungen:

1 1997

2 zu laufenden Preisen

Quelle: UNIDO 2001; Statistisches Bundesamt 2000; eigene Berechnungen

Die in Tabelle 4 ausgewiesenen Angaben zeigen die enge Spannbreite, innerhalb derer vergleichsweise geringe Löhne dazu beitragen können, eine unterlegene Arbeitsproduktivität auf der Ebene der Kosten zu kompensieren. Wenn daher die Höhe sowie die Abstände der Arbeitsproduktivität – und nur in einem begrenzten Rahmen die Löhne – die Wettbewerbsfähigkeit bestimmen, so ist auch die gängige These vom „globalen Arbeitsmarkt" und der „globalen Standortkonkurrenz" fragwürdig. Eine Lohnkostenkonkurrenz, die in einer „globalen" Konkurrenz auf den Arbeitsmärkten zum Ausdruck kommt, setzt voraus, daß die Produktivität in den jeweiligen Standorten nicht allzuweit voneinander abweicht. Sollen hingegen Lohnkosten- bzw. Wettbewerbsvorteile maßgeblich auf Lohnunterschieden beruhen, so setzt dies voraus, daß die betreffende konkurrierende Produktion gleichermaßen unter Bedingungen relativ geringer Kapitalintensität erfolgt und deshalb auch der Lohn noch als ein beherrschender Kostenfaktor der Produktion zu sehen ist.

Niedrige Löhne können nur in solchen Bereichen von Produktion die Wettbewerbsfähigkeit im internationalen Handel maßgeblich beeinflussen, in denen die Kapitalintensität und Arbeitsproduktivität sowohl in den Industriestaaten als auch in den sogenannten Niedriglohn-Ländern gleichermaßen noch relativ gering sind. Allein unter diesen Bedingungen einer relativ arbeitsintensiv erfolgenden Produktion lassen sich niedrige Löhne in Lohn- und Produktionskostenvorteile transformieren. Eine derartige Konstellation mag in den ersten Jahrzehnten nach dem Zweiten Weltkrieg in einem begrenzten Spektrum vor allem industrieller Fertigung bestanden haben; seitdem verzeichnen jedoch die Industriestaaten eine ausgeprägte Zunahme ihrer Kapitalintensität und Arbeitsproduktivität auch in denjenigen Produktionszweigen, die seinerzeit noch als vergleichsweise arbeitsintensiv einzustufen waren.

Als vorläufiges Ergebnis dieses Vorgangs haben – wie aus den Tabellen 4 sowie 5 ersichtlich – die internationalen Abstände der Arbeitsproduktivität ein Ausmaß erreicht, das der weitverbreiteten Lohnkostenthese ihre empirische Grundlage entzogen hat oder diese nurmehr auf marginale Bereiche industrieller Fertigung verweist.[1]

---

1 Das Ergebnis eines Niveauvergleichs von Arbeitsproduktivitäten in einheitlicher Währung hängt nicht unwesentlich von den zugrundegelegten Umrechnungskonzepten (Wahl des Basisjahres; Wechselkurs, Korbwahrungen oder Kaufkraftparitäten) ab; es wird darüber hinaus auch von statistischen Unzulänglichkeiten beeinflußt. Insbesondere Wechselkursschwankungen haben einen erheblichen Einfluß auf die in einheitlicher Währung ausgedrückte Wertschöpfung bzw. Produktivität. Auch wenn man dies in Rechnung stellt, bleibt allerdings der Eindruck bestehen, daß der Abstand der Arbeitsproduktivitäten zwischen Industrieländern, osteuropäischen Transformationsländern, Schwellen- und Entwicklungsländern das parallel gerichtete Lohnkostengefälle in der Regel mehr als kompensiert. In diese Richtung deutet auch der Sachverhalt, daß sich

Entsprechend läßt sich auch die vorherrschende Annahme einer globalen Standortkonkurrenz sowie eines globalen Arbeitsmarkts in Frage stellen oder relativieren: Von Standorten, in denen die Wertschöpfung je Beschäftigten insgesamt geringer ist als die Wertschöpfung minus Löhnen und Gehältern in anderen Standorten, geht keine Lohnkonkurrenz aus; sie sind insofern für eine globale Standortkonkurrenz ohne Belang. Ebensowenig sind Arbeitsmärkte in Ländern und Standorten, in denen infolge unterlegener Produktivität niedrige Löhne nicht mehr in Lohn- und Produktionskostenvorteile transformierbar sind, als Teil eines globalen Arbeitsmarktes zu sehen. Insofern sind auch unter Bedingungen eines offenen internationalen Handels die Standortkonkurrenz sowie die Arbeitsmärkte keineswegs global. Ausschlaggebend hierfür sind vielmehr die Höhe, Entwicklung und die Abstände von Produktivität im globalen Vergleich.

4. Schlußbemerkung

Die sektorale Gliederung des BIP der Industriestaaten hat sich langfristig zugunsten der Dienstleistungen verschoben. Dieser Vorgang ist insofern von Bedeutung, als die Entwicklung und die Höhe von Export- und Außenhandelsquoten üblicherweise als aussagekräftige Indikatoren für Globalisierung gelten. Da Dienstleistungen nur zu relativ geringen Anteilen international gehandelt werden, ist es sinnvoll, das Volumen des (Waren-)Exports bzw. Außenhandels anteilig am BIP minus Dienstleistungen auszuweisen. Die derart ermittelten – sehr hohen – Quoten scheinen zu bestätigen, daß das produzierende, verarbeitende Gewerbe einer offenen internationalen Konkurrenz unterliegt. Dieser Befund bedeutet jedoch nicht, daß auf absehbare Zeit die Standortkonkurrenz der Produktion sowie die Arbeitsmärkte in ähnlichem Ausmaß globalisiert wären. Im Rahmen eines weitgehend freien Welthandels wird die Wettbewerbsfähigkeit von Ländern bzw. Standorten vor allem durch die Höhe und Entwicklung der Arbeitsproduktivität bestimmt. Angesichts des gegebenen großen Abstands von Produktivität sind die ausgeprägten Lohnunterschiede nur noch in sehr engen Grenzen als Kostenfaktor von Bedeutung.

---

die Abstände der Arbeitsproduktivitäten im großen und ganzen auch in entsprechenden Weltmarktanteilen widerspiegeln: Es sind augenscheinlich gerade jene Länder, die in der Rangliste der internationalen Arbeitsproduktivität an der Spitze rangieren, die auch die höchsten Weltmarktanteile aufweisen – überraschend ist dies letztlich nicht, kommt hier doch lediglich die auf der hohen Arbeitsproduktivität (bei gleichzeitig relativ hohen Löhnen) basierende internationale Wettbewerbsfähigkeit zum Ausdruck.

Tab. 5: Gesamtwirtschaftliche Produktivität 1999

Länder	*Produktivität*	*Produktivität in % Deutschland*
Welt	10446,7	22,8
Afrika		
Burundi	175,3	0,3
Elfenbeinküste	1870,5	3,7
Ghana	845,1	1,7
Kamerun	1463,5	2,9
Kenia	706,9	1,4
Mosambik	463,2	0,9
Nigeria	865,7	1,7
Senegal	1197,8	2,4
Simbabwe	1143,2	2,3
Südafrika	7713,4	15,2
Tansania	516,3	1,0
Asien		
China	1321,6	2,6
Indonesien	1423,9	2,8
Japan	64633,6	127,3
Korea, Rep.	16955,8	33,4
Malaysia	8292,7	16,3
Singapur	42472,5	83,7
Thailand	3348,3	6,6
USA	62653,7	123,4
Westeuropa		
Deutschland	50761,0	100,0
England	45787,1	90,2
Frankreich	52231,9	102,9
Irland	42430,5	83,6
Italien	44229,2	87,1
Österreich	20894,9	41,2
Portugal	21543,2	42,4
Spanien	33073,2	65,2
Osteuropa		
Polen	7707,3	15,2
Rumänien	3068,2	6,0
Tschechien	9396,5	18,5
Ungarn	9671,0	19,1
Lateinamerika		
Argentinien	18796,1	37,0
Bolivien	2838,7	5,6
Brasilien	9624,6	19,0
Chile	11848,7	23,3
Kolumbien	4922,0	9,7
Mexiko	11873,8	23,4
Peru	6368,7	12,5

Quelle: Weltbank 2000/2001; eigene Berechnungen

Die große Spannbreite von Produktivität zwischen Ländergruppen und Standorten ermöglicht es, ein weiteres Phänomen zu erklären: Entgegen der Annahme, die Freizügigkeit des Kapital- und Warenverkehrs werde den internationalen Ausgleich der Faktorpreise herbeiführen, konnte bislang das vergleichsweise hohe Lohnniveau der Industriestaaten erhalten bleiben. Eine Angleichung „nach unten" gemäß dieses Theorems ist bislang nicht zu belegen. Diese Konstellation kann auch unter Bedingungen anhaltender Globalisierung fortbestehen. Die Voraussetzung hierfür ist, daß die Produktivitätsentwicklung ausreicht, um den Lohn als Kostenfaktor der Produktion auch bei steigenden Reallöhnen zu begrenzen. Solange die Industriestaaten hierzu imstande sind, läßt sich weder ein internationaler Ausgleich der Faktorpreise begründen, noch gibt es eine globale Standortkonkurrenz oder einen globalen Arbeitsmarkt im Sinne der eingangs skizzierten Globalisierungsthese.

Literatur

Bairoch, P. (1996): Globalization Myths and Realities. One century of external trade and foreign investment. In: Boyer, R.; Drache, D. (eds.): States Against Markets. The limits of globalization. London, New York. S. 173-192

Bairoch, P.; Kozul-Wright, R. (1996): Globalization Myths, March 1996: Some Historical Reflections on Integration, Industrialization and Growth in the World Economy. UNCTAD Discussion Papers Nr. 113. Geneva

Beisheim, M.; Dreher, S.; Walter, G.; Zangl, B.; Zürn, M. (1999): Im Zeitalter der Globalisierung? Thesen und Daten zur gesellschaftlichen und politischen Denationalisierung. Baden-Baden

Busch, A. (1999): Die Globalisierungsdebatte: Ein einführender Überblick über Ansätze und Daten. In: Busch, A.; Plümper, T. (Hg.): Nationaler Staat und internationale Wirtschaft. Baden-Baden, S. 13-39

Europäische Kommission (1999): Europäische Wirtschaft, Nummer 68, S. 116ff.

Eurostat, Statistisches Amt der Europäischen Gemeinschaft (verschiedene Jahrgänge): Statistische Grundzahlen der Gemeinschaft. Brüssel

Glyn, A.; Sutcliffe, B. (1994): Global aber führungslos? Die neue kapitalistische Ordnung In: Promedia. Kritische Geographie, Reihe 1.10: Alte Ordnung, neue Blöcke? Polarisierung in der kapitalistischen Weltwirtschaft. Wien

Hoffmann, W. G. (1965): Das Wachstum der deutschen Wirtschaft seit der Mitte des 19. Jahrhunderts. Berlin, Heidelberg, New York

Mitchel, B. R. (1975): European Historical Statistics 1750-1970. London, Basingstoke

Mitchel, B. R. (1995): International Historical Statistics Africa, Asia & Oceania 1750-1988 (Second Revised Edition). New York, Basingstoke

Mitchel, B. R. (1998): International Historical Statistics, Europe 1750-1993 (Fourth Edition). London, New York

Mitchel, B. R. (1998): International Historical Statistics, The Americas 1750-1993 (Fourth Edition).New York, Basingstoke

OECD (1998): National Accounts, Detailed Tables Volume II 1984-1996. Paris

OECD (1999): Historical Statistics 1960-1997. Paris

OECD (2000): National Accounts of OECD Countries, Main Aggregates, Volume 1 1988-1998. Paris

Ohlin, B. (1933): Interregional and International Trade. Cambridge

Ricardo, D. (1979): Über die Grundsätze der Politischen Ökonomie und der Besteuerung. Berlin

Statistisches Bundesamt (2000): Statistisches Jahrbuch der Bundesrepublik Deutschland 2000. Wiesbaden

Trinczek, R. (1999): „Es gibt sie, es gibt sie nicht, es gibt sie, es …“ – Die Globalisierung der Weltwirtschaft im aktuellen sozialwissenschaftlichen Diskurs. In: Schmidt, G.; Trinczek, R. (Hg.): Ökonomische und soziale Herausforderungen am Ende des zwanzigsten Jahrhunderts. (Soziale Welt, Sonderband 13). Baden-Baden

UNIDO (2001): Country Industrial Statistics 2001. Wien

Weltbank: Weltentwicklungsberichte (verschiedene Ausgaben)

Zu den Autorinnen und Autoren

Bleicher, André, Dipl.-Kfm., Ausbildung als Elektroinstallateur, Studium der Betriebswirtschaftslehre an der Universität Mannheim. Im Rahmen von Kooperationsentwicklungsprojekten Initiierung und Betreuung von KMU-Netzen als wissenschaftlicher Mitarbeiter an der TU Chemnitz. Seit 1998 wissenschaftlicher Mitarbeiter am Lehrstuhl Wirtschafts- und Industriesoziologie der BTU Cottbus, insbesondere im Projekt „Strukturen und Stabilitätsbedingungen regionaler Vernetzung", angesiedelt im DFG-Schwerpunkt „Regulierung und Restrukturierung der Arbeit in den Spannungsfeldern von Globalisierung und Dezentralisierung". Arbeits- und Forschungsschwerpunkte: Organisation, insbesondere interorganisationale Beziehungen und Arbeit, industrielle Beziehungen.

Caspar, Jürgen, Dipl.-Soz., wissenschaftlicher Mitarbeiter am Wissenschaftszentrum Berlin für Sozialforschung (WZB). Geboren 1967, Studium des Maschinenbaus an der Universität Karlsruhe, Studium der Soziologie an der Johann Wolfgang Goethe-Universität Frankfurt/Main, 1998 Abschluß als Diplom-Soziologe, 1998-2001 Mitarbeiter im Sonderforschungsbereich (SFB) „Vernetzung als Wettbewerbsfaktor am Beispiel der Region Rhein-Main" der Deutschen Forschungsgemeinschaft (DFG) im Teilprojekt „Globalisierung und regionaler Arbeitsmarkt: Auswirkungen neuer Informations- und Kommunikationsnetze auf Struktur und Funktionsweise regionaler Arbeitsmärkte", seit 2001 Mitarbeiter am WZB Berlin. Forschungsschwerpunkte: Industrie- und Organisationssoziologie, Statistik, Arbeitsmarkt und Regionalentwicklung.

Fischer Alrun, Studium der Politikwissenschaft und Soziologie an der Universität Stuttgart. Wissenschaftliche Mitarbeiterin des IMU – Institutes für Medienforschung und Urbanistik Berlin/Dresden. Forschungs-/Arbeitsschwerpunkte: Organisations- und Industriesoziologie, Arbeitsmarkt, Schnittstelle Arbeit und Technik, Betriebsratsberatung, Sachverständigentätigkeit.

Fischer, Joachim, Prof. Dr. rer. pol., ist seit 1996 Professor für Wirtschafts-, Industrie- und Organisationssoziologie an der Fachhochschule für Technik und Wirtschaft (FHTW) Berlin. Zuvor tätig am Institut für Soziologie der Freien Universität Berlin; am Landesinstitut Sozialforschungsstelle, Dortmund; am IuK-Institut, Dortmund; am Institut für Sozialwissenschaftliche Forschung (ISF), München und an der Brandenburgischen Technischen Universität Cottbus, Lehrstuhl Industriesoziologie. Arbeits- und Forschungsschwerpunkte: Interorganisationale (Geschäfts-)Beziehungen, regionale Vernetzung, sozialwissenschaftliche Arbeitsmarktforschung, Betriebsgründungen, Bildungssoziologie.

Genosko, Joachim, Prof. Dr. rer. pol. habil., Lehrstuhl für Wirtschafts- und Sozialpolitik an der Wirtschaftswissenschaftlichen Fakultät Ingolstadt der Katholischen Universität Eichstätt-Ingolstadt. Geboren 1948, Studium der Volkswirtschaftslehre, der Soziologie und der Politikwissenschaft an der Universität Regensburg, 1974 Diplomprüfung, Promotion 1978, Habilitation 1984, 1984-1987 Akademischer Oberrat an der Universität Regensburg, 1987-1990 Professor für Volkswirtschaftslehre an der Universität Hohenheim, Gastprofessor der University of Wisconsin, Madison und der Sogang-Universität, Seoul (Südkorea). Forschungsschwerpunkte: Regionale Arbeitsmärkte, Regionale Netzwerke, Gesundheitsökonomie, Ökonomie der Familie, Rentenversicherungssysteme.

Gensior, Sabine, Prof. Dr. rer. pol. habil., seit 1992 Professorin an der Brandenburgischen TU Cottbus, Lehrstuhl Wirtschafts- und Industriesoziologie; Studium in Berlin und den USA, wissenschaftliche Assistentin FU Berlin; vieljährige außeruniversitäre Forschungstätigkeit, beispielsweise Wissenschaftszentrum Berlin (bis 1988); von 1988 bis 1992 Professorin – Fachhochschule für Wirtschaft Berlin; Mitbegründerin und Leitung des Berliner Instituts für Sozialforschung und sozialwissenschaftliche Praxis e.V. (BIS); Sachverständige der Enquête-Kommission des 11. Deutschen Bundestages „Zukünftige Bundespolitik – Bildung 2000"; Vorstandsvorsitzende des SAMF e.V. (Deutsche Vereinigung für Sozialwissenschaftliche Arbeitsmarktforschung); Mitglied verschiedcner nationaler und internationaler Forschungsverbünde und Redaktionen; Arbeits- und Forschungsschwerpunkte: Industrie-, Wirtschafts- und Bildungssoziologie, Technik- und sozialwissenschaftliche Arbeitsmarktforschung, Transformationsprozesse, Betriebsgründungen und Vernetzung.

Haerpfer, Christian Forschungsprofessor für vergleichende ökonomische und politische Soziologie, Universität Strathclyde (Glasgow/UK, Centre for the Study of Public Policy) und Forschungsdirektor des Zentrums für strategische Entwicklung am Institut für Höhere Studien (Wien); wissenschaftlicher Berater der Europäischen Kommission, der European Bank for Reconstruction and Development (EBRD) und der Weltbank.

Helmer-Denzel, Andrea, Diplom-Sozialwissenschaftlerin, wissenschaftliche Mitarbeiterin am Lehrstuhl für Arbeits- und Wirtschaftssoziologie an der Ruhr-Universität Bochum (Prof. Dr. Rolf G. Heinze). Arbeits- und Forschungsschwerpunkte: soziale Dienste, konsum- und freizeitbezogene Dienstleistungen.

Hessinger, Philipp, PD Dr. rer. pol., geb. 1955, Studium der Soziologie und Philosophie in Bielefeld und Aix-en-Provence. 1988 Promotion an der Fakultät für Soziologie in Bielefeld. 2001 Habilitation an der Fakultät für Geistes-, Erziehungs- und Sozialwissenschaften in Magdeburg. Langjähriges Mitglied des Forschungsschwerpunktes „Zukunft der Arbeit" an der Fakultät für Soziologie in Bielefeld. Derzeit Lehrvertretung an der gleichen Fakultät. Arbeitsschwerpunkte: Netzwerkforschung, institutionelle Ökonomie, Transformationsforschung, Arbeitssoziologie.

Krause, Marek, Dipl.-Sozialwissenschaftler, Studium an der Humboldt-Universität zu Berlin, danach wissenschaftlicher Mitarbeiter an der Friedrich-Schiller-Universität Jena (Institut für Soziologie), seit 2000 Mitarbeiter beim DGB Bildungswerk Berlin-Brandenburg Wilhelm Leuschner e.V., Arbeitsschwerpunkte: Arbeit und Organisation.

Krömmelbein, Silvia, Dr. rer. pol., wissenschaftliche Assistentin am Institut für Arbeitslehre und politische Bildung des Fachbereichs Gesellschaftswissenschaften der Johann Wolfgang Goethe-Universität Frankfurt am Main, Lehrbeauftragte an der Fachhochschule Frankfurt am Main, Fachbereich: Sozialpädagogik. Geboren 1962, Studium der Sozialwissenschaft/Soziologie zunächst in Göttingen, anschließend in Frankfurt am Main, 1989 Diplom, 1996 Promotion, 1990-1992 wissenschaftliche Mitarbeiterin am Institut Polytechnik/Arbeitslehre der J.W. Goethe-Universität, 1992-1996 Mitarbeiterin am Institut für Wirtschaft, Arbeit und Kultur, seit 1997 wissenschaftliche Assistentin am Institut für Arbeitslehre und politische Bildung der J. W. Goethe-Universität, seit 1997 Lehrbeauftragte an der Fachhochschule Frankfurt am Main. Forschungsschwerpunkte: Industrie-, und Betriebssoziologie, Arbeit und Arbeitsmarkt, Informationstechnologien und Kommunikation, Berufliche Sozialisation, Jugend.

Kujath, Hans Joachim, Dr. phil., Diplom-Ingenieur, Stadt- und Regionalplanung, stellvertretender Direktor und Abteilungsleiter für regionale Entwicklung des Instituts für Regionalentwicklung und Strukturplanung (IRS, Erkner bei Berlin). Arbeits- und Forschungsschwerpunkte: Ökonomische Geographie, Stadt- und Regionalsoziologie, Netzwerkanalyse.

Lutz, Anja, Dipl.-Soz., ist wissenschaftliche Mitarbeiterin in dem DFG-Projekt „Vernetzte Content Produktion für das Digitale Fernsehen“, geleitet von Prof. Dr. Jörg Sydow am Institut für Allgemeine BWL der Freien Universität Berlin.

Schmid, Alfons, Prof. Dr. rer. pol., Professor für Polytechnik/Arbeitslehre, Schwerpunkt Ökonomie, am Institut für Arbeitslehre und politische Bildung des Fachbereichs Gesellschaftswissenschaften der Johann Wolfgang Goethe-Universität Frankfurt am Main. Geboren 1942, Studium der Volkswirtschaftslehre und Soziologie an der Universität München, 1969 Diplomprüfung, 1970-1976 wissenschaftlicher Mitarbeiter an der Universität Augsburg, Promotion 1974, 1976-1981 Professor für Wirtschaft/Arbeitslehre an der Pädagogischen Hochschule Berlin, seit 1981 an der J. W. Goethe-Universität Frankfurt. Forschungsschwerpunkte: Neue Kommunikationstechnologien und Beschäftigung, Betrieblicher Qualifikationsbedarf und Qualifikationsentwicklung, Regionale Beschäftigungsentwicklung, Regionale Arbeitsmarktpolitik, Telelearning.

Schoeller, Wolfgang, Prof. Dr., geb. 1943, Professor für Volkswirtschaftslehre (Internationale Wirtschaftsprobleme, Entwicklungspolitik, Makroökonomie) an der Hochschule für Wirtschaft und Politik in Hamburg.

Semlinger, Klaus, Prof. Dr. rer. oec., Fachhochschule für Technik und Wirtschaft Berlin, zuvor Wissenschaftler am Wissenschaftszentrum Berlin für Sozialforschung (WZB) und am Institut für Sozialwissenschaftliche Forschung (ISF München); Arbeitsschwerpunkte: Kooperations- und Kleinbetriebsforschung, arbeitsmarkt- und regionalpolitische Fragen.

Steiner, Roald, Dr. rer. pol., Dipl. Sozialökonom, seit 1998 wissenschaftlicher Mitarbeiter am Lehrstuhl Wirtschafts- und Industriesoziologie an der BTU Cottbus, Projekt „Strukturen und Stabilitätsbedingungen regionaler Vernetzung“ im DFG-Schwerpunkt „Regulierung und Restrukturierung der Arbeit in den Spannungsfeldern von Globalisierung und Dezentralisierung“, Projekt, gefördert von der Hans-Böckler-Stiftung „Die Bedeutung von Unternehmensausgliederungen für Beschäftigung, Arbeitsbeziehungen und Mitbestimmungsträger am Beispiel der Bergbau- und Energiewirtschaft in Ostdeutschland“, Arbeits- und Forschungsschwerpunkte: Regionalforschung, Betriebe und Beschäftigung in den neuen Bundesländern, EU-Osterweiterung.

Sydow, Jörg, Prof. Dr. rer. pol., ist seit 1995 Professor für Betriebswirtschaftslehre an der Freien Universität Berlin. Nach dem Studium der Betriebswirtschaftslehre und Management Science an der Freien Universität Berlin bzw. am Imperial College of Science & Technology in London hat er an der Freien Universität promoviert und sich dort auch habilitiert. Von 1991-1995 war er Professor für Betriebswirtschaftslehre mit dem Schwerpunkt Planung und Organisation an der Bergischen Universität Wuppertal. Jörg Sydow ist Autor zahlreicher Aufsätze und Bücher zum Management von Unternehmensnetzwerken und Mitherausgeber des Periodikums *Managementforschung* sowie der Zeitschrift *Industrielle Beziehungen*. Aktuelle Forschungsgebiete: Managementlehre, Organisationstheorie, strategische Unternehmenskooperation, Management von Dienstleistungsnetzwerken, Arbeitsbeziehungen (mehr Informationen sind erhältlich unter: http://www.wiwiss.fu-berlin.de/w3/w3sydow/).

Vedres, Balázs, MBA, studierte Soziologie an der Budapester Wirtschaftsuniversität; Berater und Assistenzprofessor am Istvan Szechenyi Kollegium für Sozialwissenschaften; seit 2000 PhD-Student (Soziologie) an der Columbia University.

Wallace, Claire, Professorin für Sozialforschung an der Universität Derby. Gastprofessorin für Soziologie an der Glasgow Caledonian University und Forscherin am Institut für Höhere Studien (Wien); wissenschaftliche Beraterin des Council of Europe, der britischen Regierung, der europäischen Kommission, der European Bank for Reconstruction and Development (EBRD) und der Weltbank.

Weißbach, Hans-Jürgen, Prof. Dr. rer. pol., Dipl.-Soziologe, Fachhochschule Frankfurt am Main, Fachbereich 3 (Recht und Wirtschaft), Arbeitsgebiete: Technikbewertung, Innovationsmanagement, Existenzgründung; u.a. Projekte zu den Themen Wissensmanagement (www.wiper.de) und Telearbeit (www.euro-telework.org.).

Winkler, Ingo, Dipl.-Kfm., wissenschaftlicher Mitarbeiter am Lehrstuhl für Organisation und Arbeitswissenschaft der TU Chemnitz. Arbeits- und Forschungsschwerpunkte: Soziale Aspekte (insbesondere Macht, Führung und Kultur) in mittelständischen Unternehmensnetzwerken.